전통 관혼상제
傳統 冠婚喪祭

전통 관혼상제 傳統 冠婚喪祭

2019년 11월 20일 1쇄 발행
2019년 11월 25일 1쇄 인쇄

편저자 | 李 丁 一 (康旭)
펴낸이 | 이규인
편 집 | 뭉클
펴낸곳 | 도서출판 창
등록번호 | 제15-454호
등록일자 | 2004년 3월 25일
주소 | 서울특별시 마포구 대흥로 4길 49 1층(용강동, 월명빌딩)
전화 | (02) 322-2686, 2687 팩시밀리 | (02) 326-3218
홈페이지 | http://www.changbook.co.kr
e-mail | changbook1@hanmail.net

ISBN : 978-89-7453-464-6   03380

값 25,000원

이 도서의 국립중앙도서관 출판시도서목록(CIP)은 서지정보유통지원시스템
홈페이지(http://seoji.nl.go.kr)와 국가자료공동목록시스템(http://www.nl.go.kr/kolisnet)에서
이용하실 수 있습니다. (CIP제어번호 : CIP2019035132)

문답식으로 쉽게 풀이한

전통 관혼상제

傳統 冠婚喪祭

李丁一 編著

(康旭)

창
Chang
Books

서문

먼 옛날부터 우리 조상들은 예의禮儀와 범절凡節을 지키고 수준 높은 의례문화儀禮文化를 발전시켰습니다. 그래서 중국인들은 우리나라를 '동방예의지국東方禮儀之國'이라고 했습니다.

우리 민족은 인간의 중요한 네 가지 예법, 즉 관혼상제를 생활 속에서 실천하고 전승하여 고유의 전통 의례로 발전시켜 왔습니다. 이것이 바로 우리 민족만이 보존하고 있는 정신문화 유산입니다. 특히 효 사상을 근본으로 하는 조상숭배의 추모행사를 가장 중요한 의례로 생각하였습니다.

외래 문물이 들어오면서 우리 고유의 정신문화인 전통예법과 미풍양속은 구시대의 낡은 유물로 취급되고 사라져가는 안타까운 현실에 직면해 있습니다. 가장 한국적인 것이 가장 세계적인 것이라고 했습니다. 아무리 시대가 변하고 현대화 되었다 해도 온고지신溫故知新의 정신으로 우리만의 아름다운 풍속은 살리고 지켜가면서 새로운 문물을 접해야 할 것입니다.

현재 세계화 시대에서 옛날의 예법을 그대로 행하기는 어렵겠지만 그래도 우리 선조들이 지켜온 전통 의례를 이해한 후에 실행할 수 있는 부분은 실행하고 개선할 부분은 개선하여 더욱 찬란한 민족적 예절문화를 만들어 나가야 하겠습니다.

한편 전통 관혼상제는 시대의 변천에 따라 예서의 기록에만 남아 있고 현실적으로 없어진 의례도 있습니다. 즉 옛날에 가장 중요한 제사였던 사계절에 4대친(고조-부모)에게 지내는 사시제四時祭, 아버지에게 계추(음9월)에 지내는 녜제禰祭 등은 사실상 없어진 제사라고 할 수 있습니다.

관례는 요즘 일반 가정에서는 거의 행하지 않고 성균관 · 향교 등 유림 단체에서 명맥을 유지하고 있는 실정이며, 혼례와 상례도 너무 많은 변화를 가져왔습니다. 제례는 일부분이나마 기제, 절사(차례), 묘제 등이 계승 유지되고 있어 다행한 일이라고 생각합니다.

요즘 일부 가정에서 우리의 제례문화를 무시하고 조상의 제사를 지내지 않는 사례가 간혹 있어 친족의 화목이 깨어지고 조상을 숭배하는 전통사상이 허물어져 가는 경우도 있다고 합니다.

부모의 은덕으로 이 세상에 태어났으니 인륜의 도리를 다하는 것이 생의 보람이요 행복일 것입니다. 제사는 보본반시報本反始(근본에 보답하고 처음으로 돌아감)의 이념으로 효와 숭조정신을 계승하여 평생 동안 계속해야 하는 실천적 의례입니다. 조상의 제사는 반드시 지내야 하며 일가친척 간에 돈독한 정을 나눌 수 있는 기회로 삼아야 하겠습니다. 가능하다면 예서를 숙지하여 전통 예법에 맞게 의례를 행하면 더욱 좋을 것으로 생각합니다.

이 책은 <주자가례>를 기본으로 하는 '전통 사가의례私家儀禮의 해설서'로서 <사례편람>의 절차와 내용을 중심으로 상세하게 서술하였음을 말씀드립니다. 이 책에서의 <가례>는 <주자가례>를, <편람>은 <사례편람>을 각각 지칭하는 용어입니다. 편저자 개인 의견은 '註'로 표시하여 그 부분에 대한 의견을 첨가하였습니다.

특히 이 책의 마지막에 수록된 참고문헌의 소중한 자료들을 참고하고 정리하여 서술을 마무리할 수 있었다는 말씀을 올리면서 여러 참고문헌의 편저자 선생님께 감사의 말씀을 드립니다. 출판을 맡아주신 '도서출판 창' 여러 선생님께 감사의 인사를 드립니다.

끝으로 여러분의 가정에 행운이 가득하시기를 바랍니다.

2019년 10월 30일

李 丁 一 (康旭) 書

차례

제2편 예절 문답

부록편 종중 · 족보

제1편
전통 관혼상제

제1편 전통 관혼상제

전통 관혼상제는 <주자가례>와 <사례편람>의 절차에 따라 행하는 관례, 혼례, 상례, 제례를 말한다. 이는 인간의 중요한 네 가지 예법, 즉 사례四禮이다. 우리 민족이 실천하고 보존하여온 전통 의례이며, 고유의 정신문화 유산이다.

제1편에서는 일반 사가私家(대부·사·서인)에서 <가례>와 <편람>의 절차에 따라 행하는 사가의례로서의 전통 사례에 대하여 서술한다.

사가의례는 <국조오례의>와 <대한예전>에서 규정한 국가의례와는 용어, 형식, 절차가 다르다. 사가의례에서 국가의례의 용어를 사용하거나 그 형식과 절차를 혼용하는 경우가 간혹 있는데 이는 옳지 않다. 사가의례는 국가의례의 형식을 배제하고 순수한 <가례>와 <편람>의 규정에 의하여 행하여야 한다.

제1편의 서술 순서는 "예학·국가의례·사가의례"와 "예절의 방위"를 먼저 설명하고, <사례편람>의 순서대로 사례(제1장 관례, 제2장 혼례, 제3장 상례, 제4장 제례)의 절차와 내용을 설명하면서 실제로 행해지고 있는 현실의 절차를 함께 설명하여 전통 사례와 서로 비교할 수 있도록 하였다. 그리고 제5장에서 "각종 의례축문"에 대하여 설명한다.

▣ 예학·국가의례·사가의례

[1] 예학禮學

예학은 예절의 궁극적인 본질과 올바른 실현 방안을 연구하는 학문이다. 춘추 시대에 공자가 주장한 인仁이 예학의 기본이 되었다. 공자는 "극기복례克己復禮 즉 자기를 이기고 예로 돌아오는 것이 곧 인仁이 되는 것이다."라고 하였다.

그 후 삼례三禮인 <주례周禮>·<의례儀禮>·<예기禮記>로 정리되면서 예학이 성립되었다고 보아야 할 것이다. '주례'는 주周나라의 국가조직과 정치제도를 정리한 것이고, '의례'는 관·혼·상·제를 비롯한 의례를 정리한 것이며, '예기'는 예에 대하여 주석을 붙이고 해설을 기록한 것이다.

후대에 와서 국가의례인 <오례의五禮儀>와 사가의례私家儀禮인 <가례家禮>로 구분하여 정립하게 되었으며, 특히 남송시대에 주희(주자)가 성리학을 집대성하고 저술한 <주자가례>가 사가의례의 기본강령으로 발전하게 되었다.

[2] 국가의례와 사가의례

의례에는 국가의례와 사가의례가 있다. 국가의례는 국가에서 주관하는 모든 의례이고, 사가의례는 대부大夫, 사士, 서인庶人이 사가私家에서 행하는 관혼상제 등의 의례이다.

(1) 국가의례

국가의례는 <국조오례의>와 <대한예전>을 중심으로 국가에서 주관하여 행하는 제사를 비롯한 모든 의례행사이다. 길례吉禮(종묘·사직제사), 가례嘉禮(궁중혼례·연회), 빈례賓禮(외국사신 접대), 군례軍禮(군사의식), 흉례凶禮(왕실장례) 즉 오례五禮를 말한다. 이중에서 국가제사는 종묘대제, 사직대제, 환구대제, 능제향, 문묘석전, 서원향사, 선농제, 선잠제, 기우제 등이 있다. 이러한 국가제사는 일반 사가(대부·사·서인)에서 <주자가례>와 <사례편람> 등에 의하여 행하는 사가제사와는 용어, 형식, 절차가 다르다.

※《국조오례의》 중에서 길례와 흉례의 마지막 부분에 각각 수록된 사가 (대부·사·서인)의 '사시제四時祭'와 '장례葬禮'는 국조오례의의 내용에는 포함되지만 국가의례가 아니고 사가의례에 속한다.

1) 국조오례의國朝五禮儀

조선시대 국가의례인 오례五禮(길례吉禮, 가례嘉禮, 빈례賓禮, 군례軍禮, 흉례凶禮)에 관한 의식절차와 방법 등을 해설하여 편찬한 책이다. 이 책은 세종 때 시작되어 1474년(성종 5)에 의해 완성되었으며 국가의례의 기본 예절서이다. 그 후 일부를 보완하여 <국조속오례의>가 간행되기도 하였다.

① **길례** : 종묘·사직·석전과 산천 등에 대한 국가제사와 농사와 관계되는 선농先農·선잠先蠶 등의 국가의례를 규정한 것이다.

　　　　마지막에 사가의례인 대부·사·서인의 사시제四時祭(음력 2월, 5월, 8월, 11월에 지내는 제사)에 대하여 기술하고 있다.

② **가례** : 중국에 대한 사대례事大禮와 명절과 조하朝賀의례(아침인사), 그리고 납비納妃·책비冊妃 등 궁중의 혼례 등의 절차를 규정하고 있다.

③ **빈례** : 외국 사신을 접대하는 의례이다.

④ **군례** : 열병閱兵·강무講武 등 군사의례에 대한 것이다.

⑤ **흉례** : 궁중의 모든 국장의례의 모든 의식절차를 기술하였다. 마지막에 사가의례인 대부·사·서인의 장례 의식을 기록 하였다.

2) 대한예전大韓禮典

1897년 대한제국이 선포됨으로서 <국조오례의>의 예제를 고쳐서 황제국에 맞도록 제정한 예전이다. 이때부터는 중국에 대한 사대례 등이 없어지고, 황제국의 의례로서 시행되었다.

(2) 사가의례私家儀禮

사가의례는 <주자가례>와 <사례편람> 등의 내용을 기본으로 하는 사례四禮를 중심으로 일반 사가(대부·사·서인)에서 주관하여 행하는 제사를 비롯한 모든 의식행사이다. 즉 민간이 가정에서 행하는 관례, 혼례, 상례, 제례 등 가정의례를 말한다.

이중에서 사가제사는 국가제사의 용어, 형식, 절차를 혼용해서는 안 되고, 순수한

<가례>와 <편람>의 규정에 의하여 행하여야 한다.

사가제사는 <사례편람>에 의하여 광의로 구분하면 참례參禮, 고유告由, 전奠, 제사祭祀로 나눌 수 있다. 참례는 사당에서 정조(설), 동지. 초하루, 보름에 참배하는 예이고, 고유는 사당고유를 비롯한 각종 고유이며, 전은 상례에서 시사전(운명 후 처음 올리는 전), 성복전, 조전, 석전, 삭망전, 견전(발인), 노전路奠, 제주전(반혼·평토) 등이다. 제사는 상례편의 상중제사와 제례편의 제사로 구분할 수 있다. 상중제사는 초우제, 재우제, 삼우제, 졸곡, 부제, 소상, 연제, 대상, 담제, 길제이고, 제례편의 사가제사는 사시제四時祭, 시조제, 선조제, 녜제禰祭(9월에 아버지에게 지내는 제사), 기제, 절사(차례), 묘제 등이 있다.

현재는 사시제, 녜제는 대부분 지내지 않고, 시조제, 선조제는 대종중에서 지내고, 기제, 절사(차례), 묘제는 각 가정과 문중에서 많이 지내고 있다.

1) 사가의례의 예절서

① 주자가례朱子家禮

중국 송나라의 주자朱子(주희)가 가정에서 지켜야할 사례四禮(관·혼·상·제)에 관한 예법을 수록한 예절서이다. 가정에서 시행하는 예라는 뜻으로 <가례>라고 한다. <주자가례>는 고려 말엽 성리학과 함께 전래되었다.

성리학은 안향安珦에 의해 최초로 전래되었는데 이 학문을 연구하는 유학자들은 <주자가례>를 생활의 실천적 이념으로 정립하고자 하였으며 우리나라 예학의 정통으로 삼고자 하였다.

조선시대에 들어와서는 사가의례私家儀禮의 절대적인 기준이 되었으며 조선의 예학은 대체로 이 <가례>를 중심으로 전개된 학문이라고 할 수 있다.

② 예기천견록禮記淺見錄

권근權近(1352~1409)이 1405년(태종 5)에 저술한 책으로 <예기>의 주석서이다. 우리나라의 예학 발전에 중요한 역할을 한 것으로 평가되며 예학 연구에도 특색 있는 업적이라 할 것이다. <예기禮記>는 유교 경전 중 오경五經의 하나로서 예에 대한 기록과 예에 관한 경전을 보완하고 주석註釋한 책이다.

③ 봉선잡의奉先雜儀

이언적李彦迪(1491~1553)이 저술한 제례에 관한 책이다. <주자가례>에 따르면서 여러 학자들의 예설禮說과 속례俗禮를 모아 제례의 의식과 절차를 실정에 맞게 서술하였다.

④ 제의초祭儀鈔

이이李珥(1536~1584)가 1577년(선조 10)에 저술한 학문 입문서인 격몽요결擊蒙要訣의 부록으로 제의초를 기술했다. 이 제의초는 제례에 대하여 논한 것으로 다른 예서와는 달리 탕을 제시하고 5열로 진설하도록 하고 있다.

⑤ 상례고증喪禮考證

유성룡柳成龍(1542~1607)이 저술한 상례에 관한 책이다. <주자가례>의 상례를 예기와 결부시키고 상제의 상복을 도식화하였다. 이 책과 이름이 같은 <상례고증>이 김성일金誠一의 찬술로서도 사본이 전해지고 있다.

⑥ 오선생예설분류五先生禮說分類

정구鄭逑(1543~1620)가 저술했다. 오선생이란 정호程顥·정이程頤·사마광司馬光·장재張載·주희朱熹를 말한다. 이 책은 이 오선생의 예설을 모아 관·혼·상·제와 잡례 등으로 체계 있게 분류하여 편찬한 것이다.

⑦ 가례집람家禮輯覽

김장생金長生(1548~1631)이 1599년(선조 32년)에 저술한 예절서이다. 김장생은 예학의 종장宗長이라고 한다. 이 책은 <가례>의 본문을 중심으로 하면서 그 시대에 맞는 우리의 예설을 붙여서 설명하였다.

특히 각종 제사祭舍, 제기祭器, 복식服飾, 서식 등에 대하여 많은 그림과 설명을 붙였다. <가례>의 시행에 있어서 권위 있는 준칙으로 사용되었으며 <가례>의 연구에서 참고해야 하는 기본 예서가 되었다.

⑧ 의례문해疑禮問解

김장생金長生이 저술하였다. 이 책은 김장생이 예에 관하여 문인들과 친구들의 질문에 대답하는 형식으로 된 책이다. <가례>의 순서에 따라서 제목을 붙였다.

⑨ 상례비요喪禮備要

신의경申義慶(1557~1648)이 저술한 상례喪禮에 관한 예절서이다. 이후에 김장생金長生이 여러 대목을 증보하고, 그 시대의 풍속과 예제도 참고로 첨부하여 이용하기에 편리하도록 그 면모를 새롭게 하였다. 특히 <가례>의 본문을 중심으로 하면서 여러 학자들의 해석을 참고하여 상례에 관한 모든 예절을 요령 있게 찬술하였다.

⑩ 고금상례이동의古今喪禮異同議

김집金集(1574 - 1656)이 저술하였다. 김장생의 아들이다. 이 책은 상례에서 현행예와 고례를 비교하여 현행 예가 형식에 치우쳐 본래의 정신에서 벗어난 것을 지적하면서 고례의 타당성을 밝혔다

⑪ 의례문해속疑禮問解續

김집金集이 저술하였다. 아버지 김장생이 지은 <의례문해>를 계승하여 다루지 못한 부분을 보충하고 질의에 대답하는 형식으로 만든 책이다.

⑫ 사례훈몽四禮訓蒙

이항복李恒福(1556~1618)이 저술한 사례四禮의 정신적인 계몽서이다.

이 책은 <예기禮記>에서 사례四禮에 관한 중요한 구절을 뽑고, 이언적李彦迪의 <봉선잡의>를 참고하였다. 형식에만 얽매이지 않고 예의 본질은 정신이 중요함을 강조하고 계몽하기 위하여 저술하였다.

⑬ 사례문답四禮問答

김응조金應祖(1587~1667)가 선유先儒들의 사례에 관한 학설을 모아 엮은 책이다. 주로 이황을 비롯하여 장현광·유성룡·정구·정경세 등이 그들의 제자에게 보낸 편

지로 되어 있다.

⑭ 가례원류家禮源流

유계兪棨(1607 - 1664)가 <가례>에 관한 여러 가지 예설을 분류하고 정리한 책이다. <가례>를 중심으로 <주례>·<의례>·<예기> 등 예경의 설을 근원적(源)으로 하고 후대 학자들의 설을 보조적(流)로 제시하였기 때문에 <가례원류>라고 하였다. 이 책은 중국학자의 설만을 인용한 것이 아니고 우리나라 학자의 설을 인용했다는 점에서 주체성이 있는 예서라고 할 수 있다.

⑮ 의례문답疑禮問答

윤증尹拯(1629 - 1714)이 저술하였다. 예에 관하여 윤증의 제자와 학자들이 묻고 윤증이 답변한 것을 모아 엮은 예절 문답서이다.

⑯ 육례의집六禮疑輯

박세채朴世采(1631~1695)가 저술하였다. 관혼상제와 향례, 상견례에 관한 여러 예설을 정리한 책이다.

⑰ 삼례의三禮儀

박세채朴世采가 저술하였다. 관冠, 혼婚, 제祭의 삼례三禮를 고금의 여러 서적을 참고하여 그 시대의 풍속과 제도에 맞도록 정리한 책이다.

⑱ 남계예설南溪禮說

박세채朴世采의 <남계문집南溪文集>에서 그의 문인 김간金幹이 예학에 관한 문답·서찰·논설·고증 등을 발췌하여 <가례>의 순서에 따라 정리하였다. <육례의집六禮疑輯>, <삼례의三禮儀>, <가례요해家禮要解> 등을 참고하였다.

⑲ 가례편고家禮便考

이형상李衡祥(1653 - 1733)이 저술하였다. <가례>에 대하여 여러 학자들의 설이 다르게 주장되기도 하고 예외적인 사례가 많이 발생하므로, 이에 대처하기 위하여 만든 예절서이다. 많은 문헌을 인용하여 저술하였는데 그중에는 유명한 우리나라 학자의 저술도 많이 인용하고 있다.

⑳ **가례부록**家禮附錄

이형상李衡祥이 저술하였다. 이 책은 <가례편고>에서 누락된 부분이나 혹은 불완전한 부분에 대하여 보충한 것이다. 이외에도 <가례>의 내용을 문답 형식으로 설명한 <가례혹문家禮或問>이 있다. <가례편고>, <가례부록>, <가례혹문>은 본래 미간본으로서 초고草稿로 되어 있었는데 한국정신문화연구원에서 <병와전서瓶窩全書>를 간행함으로써 출판되었다.

㉑ **사례편람**四禮便覽

이재李縡(1680~1746)가 저술하였다. <사례편람>은 이재 사후에 그 자손들에 의하여 다시 수정 보완되어 완벽한 체제가 이루어졌지만 간행을 하지 못하다가 1844년(헌종 10)에 이재의 증손자 이광정李光正이 간행하였다. 사례四禮에 대한 종합적인 예서이다. <가례>를 보완하면서 우리나라의 실정에 맞고 실제 생활에 편리하게 이용할 수 있도록 엮은 것이다. 이 책이 간행된 후 모든 예禮가 이 책에 따라 행하여졌고, 지금도 사가私家의 관혼상제에 이 책을 가장 많이 활용하고 있다. 그 후 1900년(광무 4)에 황필수黃泌秀·지송욱池松旭이 보정을 더해서 <증보사례편람>을 간행하였다.

㉒ **상변통고**常變通攷

유장원柳長源(1724~1796)이 저술하였다. <가례>의 체계와 순서에 따라 가례의 본문을 먼저 서술하고 변례變禮를 설명하였다.

㉓ **가례증해**家禮增解

이의조李宜朝(1727~1805)가 저술하였다. <가례>의 원칙을 따르면서 시대에 따라서 많이 달라진 여러 가지 변례變禮에 대하여 설명하고 고례古禮의 본질을 자세하게 해설하고 있다.

※ 이외에도 많은 예절서가 있지만 생략한다.

위와 같이 많은 예학서의 간행으로 예학이 발전하여 왔다. 조선시대에는 국가의 례를 제외한 민간의 사가의례는 <주자가례>를 근본으로 하는 각종 예서에 의하여 시행되었다. 1844년 <가례>의 실천편람인 이재의 <사례편람>이 편찬된 이후에는 사대부를 비롯한 상류 지배계층과 서인에 이르기까지 <사례편람>의 규정에 따라 사가의례가 대중화되고 발전하는 계기가 되었다. 1894년 갑오경장으로 신분제도가 철폐됨으로써 신분에 관계없이 4대봉사 제도를 따르게 되었으며 <가례>의 실천이 확립되었다.

▣ 예절禮節의 방위

[1] 예절의 방위설정

각종 의례에서는 기본적으로 예절의 방위를 먼저 알아야 한다. 예절의 방위는 행사장의 실제(자연) 방향이 남향이든 북향이든지 관계없이 그 행사장의 제일 상석(윗자리)을 항상 북쪽으로 간주하는 것이다. 그러면 상석(북쪽)의 앞이 남쪽이 되고, 상석에서 앞(남쪽)으로 보았을 때 좌측은 동쪽, 우측은 서쪽이 된다.

원칙적으로 의례에서는 행사장의 상석(예: 혼례 - 주례, 제례 - 신위)을 기준으로 좌측(동쪽), 우측(서쪽)으로 말한다. 그래서 기준 없이 그냥 좌측, 우측으로 말하여도 의례에서는 상석기준 좌측(동쪽), 우측(서쪽)으로 이해하여야 한다.

간혹 혼인식장의 하객이나 제례의 참제원(남쪽) 기준으로 좌측·우측으로 말하는 경우가 있는데 이는 동쪽, 서쪽을 착각할 수 있으므로 잘못된 표현이다. 의례의 기본인 예절의 방위를 이해하지 못하면 예서에서 방위를 착각하여 반대로 해석하는 결과를 초래할 수 있으므로 주의하여야 한다.

▲ 생자의 남동여서(남좌여우) : 어른은 북쪽(상석)에서 남동여서, 아들과 며느리도 남동여서, 절하는 손
자 손녀도 남동여서. 공수자세는 길사(평상시)의 공수로서 남자는 왼손을 위에, 여자는 오른손을 위
에 올린다.

[2] 예절의 남녀 위치

① 생자와 사자의 위치가 다르다.

② 생자는 상석(북쪽) 기준으로 남동여서(남좌여우) 이고, 사자는 남서여동(남우여
좌 · 고서비동)이다.

③ 생자인 남자는 양의 방위인 동쪽이고, 여자는 음의 방위인 서쪽이다.

④ 사자는 생자의 반대이다. 즉 남자는 음의 방위인 서쪽이고, 여자는 양의 방위인
동쪽이다. 그래서 사자(신도)는 음의 방위인 서쪽을 숭상하므로 신위나 묘지에
는 남자 조상을 서쪽에 모신다.

(1) 생자 남녀 위치(혼례 · 수연례)

신 · 구 혼례

북

주례

서   신   신   동
      부   랑

남

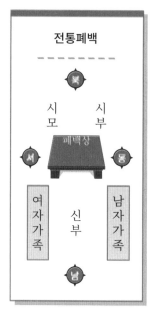

전통폐백

북

시   시
모   부

폐백상

서   동

여자가족   신부   남자가족

남

수연례

북

모   부

수연상

서   동

여자자손   절하는자리   남자자손

남

(2) 사자 남녀 위치(신위 · 묘지)

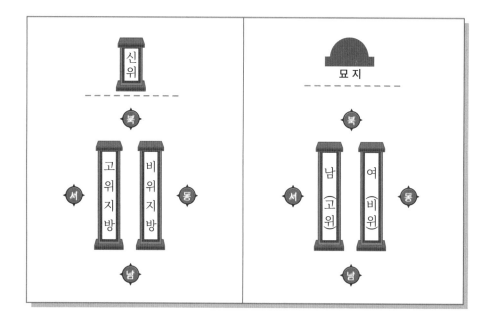

신위

북

서   고위지방   비위지방   동

남

묘지

북

서   남(고위)   여(비위)   동

남

[3] 예절의 방위설정 사례

① 각종 행사장에서는 단상이 있는 곳이 북쪽이다. 단상에서 앞으로 보았을 때 좌측이 동쪽, 우측이 서쪽이다.

② 혼인식장에서는 주례가 서 있는 곳이 북쪽이다. 생자는 남동여서(남좌여우) 이므로 주례가 앞으로 보았을 때 신랑은 좌측(동쪽), 신부는 우측(서쪽)이다. 역시 하객도 신랑·신부의 방위와 같이 신랑 측은 동쪽이고 신부 측은 서쪽이다.

③ 혼례 때 폐백을 받는 시부모의 좌석이 북쪽이다. 생자는 남동여서(남좌여우) 이므로 북쪽에서 앞으로 보았을 때 시아버지는 좌측(동쪽), 시어머니는 우측(서쪽)이다. 요즘 폐백은 신랑, 신부 가족이 같이 참석하여 절을 받는다. 이때도 신랑측은 동쪽이고, 신부측은 서쪽이 된다.

④ 수연례에서 절을 받는 어른의 좌석이 북쪽이다. 생자는 남동여서(남좌여우)이므로 북쪽에서 앞으로 보았을 때 아버지는 좌측(동쪽), 어머니는 우측(서쪽)이다. 절하는 자손의 위치도 역시 상석기준으로 남동여서(남좌여우)이다. 즉 아들은 아버지와 마주하고 며느리는 어머니와 마주한다.

⑤ 제사에서는 신위를 모신 곳이 북쪽이다. 신위(신주·지방) 등 사자는 남서여동(남우여좌·고서비동)이므로 신위에서 앞으로 보았을 때 즉 신위 기준으로 남자조상은 우측(서쪽), 여자조상은 좌측(동쪽)이다. 절하는 자손은 생자의 위치대로 신위 기준으로 남자는 좌측(동쪽), 여자는 우측(서쪽)에 선다.

⑥ 묘지에서는 묘의 뒷부분이 북쪽이다. 북쪽에서 남향한 것으로 본다. 사자는 남서여동(남우여좌·고서비동)이므로 묘가 쌍분이든 합장이든 묘의 뒤쪽에서 앞으로 보았을 때 즉 묘지기준으로 남자는 우측(서쪽), 여자는 좌측(동쪽)이다. 절하는 자손은 생자의 위치대로 묘지 기준으로 남자는 좌측(동쪽), 여자는 우측(서쪽)에 선다.

[4] 공수자세

① 공수는 두 손을 앞으로 모아 잡아서 공손한 자세를 취하는 예이다.

② 공수는 개인별로 취하는 자세이므로 어떤 위치에서 행하든지 각 개인인 자신이 상석(북쪽)이 된다. 그래서 자신의 좌측이 동쪽이고 우측이 서쪽이 된다.

③ 평상시의 공수는 남자는 양이므로 동쪽(좌측)인 왼손을 오른손 위에 올려 포개서 잡고, 여자는 음이므로 서쪽(우측)인 오른손을 왼손 위에 올려 포개서 잡는다. 즉 남동여서이며, 남좌여우 이다.

④ 의례행사를 할 때나 어른을 모실 때는 공수자세를 해야 한다. 뒷짐을 지는 것은 결례가 되며 공손한 태도가 아니다.

(1) 길사吉事의 공수법 : 평상시

註 : 의례에서 흉사와 길사의 구분은 상주 입장에서가 아니고 고인의 입장에서 흉사, 길사가 되는 것이라고도 한다. 우제虞祭는 고인이 흉사를 당하였으므로 혼령을 위안하는 제사이다. 육신이 흙으로 돌아갔으니 혼령이 방황할 수 있으므로 우제를 세 번 지내어 혼령을 위안하는 것이다. 고인의 입장에서 볼 때 졸곡 전까지(혹은 졸곡 포함)를 흉사로 보는 것이라고 한다. 길사吉事라고 하여 축하하고 잔치하는 의미는 결코 아니다. 다만 흉사凶事에 대칭되는 개념으로 보아야 할 것이다. 그러나 자손은 탈상할 때까지 추모하고 근신해야 마땅한 일이고, 또한 친속의 기일을 맞으면 슬픈 마음을 가져야 하고 즐거운 일은 피해야 한다.

① 남자는 양이므로 동쪽(좌측)인 왼손을 오른손 위에 올려 포개서 잡고, 여자는 음이므로 서쪽(우측)인 오른손을 왼손 위에 올려 포개서 잡는다. 즉 남동여서이며, 남좌여우이다.

② 길사는 흉사(초상에서부터 장례, 상중제사 중에서 초우제, 재우제, 삼우제, 졸곡 전까지의 의례. 혹은 졸곡 포함)를 제외한 모든 의례가 길사에 속한다. 예를 들면 상중제사 중에서 졸곡부터 부제, 소상, 연제, 대상, 담제, 길제와 제례편의 제사

인 사시제, 시조제, 선조제, 녜제, 기제, 절사(차례), 묘제(시제) 등의 모든 의례
가 길사에 해당한다.

(2) 흉사凶事의 공수법 : 흉사시

① 흉사의 공수는 길사의 공수법과 반대로 남자는 오른손을 위에 올리고, 여자는
   왼손을 위에 올린다.
② 흉사란 사람이 죽은 때를 말한다. 자기가 상주가 되었거나 남의 상가빈소나 영
   결식에 조문할 때는 흉사의 공수를 한다.
③ 흉사는 초상에서부터 장례, 상중제사 중에서 초우제, 재우제, 삼우제, 졸곡 전
   까지(혹은 졸곡 포함)의 모든 의례가 흉사에 속한다.

제1장 관례冠禮

1. 관례

관례는 혼인하기 전에 행하는 옛날 고유의 성인의식이다. 남자는 관례, 여자는 계례笄禮라고 한다. 관례는 남자가 15세에서 20세 사이에 행하며 아직 미혼이라도 관례 후에는 성인으로 대접하고 행세할 수 있도록 하였다. 관례 당사자나 부모가 1년 이상의 복(상복을 입음)이 없어야 행할 수 있다.

상투를 틀어 관(치포관, 갓, 유건)을 씌워서 성인이 되었다는 사실을 인식시키고 자字를 지어 준다. 관례의 진정한 목적은 성인으로서 참된 마음을 갖고 책임과 의무를 다하도록 하는 데 있다.

요즘은 대체로 관례를 하지 않지만 일부 가정과 성균관, 향교, 서원 등에서 전통 관례를 재현하거나 성년례 행사를 함으로써 관례의 정신을 계승하려고 노력하고 있다. 그러나 관례의 절차를 잘 살펴서 가능한 전통을 지키면서 행하면 좋겠다는 생각이다.

관례의 절차는 <사례편람>의 규정을 따르면서 현실적으로 불필요한 절차와 내용은 생략하고 현실의 성년례에도 준용할 수 있도록 서술하였다.

관례의 설명에서 '주인主人'은 관례 당사자의 조부나 부친, '관자冠者'는 관례를 행하는 당사자, '빈賓'은 관례를 주관하는 주례자, '찬자贊者'는 빈의 역할을 도와주는 사람, '집례執禮'는 홀기를 읽으며 진행하는 사람(사회자), '집사執事'는 진행을 도와주는 사람을 각각 칭하는 말이다.

[1] 관례장소 배치도

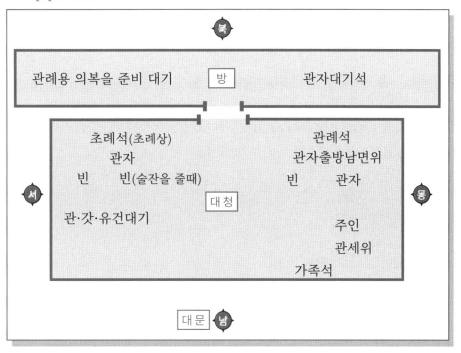

○ 관자가 착용할 관(치포관)·갓·유건과 평상복·출입복·예복은 작은 상 위에
   올려놓는다.

[2] 관례의 절차

관례의 절차는 사당고유, 빈(주례)초청, 관례의식, 사당인사, 어른인사 등의 순으
로 한다.

(1) 사당(가묘) 고유
1) 주인이 3일 전에 사당에 고유한다. 관례 당사자의 직계 조상에게 고유하는 것
   이다. 고유는 관례 당사자가 누구의 아들이든 관계없이 사당의 주인이 한다. 사
   당이 없으면 지방을 모시고 고유한다. 주과포를 차린다.
2) 고유 순서 : 주인분향재배 - 주인뇌주재배 - 참신재배 - 헌작 - 정저 - 고유

- 주인재배 - 관자재배 - 하저 - 사신재배

3) 고유 고사告辭(축문) : 고유 고사 쓰는 형식은 종서縱書로 쓰며 우측에서부터 좌측으로 쓴다. 이하 관혼상제의 모든 고유 고사와 축문 등도 동일하다.

유세차임진 정월계미삭 초칠일기축　효현손　학교장　강철
維歲次壬辰 正月癸未朔 初七日己丑① 孝玄孫②學校長③康哲④

감소고우
敢昭告于

현고조고학생부군
顯高祖考學生府君⑤

현고조비유인인동장씨
顯高祖妣孺人仁同張氏

현증조고학생부군
顯曾祖考學生府君

현증조비유인김해김씨
顯曾祖妣孺人金海金氏

현조고학생부군
顯祖考學生府君

현조비유인경주최씨
顯祖妣孺人慶州崔氏

현고학생부군
顯考學生府君

현비유인고령김씨 강철지장자　성재 연점장성 장이일월십일
顯妣孺人高靈金氏 康哲之長子⑥性宰 年漸長成 將以一月十日

가관어기수 근이 주과용신 건고근고
加冠於其首 謹以 酒果用伸 虔告謹告

해설 : 임진년 0월 0일 효현손 학교장 강철은

고조할아버님 학생부군

고조할머님 인동장씨

증조할아버님 학생부군

증조할머님 김해김씨

할아버님 학생부군

할머님 경주최씨

아버님 학생부군

어머님 고령김씨께 감히 고하옵니다.

　강철의 큰아들 성재의 나이가 장성하여서 오는 1월 10일에 머리에 관을 씌우는 관례를 행하옵니다. 삼가 술과 과실을 차려 경건한 마음으로 삼가 고하옵니다.

① <편람>의 축문식에는 연호年號를 쓰게 되어 있다. 요즘은 연호가 없으므로 단군기원을 쓰기도 한다. 그러나 연호와 기원紀元은 다른 개념이라고 할 수 있다. 연호는 '광무', '융희' 등 왕조시대에 제왕이 정한 그 연대에 대한 칭호이고, 기원은 단기檀紀나 서기西紀를 말한다. 만약 단군기원을 쓸 경우는 '維'다음에 줄을 바꾸어 '檀'자를 '維'자 보다 2 자 높여서 쓴다.

예) 維

檀君紀元 四千三百四十五年 歲次壬辰 正月癸未朔 初七日己丑 - - - - -

　　顯高祖考學生府君 - - - - -

○ 壬辰은 연年의 간지이며, 癸未은 1월 초하루 날의 일진이고, 己丑은 7일 즉 고유일의 일진이다.

○ 만약 양력으로 시행하면 연年의 태세간지만 쓰고, 월의 삭일(초하루) 간지와 고유일의 일진간지는 쓰지 않는다.

○ 축문 등에는 대두법擡頭法을 적용한다. 대두법이란 위의 고사告辭(축문)의 '顯'자와 같이 경의敬意를 표해야 할 글자는 행(줄)을 바꾸어 다른 행의 첫 글자보다 한두 칸 위에 쓰거나 문장의 중간에 있을 때는 밑으로 한두 칸 띄어서 쓰는 것을 말한다. 관혼상제의 모든 고유고사, 축문, 청혼서, 납채서(사주편지), 혼례편지 등도 동일하다.

　경의를 표해야할 글자는 묘호廟號(태조, 세종 등), 경연經筵, 증贈, 시諡, 현顯,

휘諱, 봉영封塋, 존령尊靈, 신神, 구柩, 토지지신土地之神, 향향饗, 존체尊體, 존자尊慈, 존조尊照 등이다.

○ 축문은 원칙적으로 대두법을 제외하고는 띄어쓰기를 하지 않는다. 위의 축문에서 띄어 쓴 것은 현실적인 성향에서 해설의 이해를 돕고 축문을 읽을 때 숨을 쉬는 보편적인 위치를 표시하기 위함이다.

② '孝玄孫'은 큰 현손자, 즉 대를 이어 받은 현손자란 뜻이다.

　최존위 고조와 제주와의 관계인 '효현손'만 쓰면 된다. 효증손, 효손, 효자까지 쓸 필요는 없다.

③ 예서의 축문식에 제주(큰현손자)의 직위를 쓰게 되어 있다. 직위가 있어도 겸양의 의미로 안 쓰는 경우도 있다.

　옛날에는 오로지 관직만 기재하였지만 현대는 직업이 다양화되었기 때문에 관직과 사회적 공적인 직위를 사실대로 기재할 수 있을 것이다.

④ '康哲'이 장손이 아니고 차손이면 장손(康植)이 고유하고 ⑥번 '康哲之長子'를 '弟 康哲之長子'로 고친다.

⑤ '顯高祖考學生府君'은 반드시 줄을 바꾸어 써야 하며, '維'자보다 한 칸위에서부터 쓴다. 만약 단군기원을 병용하면 檀君의 '君'자와 같은 칸에서부터 쓴다. 그 이유는 조상을 높여서 써야 하고, '檀君'보다는 한 칸 내려 써야 되기 때문이다.

※ 축문의 '학생'과 '유인' 등 상세한 작성요령은 "제4장 제례편 기제 축문"을 참고한다.

(2) 빈賓 초청

주인이 빈(주례)을 초청한다. 빈은 주인의 친구나 관자의 스승 중에서 어질고 예를 잘 아는 사람을 선정한다.

(3) 관례 의식

① **서립** : 주인 이하 모든 참례자는 예복을 입고 차례대로 선다.

② **빈영접** : 주인은 빈(주례)을 맞이한다.

③ **시가례** : 첫 번째 의식이다. 초가례라고도 한다. 어른의 평상복(심의)을 입히고
관(치포관·정자관)을 씌운다.

④ **재가례** : 두 번째 의식이다. 어른의 출입복(두루마기·흑단령)을 입히고 갓(笠子)
·모자를 씌운다.

⑤ **삼가례** : 세 번째 의식이다. 어른의 예복(도포·관복)을 입히고 유건(사모·복두)
을 씌운다.

⑥ **초례** : 술의 예법을 가르치는 의식이다.

⑦ **자례** : 자를 지어 주는 의식이다. 옛날에는 존명사상에 의하여 본명을 잘 부르
지 않았기 때문에 관례 때에 자를 지어주는 것이다. 빈은 미리 좋은 뜻의
자를 지어 두었다가 이 자리에서 관자에게 자를 내려준다.

⑧ **예필** : 관례의 의식을 마친다.

▲ 관례의 삼가례 : 세 번째 의식. 어른의 예복(도포·관복)을 입히고 유건(사모·복두)을 씌운다.

(4) 관례후 의식

① 관례를 마치면 관자는 주인과 같이 사당을 뵙는다. 주과포를 차린다. 주인이 고유한다.

○ 고유 순서 : 주인분향재배 - 주인뇌주재배 - 참신재배 - 헌작 - 정저 - 고유 - 주인
　　　　　　재배 - 관자재배 - 하저 - 사신재배

○ 고유 고사 : "강철의 장자 성재가 금일 관례를 마치고 감히 뵙습니다."
　　　　　　(강철지장자성재 금일관필감현康哲之長子性宰 今日冠畢敢見)

　만약 '강철'이 장손이 아니고 차손이면 장손(강식)이 고유하고 '강철의 장자'를 '동생 강철의 장자'로 고친다.

② 관자는 부모를 비롯한 친척 어른에게 인사한다.

③ 손님을 대접한다.

④ 관자는 마을의 선생님과 어른을 찾아뵙고 인사한다.

[3] 관례 홀기(약식)

이 관례 홀기는 <사례편람>의 절차를 따르면서 현실적으로 불필요한 절차는 생략하였다. 또한 읽기 편하도록 한문 문장을 간략하게 약식으로 작성하였다.

관례 홀기冠禮 笏記(약식)

□ 주인이하 서립(主人以下 序立) : 주인 이하 모든 참례자는 예복을 입고 차례대로 서시오.

○ 주인 동계하 서향립(主人 東階下 西向立) : 주인은 동쪽 계단 아래에서 서쪽을 향하여 서시오.

○ 관자 방중 남향립(冠者 房中 南向立) : 관자는 방안에서 남쪽을 향하여 서시오.

□ 주인 영빈(主人 迎賓) : 주인은 빈을 맞이하시오.

○ 빈 문외 동향립(賓 門外 東向立) : 빈은 예복을 갖추어 입고 대문 밖 서쪽에서 동향하여 서시오.

○ 주인 출문 서향립(主人 出門 西向立) : 주인은 대문 밖으로 나와 동쪽에서 서향하여 서시오.

○ 주인 향빈읍 빈답읍(主人 向賓揖 賓答揖) : 주인은 빈에게 읍례하시오. 빈도 답 읍례하시오.

○ 주인 동계승 서향립(主人 東階升 西向立) : 주인은 동쪽 계단으로 올라가 서향하여 서시오.

○ 빈 서계승 동향립(賓 西階升 東向立) : 빈은 서쪽 계단으로 올라가 동향하여 서시오.

○ 관자 복심의(冠者 服深衣) : 관자는 평상복(심의)을 입으시오.

□ 행시가례(行始加禮) : 시가례를 행하시오.

○ 관자 출방 남향궤(冠者 出房 南向跪) : 관자는 방문 밖으로 나와 관례석에서 남향으로 꿇어앉으시오.

○ 찬자 관자지좌궤(贊者 冠者之左跪) : 찬자는 빗과 망건을 가지고 관자의 좌측에 꿇어앉으시오.

○ 찬자 포망건(贊者 包網巾) : 찬자는 관자의 머리를 빗질하여 상투를 틀고 망건을 씌우시오.

○ 빈 관자지전립(賓 冠者之前立) : 빈은 손을 씻고 관자 앞에 서시오.

○ 집사 관수빈(執事 冠授賓) : 집사는 관(치포관 · 정자관)을 빈에게 주시오.

○ 빈 집관 축사(賓 執冠 祝辭) : 빈은 관을 받아 들고 시가축사를 하시오.

시가축사(始加祝辭)

길월영일 시가원복 기이유지 순이성덕 수고유기 이개경복
(吉月令日 始加元服 棄爾幼志 順爾成德 壽考維祺 以介景福) : 좋은 달 좋은 날에 비로소 어른의 원복을 입히나니 너는 이제 어린 뜻을 버리고 어른의 덕성을 이루어 장수하면서 큰 복을 받게 하라.

○ 빈 궤가관(賓 跪加冠) : 빈은 꿇어앉아 관을 씌우시오.

○ 찬자 결관대(贊者 結冠帶) : 찬자는 관의 끈을 매어 주시오.

○ 빈 관자 개흥(賓 冠者 皆興) : 빈과 관자는 모두 일어나시오.

○ 관자 입방 복출입복(冠者 入房 服出入服) : 관자는 방으로 들어가서 출입복(두루마기 · 흑단령)을 입으시오.

□ 행재가례(行再加禮) : 재가례를 행하시오.

○ 관자 출방 남향궤(冠者 出房 南向跪) : 관자는 방문 밖으로 나와 관례석에서 남향으로 꿇어앉으시오.

○ 빈 관자지전립(賓 冠者之前立) : 빈은 손을 씻고 관자 앞에 서시오.

○ 집사 관수빈(執事 冠授賓) : 집사는 관(갓 · 모자)을 빈에게 주시오.

○ 빈 집관 축사(賓 執冠 祝辭) : 빈은 관을 받아 들고 재가축사를 하시오.

재가축사(再加祝辭)

길월영신 내신이복 근이위의 숙신이덕 미수영년 향수하복
(吉月令辰 乃申爾服 謹爾威儀 淑愼爾德 眉壽永年 享受遐福) : 좋은 달 좋은 때에 거듭하여 어른의 출입복을 입히니 몸가짐을 삼가하고 덕을 더욱 맑게 하여 오래 살면서 큰 복을 누릴지어다.

○ 찬자 철관(贊者 徹冠) : 찬자는 관(치포관 · 정자관)을 벗기시오.

○ 빈 궤가관(賓 跪加冠) : 빈은 꿇어앉아 갓(모자)을 씌우시오.

○ 찬자 결관대(贊者 結冠帶) : 찬자는 갓의 끈을 매어 주시오.

○ 빈 관자 개흥(賓 冠者 皆興) : 빈과 관자는 모두 일어나시오.

○ 관자 입방 복예복(冠者 入房 服禮服) : 관자는 방으로 들어가서 예복 (도포 · 관복)을 입으시오.

□ 행삼가례(行三加禮) : 삼가례를 행하시오.

○ 관자 출방 남향궤(冠者 出房 南向跪) : 관자는 방문 밖으로 나와 관례 석에서 남향

으로 꿇어앉으시오.

○ 빈 관자지전립(賓 冠者之前立) : 빈은 손을 씻고 관자 앞에 서시오.

○ 집사 관수빈(執事 冠授賓) : 집사는 유건(사모·복두)을 빈에게 주시오.

○ 빈 집관 축사(賓 執冠 祝辭) : 빈은 관을 받아 들고 삼가축사를 하시오.

> 삼가축사(三加祝辭)
>
> 이세지정 이월지영 함가이복 형제구재 이성궐덕 황구무강 수천지경
> (以歲之正 以月之令 咸加爾服 兄弟俱在 以成厥德 黃耉無疆 受天之慶)
> : 좋은 해 좋은 달에 너는 이제 어른의 옷을 모두 갖추어 입었으니 형제
> 가 함께 살면서 덕을 이루고 건강하게 장수하여 하늘이 주는 경사를 모
> 두 받아라.

○ 찬자 철관(贊者 徹冠) : 찬자는 갓(모자)을 벗기시오.

○ 빈 궤가관(賓 跪加冠) : 빈은 꿇어앉아 유건(사모·복두)을 씌우시오.

○ 찬자 결관대(贊者 結冠帶) : 찬자는 유건의 끈을 매어 주시오.

○ 빈 관자 개흥(賓 冠者 皆興) : 빈과 관자는 모두 일어나시오.

□ 행초례(行醮禮) : 초례를 행하시오.

○ 관자 남향립(冠者 南向立) : 관자는 초례석으로 가서 남향하여 서시오.

○ 찬자 작주 관자지좌립(贊者 酌酒 冠者之左立) : 찬자는 잔반에 술을 따루어서 들고
   관자의 좌측에 서시오.

○ 빈 관자지전립(賓 冠者之前立) : 빈은 관자 앞에 서시오.

○ 찬자 잔반수빈(贊者 盞盤授賓) : 찬자는 잔반을 빈에게 주시오.

○ 빈 집잔반 북향 축사(賓 執盞盤 北向 祝辭) : 빈은 잔반을 받아 들고 북향하여 축사
   를 하시오.

> 초축사(醮祝辭)
>
> 지주기청 가천영방 배수제지 이정이상 승천지휴 수고불망
> (旨酒既淸 嘉薦令芳 拜受祭之 以定爾祥 承天之休 壽考不忘) : 좋은 술
> 이 맑고 향기로우니 절하고 받아서 삼제(고수레) 후 마실지니라. 너의
> 좋은 복이 정해졌으니 하늘의 경사를 이어받아 오래 살며 잊지 말아라.

○ 관자 재배 수잔반(冠者 再拜 受盞盤) : 관자는 재배하고 남향하여 잔반을 받으시오.

○ 빈 답재배(賓 答再拜) : 빈은 답 재배하시오.

○ 찬자 포해 치석전(贊者 脯醢 置席前) : 찬자는 포와 식해를 담은 소반을 초례석 앞에 놓으시오.

○ 관자궤 잔반삼제(冠者跪 盞盤三祭) : 관자는 꿇어 앉아 포와 식해를 빈자리에 조금 당겨 놓고, 잔반의 술을 조금씩 세 번 모사기에 따르시오.

○ 관자 쵀주 흥(冠者 啐酒 興) : 관자는 술을 조금 마시고 일어나시오.

○ 관자 재배 빈 답재배(冠者 再拜 賓 答再拜) : 관자는 남향하여 재배하고, 빈은 답 재배하시오.

□ 행자례(行字禮) : 자를 지어주는 예를 행하시오.

○ 빈 동향립 관자 남향립(賓 東向立 冠者 南向立) : 빈은 동향하여 서고, 관자는 남향하여 서시오.

○ 빈 수자(賓 授字) : 빈은 관자에게 자를 내려 주시오. 너의 자는 0자 0자 이니라.

○ 빈 자축사(賓 字祝辭) : 빈은 축사를 하시오.

자축사(字祝辭)

예의기비 영월길일 소고이자 원자공가 모사유의 의지우하 영수보지
(禮儀旣備 令月吉日 昭告爾字 爰字孔嘉 髦士攸宜 宜之于嘏 永受保之
왈0자0자
曰0字0字) : 관례가 이미 갖추어졌으니 좋은 달 좋은 날에 너의 자를 지어 밝혀준다. 자는 아름다우므로 선비가 마땅히 가져야 하고 복을 받아 길이 보존하여라.

○ 관자 대답사(冠者 對答辭) : 관자는 답으로 사례의 말씀을 올리시오.

○ 관자 재배(冠者 再拜) : 관자는 재배하시오.(빈은 답배하지 않는다.)

○ 예필(禮畢) : 관례의 의식을 모두 마치겠습니다.

2. 계례笄禮

계례는 여자의 머리를 올려 비녀를 꽂아 성인이 되었다는 사실을 인식시키고 자字를 지어 준다. 계례의 목적도 역시 성인으로서 책임과 의무를 다하도록 하는 데 있다.

계례는 여자가 혼인을 허락하면 혼인 전에 계례를 행한다. 그러나 15세가 되면 혼인의 약속이 없어도 계례를 하였다. 계례 당사자나 부모가 1년 이상의 복(상복을 입음)이 없어야 행할 수 있다. 배치도는 관례와 같으며 준비물은 여자 어른의 의복, 배자背子(저고리 위에 입는 덧옷. 소매가 없음), 화관, 비녀, 빗, 댕기 등이다.

계례의 설명에서 '주부主婦'는 관례 당사자의 모친, '계자笄者'는 계례를 행하는 당사자, '빈賓'은 관례를 주관하는 여자 주례자, 시자侍者는 진행을 도와주는 사람을 각각 칭하는 말이다.

▲ 계례의 가관계례 : 화관을 씌우고 비녀를 꽂는다.

[1] 계례의 절차

관례의 절차와 같다. 다만 삼가의 절차가 없고, 한 번의 예로서 화관을 씌우고 비녀를 꽂는다. 계례는 의식이 간단하기 때문에 집례의 홀기 없이 행하기도 한다.

① **서립** : 주부 이하 모든 참례자는 예복을 입고 차례대로 선다.
○ 주부는 동쪽에서 서향하여 선다.
○ 빈은 서쪽에서 동향하여 선다.
○ 계자는 어른의 의복을 입고 방안에서 남향하여 선다.

② **가관계례** : 화관을 씌우고 비녀를 꽂는 의식이다.
○ 계자는 방문 밖으로 나와 계례석에서 남향하여 꿇어앉는다.
○ 시자도 계자를 향하여 꿇어앉아 계자의 머리를 빗질하고 댕기로 묶어 쪽을 짓

는다.

○ 빈이 손을 씻고 계자 앞에 북향하여 선다.

○ 시자가 화관과 비녀를 빈에게 준다.

○ 빈이 화관과 비녀를 받아들고 북향하여 축사를 한다.

가관계축사(加冠笄祝辭)

좋은 달 좋은 날에 비로소 어른의 원복을 입히나니 너는 이제 어린 뜻을 버리고 어른의 덕성을 이루어 장수하면서 큰 복을 받게 하라.(남자 관례의 시가축과 같다.)

○ 빈이 꿇어앉아 화관을 씌우고 비녀를 꽂아 준다.

○ 계자가 일어나 방으로 들어가서 저고리 위에 배자(소매 없는 덧옷)를 입는다.

③ **초례** : 술 마시는 예법을 가르치는 의식이다.

○ 계자는 방문 밖으로 나와 초례석에서 남향하여 선다.

○ 빈은 계자 앞으로 가서 시자로부터 잔반을 받아 들고 북향하여 축사를 한다.
　 (남자 관례의 초례축과 같다.)

○ 계자는 사배하고 잔반을 받는다. 빈은 답배한다.

○ 계자는 잔반의 술을 조금씩 세 번 모사기에 따른 후 술을 조금 마시고 일어난다. 계자는 사배한다.

④ **자례** : 자를 지어 주는 의식이다.

○ 빈은 동향하여 서고, 계자는 남향하여 선다.

○ 빈은 자를 내리는 축사를 한다.(남자 관례의 자례축과 같다. 다만 髦士를 女士로 고친다.)

○ 계자는 사배한다.(빈은 답배하지 않는다.)

⑤ **예필** : 계례의 의식을 마친다.

⑥ **계례후 의식**

○ 계례를 마치면 계자는 주인과 같이 사당을 뵙는다. 주과포를 차린다. 주인이
고유한다.

고유 순서 : 주인분향재배 - 주인뇌주재배 - 참신재배 - 헌작 - 정저 - 고유 - 주인재
배 - 계자재배 - 하저 - 사신재배

고유 고사 : "강철의 장녀 희재가 금일 계례를 마치고 감히 뵙습니다."
(강철지장녀희재 금일계필감현康哲之長女喜宰 今日筓畢敢見)
만약 '강철'이 장손이 아니고 차손이면 장손(강식)이 고유하고 '강철의
장녀'를 '강식의 동생 강철의 장녀'로 고친다.

○ 손님을 대접한다.

3. 현대의 성년례

요즘도 전통 관례와 계례를 재현할 수 있으면 좋겠지만 쉬운 일은 아니다. 그러나
성년의식은 꼭 필요하므로 옛날의 절차를 참고하여 현실에 적합한 성년례를 행함으
로서 성인으로서의 책임과 의무를 인식시켜야 할 것이다.

현대는 청소년에 대한 예절교육이 절실한 실정이므로 절차와 내용을 갖춘 성년
례의 거행이 반드시 필요하다고 생각한다. 성년례를 가정과 성균관, 향교, 서원 등
에서 지속적으로 행한다면 심각한 청소년 문제를 다소나마 해결할 수 있을 것이다.

현대의 성년례는 옛날의 관례와 현대의 혼인식을 참고하고 '혼인서약', '성혼선언'
과 같이 '성년서약'과 '성년선언' 등을 추가하여 현실에 맞게 행하면 될 것이다.

[1] 성년례 절차

(1) 개식 선언
○ 지금부터 성년례를 거행하겠습니다.

(2) 주례 등단
○ 주례님은 등단하여 제자리에서 남향하여 서시오.

(3) 성년자 입장
○ 성년자는 입장하여 제자리에서 북향하여 서시오.

(4) 성년자 경례
○ 성년자는 주례님에게 경례하시오.
○ 성년자는 남쪽을 향하여 손님에게 경례하시오.
○ 성년자는 동쪽을 향하여 가족에게 경례하시오.
○ 성년자는 북향하여 서시오.

(5) 성년 서약
○ 다음은 성년자로부터 성년서약이 있겠습니다.

　　주례 - 이제 성년서약을 받겠습니다.

　　묻는 질문에 분명하게 답변해 주기 바랍니다.

　　　그대는 자손의 도리로서 조상님과 부모님의 은혜에 보답하고 성인으로서의 책임과 의무를 다할 것을 서약합니까?

성년자 - 예 서약합니다.

(6) 성년 선언
○ 주례님께서 성년선언문 낭독이 있겠습니다.

주례 - 오늘 하객 여러분이 지켜보는 가운데 성년자가 성년서약을 했습니다. 이에 주례는 성년이 되었음을 선언하겠습니다.

성 년 선 언

성년자 성명 :

생년월일 :

　그대는 자손의 도리로서 조상님과 부모님의 은혜에 보답하고 성인으로서의 책임과 의무를 다할 것을 서약하였으므로 이에 주례는 그대가 성년이 되었음을 선언합니다.

년　　　월　　　일

주례 :　　　　　　　　　(서명)

---

(7) 음주례

○ 이제 술 마시는 의식을 하겠습니다.

○ 성년자는 옆자리에 있는 주안상 앞에 북향하여 꿇어앉으시오.

○ 주례님은 주안상을 가운데 두고 남향하여 서시오.

○ 집사는 잔반에 술을 따라 그 잔반을 주례님께 주시오.

○ 주례님은 잔반을 두 손으로 받아 들고 술의 교훈을 내리시오.

교훈

　술은 맑고 향기롭다. 그러나 많이 마시면 정신이 혼미하므로 술을 조심스럽게 마셔야 한다. 이제 너는 큰 복을 받아 오래 살며 술의 교훈을 잊지 말아라.

○ 집사는 주례님에게서 잔반을 받아 성년자에게 주시오.

○ 성년자는 두 손으로 잔반을 받아 눈높이로 올려 하늘에 맹세하고, 잔반을 내려 모사기에 조금씩 세 번 따라(삼제) 땅에 맹세하시오.

○ 성년자는 술을 마시오.

○ 성년자는 일어나시오.

○ 주례님과 성년자는 본래의 자리에 서시오.

(8) 자례

○ 자를 내려 주는 의식을 하겠습니다.

○ 주례님은 성년자에게 자字를 내려주시오.

- 너의 자는 0자 0자 이니라. -

○ 주례님은 자의 교훈을 내리시오.

> 교훈
> 자는 성인이 마땅히 가져야 한다. 자의 아름다운 뜻에 맞게 행동하고 길이 보존하여라.

○ 성년자는 사례의 말씀을 올리시오.

- 00는 비록 불민하오나 받들어 행하겠습니다. -

(9) 주례 수훈

○ 주례님은 성년자에게 책임과 의무를 일깨우는 교훈을 내리시오.

- 교훈을 내린다. -

(10) 성년자 경례

○ 성년자는 주례님에게 경례하시오.

○ 성년자는 손님에게 경례하시오.

○ 성년자는 가족에게 경례하시오.

(11) 폐식 선언

○ 이상으로 성년례를 모두 마치겠습니다.

제2장 혼례婚禮

1. 혼례

혼례는 남녀가 부부의 인연을 맺는 의식을 말한다. 혼인은 개인적으로는 두 사람이 합하여 가족을 구성하는 의미이지만 사회적으로는 두 가문의 결합이기도 하다. 그래서 옛날부터 혼인을 "이성지합二姓之合 만복지원萬福之源"이며 "인륜지대사人倫之大事"라고 하여 매우 중요시하였다.

혼례의 기본 정신은 진정으로 백년해로를 다짐하며 서약하는 것이다. 즉 부모, 천지신명, 배우자에 대한 서약이다. 이를 삼서정신三誓精神이라고 한다. 혼인 당사자와 혼주가 1년 이상의 복이 없어야 혼인 할 수 있다.

婚禮를 <주자가례> 등 옛날의 예서에는 '昏禮'라고 했다. 혼인예식은 해질 무렵(昏)인 저녁 시간에 올리는 예라는 뜻을 가지고 있기 때문이다.

婚姻을 옥편에서 어원을 찾아보면 '혼婚'자는 옛날에는 신랑이 해질 무렵인 저녁 시간에 신부집에 가서 혼례를 올렸으므로 장가든다는 뜻이고, '인姻'자는 여자는 신랑 따라가는(因) 곳이 시집이므로 시집간다는 뜻이라고 했다. 또한 '혼婚'자의 어원을 '저녁에 여자의 집에 가다'라는 의미에서 '혼인하다'라는 뜻이 생겨났다고 보기도 한다.

전통 혼례방법에는 '우리의 전통육례', 주나라의 '주육례周六禮', 송나라의 주자(주희)가 주장한 '주자사례朱子四禮'가 있다. 그러나 '주육례'와 '주자사례'는 모두 중국의 예법으로 '우리의 전통육례' 절차와는 차이가 있다.

'우리의 전통육례'의 절차는 혼담婚談, 사주四柱, 택일擇日, 납폐納幣, 예식禮式, 우귀于歸이다.

'주육례'의 절차는 납채納采, 문명問名, 납길納吉, 납징納徵, 청기請期, 친영親迎이고, '주자사례'의 절차는 의혼議婚, 납채納采, 납폐納幣, 친영親迎이다. 여기에서는 '우리의 전통 혼례(육례)'에 대하여만 서술한다.

[1] 전통 혼례(육례)의 개요

① 혼담婚談

의혼議婚이라고도 한다. 청혼, 허혼이다. 상방이 혼인에 대하여 의논하는 절차이다.

② 사주四柱

사성四星 · 납채納采라고도 한다. 신랑의 사주와 함께 납채서를 신부측에 보낸다. 혼인 날짜를 청하는 절차이다.

③ 택일擇日

연길涓吉 · 납기納期라고도 한다. 신부 측이 신랑의 사주를 받아서 혼인 날짜를 정해서 신랑 측에 보내는 절차이다. 연길이란 좋은 길일을 택일했다는 뜻이다.

④ 납폐納幣

신랑 측에서 예물을 보내는 절차이다. 즉 폐백幣帛을 보낸다는 뜻이다.

⑤ 예식禮式

대례大禮라고도 하고, 초례醮禮라고도 한다. 신랑이 신부의 집으로 가서 혼인예식을 하는 의식이다.

⑥ 우귀于歸

신부가 시집가는 절차이다. 신랑이 신부의 집에 가서 혼인예식을 하고 신부와 같이 시집으로 들어가는 것이다.

2. 전통 혼례(육례) 절차

전통 혼례(육례)는 우리 고유의 혼인제도이다. <사례편람>에는 '주자사례(의혼, 납채, 납폐, 친영)'의 순서대로 되어 있다. 그러나 여기서는 '우리의 전통 혼례(육례)'의 절차에 따라 서술하고자 한다.

요즘은 신식혼인을 많이 하고 있지만 전통의례를 권장하는 각급 예절단체와 성균관, 향교, 서원 등에서 전통혼례의 홍보와 실천을 위하여 노력하고 있다. 우리의 미풍양속을 계승 발전시키기 위하여 전통혼례를 많이 권장하여야 할 것이다.

그래서 전통혼례를 이해하기 쉽도록 상세하게 서술한다. 주요 서식은 옛날의 서식을 최대한 준용하였으며, 필요한 경우에는 현대 감각에 맞는 방법들을 보충 설명하였다.

[1] 혼담婚談

청혼請婚과 허혼許婚이다

옛날에는 남자 측에서 혼인의사를 여자 측에 직접 청혼하지 않고 중매자를 통하여 청혼하는 것이 예로 되어 있었다. 남자 측에서 청혼서를 여자 측에 보내고, 여자 측에서 혼인을 허락하는 허혼서를 보냄으로써 혼담이 이루어진다. 그러나 간혹 직접 청혼하기도 했다.

註 : 요즘은 교제나 중매를 통하여 혼담과 청혼, 허혼의 절차가 이루어지므로 청혼서와 허혼서는 생략하기도 한다.

(1) 청혼서(중매인을 통하는 경우)

청혼서 쓰는 형식은 종서縱書로 쓰며 우측에서부터 좌측으로 쓴다. 이하 모든 서식과 편지 등도 동일하다.

복유성하
伏惟盛夏(계절에 따라서 고쳐 쓴다. 孟冬 등)

존체후 이시만중 앙소구구지지 제가아성재친사 연급가관 상무합처
尊體候 以時萬重 仰素區區之至 第家兒性宰親事 年及加冠 尙無合處

근문 정종만씨댁규양영순양 숙철운 능기권유 사결진진지의
近聞 鄭宗萬氏宅閨養英順孃 淑哲云 能其勸誘 使結秦晋之誼

여하 여불비례 근배상장
如何 餘不備禮 謹拜上狀

年　　　月　　　日

全州后人 李康哲 再拜

靑松 沈 德 求 先生 座下

해설 : 엎드려 여쭙건대 여름에

존체 강녕하십니까. 저의 자식 성재는 나이가 들어 장가들 때가 되었으나 아직껏 마땅한 곳이 없더니 요즈음 듣자오니 정종만 씨 댁의 따님 영순 양이 인품이 훌륭하다고 합니다. 그 댁에 권하실 수 있다면 저희와 사돈을 맺도록 하여 주시면 어떻겠습니까? 이만 예를 갖추지 못하오며 삼가 글월을 올립니다.

년　　　월　　　일

전주후인 이 강 철 재배

청송 심 덕 구 선생 좌하

○ 축문 등에는 대두법擡頭法을 적용한다. 대두법이란 위의 청혼서의 '尊體'와 같이 경의敬意를 표해야 할 글자는 행(줄)을 바꾸어 다른 행의 첫글자보다 한두 칸 위에 쓰거나 문장의 중간에 있을 때는 밑으로 한두 칸 띄어서 쓰는 것을 말한다. 관혼상제의 모든 고유고사, 축문, 청혼서, 납채서(사주편지), 혼례편지 등도 동일하다.

경의를 표해야 할 글자는 묘호廟號(태조, 세종 등), 경연經筵, 증贈, 시諡, 현顯,

휘諱, 봉영封瑩, 존령尊靈, 신神, 구柩, 토지지신土地之神, 향饗, 존체尊體, 존자尊慈, 존조尊照 등이다.

(2) 청혼서(직접 청혼하는 경우)

중매인을 통하지 않고 직접 여자 측에 청혼하는 서식이다.

복유성하
伏惟盛夏(계절에 따라 고쳐 쓴다. 孟多 등)

존체후 이시만중 앙소구구지 제가아성재친사 연급가관 상무합처
尊體候 以時萬重 仰素區區之至 第家兒性宰親事 年及加冠 尙無合處

근문 존댁규양영순양 숙철운 간심역연 감청 여결진진지의 약몽허납
近聞 尊宅閨養英順孃 淑哲云 看審亦然 敢請 與結秦晋之誼 若蒙許納

즉 비문경행 여불비례 복유
則 鄙門慶幸 餘不備禮 伏惟

존조 근배상장
尊照 謹拜上狀

　　　　　　　年　　　月　　　日
　　　　　　　　　　全州后人 李康哲 再拜

東萊 鄭宗萬 先生 座下

해설 : 엎드려 여쭙건대 여름에

존체 강녕하십니까. 저의 자식 성재는 나이가 들어 장가들 때가 되었으나 아직껏 마땅한 곳이 없더니 요즈음 듣자오니 선생님의 따님 영순 양이 현숙하다 하옵기에 감히 저의 자식의 배필로 허락해 주시기를 청하옵니다. 저희의 한미함을 무릅쓰시고 허락해 주시면 더 없는 영광이겠습니다. 이만 예를 다 갖추지 못하오며 엎드려 선생님께서 굽어 살피시기를 바라오며 삼가 글월을 올립니다.

　　　　　　　　　　년　　　월　　　일

　　　　　　　　　　　전주후인 이 강 철 재배

동래 정 종 만 선생 좌하

(3) 허혼서

청혼서를 받은 여자 측에서 직접 남자 측에 허혼서를 보낸다.

복유성하
伏惟盛夏(계절에 따라 고쳐 쓴다. 孟冬 등)

존체후 동지만중 앙위구구지지 제여아영순친사 불비한루 여시근권
尊體候 動止萬重 仰慰區區之至 第女兒英順親事 不鄙寒陋 如是勤勸

감불청종 여불비례 복유
敢不聽從 餘不備禮 伏惟

존조 근배상장
尊照 謹拜上狀

　　　　　　　　　年　　　月　　　日

　　　　　　　　　　　　　　　東萊后人 鄭 宗 萬 再拜

全州 李 康 哲 先生 座下

해설 : 엎드려 여쭙건대 여름에

　　　존체 강녕하십니까. 저의 여식 영순은 이미 시집갈 나이가 되었으나 아직 마
　　　땅한 배필을 구하지 못하였사옵니다. 저희의 누추함을 낮추어보지 않으시
　　　고 이토록 권하시니 감히 따르지 않을 수 없습니다. 어여삐 여기시어 거두
　　　어 주신다면 다시없는 영광이겠습니다.이만 예를 다 갖추지 못하오며 엎드
　　　려 선생님께서 굽어 살피시기를 바라오며 삼가 글월을 올립니다.

　　　　　　　　　　　　년　　　월　　　일

　　　　　　　　　　　　　　　　동래후인 정 종 만 재배

　　　전주 이 강 철 선생 좌하

[2] 사주四柱

사성四星 · 납채納采라고도 한다.

청혼에 대하여 허혼이 이루어지면 신랑 측에서 확실한 혼인의사를 전달하기 위하여 신랑의 사주와 납채서(사주편지)를 보내어 혼인할 날짜를 청하는 절차이다.

註 : 옛날에는 신랑 측에서 사주를 먼저 보내면 신부 측에서 택일을 하였다. 그러나 요즘은 양가에서 합의하여 혼인일자를 택일하기도 하므로 사주 보내는 시기가 옛날과 조금 다른 것 같다. 바른 예법은 아니지만 요즘은 대체로 납폐(폐백)를 보낼 때 사주와 납폐함, 혼서지(예장지)를 함께 보내기도 한다. 비록 사주 보내는 시기가 <편람>과는 다르지만 사주의 형식을 갖추기 위함이다. 납채서(사주편지), 신부측 답서는 생략하기도 한다.

(1) 사주 서식

사주는 신랑의 생년, 생월, 생일, 생시 즉 네 기둥이라는 뜻이다.

사주는 한지(가로40cm 세로30cm)를 다섯 칸으로 접어서 우측부터 좌측으로 세로로 쓴다. 봉투에 넣고 윗부분은 봉하지 않는다.

■ 봉투 ■   ■ 내용 ■

(뒷면)	(앞면)				
	四柱	一九九○年陰五月十日午後四時生	庚午 辛巳 戊戌 庚申	全州后人 李性宰	四柱

(2) 납채서(사주편지)

동래 정종만 좌하
東萊 鄭宗萬 座下

　복승
　伏承

존자 불비한미 곡종매의 허이 영애영순양 항실
尊慈 不鄙寒微 曲從媒議 許以 令愛英順孃 伉室

　복지장자성재 자유 선인지례 근전인납채 복유
　僕之長子性宰 玆有 先人之禮 謹專人納采 伏惟

존자부사 감념 불선
尊慈俯賜 鑑念 不宣
　　　　　　年　　　月　　　日
　　　　　　　　全州后人 李康哲 再拜

■봉투(앞면)■

상장
上狀

동래 정종만 존댁 집사
東萊 鄭宗萬 尊宅 執事

■봉투(뒷면)■

　　　　　　　　　　전주후인 이강철 재배
　　　　　　　　　　全州后人 李康哲 再拜

해설 : 동래 정종만 존좌하

　　　 엎드려 아뢰나이다.

　　　 높은 사랑을 베푸시어 저희의 한미함에도 불구하시고 중매자의 논의를 따르
　　　 시어 영순 양을 저의 큰아들 성재의 배필로 허락해 주시어 이에 선인의 예

에 따라 삼가 인편으로 납채를 행하옵니다. 엎드려 바라옵건대 사랑으로
굽어 살펴주시기를 바라오며 다 펴지 못하옵니다.

년   월   일

전주후인 이강철 재배

(3) 신랑측 사당 고유

신랑 측에서 사주를 보낼 때는 사주와 납채서(사주편지)를 제상 위에 올려놓고 고
유한다. 신주를 모시지 않았으면 지방으로 한다. 주과포를 차린다.

① **고유 순서** : 주인분향재배 - 주인뇌주재배 - 참신재배 - 헌작 - 정저 - 고유 - 주인
재배 - 혼인당사자재배 - 하저 - 사신재배

② **고유 고사**告辭(축문)

유 세 차 임 진 모 월 간 지 삭 모 일 간 지 효 자 강 철 감 소 고 우
維歲次壬辰 某月干支朔 某日干支 孝子康哲 敢昭告于

현 고 학 생 부 군
顯考學生府君

현 비 유 인 고 령 김 씨 강 철 지 장 자 성 재 연 기 장 성 미 유 항 려 이 의 취 동 래
顯妣孺人高靈金氏 康哲之長子 性宰 年旣長成 未有伉儷 已議娶 東萊

정 종 만 지 차 녀 금 일 납 채 불 승 감 창 근 이 주 과 용 신 건 고 근 고
鄭宗萬之次女 今日納采 不勝感愴 謹以 酒果用伸 虔告謹告

해설 : 임진년 0월 0일 효자 강철은

아버님학생부군과

어머님유인고령김씨께 감히 고하옵니다. 강철의 장자 성재가 장성하였으나
배필을 구하지 못하였는데 이미 동래 정종만의 둘째 딸과 혼인이 의론되어
금일 납채를 행하옵니다. 감동하는 마음을 이기지 못하여 삼가 술과 과실을
차려 경건한 마음으로 삼가 고하옵니다.

○ 고조에서 부모까지 조상을 모시면 축문에 고조부모부터 부모까지 열서하고 고유자의 호칭은 효현손으로 한다.

○ 만약 양력으로 시행하면 연年의 태세간지만 쓰고, 월의 삭일(초하루) 간지와 고유일의 일진간지는 쓰지 않는다.

(4) 신부측 사당 고유

신부 측도 사주를 받았을 때는 사주와 납채서(사주편지)를 제상 위에 올려놓고 고유한다. 신주를 모시지 않았으면 지방으로 한다. 주과포를 차린다.

① **고유 순서** : 주인분향재배 - 주인뇌주재배 - 참신재배 - 헌작 - 정저 - 고유 - 주인재배 - 혼인당사자재배 - 하저 - 사신재배

② **고유 고사**告辭(축문)

유세차임진 모월간지삭 모일간지 효자종만 감소고우
維歲次壬辰 某月干支朔 某日干支 孝子宗萬 敢昭告于

현고학생부군
顯考學生府君

현비유인안동김씨 종만지차녀 영순 연점장성 이허가 전주이강철지장
顯妣孺人安東金氏 宗萬之次女 英順 年漸長成 已許嫁 全州李康哲之長

자 금일납채 불승감창 근이 주과용신 건고근고
子 今日納采 不勝感愴 謹以 酒果用伸 虔告謹告

해설 : 임진년 0월 0일 효자 종만은

아버님학생부군과

어머님유인 안동김씨께 감히 고하옵니다. 종만의 차녀 영순이 장성하여 이미 전주 이강철의 장남에게 시집보내기로 했더니 금일 납채를 받았습니다. 감동하는 마음을 이기지 못하여 삼가 술과 과실을 차려 경건한 마음으로 삼가 고하옵니다.

(5) 납채서(사주편지)에 대한 신부측 답서

신부 측에서 사주와 납채서를 받으면 감사의 답서를 신랑측에 보낸다.

① 답서 서식

전주 이강철 좌하
全州 李康哲 座下

　복승
　伏承

존자 불기한루 과청매씨지언 택복지차녀영순 작배 영성재
尊慈 不棄寒陋 過聽媒氏之言 擇僕之次女英順 作配 令性宰

　약식준우 우불능교 기욕채택 감불배종 복유
　弱息惷愚 又不能教 旣辱采擇 敢不拜從 伏惟

존자특사 감념 불선
尊慈特賜 鑑念 不宣

　　　　　　　　　年　　月　　日

　　　　　　　　　　　　　　　　東萊后人 鄭宗萬 再拜

■봉투(앞면)■

上狀
全州 李康哲 尊宅 執事

■봉투(뒷면)■

　　　　　　　　　　　　　　　東萊后人 鄭宗萬 再拜

해설 : 전주 이강철님 좌하

　　　엎드려 아뢰나이다.

　　　높은 사랑을 베푸시어 저희의 한미함을 버리지 않으시고 중매자의 논의를 따
　　　르시어 저의 둘째 딸 영순을 택하여 영식 성재군의 배필로 삼으셨습니다.
　　　저의 여식이 어리석고 또한 가르치지 못하였으나 이미 채택하셨으니 감히

따르지 않겠습니까. 엎드려 바라옵건대 사랑으로 굽어 살펴주시기를 바라
오며 다 펴지 못하옵니다.

년　　　월　　　일

동래후인 정종만 재배

[3] 택일擇日

연길涓吉 · 납기納期라고도 한다.

신부 측에서 사주(납채)를 받으면 혼인일자를 정하여 택일(납기)과 납기서(택일편지)를 신랑 측에 보내는 절차이다.

註 : 요즘의 택일은 대체로 양가에서 합의하여 혼인일자를 택일하므로 택일서식,
　　　납기서(택일편지)는 생략하기도 한다.

(1) 택일 서식

혼인예식 일자를 기록한 서식이다.

택일(연길)서식은 한지(가로40cm 세로30cm)를 다섯 칸으로 접어서 우측부터 좌측으로 세로로 쓴다. 봉투에 넣고 윗부분은 봉하지 않는다.

봉투 뒷면	봉투 앞면				
	涓 吉	納幣는 奠雁前日隨時 납폐는 혼인일 전일에 행하시오	奠雁 二〇一二年陰三月二十日正午	壻　全州后人　李性宰 婦　東萊后人　鄭英順	涓 吉

(2) 납기서(택일편지)

전주 이강철 좌하
全州 李康哲 座下

　복승화한 감하무량 근미심 자시
　伏承華翰 感荷無量 謹未審 玆時

존체후만중 앙위구구지지 제여아친사 기승주단
尊體候萬重 仰慰區區之至 第女兒親事 旣承柱單

　한문경사 연길녹정 여불비 복유
　寒門慶事 涓吉錄呈 餘不備 伏惟

존조 근배 상장
尊照 謹拜 上狀
　　　　　　年　　　月　　　日
　　　　　　東萊后人 鄭宗萬 再拜

해설 : 전주 이강철님 좌하

엎드려 서한을 받자오니 감사한 마음 이루 말할 수 없습니다. 삼가 살피지 못한 때에

존체 만중하십니까? 저의 여식 혼사로 이미 사주단자를 받으니 가문의 경사이옵니다. 혼인일자를 택하여 보내옵니다. 예를 다 갖추지 못했습니다. 엎드려서 바라옵건데 살펴주시옵소서.

삼가 절하며 글을 올립니다.
　　　　　　년　　　월　　　일
　　　　　　　　　　동래후인 정종만 재배

(3) 신부측 사당 고유

신부 측에서 택일(연길)과 납기서(택일편지)를 보낼 때는 택일(연길)과 납기서(택일편지)를 제상 위에 올려놓고 고유한다. 신주를 모시지 않았으면 지방으로 한다. 주과포를 차린다.

① **고유 고사告辭(축문)**

신부 측에서 사주를 받았을 때의 사당 고유 고사(축문)에서 "年漸長成已許嫁"를 "기납채旣納采"로, "금일납채今日納采"를 "금일납기今日納期"로 각각 고치면 될 것이다. 즉 "이미 사주(납채)를 받았으므로 택일(납기)을 보낸다."는 내용이다.

(4) 신랑측 사당 고유

신랑 측도 택일(연길)과 납기서(택일편지)를 받았을 때는 택일(연길)과 납기서(택일편지)를 제상 위에 올려놓고 고유한다. 신주를 모시지 않았으면 지방으로 한다. 주과포를 차린다.

① **고유 고사告辭(축문)**

신랑 측에서 사주를 보낼 때의 사당 고유 고사(축문)에서 "年旣長成 未有伉儷 已議娶"를 "기납채旣納采"로, "금일납채今日納采"를 "금일납기今日納期"로 각각 고치면 될 것이다. 즉 "이미 사주(납채)를 보냈으므로 택일(납기)을 받는다."는 내용이다.

[4] 납폐納幣

납폐는 폐백幣帛을 보낸다는 뜻이다. 폐백이란 예물을 의미하며 신랑 측에서 신부 측에 예물을 보내는 절차를 납폐라고 한다. 즉 납폐함과 혼서지(예장지)를 보내는 것이다.

註 : 요즘은 바른 예법은 아니지만 납폐(폐백)를 보낼 때 사주와 납폐함, 혼서지(예장지)를 함께 보내기도 한다.

(1) 납폐 물목기

납폐물목기는 한지(가로35cm 세로30cm)에 붓으로 우측부터 세로로 쓴다.

納幣物目

○ 玄 壹段 현 일단 靑緞 청단
○ 纁 壹段 훈 일단 紅緞 홍단

全州后人李康哲再拜
전주후인이강철재배

봉투 앞면

納幣物目 납폐물목

봉투 뒷면

李康哲再拜 이강철재배

(2) 혼서지 서식

예장지라고도 한다. 납폐함과 함께 혼서를 써서 보낸다. 혼서지 서식은 한지(가로 40cm 세로30cm)에 우측부터 세로로 쓴다. 봉투에 넣고 윗부분은 봉하지 않는다. 상중하에 '근봉謹封'이라고 쓴 봉함지를 끼운다.

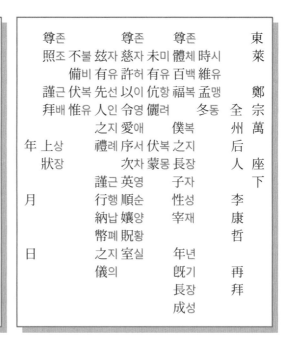

해설 : 동래 정종만 님께 아뢰옵니다.

겨울이옵니다.

존체 강녕하시옵니까? 저의 큰아들 성재는 이미 장성하였으나 배필이 없더니 높은 사랑으로 둘째 따님 영순 양을 아내로 허락해 주셨습니다. 이에 옛 어른들의 예에 따라 삼가 납폐의식을 행하옵니다. 다 갖추지 못했습니다. 엎드려서 바라옵건대 살펴주시옵소서. 삼가 절하며 글을 올립니다.

년　　　월　　　일

전주후인 이강철 재배

(3) 신랑측 사당 고유

註 : <사례편람>에는 신랑 측에서 납폐함과 혼서지를 보낼 때는 사당 고유를 하지 않는다고 하였다. 만약 이때 사당 고유를 하려면 다음과 같이 하면 될 것이다.

① 고유 고사告辭(축문)

신랑 측에서 사주를 보낼 때의 사당 고유 고사(축문)에서 "年旣長成 未有伉儷 已議娶"을 "기허혼旣許婚"으로, "금일납채今日納采"를 "금일납폐今日納幣"로 각각 고치면 될 것이다. 즉 "이미 혼인을 허락하였으므로 폐백을 보낸다."는 내용이다.

(4) 납폐장소와 절차

납폐장소는 신부집이다. 병풍(북쪽)을 치고 떡시루상을 중앙에 놓는다. 신부 아버지는 동쪽에서 집사의 도움으로 납폐함과 혼서지를 받아 떡시루상 위에 올려놓고 납폐함을 향하여 두 번 절한다.

(5) 신부측 사당 고유

註 : <사례편람>에는 신부측에서 납폐함과 혼서지를 받았을 때는 사당 고유를 하지 않는다고 하였다. 만약 이때 사당 고유를 하려면 다음과 같이 하면 될 것이다.

① 고유 고사告辭(축문)

신부 측에서 사주를 받았을 때의 사당 고유 고사(축문)에서 "年漸長成已許嫁"를 "기허혼旣許婚"으로, "금일납채今日納采"를 "금일납폐今日納幣"로 각각 고치면 될 것이다. 즉 "이미 혼인을 허락하였으므로 폐백을 받는다."는 내용이다.

(6) 납폐에 대한 신부측 답서

신부 측에서 납폐함과 혼서지를 받으면 감사의 답서를 신랑 측에 보낸다.

① 답서 서식

전주 이강철 좌하
全州 李康哲 座下

　복승가명 위금한종 고유약식 교훈무소 절공불감
　伏承嘉命 委禽寒宗 顧惟弱息 敎訓無素 切恐弗堪

　자우몽순선전 황이중례 사기불획 감불중배 복유
　玆又蒙順先典 旣以重禮 辭旣不獲 敢不重拜 伏惟

존자특사 감념불선
尊慈特賜 鑑念不宣

　　　　　　年　　　月　　　日
　　　　　　　　東萊后人 鄭宗萬 再拜

해설 : 전주 이강철님 좌하

엎드려 훌륭하신 명을 받자옵니다. 한미한 집안과 짝(委禽: 혼례 때 기러기를 보냄)을 삼으시니 생각해보건대 저의 여식은 배움이 없어 감당하지 못할까 두렵습니다. 이에 또한 옛 법도에 따라 중한 예우를 받으니 이미 사양할 수 없어 감히 거듭 절을 올리옵니다. 엎드려 바라옵건대 사랑으로 굽어 살펴주시기를 바라오며 다 펴지 못하옵니다.

　　　　　　년　　　월　　　일
　　　　　　　　　　　동래후인 정종만 재배

[5] 예식禮式

대례大禮라고도 하고, 초례醮禮라고도 한다. 신랑이 신부의 집으로 가서 혼인예식을 하는 의식이다.

(1) 예식의 절차

① **사당고유**

옛날에는 혼인하는 날 아침에 신랑과 신부의 집에서 각각 사당에 고유한다. 사당이 없으면 지방을 모시고 고유한다. "오늘 누구는 누구와 혼인한다."는 내용을 고한다. 주과포를 차린다.

○ 고유 순서 : 주인분향재배 - 주인뇌주재배 - 참신재배 - 헌작 - 정저 - 고유 - 주인재배 - 혼인당사자재배 - 하저 - 사신재배

② **서부모례誓父母禮(초자례-초녀례)**

옛날에는 혼인하는 날 아침에 신랑과 신부의 집에서 각각 서부모례를 행하였으나 요즘은 예식장에서 같이 행하기도 한다. 부모가 술과 교훈을 내리고, 신랑·신부는 부부의 역할을 다할 것을 부모님께 서약하는 의식이다.

③ **전안례奠雁禮**

신랑이 백년해로의 징표로 신부 모친에게 나무로 만든 기러기를 드리는 의식이다.

④ **교배례交拜禮**

신랑·신부가 서로 큰절로써 인사하는 의식이다.

⑤ **서천지례誓天地禮**

신랑·신부가 하늘과 땅의 신에게 서약하는 의식이다.

⑥ **서배우례**誓配偶禮

신랑·신부가 배우자에게 서로 서약하는 의식이다.

⑦ **합근례**合巹禮

근배례巹杯禮라고도 한다. 두 개의 표주박이 하나가 되었음을 선언하는 의식이다.

(2) 예식(초례청) 배치도

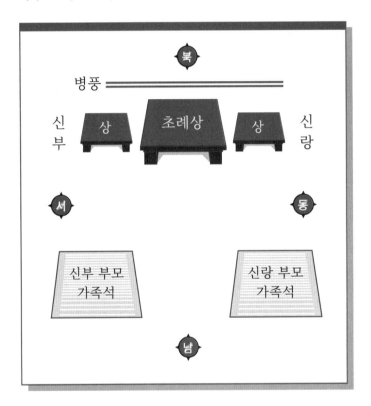

○ 소나무·대나무를 꽂은 병과 대추, 밤, 콩, 팥 등을 올린다. 소나무(송)와 대나무
(죽)는 굳은 절개를 상징하고 대추와 밤은 다산과 장수의 의미이다.

(3) 초자례 · 초녀례(서부모례) 홀기(약식)

초자례와 초녀례는 각각 행한다. 초자례는 신랑의 부모가 신랑에게 술과 교훈을 내리고 신랑이 남편의 도리를 다할 것을 서약하는 의식이며, 초녀례는 신부의 부모가 신부에게 술과 교훈을 내리고 신부가 아내의 도리를 다할 것을 서약하는 의식이다.

초자 · 초녀례의 좌석배치는 주인(부친)은 동쪽에서 서향하고, 주부(모친)는 서쪽에서 동향하며, 당사자는 북쪽에서 남향한다. 당사자 앞에 술상을 놓는다.

초자례 · 초녀례(서부모례) 홀기笏記(약식)

□ 행초자례(行醮子禮) : 초자례를 행하시오.

○ 주인 서향좌 주부 동향좌(主人 西向坐 主婦 東向坐) : 주인은 동쪽 자리에서 서향하여 앉고, 주부는 서쪽 자리에서 동향하여 앉으시오.

○ 서 남향립(壻 南向立) : 신랑은 북쪽에서 남향하여 서시오.

○ 집사 침주 서전립(執事 斟酒 壻前立) : 집사는 잔반에 술을 따라서 받들고 신랑 앞에 서시오.

○ 서 재배 수잔반(壻 再拜 受盞盤) : 신랑은 재배하고 잔반을 받으시오.

○ 서 궤쵀주(壻 跪啐酒) : 신랑은 꿇어앉아 삼제하고 남은 술을 마시시오.

○ 서흥 잔반 수집사(壻興 盞盤 授執事) : 신랑은 일어나서 잔반을 집사에게 주시오.

○ 서 재배(壻 再拜) : 신랑은 남향하여 재배하시오.

○ 서 남향궤(壻 南向跪) : 신랑은 남향하여 꿇어앉으시오.

○ 부명지왈(父命之曰) : 아버지는 교훈을 내리시오.

　※너는 아내를 맞이하여 우리집의 가문을 잇도록 하여라.

○ 서 서답(壻 誓答) : 신랑은 서약의 답을 하시오.

　※예! 오직 감당하지 못할까 두렵사옵니다. 교훈을 잊지 않겠습니다.

○ 모명지왈(母命之曰) : 어머니는 당부의 말씀을 내리시오.

　※남편의 도리를 다하고 서로 존중하여 행복한 가정을 이루어라.

○ 서 서답(壻 誓答) : 신랑은 서약의 답을 하시오.

※예! 삼가 받들겠습니다.

○ 서흥 재배(壻興 再拜) : 신랑은 일어나 남향하여 두 번 절하시오.

□ 행초녀례(行醮女禮) : 초녀례를 행하시오.

○ 주인 서향좌 주부 동향좌(主人 西向坐 主婦 東向坐) : 주인은 동쪽 자리에서 서향하여 앉고, 주부는 서쪽 자리에서 동향하여 앉으시오.

○ 부 남향립(婦 南向立) : 신부는 북쪽에서 남향하여 서시오.

○ 집사 침주 부전립(執事 斟酒 婦前立) : 집사는 잔반에 술을 따라서 받들고 신부 앞에 서시오.

○ 부 사배 수잔반(婦 四拜 受盞盤) : 신부는 사배하고 잔반을 받으시오.

○ 부 궤쵀주(婦 跪啐酒) : 신부는 꿇어앉아 삼제하고 남은 술을 마시오.

○ 부흥 잔반 수집사(婦興 盞盤 授執事) : 신부는 일어나서 잔반을 집사에게 주시오.

○ 부 사배(婦 四拜) : 신부는 남향하여 사배하시오.

○ 부 남향궤(婦 南向跪) : 신부는 남향하여 꿇어앉으시오.

○ 부명지왈(父命之曰) : 아버지는 교훈을 내리시오.

※공경하고 경계하여 밤낮으로 극진한 마음으로 시부모님을 섬기며 잘 살도록 하여라.

○ 부 서답(婦 誓答) : 신부는 서약의 답을 하시오.

※예! 오직 감당하지 못할까 두렵사옵니다. 교훈을 잊지 않겠습니다.

○ 모명지왈(母命之曰) : 어머니는 당부의 말씀을 내리시오.

※힘쓰고 공경하여 밤낮으로 너의 가문의 예절을 어기지 말라.

○ 부 서답(婦 誓答) : 신부는 서약의 답을 하시오.

※예! 삼가 받들겠습니다.

○ 부흥 사배(婦興 四拜) : 신부는 일어나 남향하여 네 번 절하시오.

▲ 전통 혼례 예식모습(신랑 동쪽, 신부 서쪽)

(4) 예식 홀기(약식)

이 예식 홀기는 읽기 편하도록 한문 문장을 간략하게 약식으로 작성하였다.

예식 홀기禮式 笏記(약식)

□ 행전안례(行奠雁禮) : 전안례를 행하시오.

○ 주인 영서(主人 迎壻) : 주인은 문밖에서 신랑을 맞이하시오.

○ 집사 치전안상(執事 置奠雁床) : 신부의 집사는 전안상을 방 앞에 놓으시오.

○ 주인 서향립(主人 西向立) : 주인은 전안상의 동쪽에서 서향하여 서시오.

○ 서 북향립(壻 北向立) : 신랑은 전안상의 남쪽에서 북향하여 서시오.

○ 서궤 안치상(壻跪 雁置床) : 신랑은 꿇어앉아 기러기를 받들어서 전안상 위에 머리가 서쪽을 향하게 놓으시오.

○ 서흥 재배(壻興 再拜) : 신랑은 일어나 두 번 절하시오.

☐ 행교배례(行交拜禮) : 교배례를 행하시오.

○ 서부 관세(壻婦 盥洗) : 신랑·신부는 집사의 도움을 받아 손을 씻으시오.

○ 서동석 부서석 상향립(壻東席 婦西席 相向立) : 신랑은 동쪽 자리에서, 신부는 서쪽 자리에서 마주보고 서시오.

○ 부선재배(婦先再拜) : 신부는 먼저 두 번 절하시오.

○ 서답일배(壻答一拜) : 신랑은 한 번 절하시오.

○ 부우재배(婦又再拜) : 신부는 다시 두 번 절하시오.

○ 서우답일배(壻又答一拜) : 신랑은 다시 한 번 절하시오.

☐ 행서천지례(行誓天地禮) : 서천지례를 행하시오.

○ 서동석 부서석 상향좌(壻東席 婦西席 相向坐) : 신랑은 동쪽 자리에서, 신부는 서쪽 자리에서 마주 보고 앉으시오.

○ 서부집사 침주(壻婦執事 斟酒) : 신랑 신부 좌집사는 잔반을 신랑·신부에게 주고 각 우집사는 술을 따르시오.

○ 서부 봉잔반서천 하제주서지(壻婦 奉盞盤誓天 下祭酒誓地) : 신랑 신부는 잔반을 눈높이로 받들어 올려 하늘에 서약하고, 잔반을 내려 모사기에 제주(술을 다 따름)하여 땅에 서약하시오.

○ 서부 잔반 수집사(壻婦 盞盤 授執事) : 신랑·신부는 잔반을 좌집사에게 주시오.

○ 서부 거효 공기치(壻婦 擧殽 空器置) : 신랑·신부는 안주를 집어 빈 접시에 놓으시오.

☐ 행서배우례(行誓配偶禮) : 서배우례를 행하시오.

○ 서부우집사 홍청사 좌우수수(壻婦右執事 紅靑糸 左右手垂) : 신랑의 우집사는 홍실을 왼 손목에 감아 걸치고, 신부의 우집사는 청실을 오른 손목에 감아 걸치시오.

○ 서부집사 침주(壻婦執事 斟酒) : 신랑·신부 좌집사는 잔반을 신랑·신부에게 주고 각 우집사는 술을 따르시오.

○ 서부 봉잔반 서배우 쵀음 수우집사(壻婦 奉盞盤 誓配偶 哜飮 授右執事) : 신랑·

신부는 잔반을 가슴높이로 받들어 올려 배우자에게 서약하고, 술을 반쯤 마신 다음 잔반을 각 우집사에게 주시오.

○ 서부우집사 교행 잔반 수배우좌집사(壻婦右執事 交行 盞盤 授配偶左執事) : 각 우집사는 잔반을 받아 각기 교행하여 배우자석 앞으로 가서 잔반을 상대편 좌집사에게 주시오.

○ 서부좌집사 잔반 수서부(壻婦左執事 盞盤 授壻婦) : 각 좌집사는 잔반을 받아 신랑 · 신부에게 주시오.

○ 서부 봉잔반 낙서 음필 수좌집사(壻婦 奉盞盤 諾誓 飮畢 授左執事) : 신랑 · 신부는 잔반을 받아 가슴높이로 받들어 올려 배우자의 서약을 받아들이고, 남은 술을 마신 다음 잔반을 각 좌집사에게 주시오.

○ 서부좌집사 잔반 수배우우집사 우집사 교행고처(壻婦左執事 盞盤 授配偶右執事 右執事 交行故處) : 각 좌집사는 잔반을 받아 상대편의 우집사에게 주고, 우집사는 원래의 제자리로 돌아가 잔반을 제자리에 놓으시오.

□ 행합근례(行合卺禮) : 합근례를 행하시오.

○ 서부집사 근배 반상치(壻婦執事 卺杯 盤上置) : 신랑 · 신부 집사는 잔대위의 잔만 내리고, 표주박잔을 잔대 위에 올려놓으시오.

○ 서부집사 침주(壻婦執事 斟酒) : 신랑 · 신부 좌집사는 잔반을 신랑 · 신부에게 주고, 각 우집사는 표주박잔에 술을 따르시오.

○ 서부 음필 수좌집사(壻婦 飮畢 授左執事) : 신랑 · 신부는 표주박잔을 들어 술을 마시고, 잔반을 좌집사에게 주시오.

○ 서부좌집사 잔반고처 우집사 근배합치(壻婦左執事 盞盤故處 右執事 卺杯合置) : 신랑 · 신부 좌집사는 잔반을 원래의 제자리에 놓고, 각 우집사는 표주박잔을 합쳐서 근배상 위에 놓으시오.

○ 서부우집사 홍청사 치우고처(壻婦右執事 紅靑糸 置于故處) : 신랑 · 신부 우집사는 손목의 홍실 청실을 원래의 자리에 걸쳐 놓으시오.

○ 서부 상향립(壻婦 相向立) : 신랑 · 신부는 일어나 마주 보고 서시오.

○ 서읍부 부답례(壻揖婦 婦答禮) : 신랑은 신부에게 읍을 하고, 신부는 답례하

시오.

○ **예필(禮畢)** : 예를 마치겠습니다.

(5) 서현부지부모壻見婦之父母

신부집에서 혼인 첫날밤을 치른 다음날 신랑이 장인·장모를 뵙고 인사한다.

① 장인에게 절하고 폐백을 드린다. 다음은 장모에게 절하고 폐백을 드린다.

② 신랑이 신부집의 사당에 인사한다. 장인이 고유한다. 주과포를 차린다.

○ **고유 순서** : 주인분향재배 - 주인뇌주재배 - 참신재배 - 헌작 - 정저 - 고유 - 주인
재배 - 신랑재배 - 하저 - 사신재배

○ **고유 고사** : "종만의 둘째 사위 전주 이성재가 와서 감히 뵙니다."

(종만지차녀서 전주이성재래감현宗萬之次女壻 全州李性宰 來敢見)

③ 다음에 처가의 친척 어른을 뵙는다. 폐백은 쓰지 않는다.

[6] 우귀례于歸禮

신부집에서 혼인예식을 하고 신부가 신랑의 집인 시댁으로 들어가는 의식이다.

註 : 요즘은 대체로 예식장에서 혼인예식과 폐백을 마치고 신혼여행을 간다. 신
혼여행을 마치면 처가로 먼저 가서 장인 장모와 가족에게 인사하고 시집으
로 간다.

(1) 우귀례의 절차

① **현구고례見舅姑禮** : 폐백이라고도 한다. 신부가 시부모에게 폐백을 올리고 처
음 뵙는 의식이다.

② **구고예지舅姑禮之** : 시부모가 신부에게 술을 내리고 교훈하는 의식이다. 신부의
부모가 행하는 초녀례의 의식과 같다.

③ **현우제존장見于諸尊長** : 신부가 시부모 이외의 윗대 어른을 뵙는 의식이다. 시
조부모에게는 현구고례와 같이 4배하고, 다른 여러 어른에게는 합동으로 절하

되 관례와 같이 재배한다.

④ **총부궤우구고**家婦饋于舅姑 : <편람>에 맏며느리이면 신부집에서 준비한 음식과 술을 시부모에게 올리고 대접한다는 구절이 있다.

⑤ **구고향지**舅姑饗之 : 시부모가 신부에게 큰상을 내려 음식을 대접하고 베푸는 의식이다.

⑥ **현우사당**見于祠堂 : 신부가 시댁 사당의 조상을 뵙는 의식이다. 우귀례를 마치면 신부는 주인과 같이 사당을 뵙는다. 주인이 고유한다. 주과포를 차린다. 별도로 채식(미나리)을 준비한다.

※ 사당이 없으면 지방을 모시고 의식을 한다.

※ <사례편람>에 시부모가 돌아가셨을 경우는 신부가 시부모 신위 앞에 채식(미나리)을 별도로 올리고 절한다고 하였다. 이 규정에 의하여 신부가 시댁 사당의 조상을 처음 뵐 때는 채식(미나리)을 올리고 사배하기도 한다.

○ **고유 순서** : 주인분향재배 - 주인뇌주재배 - 참신재배 - 헌작 - 정저 - 고유 - 주인재배 - 신부헌채(미나리 올림) - 신부사배 - 하저 - 사신재배

○ **고유 고사** : "강철의 장자 성재의 처 동래정씨 영순이 감히 뵙습니다."

(강철지장자성재지부 동래정씨영순감현康哲之長子性宰之婦 東萊鄭氏英順敢見)

만약 '강철'이 장손이 아니고 차손이면 장손(강식)이 고유하고 '강철의 장자'를 '강식의 동생 강철의 장자'로 고친다.

註 : 이상과 같이 '우귀례'의 여러 절차가 있으나 요즘은 '현구고례'(폐백)만 하고, 다른 절차는 하지 않기도 하며 간소하게 하기도 한다.

註 : '현구고례'에는 폐백만 올리고 술을 올리는 예가 없고, '총부궤우구고'에는 술을 올리는 예가 있다. 이 두 예가 합하여 요즘의 폐백례로 변천한 것 같다. 현대의 폐백례에는 폐백도 올리고, 술도 올린다.

(2) 현구고례見舅姑禮

① 요즘의 폐백례에 해당한다. 그러나 옛날의 현구고례는 글자 그대로 신부가 시

부모만 뵙고 폐백을 드리는 의식이었다. 시조부모가 계셔도 시부모가 먼저 인사를 받는다. 시조부모를 비롯한 시댁의 다른 여러 어른을 뵙는 의식은 별도로 있었다.

② 옛날에는 폐백만 올리고 술을 올리는 예는 없었으며, 또한 신랑은 절하지 않고 신부만 절을 하였다. 신부의 부모와 친척은 참석하지 않았다. 시부의 폐백은 대추와 밤이고, 시모의 폐백은 육포 등이다.

③ 옛날 현구고례의 시부모의 좌석은 나란히 같이 앉는 것이 아니고 동쪽, 서쪽에 따로 앉았다. 즉 시부는 동쪽에서 서향하여 앉고, 시모는 서쪽에서 동향하여 서로 마주 보고 앉으며 탁상은 시부·시모 앞에 각각 차린다. 순서는 먼저 시부에게 4배하고 폐백을 드린 후 다시 4배한다. 다음은 시모에게 같은 순서로 한다.

④ 요즘은 시대의 변화에 따라 신랑 신부의 양가 부모, 친척이 함께 참석하는 현대의 폐백례 형태로 변천하였다.

(3) 현대의 폐백례

1) 현대의 폐백례 배치도

① 현대의 폐백례는 예식장 폐백실에서 한다. 신랑·신부의 양가 부모, 친척이 함께 참석하며 신랑측은 폐백실의 동쪽, 신부측은 서쪽에 자리한다. 절을 받는 사람과 절을 하는 사람의 위치는 다 같이 상석을 북쪽으로 간주하여 남동여서이므로 남자는 동쪽, 여자는 서쪽이다.

② 신랑 측에서 신랑의 부모부터 차례대로 친척을 소개하고, 다음은 신부 측에서 소개를 한 후에 신랑 측부터 먼저 폐백례를 행한다.

③ 옛날에는 신부만 절을 했지만 요즘은 신랑·신부 같이 절을 하고, 또 옛날에는 술은 올리지 않았으나 요즘은 술도 올린다. 먼저 시부모에게 절하고 폐백과 술을 올리고, 시집 친척들에게 절하고 술을 올린다. 그러나 같은 항렬이라면 술은 올리지 않는 것이 옳을 것이다. 그 다음에 신부의 부모, 친척에게 절하고 술을 올린다.

④ 현구고례와 수연례 등 의례행사에서 절하는 횟수는 남자는 재배, 여자는 4배가 원칙이지만 절을 받는 어른이 절의 횟수를 줄이라고 하면 줄일 수 있다. 이와 같이 옛날에도 절의 횟수를 줄여서 의례를 행할 수 있었으므로 현대의 폐백례는 시대의 변화에 따라 신랑·신부 다 같이 절을 한 번만 하는 것이 사실상 통례로 되어 있다.

2) 현대의 폐백례 절차

위의 설명과 같이 현대의 폐백례에는 신랑·신부 다 같이 절을 한 번만 하는 것을 통례로 정리하였다. 신랑의 윗대 항렬 어른은 북쪽에서 남향으로 앉아서 절을 받고, 신랑과 같은 항렬이면 동쪽과 서쪽에 서서 신랑·신부와 맞절한다. 동쪽은 같은 항렬 윗사람 자리이고, 서쪽은 아랫사람의 자리이다. 신랑·신부가 아래 항렬 사람으로 부터 절을 받을 때는 북쪽(상석)을 사양하고 동쪽에 자리하며 아래 항렬 사람은 서쪽에서 절하고, 신랑·신부는 답배한다.

① 부모

○ 시아버지는 폐백상 동쪽, 시어머니는 폐백상 서쪽에서 남향하여 나란히 앉는다.

○ 신랑·신부는 같이 절하고, 신랑 신부는 꿇어앉고 신부는 시부모님께 폐백을 올린다.

○ 신부는 집사의 도움을 받아 술(잔반)을 시부모님께 올린다.

(시부모님은 술을 마시고 덕담 후 동쪽 제자리로 간다.)

- 이때 시부모가 대추를 한줌씩 신부에게 주기도 한다.

② 윗대 항렬 어른

○ 윗대 항렬 어른은 서열대로 남향하여 앉는다.

○ 신랑·신부는 같이 절하고, 신부는 집사의 도움을 받아 술(잔반)을 윗대 어른께 올린다. (윗대 항렬 어른은 술을 마시고 제자리로 간다.)

③ 같은 항렬 윗분

○ 신랑·신부는 서쪽에서 동향하여 선다.

○ 같은 항렬 윗분은 차례대로 동쪽에서 서향하여 선다.

○ 신랑·신부와 윗분은 맞절한다.

   (신랑 신부가 절을 먼저 시작하고, 윗분은 뒤에 시작한다.)

④ 같은 항렬 아랫사람

○ 신랑·신부는 동쪽에서 서향하여 선다.

○ 같은 항렬 아랫사람은 서열대로 서쪽에서 동향하여 선다.

○ 아랫사람과 신랑·신부는 맞절한다.

   (아랫사람은 절을 먼저 시작하고, 신랑·신부는 뒤에 시작한다.)

⑤ 아래 항렬 사람

○ 신랑·신부는 동쪽에서 서향하여 선다.

○ 아래 항렬 사람들은 서열대로 서쪽에서 동향하여 선다.

○ 아래 항렬 사람들은 절하고, 신랑·신부는 답배한다.

제3장 상례喪禮

상례는 고인을 장사 지내는 의례와 상중제사의 모든 절차를 말한다. 상례의 기본정신은 고인에 대하여 슬픔을 극진히 하고 진심으로 추모하는 마음을 갖는 것이다. 모든 의례는 엄숙하고 경건하게 치러야 하며 부모의 은혜를 깊이 되새기는 자세로 근신하여야 한다.

전통상례의 절차는 <사례편람>에 의하면 5단계로서 초종과 대렴(입관), 성복과 조문, 장례(치장), 상중제사, 개장의 순서로 되어 있다.

이 장에서는 초종·성복·조문, 장례(치장), 상중제사, 개장의 순서로 서술하고 마지막에 개사초와 석물입석을 추가하였다. 옛날의 상례제도를 이해할 수 있도록 가능한 <사례편람>의 순서대로 그 내용을 상세하게 기술하면서 현대의 제도도 설명을 추가하여 참고하도록 하였다.

먼저 상중의례에서 혼돈하기 쉬운 부분인 상중의례의 종류, 참신여부, 제주의 호칭, 축의 위치, 뇌주, 삼제여부에 대하여 간단하게 서술하고, 전통상례의 절차에 대하여 설명하고자 한다.

(1) 상중의례의 종류
① **전奠** : 정식 제사가 아니다. 대체로 반(밥), 갱(국)을 올리지 않고 제수를 간소하게 올리는 의식이다. 주, 과, 포, 해(젓갈)를 올린다. 시사전(운명 후 처음 올리는 전), 성복전, 조전朝奠, 석전夕奠, 삭망전, 조전祖奠, 견전(발인), 노전路奠, 제주전(반혼·평토) 등이 있다.
② **고유** : 어떠한 일이 생겼을 때 그 사유를 고하는 의식이다. 제수는 전奠과 동일하다. 선영고유, 합장고유, 쌍분고유 등이다.
③ **제사** : 토지신에게 지내는 토지신제(개토제·평토후토제)와 장례 후에 고인에게 지내는 상중제사를 말한다. 상중제사는 정식제사로서 초우제, 재우제, 삼우제, 졸곡, 부제, 소상, 연제, 대상, 담제, 길제가 있다.

(2) 상중의례의 참신여부

① 상중의례의 모든 전奠과 초우제, 재우제, 삼우제, 졸곡, 부제, 소상, 연제,대상, 담제는 참신재배를 하지 않는다. 상제나 노전 주제자들이 다 같이 곡하는 것으로 참신재배를 대신한다.

② 길제는 <편람>에 상중제사에 포함되어 있지만 의례는 사시제와 같이 행한다고 하였으므로 참신재배를 한다.

③ 토지신제(개토제·평토후토제), 선영고유, 합장고유, 쌍분고유는 상중의례에는 포함되지만 고인에 대한 제사가 아니므로 참신재배를 한다.

(3) 상중의례의 주상(제주) 호칭

① 고자 : 모친은 생존하고 부친 별세시

② 애자 : 부친은 생존하고 모친 별세시

③ 고애자 : 부모가 모두 별세시

※ 합장고유, 쌍분고유, 제주전(반혼·평토), 초우제, 재우제, 삼우제, 졸곡까지는 '고자', '애자', '고애자'로 칭한다.

※ 부제부터 소상, 대상, 담제, 길제는 '효자'로 칭한다.

(4) 상중의례의 축의 위치

① 축의 위치는 견전(발인), 노전, 제주전(반혼·평토), 초우제, 재우제, 삼우제까지는 제주의 우측에서 서향하고, 졸곡부터 부제, 소상, 연제, 대상, 담제, 길제는 제주의 좌측에서 동향한다.

② 또한 토지신제(개토제·평토후토제), 선영고유, 합장고유, 쌍분고유는 상중의례에는 포함되지만 고인에 대한 제사가 아니므로 제주의 좌측에서 동향한다.

(5) 상중의례의 뇌주, 삼제여부

① <가례>에 모든 전奠은 뇌주酹酒(강신할 때 지하의 체백을 인도하기 위하여 술을 모사기나 땅에 붓는 의식)와 삼제三祭(헌작할 때 술을 모사기나 땅에 조금씩 세 번

따름)는 하지 않는다고 하였다. 초우제부터는 정식제사이므로 뇌주와 삼제를 한다고 하였다.

註 : 그러나 제주전(반혼·평토)은 장례(하관) 후의 의례이므로 뇌주는 하여야 옳을 것이다.

註 : <편람>에 토지신제(개토제·평토후토제), 선영고유, 합장고유, 쌍분고유는 상중 의례에는 포함되지만 고인에 대한 제사가 아니므로 뇌주를 한다고 하였다. 삼제를 하라는 기록은 없는 것 같다. 그러나 삼제도 하는 것이 옳다고 생각한다.

1. 초종初終 · 성복成服 · 조문弔問

[1] 초종 · 성복 · 조문의 절차

이 절차는 초종(운명)하면 초혼, 부고, 영좌 설치, 입관, 성복, 조문까지의 의식이다.

(1) 초종初終과 초혼招魂

① 초종(운명)을 맞고 초혼을 한다.

② 초종은 삶의 끝냄(죽음)이 시작된다는 말이다. 운명하였을 때를 말하고 죽음을 처음으로 맞는 절차이다.

③ 초혼(복復)은 고인의 몸을 떠난 혼령을 다시 불러들이려는 의식이다. 고인의 웃옷을 흔들며 고인의 이름(자, 호, 택호 등)을 세 번 부르고 그 옷을 고인의 가슴에 덮는다. 시신의 두 팔을 나란히 펴서 반듯하게 눕히고 홑이불로 시신을 덮

는다. 시신 앞에 병풍을 친다.

註 : 요즘은 장례식장에서 대행하며, 혼령을 부르는 초혼은 하지 않는다.

(2) 상주喪主

① 상주喪主를 세운다. 상주는 주상主喪(주인)과 주부主婦를 말한다.

② 부모의 상에는 장자가 주상, 장자부가 주부이다. 만약 장자가 부모보다 먼저 사망하였으면 장손자가 주상이 되는데 이것을 승중承重이라 한다.

③ 남편의 상에는 장자가 주상, 처(미망인)가 주부이다. 다만 삼우제와 부제를 지낸 후에는 장자부가 주부가 된다.

④ 아내의 상에는 남편이 주상, 장자부가 주부이다.

⑤ 장자나 장자부의 상에는 부가 주상이고, 모가 주부이다.

⑥ 상제喪制는 상중에 있는 주상, 주부를 포함한 모든 복인을 말한다.

(3) 호상護喪

① 호상護喪을 선정한다.

② 호상은 상례를 전체적으로 관리하는 책임자이다. 예절에 밝은 사람으로서 복제도에 의한 복이 없는 사람이어야 한다.

(4) 역복易服

① 옷을 갈아입고 소식素食한다.

② 모든 상제(복인)들은 검소한 복장으로 바꾸어 입는다. 남자 상제가 상복 두루마기를 입을 때는 부친상에는 왼쪽 소매에 팔을 꿰지 않고, 모친상에는 오른쪽 소매를 꿰지 않는다.

③ 좋은 음식을 먹지 않고 소식한다.

(5) 시사전始死奠

① 시사전을 올린다. 시사전은 운명 후 처음 올리는 전奠이다. 병풍 앞에 탁상을 설치하고 주, 과 포, 해(젓갈)를 차린다. 집사(축)가 술을 올린다.

② 시사전은 주상이 애통하여 황망하므로 집사(축)가 대신 술을 올리는 것이다.

　　註 : 시사전은 요즘 장례식장에서 빈소(영좌)를 설치하고 주, 과, 포, 해(젓갈)를 올리는 것과 같은 의례이다.

(6) 치관治棺

① 관을 만드는 것이다.

② 소나무(황장목)나 잣나무로 만든다. 붉고 누런색의 소나무가 가장 좋다고 한다.

③ 관의 내부와 틈 사이에 옻칠을 한다.

(7) 부고訃告

① 부고를 보낸다. 옛날에도 같은 마을에는 부고를 보내지 않았다.

　　※ 요즘은 개별적인 서면부고는 생략한다. 신문에 부고를 공고하기도 한다.

　　註 : <편람>에 의하면 "유사즉고(일이 있으면 사당에 고함)"에 근거하여 상을 당하면 당연히 사당(조상)에 고유해야 하는데 <가례>에 그 명문이 없다고 하여 고유하지 않을 수 있겠는가. 부고하기 전에 사당(조상)에 고유함이 옳을 것이라고 하였다.

② 옛날의 부고서식

```
　　　訃告
　族姪 性宰 大人 學生 全州李公 康哲 以老患 四月十日 棄世 玆以 告訃
　　　　　年　　月　　日
　　　　　　　護喪 李 康 浩 上
000 座下
```

○ 고인이 부친이면 大人·전주이공으로 하고, 모친이면 大夫人·경주김씨로 쓴다.

○ 옛날의 부고는 주상을 제외한 다른 상제의 이름은 쓰지 않았다.

③ 현대의 부고서식

```
    訃告
族姪 性宰 大人 學生 全州李公 康哲 以老患 五月六日(陰 四月十日)
  午前 十時 三十分 自宅 別世 玆以 告訃
        發靷日時 :    年   月   日   時
        發靷場所 :    郡   面   里自宅
        葬    地 :    郡   面   里 先塋
                      主喪 嗣子      性宰
                      主婦 夫人      000
                          嗣婦      000
                            子       00
                          子婦      000
                            女       00
                            婿      000
                            孫       00
                          孫婦      000
              年     月     日
                          護喪   李康浩 上
 000座下
```

해설 : 족질 성재의 아버님 학생 전주이공 강철께서 노환으로 5월 6일 오전 10
시 30분 자택에서 별세하셨기에 이에 알립니다.

○ 부고는 호상의 명의로 작성 한다.
○ 호상이 문중 일가가 아니고 외인이나 타성인사인 경우에는 부고의 첫머리의
  '族姪'을 쓰지 않고 주상의 '성명(李性宰)'을 바로 쓴다.
○ 고인이 모친이면 '학생전주이공강철' 대신에 '孺人慶州金氏任順' 라고 쓴다.
  ※ '학생'과 '유인' 등 상세한 작성요령은 "제4장 제례편 기제 축문"을 참고한다.
○ 주상과 주부를 써서 표시하는 것이 좋다.

○ 嗣子는 장자이고, 嗣婦는 장자부이며, 夫人은 고인의 부인이다.

○ 요즘 남편의 상에 주상 앞에 '미망인'이라 하여 고인의 부인을 쓰는데 이는 잘못이다. 남편 상에는 부인이 주부가 된다. 주부는 주상 다음에 '主婦 夫人○○○'라고 써야 한다.

○ 부인(고인의 부인)이 없을 경우에는 嗣婦(장자부)가 주부가 되므로 주부 줄에 '主婦 嗣婦○○○'라고 쓰고, 아랫줄의 '嗣婦○○○'는 안 쓴다.

○ 아내의 상이면 주상은 남편이 됨으로 '主喪 夫○○○'라고 쓰고, 다음에 장자를 '嗣子○○'라고 쓰고, 다음에 장자부를 '主婦 嗣婦○○○'라고 쓴다.

○ 상제들의 쓰는 순서는 대체로 아들, 며느리, 딸, 사위 순으로 쓴다.

(8) 목욕과 습襲

① 목욕을 시키고, 수의(습襲)를 입힌다.

② 남자상이면 남자가 하고, 여자상이면 여자가 한다.

(9) 영좌靈座

① 영좌를 설치한다.

　※ 요즘은 대체로 장례식장의 빈소(영좌)를 이용한다.

② 영좌는 고인의 혼백상(상자)과 사진을 모신 장소이다. 혼백상 뒤에 사진을 모신다. 이곳에서 조문을 받는다.

③ 조문을 받는 상제의 위치는 남자는 동쪽, 여자는 서쪽이다.

④ 병풍을 치고 그 앞에 제상과 향안을 설치한다. 향안에 향로와 향합을 놓고, 술 주전자를 향안 옆(동쪽)에 놓는다. 제상에 주, 과, 포, 해(젓갈)를 차리고 좌우에 촛불을 켠다. 향을 피운다.

⑤ 향을 계속 피우는 것은 육신을 떠난 혼령이 혼백상에 계속 머물기를 바라는 의미일 것이다.

⑥ 장례 전이므로 분향만 하고, 뇌주(지하의 체백을 인도하기 위하여 술을 모사기나 땅에 붓는 의식)는 하지 않는다.

⑦ 영좌(빈소) 배치도

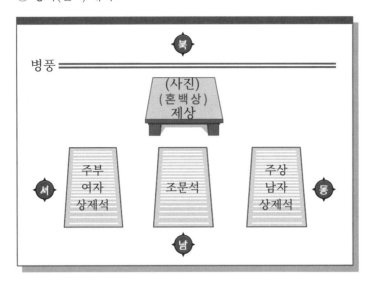

(10) 혼백魂帛

① 혼백을 모신다.

② 혼백은 신주를 만들기 전에 고인의 혼령이 깃들어 있음을 의미하는 상징물이다.

③ 명주나 모시를 가로 8㎝ 세로 24㎝ 정도로 8번 접어서 만든다. 중앙 부분에 3 ㎝ 폭의 흰 천으로 띠를 두르고 윗부분에 '上' 자를 표시한다.

④ 백색 종이로 혼백상(상자)을 만들고 고인의 웃속옷(운명시 초혼한 옷)을 백지 에 싸서 혼백상에 담는다. 그 위에 혼백을 얹고 뚜껑을 덮는다. 뚜껑 앞에 '前' 자를 쓴다.

⑤ 혼백상은 사진 앞에 모시고 뚜껑을 열어 놓는다.

(11) 명정銘旌

① 명정을 세운다.

　※ 요즘은 장례식장에서 관 위에 덮어 둔다.

② 명정은 고인이 누구인지를 나타내기 위하여 빨간 천(2미터 정도)에 망자의 인적 사항을 간단하게 기록한 깃발이다. 입관 후에는 관의 동쪽에 세우고, 매장 할 때는 관 위에 덮는다.

③ 명정서식

　　남자 : 學生全州李公諱康哲之柩

　　　　　　學生李公之柩

　　여자 : 孺人慶州金氏諱任順之柩

　　　　　　孺人慶州金氏之柩

○ <편람>에 남자 명정은 본관과 이름을 쓰지 않고, 여자의 명정은 이름을 쓰지 않도록 되어 있다. 그러나 현실에는 본관과 이름을 다 쓰고 있다.

○ 학문과 덕망이 있는 유현儒賢이나 선사先師일 경우에는 "00(아호)李先生之柩" 혹은 "00(아호)先生李公之柩" 라고 쓰기도 한다.

　　※ '학생'과 '유인' 등 상세한 작성요령은 "제4장 제례편 기제 축문"을 참고한다.

(12) 소렴小斂 · 대렴大斂(입관)

① 소렴 · 대렴 후에 입관한다.

② 소렴은 운명한 다음날(둘째 날) 한다. 작은 이불로 고인을 싸고 끈으로 묶는다. 전奠을 올린다. 축이 분향하고 술을 올린다.

③ 대렴(입관)은 소렴 다음날(운명일로부터 3일) 한다. 큰이불로 고인을 싸고 끈으로 묶는다. 전奠을 올린다. 축이 분향하고 술을 올린다.

(13) 성복전成服奠

① 성복전은 성복 후에 올리는 전이다.

② 대렴(입관) 다음날(운명일로부터 4일) 성복하고 성복전을 올린다. 성복례라고도 한다. 성복전은 모든 상제들이 정해진 상복을 갖추어 입고 (두루마기 한쪽 팔을 뺏던 소매도 제대로 꿰어 바로 입는다.) 서로 조문하는 의식이다.

　　註 : 요즘은 대체로 3일장으로 장례를 치르기 때문에 운명이 확인되면 입관하고 성복 후에 조문을 받는다. 가까운 친척이 아닌 일반 조객은 요즘도 입관(성복) 전에는 조문을 꺼리는 경향이 있다.

③ 주, 과, 포, 해(젓갈)를 차린다.

④ 남자상제들은 영좌 앞 동쪽에서 서향하여 선다. 영좌에서 가장 가까운 위치를 주상의 자리로 하여 서열 순위대로 선다.

⑤ 여자상제들은 영좌 앞 서쪽에서 동향하여 선다. 영좌에서 가장 가까운 위치를 주부의 자리로 하여 서열 순위대로 선다.

⑥ 집례(축)가 분향하고 술을 따른다. 장례 전이므로 분향만 하고, 뇌주(지하의 체백을 인도하기 위하여 술을 모사기나 땅에 붓는 의식)는 하지 않는다.

⑦ 주상 이하 모든 상제는 곡하며 슬픔을 다한다.

　※ 조전朝奠(아침전)을 겸하여 성복전을 행하면 주상 이하 모든 상제는 재배하고 곡하며 슬픔을 다한다.

⑧ 남자상제들과 여자상제들은 경건한 마음으로 서로 마주 보고 절을 한다.

⑨ 옛날에는 성복전을 지낸 다음에 외부 조객의 조문을 받았다.

(14) 복제도服制度

① 복제도는 모든 상제들이 고인과의 촌수에 따라 상복의 복식과 상복 입는 기간을 규정한 제도를 말한다.

② 복제도에는 참최(3년), 재최(자최)(3년), 장기(지팡이 집고 1년), 부장기(지팡이 없이 1년), 대공(9월), 소공(5월), 시마(3월)가 있다. 참최의 지팡이는 대나무이고, 재최(자최)의 지팡이는 오동나무나 버드나무이다.

③ 복제

　부 : 참최 3년

　모 : 재최(자최) 3년, 부가 살아 계시면 1년

　처 : 재최(자최) 장기 1년

　형제 : 부장기 1년

　형수 · 제수 : 소공 5월

　자매 : 부장기 1년, 시집갔으면 대공 9월

　자 : 장자는 참최 3년, 차자는 재최(자최) 부장기 1년

　자부 : 장자부는 부장기 1년, 차자부는 소공 5월

　여 : 부장기 1년, 시집갔으면 대공 9월

손자 : 장손은 부장기 1년, 차손은 대공 9월

손부 : 장손부는 소공 5월, 차손부는 시마 3월

조부 : 부장기 1년, 승중이면 참최 3년

조모 : 부장기 1년, 승중이면 재최(자최) 3년, 승중이라도 조부가 계시면 재최
　　　(자최)장기 1년

백숙부모 : 부장기 1년

고모 : 부장기 1년, 시집갔으면 대공 9월

질 : 부장기 1년

종형제 : 대공 9월

종백숙부모 : 소공 5월

종고모 : 소공 5월, 시집갔으면 시마 3월

처부모 : 시마 3월

외조부모 : 소공 5월

외숙부 : 소공 5월

이모 : 소공 5월

남편 : 참최 3년

시부 : 참최 3년

시모 : 재최(자최) 3년

시조부모 : 대공 9월

시숙.시동생 : 소공 5월

시누이 : 소공 5월, 시집갔어도 같음

동서 : 소공 5월

④ 출가녀 친정복제

부모 : 부장기 1년

조부모 : 부장기 1년

증조부모 : 소공 5월

백숙부모 : 대공 9월

고모 : 대공 9월

형제 : 대공 9월, 장형은 부장기 1년

올케 : 소공 5월

종형제 : 소공 5월

⑤ 심상心喪 3년 : 비록 3년 동안 복을 입지는 않지만 마음으로 3년을 슬퍼하는 것
을 말한다.

○ 복이 없으면서 심상 3년인 경우 : 스승의 상

○ 1년 복으로서 심상 3년인 경우 : 부생존 모상, 부모생존 양부모상, 조부생존 조
모상, 양자 간 자의 친부모상 등이 있다.

(15) 조전朝奠 · 석전夕奠

① 아침, 저녁에 전奠을 올린다. 전은 주, 과, 포, 해(젓갈)를 올리는 것이다.

② 집례(축)가 분향하고 술을 올린다. 주상 이하 모든 상제는 재배하고 곡한다.

　※ 초우제 후에는 아침, 저녁 전奠은 폐하고 아침, 저녁 상식(식사)만 올린다.

(16) 상식上食

① 아침, 저녁 식사 시간에는 상식을 올린다. 상식은 밥, 국, 찬, 술을 올리는 것이다.

② 집례(축)가 분향하고 술을 올린다. 주상 이하 모든 상제는 재배하고 곡한다.

(17) 삭망전朔望奠

① 초하루, 보름날에 삭망전을 올린다. 삭망전은 조전朝奠(아침전)과 같이하며 찬
품은 육, 어, 면, 떡, 밥, 국이다.

② 집례(축)가 분향하고 술을 올린다. 주상 이하 모든 상제는 재배하고 곡한다.

　※ 탈상 때까지 아침, 저녁 상식과 초하루, 보름 삭망전을 올린다.

　※ 상식과 삭망전의 반갱은 생시와 같이 신위 기준 좌반우갱으로 놓는다.

(18) 천신薦新

① 천신은 새로운 음식이 있으면 먼저 올리는 것이다.

② 새로운 음식을 올리고 분향, 헌작 후 재배한다.

(19) 조문弔問

1) 옛날의 조문

① 손님은 향, 양초, 술, 과일 등을 준비하여 간다.

② 부의는 돈과 비단으로 한다.

③ 상제들은 영좌 앞 동쪽에 서서 곡하면서 기다린다.

④ 손님은 영좌 앞에 들어가서 곡하고, 재배하고, 분향하고, 꿇어앉으면 집사가 꿇어앉아 잔반을 손님에게 주고 술을 따른다. 손님이 잔반을 집사에게 주면 집사는 잔반을 영좌에 올린다.

⑤ 축이 손님의 동쪽에서 서향하여 제문을 읽고 부의와 제문을 올리고 손님은 재배한다.

⑥ 주인(주상)이 곡하면서 먼저 손님에게 절하면 손님도 곡하면서 답배한다. 만약 주인이 존자(높은 사람)이면 손님이 먼저 절하고 주인이 뒤에 한다.

⑦ 조문을 다녀온 그 날 하루는 음악을 듣지 않고 술과 고기를 먹지 않는다고 했다.

⑧ 탈상하기 전 빈소를 모시고 있는 사람(주상, 복인)은 친척의 상에는 반드시 조문을 가지만 타인의 상에는 비록 이웃이라도 조문하지 않는다고 하였다.

2) 현대의 조문

① 조문은 고인(영좌)에게 애도를 표하고 상주를 위로하는 의식이다. 옛날에는 조문할 때 흰옷과 흰 허리띠를 착용하였으며, 성복(입관) 후에 조문했다.

　註 : 요즘은 성복 전에도 간혹 조문을 하기도 하지만 바른 예법은 아니다. 가까운 친척이 아니면 가능한 성복 후에 조문하는 것이 좋다.

② 조문할 때는 손님, 상제 다 같이 흉사시의 공수를 한다.

③ 손님은 영좌 앞에서 분향, 헌작 후에 재배(여자는 사배)한다.

④ 손님이 추모의 제문祭文을 지어 왔으면 조문할 때 분향, 헌작 후에 스스로 읽은 후 재배한다.

　註 : 요즘은 헌작을 하는데, 옛날에는 헌작은 손님이 술을 가지고 왔을 경우에만 하였다.

⑤ 고인이 절을 하지 않을 정도로 아랫사람이면 절을 하지 않는다.

⑥ 상제와 손님이 서로 맞절한다. 상제가 먼저 절을 시작한다.

⑦ 손님과 상제는 인사의 말씀을 나눈다.

　　손님 : "얼마나 망극하십니까?", "얼마나 슬프십니까?"

　　상제 : "망극할 따름입니다.", "오직 슬플 따름입니다."

　　註 : 요즘 영좌 앞에 '부의함'을 설치하기도 하는데 바른 예법은 아니라고 생각
　　　　되며, 가능한 빈소 밖에 별도로 부조금품 접수처를 마련하면 좋을 것이다.

(20) 만장輓章

① 만장은 고인의 학덕, 선행 등을 추모하는 의미로 친구나 친척, 제자들이 한시를
지어 애도를 표시하는 깃발이다. 비단이나 명주에 세로로 쓴다. 만사輓詞, 만
시輓詩라고도 한다. 크기는 가로 60㎝ 세로 180㎝정도이다.

　　註 : 요즘은 만장과 조기는 잘 하지 않는다. 그러나 고인을 추모하는 조사弔詞(
　　　　弔辭), 조시弔詩 등을 지어서 조문할 때 읽고 절하기도 한다.

② 만장의 종류

○ 친구에 대한 만장

```
少時修習每同筵(소시수습매동연)
晩境詼諧相老年(만경회해상노년)
無斷忽然仙化去(무단홀연선화거)
送君揮淚夕陽天(송군휘루석양천)


全州后人 李康植 再拜哭呈
```

해설 : 어렸을 때는 항상 자리를 같이 하여 공부하였고, 늙어서는 서로가 늙은이라
고 농담하였도다. 아무 말 한마디 없이 신선이 되어 가버리니, 그대를 보내
고 석양 하늘 아래에서 눈물만 흘리노라.

○ 일반적인 만장

> 草露人生一夢場(초로인생일몽장)
> 奈何敢忍送斯行(내하감인송사행)
> 父老孩提咸訣地(부로해제함결지)
> 薤歌曲曲總悽涼(해가곡곡총처량)
>
> 全州后人 李康植 再拜哭輓

해설 : 초로와 같은 인생살이가 한 꿈과 같은 마당이니, 어치 차마 이런 행차를 보
낼까. 노소가 다 같이 영결식을 하는 곳에, 상여소리 곡조 곡조에 모두 슬
퍼하도다.

○ 일반적인 만장(편서사 자작)

> 朝露人生曉日夢(조로인생효일몽)
> 功名富貴往虛空(공명부귀왕허공)
> 秦皇未得不老草(진황미득불로초)
> 漢武終歸塵土中(한무종귀진토중)
> 鵑鳥哀啼三更夜(견조애제삼경야)
> 輓章飄拂夕陽風(만장표불석양풍)
> 靈車一向何時返(영거일향하시반)
> 追慕獻香遺德崇(추모헌향유덕숭)
>
> 全州后人 李丁一 再拜哭呈

해설 : 이슬 같은 인생 새벽 날의 꿈이로다.
부귀공명도 허공으로 사라졌네.
'진시황'은 불로초를 구하지 못하고

'한무제'도 나침내 티끌 속으로 돌아갔네.

두견새 야반 삼경에 슬피 울고

만장만이 석양풍에 펄럭이구나.

영거 한번 가면 어느 시절에 돌아오려나

추모의 향을 올리며 유덕을 숭상합니다.

○ 특정인에 대한 만장(편저자 자작)

　　30여 년간 방송 언론인으로서 사명감을 생명으로 여기며 살다간 벽호공(李星白)을 애도하는 만장이다. 족친인 벽호공은 경녕군파 통영종중이 낳은 수재로서 사회 정의를 위하여 수려한 문장으로 국민의 알 권리를 충족시키고 홀연히 생을 마감하였다. 부음을 접하고 추모의 시를 영전에 올려 삼가 고인의 명복을 빈다.

輓 碧湖公(만 벽호공)

敬寧後裔碧湖公(경녕후예벽호공)

出衆秀才慶統中(출중수재경통중)

不義淨淸言界奉(불의정청언계봉)

正論餘德忽生終(정론여덕홀생종)

泰山意志非從脅(태산의지비종협)

玉水文章興瑞功(옥수문장흥서공)

一去北邙何節返(일거북망하절반)

淚哀巾滿輓詞風(누애건만만사풍)

全州后人 李丁一 再拜哭呈

해설 : 벽호공은 경녕군의 후손이라

　　　　출중한 인재 통영종중의 경사였네

　　　　불의를 정화하고 언론계에 봉직하며

　　　　정의의 논설을 남기고, 홀연히 생을 마쳤도다

　　　　태산 같은 의지로 위협에 굴하지 않고

옥수 같은 문장으로 상서로운 공을 세웠네

북망산천 한 번 가면 어느 시절에 돌아오나

슬픈 눈물은 수건을 적시고, 만장만 바람에 펄럭이네.

○ 일반적인 조기弔旗

謹弔 學生全州李公之 靈

全州后人 李康植 再拜哭呈

▲ 전통 장례에서 만장 행렬(상여 앞에 위치한다.)

▲ 전통 장례에서 발인하여 장지로 향하는 꽃상여 모습

2. 장례葬禮 : 치장治葬

장례는 묘지를 준비하고 시신을 매장하는 의식이다. 치장이라고도 한다.

[1] 신분에 따른 장례기간

<가례>와 <편람>에 운명 후 3개월 만에 장례를 치른다고 했다. 그러나 아주 먼 옛날에는 고인의 신분에 따라 장례기간이 달랐다고 하였다. 즉 운명한 달을 포함하여

장례를 치르는 달까지 7월장, 5월장, 3월장, 유월장踰月葬 등이 있었다.

요즘은 대체로 7일장, 5일장, 3일장을 많이 하고 있다. 이는 옛날의 장례제도에 의하면 갈장渴葬(정해진 기간을 앞당겨서 치르는 장례)이라고 보아야 할 것이다.

① 7월장七月葬 : 황제(천자)의 장례. 운명한 달을 포함하여 일곱달 만에 치르는 장례. 3월에 운명하였으면 9월 중에 길일을 택일하여 장례를 치른다.
② 5월장五月葬 : 왕(제후)의 장례. 다섯달 만에 치르는 장례
③ 3월장三月葬 : 대부大夫의 장례. 석달 만에 치르는 장례
④ 유월장踰月葬 : 유학자(선현, 선비)의 장례. 운명한 달을 넘겨서 다음달에 치르는 장례. 그러나 유월장은 달을 넘기고 반드시 30일은 지나야 옳을 것이라고 했다.(편람 졸곡편)
⑤ 갈장渴葬 : 신분에 따라 정해진 장례기간을 기다리지 아니하고 그 기간을 앞당겨서 치르는 장례. 보장報葬, 질장疾葬이라고도 한다.

[2] 장례의 절차

장례의 절차는 먼저 묘지에서 토지신제(개토), 선영고유, 합장고유 또는 쌍분고유를 거쳐 묘광을 조성한다. 다음은 발인하여 하관 후에 토지신제(평토)를 지내고, 제주題主(신주를 씀)하여 제주전(반혼)을 올리고 신주와 혼백, 영정(사진)을 모시고 집으로 돌아와 영좌에 모시기까지의 의식이다.

(1) 토지신제土地神祭 : 개토제 · 산신제
① 토지신제는 묘지를 조성하기 전에 먼저 토지신(산신)에게 지내는 제사이다. 개토제라고도 한다.
② 토지신제의 제주는 먼 친척이나 외인이 한다. 즉 복제도에 의한 복(상복을 입음)이 없는 사람이다.
③ 묘지에서의 그 묘의 방향은 실제의 방향에 관계없이 북쪽에서 남향한 것으로

본다.

④ 토지신제는 묘지 예정지의 동북쪽에 제수를 차리고 북향하여 지낸다. 제수는 주, 과, 포, 해(젓갈)이다. 토지신은 신위를 1위로 본다.

⑤ 토지신은 하늘에 있는 것이 아니고 당연히 지하에 있을 것이므로 분향은 하지 않고 뇌주만 한다. 그러나 분향을 하기도 한다.

註 : '편람'에 상례편의 토지신제(산신제)는 분향이 없는 것으로 되어 있다. 하늘과 땅의 신에게 제사하는 천제天祭와는 다르다는 의미일 것이다. 그래서 토지신제의 순서에 분향이 없는 것으로 설명하였다.

⑥ 축은 제주의 좌측에서 동향으로 꿇어앉아 축문을 읽는다.

⑦ 토지신제 순서 : 강신(뇌주재배) - 참신재배 - 헌작 - 정저 - 독축 - 헌자재배 - 하저 - 사신재배 - 철

⑧ 토지신제 축문

유세차임진 모월간지삭 모일간지 유학이춘재 　　　감소고우
維歲次壬辰 某月干支朔 某日干支 幼學李春宰(제주성명) 敢昭告于

토지지신 금위 유학이성재 　　　지부 학생전주이공 영건택조
土地之神 今爲 幼學李性宰(주상성명)之父 學生全州李公 營建宅兆

신기보우 비무후간 근이 청작포해 지천우 　신 상
神其保佑 俾無後艱 謹以 清酌脯醢 祗薦于 　神 尚

향
饗

해설 : 임진년 0월 0일 유학 이춘재는

토지신에게 감히 고하옵니다. 오늘 이곳에 이성재의 부친 학생전주이공의 묘를 조성하려고 하오니 신께서는 보호하고 돌보아 주시어 훗날에 어려움이 없도록 하여 주시기를 바라옵니다. 삼가 맑은 술과 포와 해를 공손히 받들어 올리오니 흠향하시옵소서.

○ 만약 양력으로 시행하면 연年의 태세간지만 쓰고, 월의 삭일(초하루) 간지와 제

사일의 일진간지는 쓰지 않는다.

○ 제주 · 주상 · 고인이 직위가 있으면 '유학' · '학생' 대신에 직위를 사실대로 쓴다.

○ 고인이 모친이면 '之父 학생전주이공' 대신에 '之母 孺人慶州金氏'라고 쓴다.

※ '학생'과 '유인' 등 상세한 작성요령은 "제4장 제례편 기제 축문"을 참고한다.

○ 모친의 묘에 합장하는 경우에는 '영건택조' 대신에 '合窆于유인경주김씨지묘'라고 쓰고, 부친의 묘에 합장하는 경우에는 '영건택조' 대신에 '合窆于학생전주이공지묘'라고 쓴다.

○ 축문 등에는 대두법擡頭法을 적용한다. 대두법이란 위의 축문의 '土地之神', '祗薦于神', '饗'과 같이 경의敬意를 표해야 할 글자는 행(줄)을 바꾸어 다른 행의 첫 글자보다 한두 칸 위에 쓰거나 문장의 중간에 있을 때는 밑으로 한두 칸 띄어서 쓰는 것을 말한다. 관혼상제의 모든 고유고사, 축문, 청혼서, 납채서(사주편지), 혼례편지 등도 동일하다.

경의를 표해야 할 글자는 묘호廟號(태조, 세종 등), 경연經筵, 증贈, 시諡, 현顯, 휘諱, 봉영封瑩, 존령尊靈, 신神, 구구柩, 토지지신土地之神, 향향饗, 존체尊體, 존자尊慈, 존조尊照 등이다.

○ 축문은 원칙적으로 대두법을 제외하고는 띄어쓰기를 하지 않는다. 위의 축문에서 띄어 쓴 것은 현실적인 성향에서 해설의 이해를 돕고 축문을 읽을 때 숨을 쉬는 보편적인 위치를 표시하기 위함이다.

(2) 선영고유先塋告由

① 선영고유는 선영에 매장할 때 고유하는 것이다. 선영 내의 최존위 조상의 묘 앞에서 복제도에 의한 복이 가벼운 친족이 제주가 되어 고유한다.

② 제수는 주, 과, 포, 해(젓갈)를 차린다.

③ 축은 고유자(제주)의 좌측에서 동향으로 꿇어앉아 고유문(축문)을 읽는다.

④ 선영고유 순서 : 참신재배 - 강신(분향재배 - 뇌주재배) - 헌작 - 정저 - 독축 - 헌자재배 - 하저 - 사신재배 - 철

⑤ 선영고유 고사告辭(축문)

유세차임진 모월간지삭 모일간지 육대손동재
維歲次壬辰 某月干支朔 某日干支 六代孫東宰

감소고우
(제주이름: 복이 가벼운 친족)敢昭告于

현육대조고학생부군
顯六代祖考學生府君

현육대조비유인밀양박씨지묘 금위 오대손학생강철 영건택조우좌측하
顯六代祖妣孺人密陽朴氏之墓 今爲 五代孫學生康哲 營建宅兆于左側下

근이 주과용신 건고근고
謹以 酒果用伸 虔告謹告

해설: 임진년 0월 0일 육대손 동재는

　　육대조고어른과

　　육대조비밀양박씨의 묘에 고하옵니다. 이제 오대손학생강철의 묘를 좌측 아래에 조성하려고 하옵니다. 삼가 술과 과실을 차려 경건한 마음으로 삼가 고하옵니다.

○ 위 축문에서 고인과 고유자(제주: 동재)는 족숙질간으로서 고인은 최존위 조상의 5대손이 되고, 고유자(제주)는 6대손이 된다.

○ 합장할 경우에는 '영건택조'를 '합폄'으로 고쳐 쓴다.

○ '左側下'는 최존위묘의 좌측(동쪽) 아래 방향을 말하며, 최존위의 묘를 기준으로 표시한다.

(3) 합장고유合葬告由

① 합장고유는 부부합장으로 매장할 때 먼저 묻힌 묘에 고유하는 것이다. 모친의 묘에 부친을 합장할 경우는 모친의 묘 앞에서 주상이 제주가 되어 고유한다. 합장은 부모의 묘를 하나의 봉분으로 조성하는 것을 말한다.

② 제수는 주, 과, 포, 해(젓갈)를 차린다.

③ 축은 고유자(제주)의 좌측에서 동향으로 꿇어앉아 고유문(축문)을 읽는다.

④ 합장고유 순서 : 참신재배 - 강신(분향재배 - 뇌주재배) - 헌작 - 정저 - 독축 - 헌자
　　　　재배 - 하저 - 사신재배 - 철

⑤ 합장고유 고사告辭(축문)

유세차임진 모월간지삭 모일간지 고애자성재　　　　감소고우
維歲次壬辰 某月干支朔 某日干支 孤哀子性宰(주상이름) 敢昭告于

현비유인경주김씨지묘 성재 죄역흉흔
顯妣孺人慶州金氏之墓 性宰 罪逆凶釁

선고견배 일월불거 장기이계 금이 합봉우묘우 호천망극 근이
先考見背 日月不居 葬期已届 今以 合封于墓右 昊天罔極 謹以

주과용신 건고근고
酒果用伸 虔告謹告

해설 : 임진년 0월 0일 고애자 성재는

어머님 경주김씨의 묘에 감히 고하옵니다.

아버님께서 세상을 버리시어 장례를 모실 때가 되었습니다.

이제 어머님의 오른쪽에 합장하고자 하오니 슬픈 마음 하늘과 같이 끝이 없
습니다. 삼가 술과 과실을 차려 경건한 마음으로 삼가 고하옵니다.

○ '고애자'는 부모가 모두 별세하였을 때의 호칭이다.
○ 부친의 묘에 모친을 합장할 경우는 '현비유인경주김씨지묘'를 '현고 학생부군
지묘'로 '선고'를 '선비'로 '墓右'를 '墓左'로 각각 고친다.
○ 여기에서 좌우는 선망자의 묘를 기준으로 한 좌우이다.

(4) 쌍분고유雙墳告由

① 쌍분고유는 부부쌍분으로 매장할 때 먼저 묻힌 묘에 고유하는 것이다. 모친의
묘에 부친을 쌍분으로 모실 경우는 모친의 묘 앞에서 주상이 제주가 되어 고
유한다.
② 축은 고유자(제주)의 좌측에서 동향으로 꿇어앉아 고유문(축문)을 읽는다.

③ 제수와 봉행 순서는 합장고유와 같다.

④ 쌍분고유 고사告辭(축문)

유세차임진 모월간지삭 모일간지 고애자성재   감소고우
維歲次壬辰 某月干支朔 某日干支 孤哀子性宰(주상이름) 敢昭告于

현비유인경주김씨지묘
顯妣孺人慶州金氏之墓

선고 불행어연세 예당합부이 년운유구 장용쌍분지제 호천망극 근이
先考 不幸於捐世 禮當合祔而 年運有拘 將用雙墳之制 昊天罔極 謹以

주가용신 건고근고
酒果用伸 虔告謹告

해설 : 임진년 0월 0일 고애자 성재는

어머님 경주김씨의 묘에 감히 고하옵니다.

아버님께서 불행히 세상을 버리시어 당연히 합장하여 모셔야하나 당해의 운
이 맞지 않아 쌍분의 예로 모시고자 하오니 슬픈 마음 하늘과 같이 끝이 없
습니다. 삼가 술과 과실을 차려 경건한 마음으로 삼가 고하옵니다.

○ 부친의 묘에 모친을 쌍분할 경우는 '현비유인경주김씨지묘'를 '현고학생부군
지묘'로 '선고'를 '선비'로 각각 고친다.

○ 부친의 묘에 모친을 쌍분할 경우 부친의 묘 좌측(동쪽)에 모친을 모신다. 밑에
서 묘를 바라보면 우측이 된다.

(5) 천광穿壙

① 천광은 묘광을 만드는 것이다. 즉 관을 넣을 광중(구덩이)을 파는 것을 말한다.

② 부부 합장할 때는 남편의 좌측(동쪽)에 아내를 묻는다.

(6) 지석誌石

지석은 실묘失墓를 예방하기 위하여 고인의 인적사항을 새겨서 묘 앞에 묻는 표

지돌을 말한다. 지석은 두 장의 돌을 맞붙여서 묻는다.

① 덮개지석 서식 : 개식蓋式. 덮개(윗돌) 지석에 쓰는 서식이다.

○ 남자 : 學生全州李公諱康哲之墓

○ 여자 : 남편이 살아있으면 "幼學全州李康哲配孺人慶州金氏諱任順之墓" 라
　　　　고 쓴다. 만약 남편이 먼저 사망했을 때는 "학생전주이공휘강철배유인
　　　　경주김씨휘임순지묘"라고 쓴다.

　※ '학생'과 '유인' 등 상세한 작성요령은 "제4장 제례편 기제 축문"을 참고한
　　다.

② 밑지석 서식 : 저식底式. 밑(아랫돌) 지석에 쓰는 서식이다.

○ 남자 : 學生全州李公諱康哲字仲甫, 생년월일, 졸년월일, 장례년월일, 관직경
　　　　력, 거주지, 父諱00군수, 母고령김씨, 配位慶州金氏任順00之女, 子00
　　　　進士, 女東萊人鄭00生員, 묘지소재지 등

○ 여자 : 孺人慶州金氏諱任順, 夫학생전주이공휘강철, 子00進士, 女東萊人
　　　　鄭00生員 등을 쓴다.

※ 위의 서식을 참고하여 현실에 맞게 인적사항 등을 쓴다.

 (7) 작주作主 : 신주 제작

① 작주는 신주를 만드는 것이다. 신주는 고인의 혼령이 깃들 수 있도록 인적사
　항을 기록하여 만든 목주木主(나무패)이다. 대표적인 조상의 표상이고 상징물
　이다.

② 신주는 받침과 주신主身으로 되어 있고, 주신은 앞판(분면식), 뒤판(함중식)으로
　되어 있다. 신주는 앞판을 뒤판의 턱에 끼워 합쳐서 받침에 꽂아서 세운다. 위
　는 둥글고 아래는 평평한 모양이다.

③ 이때는 신주를 만들기만 하고 글씨는 쓰지 않는다. 신주에 글씨를 쓰는 것을 제
　주題主라고 한다. 글씨는 장례 때 하관 후에 묘지에서 쓴다.

　※ 신주의 규격과 만드는 방법(作主), 쓰는 방법(題主)은 편의상 "제4장 제례 편
　　의 신주 조항"에 서술하였다. 참고하기 바란다.

(8) 조전祖奠

① 조전祖奠은 발인하기 전날 저녁에 드리는 전奠이다. 조전朝奠, 석전夕奠의 예와 같이한다.

② 주, 과, 포, 해(젓갈)를 올리고 집례(축)가 분향하고 술을 올린다. 주상 이하 모든 상제는 재배하고 곡한다.

※ 이때의 조祖는 조상이 아니고 도신道神(길신)을 의미하며, 먼 길을 잘 인도해 달라는 뜻으로 도신道神에게 드리는 전奠이라고도 한다.

(9) 견전遣奠 : 발인전

① 견전은 상여(영구)가 집에서 장지로 떠날 때 올리는 전이다. 발인전이라고도 한다.

② 상여 앞에 영좌를 설치하고 상을 차린다. 혼백상(상자) 뒤에 사진과 신주를 담은 상자를 놓는다.

　註 : 이때 혼백상을 앞에 두는 것은 신주는 아직 글씨를 쓰지 않았기 때문에 혼령이 깃들어 있는 혼백상이 중요하기 때문이다.

③ 장례 전이므로 분향만 하고, 뇌주(지하의 체백을 인도하기 위하여 술을 모사기나 땅에 붓는 의식)는 하지 않는다.

④ 참신재배는 하지 않는다. 상제들이 다 같이 곡하는 것으로 참신재배를 대신한다.

⑤ 축이 술을 올리고 주상의 우측에서 서향으로 꿇어앉아 '견전고사遣奠告辭'를 고유한다.

○ 고유문 : 영이기가 왕즉유택 재진견례 영결종천(靈輀旣駕 往卽幽宅 載陳遣禮 永訣終天)

○ 해설 : 혼령을 상여에 모셨사오니 이제 가시면 유택이옵니다. 보내드리는 예를 올리오며 영원한 이별을 고하옵니다.

⑥ 상제들은 모두 곡을 하면서 재배한다.

　註 : 위와 같이 <사례편람>에 견전(발인전)은 단헌으로 간략하게 고유하는 것으로 되어 있으나 요즘은 삼헌으로 행하기도 한다.

註 : 현대의 삼헌으로 행하는 견전(발인전)순서 : 강신(분향재배) - 초헌(헌작 - 정
저 - 독축 - 초헌재배) - 철주 - 아헌(헌작 - 아헌재배) - 철주 - 종헌(헌작 - 종헌재
배) - 하저 - 사신재배 - 철

※ 요즘은 발인 후에 별도의 장소에서 영결식을 거행하는 경우가 있으므로 그 순
서를 간단하게 기술한다.

□ **영결식 순서**
  ○ 개식 - 사회자
  ○ 국기에 대한 경례
  ○ 고인에 대한 묵념
  ○ 고인의 약력보고
  ○ 조사 - 단체대표
  ○ 추도사
  ○ 종교의식
  ○ 생전영상 상영(고인의 육성녹음 근청)
  ○ 헌화 및 분향(상주, 직계유족, 단체대표 - - - 순으로)
  ○ 폐식 - 사회자

(10) 노전路奠 : 친빈전親賓奠
① 노전은 장례행렬 도중에 고인의 제자나 친구 등이 고인의 유덕을 추모하여 올
리는 전奠이다. 친빈전이라고도 한다.
② 상여 앞에 영좌를 설치하고 상을 차린다. 혼백상(상자) 뒤에 사진과 신주를 담
은 상자를 놓는다.
③ 노전의 제주는 주상이 아니고 노전을 준비하고 주관하는 제자나 친구 등이다.
④ 장례 전이므로 분향만 하고, 뇌주(지하의 체백을 인도하기 위하여 술을 모사기나
땅에 붓는 의식)는 하지 않는다.
⑤ 축은 제주의 우측에서 서향으로 꿇어앉아 제문을 읽는다.

⑥ 노전 순서 : 강신(분향재배) - 헌작 - 정저 - 독축 - 헌자재배 - 하저 - 사신재배 - 철

⑦ 노전 제문

維歲次壬辰 某月干支朔 某日干支 幼學000(제주성명) 敢昭告于
學生全州李公之靈(고인의 덕행과 업적을 찬양하는 내용을 기재함. 예:
平素厚德 社會事業其功 不微永世不忘 不自感愴--등) 謹以 酒果恭伸 奠儀 尙
饗

(11) 하관下棺

① 하관은 관을 광중에 내려 모시는 것이다.

② 하관 후에 명정을 관 위에 덮고 폐백(玄 · 纁)을 놓는다. 현玄(검은색)은 위쪽이
고, 현纁(붉은색)은 아래쪽이다. 지석을 묻는다. 봉분을 만드는 작업을 시작한다.

(12) 토지신제土地神祭 : 평토후산신제

① 토지신제는 하관 후에 토지신(산신)에게 지내는 제사이다. 평토후산신제라고
도 한다.

② 토지신제의 제주는 먼 친척이나 외인이 한다. 즉 복제도에 의한 복이 없는 사
람이다.

③ 묘의 동북쪽에 제단을 차려 북향하여 지낸다.

④ 제수는 주, 과, 포, 해(젓갈)를 차린다. 토지신은 신위를 1위로 본다.

⑤ 토지신은 하늘에 있는 것이 아니고 당연히 지하에 있을 것임으로 분향은 하지
않고 뇌주만 한다. 그러나 분향을 하기도 한다.

　　註 : '편람'에 상례편의 토지신제(산신제)는 분향이 없는 것으로 되어 있다. 하늘
　　　과 땅의 신에게 제사하는 천제天祭와는 다르다는 의미일 것이다. 그래서 토
　　　지신제의 순서에 분향이 없는 것으로 설명하였다.

⑥ 축은 제주의 좌측에서 동향으로 꿇어앉아 축문을 읽는다.

⑦ 토지신제 순서 : 강신(뇌주재배) - 참신재배 - 헌작 - 정저 - 독축 - 헌자재배 - 하
저 - 사신재배 - 철

⑧ 토지신제 축문

유세차임진 모월간지삭 모일간지 유학   감소고우
維歲次壬辰 某月干支朔 某日干支 幼學○○○(제주성명) 敢昭告于

토지지신 금위 학생전주이공 폄자유택 신기보우 비무후간 근이
土地之神 今爲 學生全州李公 窆玆幽宅 神其保佑 俾無後艱 謹以

청작포해 지천우 신 상
淸酌脯醢 祗薦于 神 尙

향
饗

해설 : 임진년 0월 0일 유학 000는

토지신에게 감히 고하옵니다. 오늘 이곳에 학생전주이공의 묘를 조성하였습
니다. 신께서는 보호하고 돌보아 주시어 훗날에 어려움이 없도록 하여 주
시기를 바라옵니다. 삼가 맑은 술과 포와 해를 공손히 받들어 올리오니 흠
향하시옵소서.

○ 합장이면 '폄자유택'을 '合窆旣畢'로 고쳐 쓴다.

(13) 제주題主 : 신주에 글씨를 씀

① 제주는 신주에 고인의 인적사항을 쓰는 것을 말한다. 신주는 운명 후 장례 전에
만들어 두었다가 하관 후에 묘지에서 글씨를 쓰는 것이다.

② 하관하면 체백이 광중에 묻히므로 혼령이 머무를 곳이 없게 된다. 그래서 즉시
신주를 써서 혼령이 신주에 깃들도록 해야 한다.

③ 부친신주의 서식

　　○ 함중식 : 故學生全州李公諱康哲字仲甫神主

　　○ 분면식 : 顯考學生府君神主

　　　　　　　孝子性宰 奉祀

④ 모친신주의 서식

　　○ 함중식 : 故孺人慶州金氏諱任順神主

○ 분면식 : 顯妣孺人慶州金氏神主

孝子性宰 奉祀

⑤ 신주는 앞판(분면식)을 뒤판(함중식)의 턱에 끼워 합쳐서 받침에 꽂아서 세운다.

※ 신주의 규격과 만드는 방법(作主), 쓰는 방법(題主)은 편의상 "제4장 제례편의 신주 조항"에 서술하였다. 참고하기 바란다.

※ 요즘은 대체로 신주를 만들지 않고 지방으로 대신하기도 한다.

(14) 제주전題主奠 : 반혼 · 평토전

① 제주전은 신주에 글씨를 쓴 후에 묘 앞에서 올리는 전이다. 반혼전, 평토전이라고도 한다.

② 묘 앞에 상을 차리고 신주를 모신다. 신주 뒤에 혼백상(상자)과 사진을 모신다. 제주전은 주상이 제주가 되어 고유한다.

註 : 이때 신주를 앞에 두는 것은 이미 신주에 글씨를 썼기 때문에 신주가 더 중요하다고 생각하기 때문이다.

③ 축은 제주의 우측에서 서향으로 꿇어앉아 축문을 읽는다.

④ 제주전 순서 : 강신(분향재배 - 뇌주재배) - 헌작 - 정저 - 독축 - 헌자재배 - 하저 - 사신재배 - 철

⑤ 제주전 축문

유세차임진 모월간지삭 모일간지 고애자 　　　감소고우
維歲次壬辰 某月干支朔 某日干支 孤哀子00(주상이름) 敢昭告于

현고학생부군 형귀둔석 신반실당 신주기성 복유
顯考學生府君 形歸窀穸 神返室堂 神主旣成 伏惟

존영 사구종신 시빙시의
尊靈 舍舊從新 是憑是依

해설 : 임진년 0월 0일 고애자 00는

아버님께 감히 고하옵니다. 남기신 몸체는 묘에 묻혔사오니 혼령께서는 집으

로 돌아가십시다. 신주를 이미 조성하였사오니 존령께서는 옛것을 버리시
고 새로움을 따르시어 신주에 깃드시고 신주에 의지하시옵소서.

○ 신주를 만들지 않고 혼백만을 모셨으면 '신주기성'을 '神主未成'으로, '사구종
　신 시빙시의'를 '魂箱猶存 仍舊是依'으로 각각 고쳐 쓴다.
　즉 "신주를 만들지 못하였으나 혼백상(상자)이 있사오니 존영께서는 옛날과 같
　이 혼백상에 의지하시옵소서." 라는 뜻이다.
⑥ 제주전을 올린 후에 주상은 신주와 혼백상(상자), 사진을 모시고 집으로 돌아
　온다.

(15) 석물石物

석물은 비석碑石, 상석床石, 망주석望柱石 등을 말한다. 비석은 누구의 묘인지를
나타내는 표시돌이다. 형식, 내용, 용도에 따라서 묘표, 묘갈, 신도비로 구분한다.

▲ 좌측은 묘표

▲ 우측은 묘갈

▲ 좌측은 신도비

▲ 우측은 묘표, 상석, 동자석, 망주석, 문인석
　이 갖춰진 묘소

1) 묘표墓表

묘표는 단순히 누구의 묘인지를 표시하는 비석이다. 묘의 앞이나 좌측(묘기준)에 세운다. 표석表石이라고도 한다. 규격은 높이 120㎝ 정도이다.

(無官者)	(合葬)	(官職者)	(儒賢)
學生（아호）全州李公諱康哲之墓	學生（아호）全州李公諱康哲之墓 ／ 孺人慶州金氏諱任順祔左	左議政文忠公○○（아호）李先生之墓 ／ 貞敬夫人慶州金氏祔左	○○（아호）李先生之墓 ／ 夫人慶州金氏祔左

① 무관자

○ 남자 앞면 : 學生全州李公諱康哲之墓

　※ 관직이 없으면 학생이나 처사로 쓴다. 학생 대신에 아호를 쓰기도 한다.

○ 남자 좌우뒷면 : 字00, 생년월일, 졸년월일, 장례년월일, 관직경력, 거주지, 父諱00군수, 母고령김씨, 配位慶州金氏任順00之女, 子00, 女00 등

○ 여자 앞면 : 學生全州李公諱康哲配孺人慶州金氏諱任順之墓

　※ 여자의 묘가 남편의 묘와 합장이 아니고 다른 장소에 따로 있을 경우에 <편

람>의 묘표 서식이다. 참고하기 바란다.

　※ 부부 합장이나 쌍분일 경우는 위의 합장 묘표식을 참고한다.

○ 여자 좌우뒷면 : 堂號00, 생년월일, 졸년월일, 장례년월일, 거주지, 子00, 女00 등

② 관직자

○ "左議政文忠公00(아호)李先生之墓", 혹은 "左議政諡文忠公00(아호)李先生之墓", "左議政贈諡文忠公00(아호)李先生之墓" 라고 쓰기도 한다.

○ 옛날에는 묘표, 묘갈, 신도비의 앞면에는 姓만 쓰고 본관과 이름은 안 쓰기도 하였다.

③ 유현儒賢 : "00(아호)李先生之墓"라고 쓴다.

　註 : 묘표의 앞면은 신주나 지방식과 같이 考西妣東으로 쓰는 것이 옳다고 생각한다. 묘표는 묘갈이나 신도비처럼 문장을 지어서 고인의 행적을 기록하는 것이 아니고, 단순히 누구의 묘인지를 표시하는 표석이기 때문이다. 또한 실제로 묘에 묻힘도 고서비동으로 묻혀 있다. 만약 고비의 묘표를 각각 만들어 좌우에 따로 세운다면 당연히 고서비동으로 하여야 할 것이다. 그러나 考東妣西로도 많이 쓰고 있다.

2) 묘갈墓碣

○ 묘갈은 고인의 세계世系, 행적 등에 대하여 추모하고 찬양하는 내용으로 문장을 지어 기록한 비석이다. 대체로 묘의 좌측(묘 기준)에 세운다.
묘갈과 신도비의 글씨는 우측부터 시작하여 좌측으로 쓴다.

3) 신도비神道碑

○ 신도비는 종2품 이상 관리나 선사 · 유현의 세계世系, 행적, 유적, 사적을 추앙하고 기리는 내용으로 문장을 지어 기록한 비석이다.

○ 묘갈보다는 크고 '이수귀부螭首龜趺'로 장식하며, 신령의 길이란 의미로 대체로 묘의 진입로 입구 동남쪽에 세운다.

○ '이수귀부'는 비석의 머리는 뿔 없는 용(교룡: 용 새끼) 모양, 받침에는 거북모양

의 무늬를 새긴 것을 말한다.

4) 상석床石

○ 상석은 묘 앞에 제물을 차리기 위하여 설치하는 넓적한 장방형의 돌로 된 상을 말한다.

○ 상석에는 원칙적으로 글씨를 새기지 않는다. 그러나 묘표(비석)가 없을 경우는 상석에 글씨를 쓰기도 한다.

5) 망주석望柱石

○ 망주석은 묘 앞의 좌우에 세우는 한 쌍의 돌기둥이다. 묘소가 있는 곳을 표시하고 묘소를 호위하는 의미이다.

(16) 영좌靈座 : 궤연几筵

① 영좌를 설치한다.

② 영좌는 대상을 지낼 때까지 신주와 혼백상(상자), 사진을 모시는 장소이다. 궤연几筵 이라고도 한다.

③ 묘지에서 제주전을 올린 후에 신주와 혼백상, 사진을 모시고 집으로 돌아온 즉시 별도의 방에 병풍을 치고, 교의를 놓고 교의 위에 앞에 신주,뒤에 혼백상, 사진 순으로 모신다. 사진은 맨 뒤에 있어서 신주에 가리어 보이지 않으므로 볼 수 있도록 높게 모신다. 혹은 신주 기준 좌측(동쪽)에 사진을 모시기도 한다. 교의 앞에 제상과 향안을 놓는다.

④ 영좌에서 조문을 받는다. 조문을 받는 상제의 위치는 남자는 동쪽, 여자는 서쪽이다.

⑤ 아침, 저녁 상식과 초하루, 보름날에 삭망전을 올리고, 새로운 음식이 있으면 올린다.

3. 상중제사喪中祭祀

상중제사는 장례 후에 지내는 정식제사로서 초우제, 재우제, 삼우제, 졸곡제, 부제, 소상, 연제, 대상, 담제, 길제가 있다. 주인 이하 모든 상제들은 각 제사시마다 목욕재계한다.

상중제사(초우제부터 담제까지)에는 참신재배를 하지 않는다. 상제들이 다 같이 곡하는 것으로 참신재배를 대신한다. 그러나 길제는 <편람>에 상중제사에 포함되어 있지만 의례는 사시제와 같이 행한다고 하였으므로 참신재배를 한다.

▲ 초·재·삼우제의 남동여서 : 남자는 동쪽 여자는 서쪽. 공수자세는 흉사(졸곡 전까지)의 공수로서 남자는 오른손을 위에, 여자는 왼손을 위에 올린다.

[1] 초우제初虞祭

① 초우제는 첫 번째 지내는 우제이다. 초우제는 장례를 마친 후 신주와 혼백상, 사진을 모시고 집으로 반혼한 즉시 영좌(궤연)에서 지낸다. 영좌에 모시는 위치(순서)는 신주 뒤에 혼백상, 혼백상 뒤에 사진이다.

② 우제는 고인의 혼령을 위안하는 제사이다. 육신이 흙으로 돌아갔으니 혼령이 방황할 수 있으므로 우제를 세 번 지내어 혼령을 위안하는 것이다.

③ 축의 위치는 초우, 재우, 삼우제까지는 제주의 우측에서 서향으로 꿇어앉아 축문을 읽는다. 역시 축은 제주의 우측에서 서향으로 서서 '고이성' 한다.

④ 상중제사(초우제부터 담제까지)의 진설은 기제의 진설(단설: 1위 진설 - 한분만 모시는 진설)과 같다.

⑤ 설소과(1차 진설)한다.

　제5행에 과실(조,율,시,이 등), 제4행에 포, 나물류(채소), 간장, 맑은 물김치, 식해(생선 젓갈), 제1행에 시저는 중앙(신주 앞), 잔반은 시저의 서쪽, 식초는 시저의 동쪽에 놓는다.

　※ 상중제사는 강신례 후에 별도로 진찬(2차 진설)을 하기 때문에 진찬 제물을 제상 앞 서쪽 대탁 위에 따로 둔다.

　※ 진찬할 때는 제2행에 서쪽부터 면(국수), 육전, 육적, 계적(중앙: 신주앞), 어적, 소전, 어전, 병(떡), 제3행에 서쪽부터 육당, 소당, 어탕, 제1행에 반(메)은 잔반의 서쪽에, 갱(국)은 식초의 동쪽에 받들어 올린다.

　※ 상중제사(초우제부터 담제까지)는 초·아·종헌시에 각각 전적(적을 올림)이 없으므로 3적(육적, 계적, 어적)은 진찬(2차 진설)할 때 다른 제수와 다 함께 올린다.

⑥ 초우제 순서 : 관수 - 서립 - 신주개독 - 강신(분향재배 - 뇌주재배) - 진찬 - 초헌(헌작 - 계반개 - 독축 - 초헌재배) - 철주 - 아헌(헌작 - 주부사배) - 철주 - 종헌(헌작 - 종헌재배) - 첨작 - 삽시정저 - 합문 - 계문 - 철갱진숙수 - 고이성 - 하시저합반개 - 신주합독 - 사신재배 - 분축문 - 철 - 예필

　※ <편람>에 상중제사(초우제부터 담제까지)에는 '진찬'은 축이 대신하고, '첨작', '삽시정저', '철갱진숙수'는 집사가 대신한다. 주상이 슬픔으로 황망하기 때문이다. 또한 '삽시정저' 후에 '초헌재배'가 없고, '철갱진숙수' 후에 '철시숙수접중'과 '국궁'의 절차가 없다.

　※ <편람>에 의하면 상중제사(초우제부터 담제까지)의 헌작과 기제·묘제의 헌작은 그 절차가 다르다. 헌작 절차가 다른 것은 상중제사는 슬픔으로 인하

여 황망하므로 간편하게 하기 위함이고, 기제·묘제는 엄숙하게 예를 갖추어 행하기 때문이다. 이를 편의상 "편람식 헌작"이라고 칭한다.

○ 상중제사 헌작(편람식 헌작)

- 주인(주상)이 주전자를 들고 향안 앞에서 북향하여 서면, 서집사는 영좌 위의 잔반을 내려서 받들고 주인의 왼편에서 동향하여 선다.
- 주인은 서집사의 잔반에 술을 가득히 따른 후 주전자를 제자리에 놓고 북향하여 선다. 주인이 그 자리에 꿇어앉으면 서집사도 같이 꿇어앉는다.
- 서집사는 잔반을 주인에게 준다. 주인은 잔반을 받아 모사기에 삼제(三祭: 술을 조금씩 세 번 따름. 술잔에 술이 약80% 정도가 남게 됨)한 후에 잔반을 받들어서 서집사에게 주면 서집사는 잔반을 받들고 일어나서 신위 앞에 올린다.

○ 기제·묘제의 헌작(편람식 헌작)

- 주인이 향안 앞에서 북향하여 서면, 동집사는 주전자를 들고 주인의 우측에 선다.
- 주인이 제상 위의 고위잔반을 내려서 받들고 향안 앞 서쪽에서 동향하여 서면, 동집사가 향안의 동쪽에서 서향으로 마주 보고 서서 술을 가득히 따른다. 주인은 잔반을 받들어서 제상 위의 고위 앞에 올린다.
- 다음은 주인이 제상위의 비위잔반을 내려서 받들고 향안 앞 서쪽에서 동향하여 서면, 동집사가 향안의 동쪽에서 서향으로 마주 보고 서서 술을 가득히 따른다. 주인은 잔반을 받들어서 제상 위의 비위 앞에 올린다.
- 주인이 향안 앞에서 북향하여 서면, 서·동집사는 제상 위의 고·비위 잔반을 각각 받들어서 주인의 좌우에 선다. 주인이 그 자리에 꿇어앉으면 서·동집사도 같이 꿇어앉는다.

- 주인이 서집사로부터 고위잔반을 받아서 삼제(三祭: 술을 조금씩 세 번 따름. 술잔에 술이 약80% 정도가 남게 됨)한 후에 잔반을 받들어서 서집사에게 주면 서집사는 잔반을 받들고 일어나서 고위 앞에 올린다.
- 다음은 주인이 동집사로부터 비위잔반을 받아서 삼제(三祭: 술을 조금씩 세 번 따름. 술잔에 술이 약80% 정도가 남게 됨)한 후에 잔반을 받들어서 동집사에게 주면 동집사는 잔반을 받들고 일어나서 비위 앞에 올린다.

※ 위와 같이 상중제사(초우제부터 담제까지)에는 주인이 직접 주전자를 들고 술을 따른 후 먼저 삼제한 후에 잔반을 신위 앞에 올리고, 기제·묘제에는 동집사가 주전자를 들고 술을 따른 후 주인이 신위 앞에 올렸다가 잔반을 내려서 삼제 후에 다시 잔반을 신위 앞에 올리는 것이 서로 다르다.

※ 그러나 현실에서 상중제사와 기제·묘제 등 모든 제사의 헌작은 아래와 같이 간편하게 하기도 한다. 이를 편의상 "비편람식 헌작"이라고 칭한다.

○ 비편람식 헌작

- 주인이 향안 앞에 꿇어앉는다.
- 서집사가 제상 위의 고위잔반을 내려 주인에게 주고, 동집사는 주인의 우측에 꿇어앉아 술을 가득히 따른다.
- 주인은 모사기에 삼제(三祭: 술을 조금씩 세 번 따름. 술잔에 술이 약80% 정도가 남게 됨)한 후에 잔반을 받들어 올리면 서집사가 잔반을 받아 일어나서 제상 위의 고위 앞에 올린다.
- 다음은 동집사가 제상 위의 비위잔반을 내려서 고위와 같은 순서대로 하여 비위 앞에 올린다.

註 : '고이성'은 옛날에 '시동尸童'을 신좌에 앉히고 제사 지낼 때 '시동'에게 고하는

제도였으므로 요즘은 '시동'이 없기 때문에 '이성'을 고하지 않는다고도 한다.

※ '이성'의 의미는 '이利'는 봉양함이고, '성成'은 마침이니 "봉양의 예가 모두 잘 이루어졌다"는 뜻이다.

※ '이성'은 조상을 떠나보내기에 앞서 미리 조상의 현감顯感을 살핀 후 제주(주인)에게 알리는 의미이다.

※ <가례>와 <편람>에 '고이성'의 절차가 있는 제사는 상중제사, 길제, 사시제, 시조제, 선조제, 녜제, 기제이다.

⑦ 초우제부터 담제까지의 각 상중제사의 순서는 초우제와 같다.

⑧ 초우제 축문

유세차임진 모월간지삭 모일간지 고애자　　　감소고우
維歲次壬辰 某月干支朔 某日干支 孤哀子00(주상이름) 敢昭告于

현고학생부군 일월불거 엄급초우 숙흥야처 애모불영 근이 청작서수
顯考學生府君 日月不居 奄及初虞 夙興夜處 哀慕不寧 謹以 淸酌庶羞

애천협사 상
哀薦祫事 尙

향
饗

해설 : 임진년 0월 0일 고애자 00는

아버님께 감히 고하옵니다. 세월은 머물지 않아 어느덧 초우를 맞이하오니 밤낮으로 슬프고 사모하는 마음에 편안할 때가 없습니다. 삼가 맑은 술과 여러 음식을 차려 애통한 마음으로 초우의 제사를 받들어 올리오니 흠향하시옵소서.

○ 고인이 모친이면 '현고학생부군' 대신에 '현비유인경주김씨' 라고 쓴다.

※ '학생'과 '유인' 등 상세한 작성요령은 "제4장 제례편 기제 축문"을 참고한다.

○ 재우에는 '초우'를 '再虞', '협사'를 '虞事'로 고치고, 삼우에는 '초우'를 '三虞'로 고치고 '협사'를 '成事'로 각각 고친다.

○ '고애자'는 부모가 모두 돌아가신 경우 주상의 호칭이다. '孤子'는 부상의 호칭이고, '哀子'는 모상의 호칭이다. 그러나 부 생존 모상에는 부가 주상이 되므로 '哀子'는 우제 축문에 사실상 쓸 일이 없는 것이다.

○ 승중상(부친이 먼저 돌아가신 후 조부모상)이면 '고애자00'는 '孤哀孫 00'으로 쓰고, '현고'는 '顯祖考'로 쓴다.

○ 고인이 방친이면 '고애자00'는 '姪00'로 쓰고, '현고'. '현비'는 '顯伯(叔)父'. '顯伯(叔)母'로 쓰고, '애천'은 '薦此'로 쓴다.

○ 아내이면 '고애자00'는 '夫000(성명)'로 쓰고, '감소고우'는 '昭告于'로 쓰고, '현비'는 '亡室(혹은 故室)'로 쓰고, '숙흥야처 애모불영'은 '비도산고悲悼酸苦 부자승감不自勝堪(슬프고 쓰린 마음을 스스로 견디지 못함)'으로 쓰고, '근이'는 '玆以'로 쓰고, '애천'은 '陳此'로 쓴다.

○ 형이면 '고애자00'는 '弟00'로 쓰고, '현고'는 '顯兄'으로 쓰고, '숙흥야처애모불영'은 '비통무이悲痛無已 지정여하至情如何(슬프고 아픔이 끝이 없고 지극한 정을 어찌할 수 없음)'로 쓴다.

○ 동생이면 '고애자00'는 '兄'으로 쓰고, 형의 이름은 쓰지 않으며, '감소고우'는 '告于'로 쓰고, '현고'는 '亡弟學生00'로 쓰고, 즉 '府君'은 쓰지 않고 성은 빼고 동생의 '이름'을 쓴다. '숙흥야처 애모불영'은 '비통외지悲痛猥至 정하가처情何可處(슬프고 아픔이 한이 없고 정의의 마음 어찌할 바를 모름)'로 쓰고, '근이'는 '玆以'로 쓰고, '애천'은 '陳此'로 쓴다.

○ 아들이면 '고애자00'는 '夫'로 쓰고, 부의 이름은 쓰지 않으며, '감소고우'는 '告于'로 쓰고, '현고'는 '亡子學生(혹은 秀才) 00'로 쓰고, 즉 '府君'은 쓰지 않고 성은 빼고 아들의 '이름'을 쓴다. '숙흥야처 애모불영'은 '비념상속悲念相屬 심언여훼心焉如燬(슬픈 생각이 서로 뒤엉켜 마음이 불타는 것 같음)'로 쓰고, '근이'는 '玆以'로 쓰고, '애천'은 '陳此'로 쓴다.

⑨ 혼백은 초우제를 지낸 후에 정결한 땅에 묻는다. 그러나 삼우제를 지내고 땅에 묻기도 한다. 영좌에는 신주와 사진만 모신다. 운명시에 초혼한 고인의 옷 속옷은 혼백과 함께 묻지 않고 영좌에 신주, 사진과 함께 대상 때까지 둔다.

⑩ 만약 신주를 만들지 않았으면 혼백은 땅에 묻지 않고 대상 때까지 영좌에 모

신다.

⑪ 초우제 후에는 아침, 저녁 전奠은 폐하고 아침, 저녁 상식(식사)과 초하루, 보름 삭망전만 올린다.

[2] 재우제再虞祭

① 재우제는 두 번째 지내는 우제이다. 초우제를 지낸 후 첫 유일柔日(일진에 乙,丁, 己,辛,癸가 들어가는 날)에 영좌에서 지낸다.

② 초우가 강일이면 다음날이 되고, 초우가 유일이면 다음 다음날이 된다.

③ 하루 전날 제수를 준비하고 궐명(다음날:재우일 새벽)에 "설소과 주찬(1차 진설)" 하여 질명(먼동이 틀 때)에 제사를 시작한다.

④ 재우제 순서 : 초우제와 같다.

[3] 삼우제三虞祭

① 삼우제는 세 번째 지내는 우제이다. 재우제를 지낸 후 첫 강일剛日(일진에 甲, 丙, 戊, 庚, 壬이 들어가는 날) 즉 재우를 지낸 다음날 새벽에 영좌에서 지낸다.

② 옛날에 장지가 멀면 초우와 재우는 도중에 여관 등에서 지내지만 삼우는 도중에 강일을 만나도 제사를 행하지 않고 반드시 집에 돌아와서 강일에 삼우제를 지냈다.

③ 삼우제 순서 : 초우제와 같다.

[4] 졸곡제卒哭祭

① 졸곡제는 평시에는 곡哭을 그치는 제사이다. 졸곡제 이후는 평시에는 곡을 하

지 않고, 아침·저녁에만 곡을 한다. 상중제사 중에서 졸곡제부터 점차 길사吉事로 바뀐다고 한다.

註 : 대체로 졸곡부터 길사吉事의 시작으로 본다. 그 이유는 삼우제까지는 흉사의 예로서 축이 제주(주상)의 우측에서 서향으로 꿇어앉아 축문을 읽지만 졸곡제부터는 길사의 예로 축이 제주의 좌측에서 동향하여 축문을 읽는다. 그러나 제주의 호칭은 길사의 효자孝子로 칭하지 않고 흉사의 고자孤子(혹은 애자哀子, 고애자)로 칭하는 것을 보면 흉사凶事에서 길사吉事로 넘어가는 분기점으로 보아야 할 것이다.

註 : 의례에서 흉사凶事와 길사吉事의 구분은 상주 입장에서가 아니고 고인의 입장에서 흉사, 길사가 되는 것이라고도 한다. 우제虞祭는 고인이 흉사를 당하였으므로 혼령을 위안하는 제사이다. 육신이 흙으로 돌아갔으니 혼령이 방황할 수 있으므로 우제를 세 번 지내어 혼령을 위안하는 것이다. 고인의 입장에서 볼 때 졸곡 전까지(혹은 졸곡포함)를 흉사로 보는 것이라고 한다. 길사라고 하여 축하하고 잔치하는 의미는 결코 아니다. 다만 흉사凶事에 대칭되는 개념으로 보아야 할 것이다. 그러나 자손은 탈상할 때까지 추모하고 근신해야 마땅한 일이고, 또한 친속의 기일을 맞으면 슬픈 마음을 가져야 하고 즐거운 일은 피해야 한다.

② <편람>에 졸곡은 삼우제후의 첫 강일剛日(일진에 甲,丙,戊,庚,壬이 들어가는 날) 새벽에 영좌에서 지낸다고 했다. 삼우는 재우제를 지낸 후 첫 강일이므로 장례일을 포함하여 3 - 4일만에 삼우가 된다. 옛날의 장례는 3개월만에 치르므로 졸곡은 운명일로부터 3개월 3 - 4일이 지난 첫 강일이 된다. 요즘은 장례를 3개월만에 치르지 않고 갈장渴葬(정해진 장례기간을 앞당겨서 치르는 장례. 즉 7일장, 5일장, 3일장 등)으로 치르므로 삼우제는 장례 후 3 - 4일에 지내지만 졸곡제만은 반드시 3월장으로 가정(계산)하여 운명일로부터 3개월 3 - 4일이 지난 첫 강일에 지내야 한다.

③ 졸곡제부터는 축이 제주의 좌측에서 동향으로 꿇어앉아 축문을 읽는다. 역시 축은 제주의 좌측에서 동향으로 서서 '고이성' 한다.

④ 축문은 초우제 축문과 같다. 다만 초우제 축문에서 '초우'를 '卒哭'으로 '협사'를

'成事'로 고친다. 만약 다음날 부제祔祭를 지낼 것이면 '成事' 다음에 '來日祔祭 于祖考學生府君'(모친이면 祖妣孺人慶州崔氏)이라고 삽입 한다.

⑤ 졸곡제 순서 : 초우제와 같다.

(1) 상복기간 중 다른 제사를 폐는 예법

율곡 이이의 <격몽요결> "상복중행제의喪服中行祭儀"에 의하면 상복을 입는 기간 동안에 다른 제사를 폐하거나 간략하게 지내는 예법은 상복의 경중輕重에 따라서 다르다고 하였다. 이 내용은 <사례편람> "졸곡 편"에도 있다.

1) 부모 상복중인 경우(3년복)

① 졸곡(운명일로 부터 3개월이 지난 첫 강일) 이전 : 모든 제사를 폐한다.

② 졸곡 이후 : 경복자輕服者가 단헌무축으로 지낸다.

2) 형제 · 백숙부모 · 종형제 상복중인 경우(1년, 9월복)

① 성복(운명일로 부터 4일째 되는 날) 이전 : 모든 제사를 폐한다.

② 장사(운명일로 부터 3개월) 이전 : 사시제는 폐한다. 기 · 묘제는 경복자가 단헌 무축으로 지낸다.

③ 장사 이후 : 모든 제사를 평시와 같이 지낸다. 다만 수조(음복)는 안한다.

3) 종백숙부모 · 처부모 상복중인 경우(5월, 3월복)

① 성복(운명일로 부터 4일째 되는 날) 이전 : 모든 제사를 폐한다.

② 성복 이후 : 모든 제사를 평시와 같이 지낸다. 다만 수조(음복)는 안한다.

(2) 답조장答弔狀

① 답조장은 졸곡제를 지낸 다음에 조문 왔던 손님들에게 보내는 사례문이나 인사장을 말한다.

※ 요즘은 답조장을 잘 보내지 않고 신문 등에 감사문을 게재하기도 한다.

② 답조장

가문흉화
家門凶禍

선고 엄홀기배 호천망극 앙승인은 특사위문 기위애감 단절불회 공유
先考 奄忽棄背 昊天罔極 仰承仁恩 特賜慰問 其爲哀感 但切不懷 恭惟

대형존체만복 근봉장진사 불선근장
大兄尊體萬福 謹奉狀陳謝 不宣謹狀

年　　月　　日

孤子 000 再拜

000先生 座下

해설 : 저희 집안의 흉화로

아버님께서 홀연히 세상을 따나시니 끝없는 슬픔을 감당할 길이 없습니다. 우러러 어지신 은혜로 위문의 말씀을 내리심을 받자와 슬픈 마음을 가눌 수가 있었습니다.

선생님께서는 존체만복하시기를 빌면서 삼가 글월로써 사례하고자 하오나 다 펴지를 못하겠습니다.

○ 모친상이면 '先考'를 '先妣'로 고친다.

[5] 부제祔祭

① 부제는 사당(가묘)이 있는 경우에 고인(제주의 부친)의 신주를 고인의 조고(조부: 제주의 증조부)의 신주 곁에 부祔(붙여 모심)하는 제사이 다.

※ 만약 제주(주상)가 사당을 모시는 종자宗子가 아니면 종자가 부제의 제주가 되고 종자의 대수에 맞추어 각 신위를 속칭(屬稱)해야 한다.

② 부제는 졸곡제를 지낸 다음날에 지낸다. 신주와 사당을 모시지 않았으면 지낼 필요가 없다.

③ 부제는 사당에서 지낸다. 만약 사당 내부가 협소하면 별도의 제청(대청)에서 지낸다.

④ 제주의 증조고비(증조부모: 고인에게는 조부모)의 신주를 제청(대청) 북쪽에서 남향으로 모시고, 고인(제주의 부친)의 신주는 동쪽에서 서향으로 모신다. 만약 모친상이면 증조고(증조부)의 신주는 모시지 않는다.

⑤ 부제부터는 제주의 호칭을 '孝子'로 칭한다.

⑥ 부제 순서 : 초우제와 같다. 단 강신 앞에 참신을 먼저 한다. 다른 상중제사에는 참신재배가 없지만 이때(부제)의 참신은 증조고비에 대한 참신 재배이다.

※ 초헌의 절차는 먼저 증조고비에게 헌작 - 계반개 - 독축 - 재배하고, 다음에 고위(고인: 제주의 부친)에게 헌작 - 계반개 - 독축 - 재배한다. 아헌, 종헌의 절차는 초헌과 같이 하되 '계반개'와 '독축'이 없다.

⑦ 부제 축문(증조고비위)

```
유세차임진 모월간지삭 모일간지 효증손
維歲次壬辰 某月干支朔 某日干支 孝曾孫00

근이  청작서수 적우
謹以 淸酌庶羞 適于

현증조고학생부군 제부손학생 상
顯曾祖考學生府君 隮祔孫學生 尙

향
饗
```

해설 : 임진년 0월 0일 효증손 00는 삼가 맑은 술과 여러 음식으로 증조할아버님께 제사를 올리면서 손자 학생을 부하겠사오니 흠향하시옵소서.

⑧ 부제 축문(고위)

유세차임진 모월간지삭 모일간지 효자
維歲次壬辰 某月干支朔 某日干支 孝子00

근이 청작서수 애천 부사우
謹以 淸酌庶羞 哀薦 祔事于

현고학생부군 적우
顯考學生府君 適于

현증조고학생부군 상
顯曾祖考學生府君 尙

향
饗

해설 : 임진년 0월 0일 효자 00는 삼가 맑은 술과 여러 음식으로 부사로써
아버님께 제사를 올립니다. 증조위를 쫓으시고 흠향 하시옵소서.

⑨ 부제를 마치면 신주는 원래 모신 장소로 각각 모신다. 즉 증조위의 신주는 사
당으로, 고위(고인)의 신주는 영좌로 모신다.

註 : 고인(제주의 부친)의 신주는 대상까지 영좌에 모시는 것이 관습이다. 그래
서 고인의 신주를 조부(제주의 증조)의 신주 곁에 부祔(붙여 모심)하는 의식
(부제)만 치르고 고인의 신주는 다시 영좌에 모셨다가 대상 후에 사당에 모
신다.

註 : 만약 고인(제주의 부친)이 장자가 아니고 또한 큰댁 사당도 멀리 있을 경우
는 증조고비(증조부모: 고인에게는 조부모)의 신주를 모시기 어려움으로 증
조고비를 지방으로 모시고 부제를 지내고 고인의 신주는 영좌에 모셨다가
대상 후에 고인의 집 사당에 모신다. 즉 소종小宗의 시작이 되는 것이다.

[6] 소상小祥

① 소상은 운명일로부터 1년이 되는 기일에 지내는 제사이다. 기일 새벽에 영좌
   에서 지낸다.

② 소상 순서 : 초우제와 같다.

③ 소상 축문

> 유세차임진 모월간지삭 모일간지 효자　 감소고우
> 維歲次壬辰 某月干支朔 某日干支 孝子00 敢昭告于
>
> 현고학생부군 일월불거 엄급소상 숙흥야처 애모불영 근이 청작서수
> 顯考學生府君 日月不居 奄及小祥 夙興夜處 哀慕不寧 謹以 淸酌庶羞
>
> 애천상사 상
> 哀薦常事 尙
>
> 향
> 饗

해설 : 임진년 0월 0일 효자 00는

아버님께 감히 고하옵니다. 세월은 머물지 않아 어느덧 소상을 맞이하오니 밤
낮으로 슬프고 사모하는 마음에 편안할 때가 없습니다. 삼가 맑은 술과 여
러 음식을 차려 애통한 마음으로 소상의 제사를 받들어 올리오니 흠향하시
옵소서.

④ 소상 후에는 아침, 저녁 곡을 거치고 초하루, 보름 삭망에만 곡을 한다.

⑤ 만약 소상에 탈상하려면 축문을 다음과 같이 고쳐 쓴다.

○ 소상탈상 축문

> 유세차임진 모월간지삭 모일간지 효자　 감소고우
> 維歲次壬辰 某月干支朔 某日干支 孝子00 敢昭告于
>
> 현고학생부군 일월불거 엄급기년 숙흥야처 애모불영 삼년봉상
> 顯考學生府君 日月不居 奄及朞年 夙興夜處 哀慕不寧 三年奉喪

어례지당 사세불체 금기탈상 근이 청작서수 애천상사 상
於禮至當 事勢不逮 今期脫喪 謹以 淸酌庶羞 哀薦常事 尙

향
饗

해설 : 임진년 0월 0일 효자 00는

아버님께 감히 고하옵니다. 세월이 흘러 어느덧 돌아가신 지 일년이 되었습니다. 밤낮으로 슬프고 사모하는 마음에 편안할 때가 없습니다. 삼년상을 받드는 것이 당연한 도리이오나 사정이 여의치 못하여 금번에 탈상하고자 하옵니다. 삼가 맑은 술과 여러 음식을 차려 애통한 마음으로 상사의 제사를 받들어 올리오니 흠향하시옵소서.

○ 삼우 탈상이면 '奄及朞年'을 '奄及三虞'로 '哀薦常事'를 '哀薦成事'로 고친다.
○ 졸곡 탈상이면 '奄及朞年'을 '奄及卒哭'으로 '哀薦常事'를 '哀薦成事'로 고친다.

[7] 연제練祭

① 연제는 처의 상에 운명 후 11개월 만에 일진에 丁이나 亥가 드는 날을 택하여 새벽에 영좌에서 남편이 지내는 소상제사이다.
② 처의 상에는 남편이 주상이 되므로 운명 후 1년 만에 탈상, 즉 대상을 지내는 관계로 소상은 11개월 만에 지낸다. 이 소상제사를 연제라고 한다.
③ 연제 순서 : 초우제와 같다.
④ 연제 축문

유세차임진 모월간지삭 모일간지 부　　소고우
維歲次壬辰 某月干支朔 某日干支 夫000 昭告于

망실유인김해김씨 일월역류 엄급연제 비도산고 불자승감 자이
亡室孺人金海金氏 日月易流 奄及練祭 悲悼酸苦 不自勝堪 玆以

　　　　청 작 서 수　진 차 전 의　상
　　　　淸酌庶羞 陳此奠儀 尙

향
饗

해설 : 임진년 0월 0일 부000는

　　　부인 김해김씨께 고합니다. 부인께서 세상을 떠난 후 세월이 흘러 어느덧 연
　　　제일이 되오니 슬프고 쓰린 마음 스스로 감내할 길이 없습니다. 이에 맑은
　　　술과 여러 음식을 차려 드리오니 흠향하시기 바랍니다.

[8] 대상大祥

① 대상은 운명일로부터 2년이 되는 기일에 지내는 제사이다. 기일 새벽에 영좌
　　에서 지낸다.

② 대상 순서 : 초우제와 같다.

③ 대상축문은 소상축문에서 '小祥'을 '大祥'으로 '常事'를 '祥事'로 고치면 된다.

④ 처의 대상은 남편이 주상이 되므로 운명일로부터 1년이 되는 기일 새벽에 영
　　좌에서 지낸다.

⑤ 처의 대상축문

　　유 세 차 임 진　모 월 간 지 삭　모 일 간 지　부　　　소 고 우
　　維歲次壬辰 某月干支朔 某日干支 夫000 昭告于

　망 실 유 인 김 해 김 씨　일 월 역 류　엄 급 기 사　자 이 금 일　공 행 상 사
　亡室孺人金海金氏 日月易流 奄及朞祀 玆以今日 恭行祥事

　　비 도 산 고　불 자 승 감　자 이　청 작 서 수　진 차 전 의　상
　　悲悼酸苦 不自勝堪 玆以 淸酌庶羞 陳此奠儀 尙

향
饗

해설 : 임진년 0월 0일 부000는

　부인 김해김씨께 고합니다. 부인께서 세상을 떠난 후 세월이 흘러 어느덧 일

　　년이 되었습니다. 오늘 상사의 예를 드리니 슬프고 쓰린 마음 스스로 감내

　　할 길이 없습니다. 이에 맑은 술과 여러 음식을 차려 드리오니 흠향하시기

　　바랍니다.

⑥ 대상을 마치면 신주는 사당으로 모시고, 영좌는 철거한다.

　註 : <편람>에 신주를 만들었으면 혼백상은 초우제(상례비요에는 삼우제) 후에

　　　묘소에 묻는 것이 아니고 정결한 땅에 묻는다고 하였으며, 신주만 영좌(궤

　　　연)에 대상 때까지 모셨다가 대상 후에 사당으로 모신다. 4대가 지나면 신

　　　주는 묘소의 우측(묘소 기준: 서쪽) 아래에 묻는다고 하였다. 그러나 신주를

　　　만들지 않고 혼백상을 모시고 대상까지 마친 경우에는 <편람>의 규정은

　　　없지만 혼백상(상자)을 묘소의 우측(묘소기준: 서쪽) 아래에 묻어도 될 것으

　　　로 생각한다.

　註 : 요즘은 시대의 변화에 따라 탈상기간도 줄어드는 것 같다. 대상까지 지내

　　　는 예법은 차츰 사라져가고 있으며 심지어 삼우에 탈상하는 경우도 있는 것

　　　같다. 그러나 아무리 세속에 따라 탈상기간을 줄인다 해도 소상이나 졸곡(

　　　운명일로부터 3개월)까지는 영좌를 모시는 것이 좋을 것이다.

[9] 담제禪祭

① 담제는 복제도에 의한 복을 벗고 평상시로 돌아가는 제사이다.

② 대상 후 仲月(음력2, 5, 8, 11월)에 일진에 丁이나 亥가 드는 날을 택하여 새벽에

　　사당에서 신주를 출주하여 별도의 제청(대청)에서 지낸다. 운명일로부터 27개

　　월째이다. 대상을 지낸 다음 다음달에 지내기도 한다.

③ 대상 후에는 신주를 사당으로 모셨기 때문에 담제는 사당에서 신주를 출주하

　　여 별도의 제청(대청)에서 지내는 것이다.

④ 담제 순서 : 초우제와 같다. 다만 <가례>에는 다른 상중제사와 같이 참신재배가
　　없고, <편람>에는 참신재배가 있는 것 같다.
⑤ 담제축문은 소상축문에서 '小祥'을 '禫祭'로 '常事'를 '禫事'로 고치면 된다.

[10] 길제吉祭

① 길제는 <사례편람>에 상례편의 상중제사에 포함되어 있지만 정식으로 새로운
　　장손이 되는 특별한 길사吉事이다. 아헌을 하는 주부는 전통 혼례복과 족두리
　　를 쓰고 행사하기도 한다.
② 길제는 고인이 장손일 경우에 사당을 계승하는 새로운 장손(고인의 장자)을 기
　　준으로 신주를 고쳐쓰기 위한 제사이다. 만약 고인이 장손이 아니거나 선대의
　　신주를 모시지 않았으면 지낼 필요가 없다.
③ 담제를 지낸 다음 달에 일진에 丁이나 亥가 드는 날을 택하여 새벽에 사당에서
　　신주를 출주하여 별도의 제청(대청)에서 지낸다.
④ 길제를 지낸 후 장손의 5대조의 신주는 작은집 최장방(현손, 증손)에게로 차례
　　대로 옮겨가면서(체천) 기제를 계속 지내다가 현손이 모두 사망하면 기제는 종
　　료하고, 신주를 묘소의 우측(서쪽)에 묻고 비로소 세일사(묘제)를 지낸다. 신주
　　를 묻기 전에 최장방의 집으로 옮겨가면서 기제를 지내는 신주를 체천위라고
　　한다.
註 : 그러나 요즘은 신주를 작은집 최장방(현손, 증손)에게로 옮겨가면서(체천) 기
　　　제를 계속 지내지 않고 신주를 묘소의 우측(서쪽)에 묻고 세일사(묘제)를 지내
　　　는 경우가 많다.

(1) 신주개제
① 신주개제는 새로운 장손(봉사자)을 기준으로 신주(분면식)의 친속관계를 고쳐
　　쓰고, 봉사자의 친속과 이름도 새로운 장손을 기준으로 고쳐쓰는 의식이다. 즉
　　曾祖는 高祖로, 祖는 曾祖로, 考는 祖로 각각 고치고, 孝曾孫은 孝玄孫으로, 孝

孫은 孝曾孫으로, 孝子는 孝孫으로 각각 고치고, 이름도 새로운 장손의 이름으로 고쳐 쓴다.

② 신주개제는 사당에서 한다. 그러나 대체로 사당이 협소하기 때문에 길제 하루 전날 사당에서 봉주(출주)하여 정침(혹은 사랑방, 별도의 방)에 모시고 개제 후에 다시 사당으로 모신 후 신주개제고유한다.

③ 개제를 위한 봉주(출주)고유 고사告辭(축문)

五代孫00 今以 改題有事于
顯五代祖考學生府君
顯五代祖妣孺人000氏
顯高祖考學生府君
顯高祖妣孺人000氏
顯曾祖考學生府君
顯曾祖妣孺人000氏
顯祖考學生府君
顯祖妣孺人000氏 敢請
神主 出就正寢 恭伸追慕

해설 : 5대손 00는 이제 신주를 고쳐 쓸 일이 있어

5대조고비, 고조고비, 증조고비, 조고비의 신주를 정침으로 모셔나가고자 추모하는 마음으로 감히 청하옵니다.

④ 신주 개제 후에 신주를 사당에 다시 모시고 개제고유한다. 즉 고위 (고인)의 신주를 사당에 입묘한 내용과 5대조는 매안하게 되었고, 고조·증조·조위의 신주는 개제하였음을 사당에 고유한다.

⑤ 개제고유 순서 : 강신(분향재배 - 뇌주재배) - 참신재배 - 헌작 - 정저 - 독축 - 주인재배 - 하저 - 사신재배

⑥ 개제고유 고사告辭(축문)

維歲次壬辰 某月干支朔 某日干支 五代孫00 敢昭告于
顯五代祖考學生府君
顯五代祖妣孺人000氏
顯高祖考學生府君
顯高祖妣孺人000氏
顯曾祖考學生府君
顯曾祖妣孺人000氏
顯祖考學生府君
顯祖妣孺人000氏 玆以 先考學生府君
喪期已盡 禮當 遷主入廟
顯五代祖考學生府君
顯五代祖妣孺人000氏 親盡神主當祧
顯高祖考學生府君
顯高祖妣孺人000氏
顯曾祖考學生府君
顯曾祖妣孺人000氏
顯祖考學生府君
顯祖妣孺人000氏神主 今將改題 世次迭遷 不勝感愴 謹以 酒果用伸
虔告謹告

해설 : 임진년 0월 0일 5대손 00는

5대조, 고조, 증조, 조위께 감히 고하옵니다.

아버지께서 상기가 이미 끝났으므로 예에 따라 당연히 신주를 사당으로 옮겨 모시게 되었습니다.

5대조고비는 모시는 대수가 다하였으므로 신주를 조매하게 되었으며, 고조·증조·조위의 신주는 이제 고쳐 씀으로써 세차가 바뀌었으니 슬픈 마음을 이길 수 없습니다. 삼가 술과 과실을 차려 경건한 마음으로 삼가 고하옵니다.

(2) 길제의 본행사

① 길제는 별도의 제청(대청) 혹은 마당에 자리를 준비하고 지낸다. 길제 당일 새벽에 사당에서 봉주(출주)를 고유하고 신주를 제청으로 모시고 나온다.

② 봉주(출주)고유 고사告辭(축문)

```
    五代孫00 今以 遞遷有事于
顯五代祖考學生府君
顯五代祖妣孺人000氏
顯高祖考學生府君
顯高祖妣孺人000氏
顯曾祖考學生府君
顯曾祖妣孺人000氏
顯祖考學生府君
顯祖妣孺人000氏
顯考學生府君
顯妣孺人000氏 祔食 敢請
神主 出就正寢 恭伸奠獻
```

해설 : 5대손 00는 이제 신주 체천(옮김)의 일이 있어

5대조고비, 고조고비, 증조고비, 조고비, 고비위를 부식하게 되었으므로 신주를 함께 정침으로 모셔 나가 제사를 올리게 되었음을 감히 고하옵니다.

③ 길제 순서 : 사시제와 같다. 신주를 출주하여 지냄으로 선참신 후강신 이다.

○ 관수 - 서립 - 봉주 - 참신재배 - 강신(분향재배 - 뇌주재배) - 진찬후

○ 초헌(주인이 5대조에게 헌작 - 전적 - 계반개 - 독축 - 재배후 고조부모, 증조부모, 조부모, 부모에게 차례대로 5대조와 같은 방법으로 각각 헌작 - 전적 - 계반개 - 독축후 주인이 재배함) - 철주후

○ 아헌(주부가 5대조에게 헌작 - 전적 - 사배후 고조부모, 증조부모, 조부모, 부모에게 차례대로 5대조와 같은 방법으로 각각 헌작 - 전적후 주부가 사배함) - 철주후

○ 종헌(종헌자가 5대조에게 헌작 - 전적 - 재배후 고조부모, 증조부모, 조부모, 부모에게

차례대로 5대조와 같은 방법으로 각각 헌작 - 전적후 종헌이 재배함)

○ 유식(주인이 첨작 - 주부삽시정저 - 주인재배 · 주부사배) - 합문 - 계문 - 철갱진숙
　수 - 철시숙수접중 - 국궁 - 수조(음복) - 고이성 - 하시저합반개 - 사신재배 - 분
　축문 - 납주 - 철 - 예필

　　註 : '고이성'은 옛날에 '시동尸童'을 신좌에 앉히고 제사 지낼 때 '시동'에게 고
　　　　하는 제도였으므로 요즘은 '시동'이 없기 때문에 '이성'을 고하지 않는다고
　　　　도 한다.

④ 길제 축문

5대조부모(親盡) 축문

```
　　　유세차임진 모월간지삭 모일간지 오대손　　감소고우
　　　維歲次壬辰 某月干支朔 某日干支 五代孫00 敢昭告于

　현오대조고학생부군
　顯五代祖考學生府君

　현오대조비유인　　씨 자이 선고학생부군
　顯五代祖妣孺人000氏 玆以 先考學生府君

　　상기이진 예당 천주입묘 선왕제례 사지사대 심수무궁 분즉유한
　　喪期已盡 禮當 遷主入廟 先王制禮 祀止四代 心雖無窮 分則有限

　신주당조 매우묘소 불승감창 근이 청작서수 백배고사 상
　神主當祧 埋于墓所 不勝感愴 謹以 淸酌庶羞 百拜告辭 尙

　향
　饗
```

해설 : 임진년 0월 0일 5대손 00는
　　　5대조고비위께 삼가 고하옵니다. 이제 돌아가신 아버님의 상기가 이미 끝났
　　　으므로 예에 따라 당연히 신주를 사당으로 옮겨 모시게 되었습니다. 그런데
　　　선왕이 제정하신 예법에는 제사를 4대에 그치게 되어 있습니다. 마음은 비
　　　록 무궁하오나 분수에는 한도가 있어서 5대조의 신주를 옮겨 묘소 앞에 묻

으려 합니다. 슬픈 마음을 이길 수 없어 삼가 맑은 술과 여러 음식으로 백 번 절하고 고하오니 흠향하시옵소서.

고조부모에서 조부모까지의 축문

유세차임진 모월간지삭 모일간지 효현손   감소고우
維歲次壬辰 某月干支朔 某日干支 孝玄孫(효증손, 효손)00 敢昭告于

현고조고   학생부군
顯高祖考(증조고, 조고)學生府君

현고조비   유인   씨   죄역불멸 세급면상
顯高祖妣(증조비, 조비)孺人000氏 00(제주이름) 罪逆不滅 歲及免喪

세차질천 소목계서 선왕제례 불감부지 근이 청작서수 지천세사 상
世次迭遷 昭穆繼序 先王制禮 不敢不至 謹以 清酌庶羞 祇薦歲事 尙

향
饗

해설 : 임진년 0월 0일 효현손 00는

고조고비위께 감히 고옵니다. 00의 죄역이 다하지 않았는데 해는 이미 상기 가 끝나기에 이르렀습니다. 세대의 차서가 바뀌게 되어 소목의 차례를 계 승하게 되었으니 선왕이 제정하신 예법을 감히 지극히 하지 않을 수 없습 니다. 삼가 맑은 술과 여러 음식으로 공경을 다하여 제사를 올리오니 흠향 하시옵소서.

○ 고조부모, 증조부모, 조부모의 축문을 각각 작성하여 초헌 때 각각 읽는다.

고위(부친) 축문 : 부친의 신주에 대한 축문

유세차임진 모월간지삭 모일간지 효자   감소고우
維歲次壬辰 某月干支朔 某日干支 孝子00 敢昭告于

현고학생부군
顯考學生府君

현비유인   씨 현고 상기이진
顯妣孺人000氏 顯考 喪期已盡(모 생존시는 위 '顯妣孺人000氏 顯考'를

추원무급 금이 길신
삭제하고 '喪期已盡'을 '喪制有期'로 고친다) 追遠無及 今以 吉辰

식준전례 제입우묘 배이선비
式遵典禮 隮入于廟 配以先妣(모 생존시는 '配以先妣'를 삭제한다)

근이 청작서수 지천세사 상
謹以 淸酌庶羞 祗薦歲事 尙

향
饗

해설 : 임진년 0월 0일 효자 00는

고비위께 감히 고하옵니다.

돌아가신 아버님에 대한 상기가 이미 다함에 있어 추모하는 마음 끝이 없사옵니다. 이번에 길일을 택하여 전례에 따라 돌아가신 어머님과 함께 배향하게 되었습니다. 삼가 맑은 술과 여러 음식으로 공경을 다하여 제사를 올리오니 흠향하시옵소서.

⑤ 길제를 마치면 고조부터 고비의 신주는 사당에 봉안한다.

⑥ 5대조의 신주는 5대조 묘소의 우측(서쪽) 아래에 매안한다.

신주 매안埋安 고유 고사告辭(축문)

유세차임진 모월간지삭 모일간지 오대손　감소고우
維歲次壬辰 某月干支朔 某日干支 五代孫00 敢昭告于

현오대조고학생부군
顯五代祖考學生府君

현오대조비유인　씨 지묘 세차질천　신주이조 정수무궁 분즉유한
顯五代祖妣孺人000氏 之墓 世次迭遷　神主已祧 情雖無窮 分則有限

식준전례 매우묘측 불승감창 근이 주과용신 건고근고
式遵典禮 埋于墓側 不勝感愴 謹以 酒果用伸 虔告謹告

해설 : 임진년 0월 0일 5대손 00는

5대조고비위 묘소에 삼가 고하옵니다.

5대조고비의 세대의 차서가 바뀌어 신주를 이미 조매하게 되었습니다. 정은
비록 무궁하오나 분수에는 한계가 있는 전례에 따라 묘 근처에 매안하려 하
니 슬픈 마음을 이길 수 없습니다. 삼가 술과 과실을 차려 경건한 마음으로
삼가 고하옵니다.

⑦ 만약 장손의 5대조의 신주를 묘소에 매안하지 않고 작은집 최장방(현손, 증
손)으로 옮겨서(체천遞遷) 기제를 계속 지낼 경우 신주를 개제改題하는 고사告
辭는 다음과 같다. 즉 기제를 받드는 작은집 현손이나 증손 명의(봉사자 명의)
로 신주를 고쳐 쓰는 것이다. 작은집 최장방 (현손, 증손)으로 옮기는 신주를 체
천위라고 한다.

신주체천 개제고유 고사告辭**(축문)**

유세차임진 모월간지삭 모일간지 현손　　　감소고우
維歲次壬辰 某月干支朔 某日干支 玄孫00(봉사자) 敢昭告于

현고조고학생부군
顯高祖考學生府君

현고조비유인　씨 금이 효현손　　　　상제이필 기자친진
顯高祖妣孺人000氏 今以 孝玄孫00(사망한 봉사자) 喪制已畢 其子親盡

현고조고
顯高祖考

현고조비신주 이조　　　당이차장 봉사　　신주 금장개제
顯高祖妣神主 已祧 00(봉사자) 當以次長 奉祀　神主 今將改題

근이 주과용신 건고근고
謹以 酒果用伸 虔告謹告

해설 : 임진년 0월 0일 현손 00는

고조고비위께 감히 고옵니다.

이제 효현손 00(사망한 봉사자)는 상제의 기한이 이미 마침에 그의 아들이 가
까움이 다 되었습니다.(친진)

고조고비의 신주를 이미 체천하므로 00는 마땅히 차장으로서 신주를 봉사하
기 위하여 이제 신주를 고쳐 쓰려고 하옵니다. 삼가 술과 과실을 차려 경건
한 마음으로 삼가 고하옵니다.

4. 개장改葬

개장은 묘를 쓴 다음에 다시 새로운 묘지를 택하여 시신을 옮겨 매장하는 것을 말
한다. 이장移葬이라고도 한다. 개장할 때의 의례는 초상 때와 같이 한다.

개장의 절차는 '개장전토지신제', '사당고유', '구묘토지신제', '구묘선영 고유', '구묘

계묘 고유', '구묘파묘', '염습', '입관', '발인', '신묘하관', '개장후토지신제', '개장후성분전', '개장후반곡전'의 순서로 되어 있다.

(1) 개장전토지신제改葬前土地神祭 : 개토제 · 산신제

① 이 토지신제는 구묘를 옮겨와서 새로 개장할 묘지예정지의 토지신에게 지내는 제사이다.

② 제주는 먼 친척이나 외인이 한다. 혹은 묘의 주인이 하기도 한다.

③ 제수는 주, 과, 포, 해(젓갈)를 차린다. 토지신은 신위를 1위로 본다.

④ 토지신은 하늘에 있는 것이 아니고 당연히 지하에 있을 것이므로 분향은 하지 않고 뇌주만 한다. 그러나 분향을 하기도 한다.

　※ <편람>에 상례편의 토지신제(산신제)는 분향이 없는 것으로 되어 있다. 하늘과 땅의 신에게 제사하는 천제天祭와는 다르다는 의미일 것이다. 그래서 토지신제의 순서에 분향이 없는 것으로 설명하였다.

⑤ 토지신제 순서 : 강신(뇌주재배) - 참신재배 - 헌작 - 징저 - 독축 - 헌자재배 - 하저 - 사신재배 - 철

⑥ 개장전 토지신제축문

유세차임진 모월간지삭 모일간지 유학이춘재　　　감소고우
維歲次壬辰 某月干支朔 某日干支 幼學李春宰(제주성명) 敢昭告于

토지지신 금위 유학이성재　　　　선고 학생전주이공 택조불리
土地之神 今爲 幼學李性宰(묘주인 성명) 先考 學生全州李公 宅兆不利

장개장우차 신기보우 비무후간 근이 청작포해 지천우　신 상
將改葬于此 神其保佑 俾無後艱 謹以 淸酌脯醢 祗薦于　神 尙

향
饗

해설 : 임진년 0월 0일 유학 이춘재는

토지신에게 감히 고하옵니다. 이성재의 부친 학생전주이공의 묘가 불리해서 장차 이곳에 개장하려고 하오니 신께서는 보호하고 돌보아 주시어 훗날에

어려움이 없도록 하여 주시기를 바라옵니다.삼가 맑은 술과 포와 해를 공손히 받들어 올리오니 흠향하시옵소서.

○ 묘 주인이 직접 제사할 때는 '幼學李春宰'를 '幼學全州李性宰'로 고치고, '幼學李性宰'를 '李性宰'로 고치고, '學生全州李公'을 '學生府君'으로 고친다.
○ 묘지가 나쁜 것이 아니고 단순히 모친 묘에 합장하려고 개장하면 "宅兆不利 將改葬于此'를 '改兆合窆于孺人慶州金氏之墓"로 고친다. 만약 모친을 부친 묘에 합장하려면 "先考 學生全州李公"을 "先妣 孺人慶州金氏"로 고치고, "宅兆不利 將改葬于此"를 "改兆合窆于學生全州李公之墓"로 각각 고친다.

(2) 사당 고유

① 이 고유는 개장 하루 전날 새벽에 개장하려는 해당 신주에게 고유하는 것이다.
② 제주는 사당의 주인이 한다. 만약 부친상으로 장례 전에 모친의 묘를 개장하려면 먼 친척이나 외인이 하기도 한다.
③ 제수는 주, 과, 포, 해(젓갈)를 차린다.
④ 사당고유 순서 : 강신(분향재배 - 뇌주재배) - 참신재배 - 헌작 - 정저 - 독축 - 헌자재배 - 하저 - 사신재배 - 철
⑤ 사당고유 고사告辭(축문)

> 유세차임진 모월간지삭 모일간지 효자성재   감소고우
> 維歲次壬辰 某月干支朔 某日干支 孝子性宰(제주성명) 敢昭告于
>
> 현고학생부군 체백 탁비기지 공유의외지환 경동
> 顯考學生府君 體魄 托非其地 恐有意外之患 驚動
>
> 선령 불승우구 장복이금월모일 개장우모소 근이 주과용신 건고근고
> 先靈 不勝憂懼 將卜以今月某日 改葬于某所 謹以 酒果用伸 虔告謹告

해설 : 임진년 0월 0일 효자 성재는

　　아버님께 감히 고하옵니다. 체백을 의탁하실 그 땅이 아니어서 뜻밖의 근심과 두려움이 있고 선령이 놀라실까 근심과 두려움을 이기지 못하여 장차 이달

모일을 가려서 아무 곳에 개장하려고 하옵니다. 삼가 술과 과실을 차려 경
건한 마음으로 삼가 고하옵니다.

○ 만약 주인이 직접 고유하지 못할 경우에는 '孝子性宰' 다음에 그 사유를 쓰고 누
   구를 시켜서 고유한다고 쓴다. 즉 "孝子性宰0000사유使族弟春宰"라고 쓴다.
○ '某所'는 새로 개장할 장소를 기재한다.
○ 묘지가 나쁜 것이 아니고 단순히 모친 묘에 합장하려고 개장하면 "體魄 托非
   其地 恐有意外之患 驚動 先靈 不勝憂懼 將卜以今月某日 改葬于某所"를 "將
   以某月某日 改兆合窆于孺人慶州金氏之墓"로 고친다.

(3) 구묘토지신제舊墓土地神祭 : 산신제
① 이 토지신제는 구묘를 열기 전에 그 산의 토지신에게 지내는 제사이다.
② 제주는 먼 친척이나 외인이 한다. 혹은 묘의 주인이 하기도 한다.
③ 세수와 봉행순서는 앞의 개장전토지신제와 같다.
④ 구묘토지신제 축문

유세차임진 모월간지삭 모일간지 유학이춘재 　　　 감소고우
維歲次壬辰 某月干支朔 某日干支 幼學李春宰(제주성명) 敢昭告于

토지지신 자유 유학이성재 　　　　 선고 학생전주이공 복택자지
土地之神 玆有 幼學李性宰(묘주인 성명) 先考 學生全州李公 卜宅玆地

공유타환 장계폄 천우타소 근이 청작포해 지천우 신 신기우지
恐有佗患 將啓窆 遷于佗所 謹以 淸酌脯醢 祗薦于　神 神其佑之
상
尙
향
饗

해설 : 임진년 0월 0일 유학 000는
   토지신에게 감히 고하옵니다. 이성재의 부친 학생전주이공의 묘를 이곳에 모

셨더니 다른 근심과 두려움이 있어 장차 묘를 열어 다른 곳으로 개장하려고
하옵니다. 삼가 맑은 술과 포와 해를 공손히 받들어 올리오니 신께서는 도
와주시고 흠향하시옵소서.

○ 묘 주인이 직접 제사할 때는 '幼學李春宰'를 '幼學全州李性宰'로 고치고, '幼學
李性宰'를 '李性宰'로 고치고, '學生全州李公'을 '學生府君'으로 고친다.
○ 묘지가 나쁜 것이 아니고 단순히 합장하려고 개장하면 '恐有佗患'을 '今爲合
祔'로 고친다.

(4) 구묘선영 고유
① 이 고유는 구묘지의 선영에 고유하는 것이다.
② 제주는 묘의 주인이 한다. 혹은 먼 친척이나 외인이 하기도 한다.
③ 제수는 주, 과, 포, 해(젓갈)를 차린다.
④ 구묘선영고유 순서 : 참신재배 - 강신(분향재배 - 뇌주재배) - 헌작 - 정저 - 독축 -
　　　　　　　　　　　헌자재배 - 하저 - 사신재배 - 철
⑤ 구묘선영고유 고사告辭(축문)

```
유세차임진 모월간지삭 모일간지 육대손성재        감소고우
維歲次壬辰 某月干支朔 某日干支 六代孫性宰(제주이름) 敢昭告于

현육대조고학생부군
顯六代祖考學生府君

현육대조비유인밀양박씨지묘 증이 선고학생부군 부장우차 공유타환
顯六代祖妣孺人密陽朴氏之墓 曾以 先考學生府君 祔葬于此 恐有佗患

장계폄 천우타소 근이 주과용신 건고근고
將啓窆 遷于佗所 謹以 酒果用伸 虔告謹告
```

해설 : 임진년 0월 0일 육대손 성재는

육대조고어른과

육대조비밀양박씨의 묘에 감히 고하옵니다. 일찍이 선고학생부군의 묘를 여

기에 부장하였더니 다른 근심이 있을까 두려워서 장차 묘를 열어서 다른 곳으로 옮겨 가려고 하옵니다. 삼가 술과 과실을 차려 경건한 마음으로 삼가 고하옵니다.

○ 만약 주인이 직접 고유하지 못할 경우에는 '六代孫性宰' 다음에 그 사유를 쓰고 누구를 시켜서 고유한다고 쓴다. 즉 "六代孫性宰(사유 기재)使族弟春宰"라고 쓴다.

○ 묘지가 나쁜 것이 아니고 단순히 모친 묘에 합장하려고 개장하면 "恐有佗患 將啓窆 遷于佗所"를 "將以某月某日 改兆合窆于孺人慶州金氏之墓"로 고친다.

(5) 구묘계묘 고유舊墓啓墓 告由

① 이 고유는 구묘를 파묘할 때 구묘에 고유하는 것이다.

② 제주는 묘의 주인이 한다. 혹은 먼 친척이나 외인이 하기도 한다.

③ 제수는 주, 과, 포, 해(젓갈)를 차린다.

④ 구묘계묘고유 순서 : 참신재배 - 강신(분향재배 - 뇌주재배) - 헌작 - 정저 - 독축 - 헌자재배 - 하저 - 사신재배 - 철

⑤ 구묘계묘고유 고사告辭(축문)

> 유세차임진 모월간지삭 모일간지 효자성재　　　　감소고우
> 維歲次壬辰 某月干支朔 某日干支 孝子性宰(제주성명) 敢昭告于
>
> 현고학생부군 장우자지 세월자구 체백불영 금장개장 복유　존령 불
> 顯考學生府君 葬于玆地 歲月滋久 體魄不寧 今將改葬 伏惟　尊靈 不
>
> 진 불경
> 震 不驚

해설 : 임진년 0월 0일 효자 성재는

아버님께 감히 고하옵니다.

이곳에 모신 지가 세월이 너무 오래되어서 체백이 편안치 못하실까 해서 장

차 다른 곳으로 모시고자 하옵니다, 엎드려 생각하옵건대 존령께서는 진동 치 마시고 놀라지 마시옵소서.

○ 만약 주인이 직접 고유하지 못할 경우에는 '孝子性宰' 다음에 그 사유를 쓰고 누구를 시켜서 고유한다고 쓴다. 즉 "孝子性宰0000사유使族弟春宰"라고 쓴 다.

○ 묘지가 나쁜 것이 아니고 단순히 모친 묘에 합장하려고 개장하면 "葬于玆地 歲月滋久 體魄不寧 今將改葬"을 "將以某月某日 合窆于孺人慶州金氏之墓今 方啓墓"로 고친다.

(6) 구묘파묘, 염습, 입관, 발인, 신묘하관

① 구묘를 파서 열고 관을 들고 나와 천막 안에 모신다. 관 앞에 병풍을 치고 탁자 를 놓고 주, 과, 포, 해(젓갈)를 차린다. 축이 분향, 헌작하고 주인 이하 모두 곡 하면서 재배한다.

② 관을 열어서 시신을 다시 염습하여 새 관에 입관한다. 새 명정을 세운다. 염습, 입관, 발인, 신묘하관 등 모든 절차는 처음 장사지내는 의례와 같이 한다. 만약 구관이 많이 썩지 않았으면 관을 바꾸지 않는 것이 좋다. 관을 바꾸거나 염습을 다시 하는 것은 경솔하게 하지 않는 것이 좋다고 했다.

③ 개장 발인고사 : 영이재가 왕즉신택 재진경례 영결종천 靈輀載駕 往卽新宅 載陳
　　　　　　　　遣禮 永訣終天

해설 : 혼령을 상여에 모시고 이제 가시면 새로운 유택이옵니다. 보내드리는 예를 올리오며 영원한 이별을 고하옵니다.

(7) 개장후토지신제改葬後土地神祭 : 산신제

① 이 토지신제는 개장을 마친 후 새로 개장한 묘지의 토지신에게 지내는 제사이 다.

② 제주는 먼 친척이나 외인이 한다. 혹은 묘의 주인이 하기도 한다.

③ 제수는 주, 과, 포, 해(젓갈)를 차린다. 토지신은 신위를 1위로 본다.

④ 토지신은 하늘에 있는 것이 아니고 당연히 지하에 있을 것이므로 분향은 하지 않고 뇌주만 한다. 그러나 분향을 하기도 한다.

⑤ 개장후토지신제 순서 : 강신(뇌주재배) - 참신재배 - 헌작 - 정저 - 독축 - 헌자 재배 - 하저 - 사신재배 - 철

⑥ 개장후토지신제 축문

유세차임진 모월간지삭 모일간지 유학이춘재　　　　　감소고우
維歲次壬辰 某月干支朔 某日干支 幼學李春宰(제주성명) 敢昭告于

토지지신 금위 유학이성재　　　　　선고 학생전주이공 건자택조
土地之神 今爲 幼學李性宰(묘주인 성명) 先考 學生全州李公 建玆宅兆

신기보우 비무후간 근이 청작포해 지천우　신　상
神其保佑 俾無後艱 謹以 清酌脯醢 祗薦于　神　尙

향
饗

해설 : 임진년 0월 0일 유학 이춘재는

토지신에게 감히 고하옵니다. 이성재의 부친 학생전주이공의 묘를 이곳에 개장하였사오니 신께서는 보호하고 돌보아 주시어 훗날에 어려움이 없도록 하여 주시기를 바라옵니다. 삼가 맑은 술과 포와 해를 공손히 받들어 올리오니 흠향하시옵소서.

○ 묘 주인이 직접 제사할 때는 '幼學李春宰'를 '幼學全州李性宰'로 고치고 '幼學李性宰'를 '李性宰'로 고치고, '學生全州李公'을 '學生府君'으로 고친다.

○ 묘지가 나쁜 것이 아니고 단순히 모친 묘에 합장하려고 개장하면 '建玆宅兆'를 '今已葬畢'로 고친다.

(8) 개장후성분전改葬後成墳奠 : 평토전

① 이 성분전은 개장을 마친 후 새로운 묘에 올리는 전이다.

② 제주는 묘의 주인이 한다. 혹은 먼 친척이나 외인이 하기도 한다.

③ 제수는 주, 과, 포, 해(젓갈)를 차린다.

④ 개장후성분전 순서 : 참신재배 - 강신(분향재배 - 뇌주재배) - 헌작 - 정저 - 독축 - 헌자재배 - 하저 - 사신재배 - 철

⑤ 개장후성분전 축문

> 유 세 차 임 진 모 월 간 지 삭 모 일 간 지 효 자 성 재   감 소 고 우
> 維歲次壬辰 某月干支朔 某日干支 孝子性宰(제주성명) 敢昭告于
>
> 현 고 학 생 부 군 지 묘 신 개 유 택 사 필 봉 영 복 유   존 령 영 안 체 백
> 顯考學生府君之墓 新改幽宅 事畢封瑩 伏惟 尊靈 永安體魄

해설 : 임진년 0월 0일 효자 성재는

아버님께 감히 고하옵니다.

유택을 새롭게 개장하여 봉분을 만드는 일을 마쳤습니다. 엎드려 생각하옵건대 존령께서는 영원히 체백을 편안히 하시옵소서.

○ 만약 주인이 직접 고유하지 못할 경우에는 '孝子性宰' 다음에 그 사유를 쓰고 누구를 시켜서 고유한다고 쓴다. 즉 "孝子性宰(사유 기재)使族弟春宰"라고 쓴다.

(9) 개장후반곡전改葬後反哭奠

① 이 반곡전은 개장을 마친 후 그 해당 신주를 사당에서 봉주(출주)하여 정침(청사: 제청)에 모시고 올리는 전이다.

② 봉주(출주)고유 고사告辭(축문)

> 금 이
> 今以
>
> 현 고 학 생 부 군 개 장 사 필 감 청   신 주 출 취 정 침 공 신 전 고
> 顯考學生府君 改葬事畢 敢請 神主 出就正寢 恭伸奠告

해설 : 이제

아버님 묘소를 개장의 일을 마치고 삼가 신주를 정침으로 모시고 공손히 전을 드리고자 감히 고하옵니다.

○ 母親의 묘를 개장하였으면 '顯考學生府君' 대신에 '顯妣孺人000氏'로 쓰고, 만약 부모합장 개장이면 '顯考學生府君'과 '顯妣孺人000氏'를 나란히 함께 쓴다.

③ 신주가 없으면 지방으로 한다.

④ 제주는 주인이 한다.

⑤ 제수는 주, 과, 포, 해(젓갈), 메, 갱 등 우제와 같이 차린다.

⑥ 개장후반곡전 순서 : 참신재배 - 강신(분향재배 - 뇌주재배) - 헌작 - 계반개 - 삽 시정저 - 독축 - 헌자재배 - 철갱진숙수 - 하시저합반개 - 사 신재배 - 철

⑦ 제사를 마치면 신주를 다시 사당에 모신다.

⑧ 개장으로 인한 상복을 입는 기간은 구묘 파묘일로부터 3개월(시마)이다.

⑨ 개장후반곡전 축문

유세차임진 모월간지삭 모일간지 효자성재   감소고우
維歲次壬辰 某月干支朔 某日干支 孝子性宰(제주성명) 敢昭告于

현고학생부군 신개유택 예필반곡 숙야미영 제호망극 근이 청작서수
顯考學生府君 新改幽宅 禮畢反哭 夙夜靡寧 啼號罔極 謹以 淸酌庶羞

공신전고 상
恭伸奠告 尙

향
饗

해설 : 임진년 0월 0일 효자 성재는

아버님께 감히 고하옵니다.

유택을 새롭게 개장하여 예를 마치고 곡을 하며 돌아오니 아침이나 밤이나

편안치 못하여 울어도 망극하옵니다. 삼가 맑은 술과 여러 음식으로 공경을 다하여 올리면서 고하오니 흠향하시옵소서.

○ 조부모 이상이면 '孝子'와 '顯考學生府君'을 개장선조의 칭호에 따라 '孝孫', '顯祖考學生府君' 등으로 고치고, 만약 합장개장이면 개장선조의 칭호에 따라 '顯祖考學生府君'과 '顯祖妣孺人○○○氏' 등으로 나란히 함께 쓴다. '啼號罔極'을 '不勝追感'으로 고친다.

5. 개사초와 석물입석

개사초改莎草는 묘소의 봉분을 손질하여 잔디를 다시 입히는 것을 말한다.

(1) 개사초전토지신제改莎草前土地神祭 : 산신제

① 이 토지신제는 묘를 사초하기 전에 토지신에게 지내는 제사이다.

② 제주는 먼 친척이나 외인이 한다. 혹은 묘의 주인이 하기도 한다.

③ 제수는 주, 과, 포, 해(젓갈)를 차린다. 토지신은 신위를 1위로 본다.

④ 토지신은 하늘에 있는 것이 아니고 당연히 지하에 있을 것이므로 분향은 하지 않고 뇌주만 한다. 그러나 분향을 하기도 한다.

⑤ 개사초전토지신제 순서 : 강신(뇌주재배) - 참신재배 - 헌작 - 정저 - 독축 - 헌자 재배 - 하저 - 사신재배 - 철

⑥ 개사초전토지신제 축문

유세차임진 모월간지삭 모일간지 유학이춘재   감소고우
維歲次壬辰 某月干支朔 某日干支 幼學李春宰(제주성명) 敢昭告于

토지지신 금위 유학이성재   선고 학생전주이공 총택붕퇴
土地之神 今爲 幼學李性宰(묘주인 성명) 先考 學生全州李公 塚宅崩頹

해설 : 임진년 0월 0일 유학 000는

토지신에게 감히 고하옵니다. 이성재의 부친 학생전주이공의 묘가 붕괴되어

장차 추봉하여 고치려 하오니 신께서는 보호하고 돌보아 주시어 훗날에 어

려움이 없도록 하여 주시기를 바라옵니다. 삼가 술과 과실을 차려 공손히

받들어 올리오니 흠향하시옵소서.

○ 묘 주인이 직접 제사할 때는 '幼學李春宰'를 '幼學全州李性宰'로 고치고 '幼學

李性宰'를 '李性宰'로 고치고, '學生全州李公'을 '學生府君'으로 고친다.

(2) 개사초전 고유

① 이 고유는 사초하기 전에 사초할 묘에 고유하는 것이다.

② 제주는 묘의 주인이 한다. 혹은 먼 친척이나 외인이 하기도 한다.

③ 제수는 주, 과, 포, 해(젓갈)를 차린다.

④ 개사초전고유 순서 : 참신재배 - 강신(분향재배 - 뇌주재배) - 헌작 - 정저 - 독축 -

헌자재배 - 하저 - 사신재배 - 철

⑤ 개사초전고유 고사告辭(축문)

해설 : 임진년 0월 0일 효자 성재는

아버님께 감히 고하옵니다.

　　묘소가 세월이 오래되어 잔디가 없어지고 흙이 무너져서 이제 좋은 때에 봉
분을 더 쌓고 잔디를 다시 심으려 하오니 엎드려 생각하옵건대 존령께서는
진동치 마시고 놀라지 마시옵소서. 삼가 술과 과실을 차려 경건한 마음으
로 삼가 고하옵니다.

○ 만약 주인이 직접 고유하지 못할 경우에는 '**孝子性宰**' 다음에 그 사유를 쓰고 누
구를 시켜서 고유한다고 쓴다. 즉 "**孝子性宰**(사유 기재)**使族弟春宰**"라고 쓴다.

(3) 개사초후위안 고유

① 이 고유는 사초를 마친 후에 묘에 위안고유하는 것이다.

② 제주는 묘의 주인이 한다. 혹은 먼 친척이나 외인이 하기도 한다.

③ 제수는 주, 과, 포, 해(젓갈)를 차린다.

④ 개사초후위안고유 순서 : 참신재배 - 강신(분향재배 - 뇌주재배) - 헌작 - 정저 - 독
축 - 헌자재배 - 하저 - 사신재배 - 철

⑤ 개사초후위안고유 고사告辭(축문)

```
    유세차임진  모월간지삭 모일간지 효자성재        감소고우
    維歲次壬辰 某月干支朔 某日干支 孝子性宰(제주성명) 敢昭告于

    현고학생부군지묘 기봉기사 구택유신 복유  존령 영세시영
    顯考學生府君之墓 旣封旣莎 舊宅維新 伏惟  尊靈 永世是寧

    근이 주과용신 건고근고
    謹以 酒果用伸 虔告謹告
```

해설 : 임진년 0월 0일 효자 성재는

아버님께 감히 고하옵니다.

　　이미 봉분을 더 쌓고 잔디를 심어 묘소가 더욱 새로워졌습니다. 엎드려 생
각하옵건대 존령께서는 영세토록 이에 편안하시옵소서. 삼가 술과 과실을

차려 경건한 마음으로 삼가 고하옵니다.

○ 만약 주인이 직접 고유하지 못할 경우에는 '孝子性宰' 다음에 그 사유를 쓰고 누구를 시켜서 고유한다고 쓴다. 즉 "孝子性宰(사유 기재)使族弟春宰"라고 쓴다.

○ 개사초와 동시에 석물을 세울 때는 '旣封旣莎' 다음에 "謹具某物(상석, 망주 등) 用衛墓道"를 삽입한다.

(4) 입석후 고유

① 이 고유는 석물 설치 후에 묘에 고유하는 것이다.

② 제주는 묘의 주인이 한다. 혹은 먼 친척이나 외인이 하기도 한다.

③ 제수는 주, 과, 포, 해(젓갈)를 차린다.

④ 입석후고유 순서 : 참신재배 - 강신(분향재배 - 뇌주재배) - 헌작 - 정저 - 독축 - 헌자재배 - 하저 - 사신재배 - 철

⑤ 입석후고유 고사告辭(축문)

```
    유세차임진 모월간지삭 모일간지 효자성재          감소고우
    維歲次壬辰 某月干支朔 某日干支 孝子性宰(제주성명) 敢昭告于

    현고학생부군지묘 복이 석행양봉 의물다궐 금지유년 근구모물
    顯考學生府君之墓 伏以 昔行襄奉 儀物多闕 今至有年 謹具某物

    용위묘도 복유   존령 시빙시영
    用衛墓道 伏惟   尊靈 是憑是寧
```

해설 : 임진년 0월 0일 효자 성재는

아버님께 감히 고하옵니다.

옛 장사 때에는 석물을 많이 궐하였으므로 이제 풍년을 맞아 삼가 아무 석물(상석, 망주 등)을 갖추고 묘소의 도리를 호위하오니 엎드려 생각하옵건대 존령께서는 이에 의지하시고 이에 편안하시옵소서.

○ 만약 주인이 직접 고유하지 못할 경우에는 '孝子性宰' 다음에 그 사유를 쓰고 누

구를 시켜서 고유한다고 쓴다. 즉 "孝子性宰(사유 기재)使族弟春宰"라고 쓴다.

○ 만약 상석, 망주를 갖추었으면 '謹具某物'을 '謹具床石望柱'로 고친다.

(5) 입석후토지신제立石後土地神祭 : 산신제

① 이 토지신제는 석물설치 후에 토지신에게 지내는 제사이다.

② 제주는 먼 친척이나 외인이 한다. 혹은 묘의 주인이 하기도 한다.

③ 제수는 주, 과, 포, 해(젓갈)를 차린다. 토지신은 신위를 1위로 본다.

④ 토지신은 하늘에 있는 것이 아니고 당연히 지하에 있을 것이므로 분향은 하지
   않고 뇌주만 한다. 그러나 분향을 하기도 한다.

⑤ 입석후토지신제 순서 : 강신(뇌주재배) - 참신재배 - 헌작 - 정저 - 독축 - 헌자 재
                        배 - 하저 - 사신재배 - 철

⑥ 입석후토지신제 축문

```
유세차임진 모월간지삭 모일간지 유학이춘재          감소고우
維歲次壬辰 某月干支朔 某日干支 幼學李春宰(제주성명) 敢昭告于

토지지신 금위 유학이성재          선고 학생전주이공 묘의미구
土地之神 今爲 幼學李性宰(묘주인 성명) 先考 學生全州李公 墓儀未具

자장모물 용위신도 신기보우 비무후간 근이 주과용신 지천우    신
玆將某物 用衛神道 神其保佑 俾無後艱 謹以 酒果用伸 祗薦于    神

상
尙

향
饗
```

해설 : 임진년 0월 0일 유학 000는

　토지신에게 감히 고하옵니다. 이성재의 부친 학생전주이공의 묘에 석물을 갖
　　추지 못하였다가 이에 아무 석물(상석, 망주 등)을 갖추고 신명의 도리를 호
　　위하오니 신께서는 보호하고 돌보아 주시어 훗날에 어려움이 없도록 하여
　　주시기를 바라옵니다. 삼가 술과 과실을 차려 공손히 받들어 올리오니 흠
　　향하시옵소서.

○ 묘 주인이 직접 제사할 때는 '幼學李春宰'를 '幼學全州李性宰'로 고치고 '幼學李性宰'를 '李性宰'로 고치고, '學生全州李公'을 '學生府君'으로 고친다.

○ 만약 상석, 망주를 갖추었으면 '玆將某物'을 '玆將床石望柱'로 고친다.

제4장 제례祭禮

제례는 천지신명에게 무사 안녕과 복을 기원하고, 조상을 숭배하고 추모하는 모든 의례를 말한다. 제사라고도 한다. 제례의 기본정신은 엄숙하고 경건한 마음으로 조상을 받들어 모시는 것이다. 제례는 보본반시報本反始(근본에 보답하고 처음으로 돌아감)의 이념으로 근본에 보답하는 보본의례로서 효와 숭조정신을 계승해나가는 실천적 의례이다. 그래서 자손은 종신토록 제사를 통하여 조상에게 효도를 다하여야 하는 것이다.

<소학> 명륜편(효경)에 "효자가 어버이를 섬김에 있어 평소 거처할 때에는 그 공경을 극진히 하고, 봉양할 때에는 그 즐거움을 극진히 하고, 병환에는 그 근심을 극진히 하고, 초상에는 그 슬픔을 극진히 하고, 제사에는 그 엄숙함을 극진히 하니, 이 다섯 가지가 갖추어진 뒤에야 어버이를 섬길 수 있는 것이다"라고 하였다.

<중용> 제18장에서 공자가 말하기를 '주공周公'이 예의 법칙을 정하였는데 이 법칙(사례斯禮)은 즉 "장례는 죽은 자의 위(신분)로서 하고, 제사는 제사를 받드는 자손의 위(신분)로서 하도록 하였다."라고 하였다. 이 법칙은 제후, 대부, 사, 서인이 모두 보편적으로 통용토록 하였다.

제사를 지내게 된 동기는 원시시대에 맹수, 천재지변, 질병 등으로부터 보호받기 위하여 하늘, 땅, 산, 바다, 하천, 거목, 거석 등 자연물과 조상에게 복을 빌었던 것이 제사의 근원이라고 할 수 있다. 그 이후 보본의례의 성격으로 변하여 오늘날의 조상제사로 변천되었을 것이다.

제사의 종류는 많이 있지만 오늘날 가장 대표적인 것은 돌아가신 날 지내는 기제이다. 기제의 대상은 조선시대의 경국대전에는 신분에 따라 달랐다. 즉 3품관 이상은 고조부모까지, 6품관 이상은 증조부모까지, 7품관 이하와 선비는 조부모까지, 서민은 부모만 기제를 지내도록 했다. 그 후 1894년 갑오경장으로 신분제도가 폐지되면서 모두 고조까지 4대봉사를 하게 되었다.

4대봉사를 하게 된 연원은 대가족 제도에 따른 것으로 부모, 조부모, 증조부모, 고조부모는 한 가족으로써 생활을 같이 해왔고, 존속으로서 가장 친밀한 감정이 남아 있는 것이다. 증조·고조부모의 경우 일찍 돌아가셨다 해도 부 또는 조부의 조부모

이기 때문에 항상 그 분들에 대한 이야기를 들어서 알게 되므로 제사하지 아니할 수 없을 것이다. 사당제도에도 고조부모까지 신주를 모시고, 복제도에도 고조부모까지 복이 있으므로 고조까지 제사하는 것은 당연하다고 할 것이다.

이 장에서는 사당, 사시제, 시조제, 선조제, 녜제, 기제, 절사(차례), 묘제(시제), 실내 제위합동시제, 고유제 순서로 서술하고, 옛날의 제사 제도를 알아보기 위하여 <가례>와 <편람>의 내용을 상세히 설명한다.

1. 사당祠堂 : 가묘家廟

사당은 조상과 선현의 신주나 위패를 모시는 집을 총칭하는 말이다. 사당의 종류는 사가私家에서 4대 조상의 신주를 모시는 가묘家廟, 불천위를 모시는 부조묘不祧廟(별묘別廟)와 향교나 서원에서 선현의 위패를 모시는 사당 등이 있으나 여기에는 가묘를 중심으로 설명한다.

사당(가묘)의 건립 목적은 조상의 은혜에 보답하고 조상을 존숭尊崇하며 가문의 명분을 지켜서 조상의 음덕을 후손에게 대대로 전승傳承하기 위함이다.

지금은 사당제도가 대부분 없어져서 사당을 모시는 집이 드물지만 옛날에는 사당을 가장 중요시하였다. 살아계신 부모님 모시듯이 돌아가신 조상의 신주를 모시고 행하는 각종 사당의례가 생활화되어 있었다.

요즘 서양 외래문화를 추종하면서 우리의 전통문화인 미풍양속을 잘 지키지 않고 있어 조상에 대한 숭조사상이 갈수록 희박해지고 있는 실정이다.

자손들에게 전통문화의 근본인 효와 숭조사상을 계승시켜야 한다고 생각한다. 그래서 사당 복원의 필요성을 주장하기도 한다.

옛날과 같이 별채의 사당 건립은 현실적으로 어렵기 때문에 장자손의 집에 방 1칸을 사당으로 사용하던지 혹은 벽장에 감실을 만들어(벽감壁龕) 신주를 모시기도 한다. 가정의 생활공간에 사당이 있으면 평소에 숭조사상을 함양하는 교육의 장이 될 수 있을 것이다.

[1] 사당의 건립

① 군자가 집을 지을 때는 사당을 정침(안채의 중심 몸채의 방)의 동북쪽에 세운다. 사당이 정침의 서북쪽에 위치하는 종가도 있다. 요즘은 사당 건립이 어려우므로 일반 가정에서 방, 벽장, 다락 등을 이용하여 신주를 모시기도 한다.
② 네 개의 감실을 만든다.
　고조의 감실을 맨 서쪽에 모시고 차례대로 부모까지 모신다. 감실 안에 신주를 모신다. 제상은 감실마다 각각 놓는다. 만약 부모만 모시는 집이면 서쪽의 셋 감실은 비워두고 맨 동쪽 감실에 부모의 신주를 모신다.
　註 : 사당의 제상은 대체로 기제사용보다는 조금 작은 제상을 사용한다.
③ 방친 중에 후사가 없는 조상은 그 반열에 부祔(붙여서)하여 모신다.

[2] 사당의 의례

① 주인은 매일 새벽에 배알한다. 主人晨謁
② 집을 나가고 들어올 때는 반드시 아뢴다. 出入必告
③ 설(정조), 동지, 매월 초하루, 매월 보름이 되면 참배한다. 正至朔望則參
④ 세속의 명절에는 시절 음식을 올린다. 俗節則獻以時食
　註 : 명절제사에 대하여는 <가례>와 <편람> 등 예서에 별도의 설명이 없다. 그러나 '정지삭망즉참'과 '속절즉헌이시식'의 규정에 의하여 오늘날의 절사(차례)로 변천되었다고 생각한다.
⑤ 일이 있으면 아뢴다. 有事則告
　벼슬임관, 전근, 증직, 적자출생, 돌아가신 부모생신, 중요한 가사 일을 자손에

게 전할 때, 사당수리, 이사, 세대가 바뀌어 신주를 고쳐 쓸 때 등 중요한 일이 있으면 그 사실을 사당에 고유한다.

※ 사당 의례는 남녀가 함께 행하는 것을 원칙으로 하고 있다. 남자는 중앙(헌자배석)을 기준으로 동쪽에 서고, 여자는 서쪽에 선다. 남·여 각각 중앙에 가까운 자리가 상석이 된다. 상세한 사항은 기제편의 "현행 기제진설도(합설) 및 참제원 서립도"를 참고한다.

註 : 요즘은 옛날과 같이 모든 사당의례를 행하기는 어렵다. 설·추석 절사(차례), 삭망(초하루, 보름) 참배와 특별한 사유가 있을 때만 고유하고 있다.

[3] 사당의 배치도

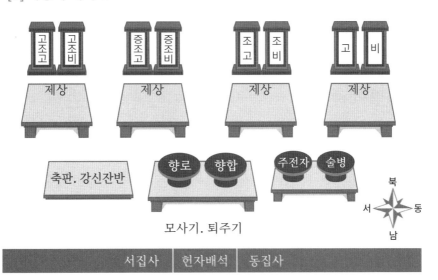

▲ 부조묘(불천위 사당: 별묘)

▲ 좌측은 부조묘(불천위 사당: 별묘). 우측은 재실

◀ 주택의 방을 사당(가묘)으로 사용 : 2대(조부모,부모)를 모시는 경우 (조부로 부터 계승하는 소종小宗). 사당(가묘)의 감실 안에 모셔진 신주

[4] 사당의 종류

① 종묘宗廟 : 역대 제왕과 왕후의 신주를 봉안한 왕가의 사당.

② 문묘文廟 : 대성전이라고도 한다. 공자를 비롯한 5성, 공문10철, 송조6현, 우리 나라18현, 총 39위의 위패를 모시는 성균관·향교의 사당.

③ 서원 사당 : 학문과 덕망이 있는 선현先賢의 위패를 모시는 서원의 사당.

④ 영당 : 영정·초상화를 모시는 사당.

⑤ 가묘家廟 : 사가私家에서 4대(고조 - 부모) 조상의 신주를 모시는 사당.

⑥ 부조묘不祧廟 : 종가나 문중에서 국가에 큰 공이 있는 사람의 신주를 사당에 영구히 모시고 제사를 지내도록 하는 특전[부조지전(不 祧之典)]을 입은 불천위 신주를 별도로 모시는 사당.
불천위 사당이라고도 하고, 별묘別廟라고도 한다. 불천위 신주를 부조묘를 세워서 모시지 않고 가묘에 감실을 추가하여 서쪽을 상위로 하여 모시기도 한다.

2. 신주·위패·지방

① 신주·위패·지방은 모두 고인의 혼령이 깃들 수 있도록 인적사항을 기록한 조상의 표상이고 상징물이다.

② 신주·위패·지방은 모두 신위의 종류이다. 제사를 지내는 동안에는 신위에 조상의 혼백이 깃들여 있다고 믿는다.

③ 신주와 위패를 구분 없이 같은 의미로 쓰고 있지만 제작 방법, 규격, 의미, 용도 등이 아래와 같이 각각 다르다.

3. 신주神主

① 신주는 고인의 혼령이 깃들 수 있도록 인적사항을 기록하여 만든 목주木主(나무패)이다. 신주는 옛날부터 사용되고 있는 대표적인 조상의 표상이고 상징물이다. 신주는 4대(친미진親未盡: 고조 - 부모)까지 사당에 모신다. 불천위 신주는 대수에 관계없이 영원히 모신다. 즉 불천위와 4대 조상만 사당에 신주를 모신다. 고위 비위 신주를 각각 따로 만들고, 독 하나에 함께 모신다.

② 신주의 주신(본신)과 받침은 밤나무로 만든다. 닭소리 개소리 들리지 않는 깊은 산의 밤나무로서 아홉 번 쪄서 그늘에 말려야 한다고 한다.

③ 신주는 조상 1인에 오로지 1위이며 장자만이 모실 수 있다. 어떠한 경우라도 다른 곳에 또 다른 신주를 모실 수 없다. 이것이 위패와 다른 점이다.

④ 신주는 받침과 주신主身으로 되어 있고, 주신은 앞판(분면식), 뒤판(함중식)으로 되어 있다. 신주는 앞판을 뒤판의 턱에 끼워 합쳐서 받침에 꽂아서 세운다. 위는 둥글고 아래는 평평한 모양이다.

⑤ 신주는 장례식 전에 제작하고 장례 때 하관 후에 묘지에서 글씨를 쓴다. 3년간

영좌(궤연)에 모셨다가 탈상 후 사당에 모신다. 신주를 사정에 의하여 장례식 때 만들지 못했을 경우에는 훗날 만들 수도 있다.

⑥ 기제의 대상(고조 - 부모)이 지난 장손의 5대조의 신주는 작은집 최장방(증손, 현손)에게로 차례대로 옮겨가면서(체천) 기제를 계속 지내다가 현손이 모두 사망하면 기제는 종료하고, 신주를 묘소의 우측(서쪽)에 묻고 비로소 세일사(묘제)를 지낸다. 신주를 묻기 전에 최장방의 집으로 옮겨가면서 기제를 지내는 신주를 체천위라고 한다.

註 : 그러나 요즘은 5대조의 신주를 작은 집 최장방(증손, 현손)에게로 옮겨가면서(체천) 기제를 계속 지내지 않고 신주를 묘소의 우측(서쪽) 아래에 묻고 세일사(묘제)를 지내는 경우가 많다.

[1] 신주 만드는 방법(作主)

<사례편람>에는 신주의 규격을 주척周尺으로 표시하고 있다. 주척 1자는 미터법으로 환산하면 20㎝, 21㎝, 22.5㎝, 23.1cm 등의 설이 있다.

만약 20㎝로 환산하면 신주 주신(본신)의 길이(높이)는 24㎝가 되고, 22.5㎝로 환산하면 27㎝가 된다.

그러나 신주의 글씨는 대체로 한 줄로 쓰도록 되어 있으므로 관직의 글자 수가 많을 경우에는 주신의 길이(높이)가 작으면 글씨를 다 쓰기 어렵다.

그래서 가문에 따라서 신주 주신(본신)의 길이(높이)를 24㎝, 25㎝, 26㎝, 27㎝ 등으로 만들기도 하는 것 같다. 여기서는 주척 1자를 20㎝로 환산하여 신주 주신의 길이(높이) 24㎝에 대하여 설명한다.

(1) 신주 규격

① 받침

사방 : 4치(8㎝). 1년 4계절을 상징

두께 : 1치 2푼(2.4㎝)

구멍 : 가로 3치(6㎝), 세로 1치 2푼(2.4㎝), 깊이 1치 2푼(2.4㎝)

② 주신(본신)

높이 : 1자 2치(24㎝). 1년 12달을 상징

넓이 : 3치(6㎝). 30푼이니 1달 30일을 상징

두께 : 1치 2푼(2.4㎝). 1일 12시간을 상징

註 : 주신 24㎝ 중에서 2.4㎝는 받침에 묻힘으로 실제 남는 주신의 높이는 21.6
㎝이다. 받침을 포함한 전체 신주의 높이는 24㎝이다.

③ 뒤판(함중식)의 함중(홈) : 길이 6치(12㎝), 넓이 1치(2㎝), 깊이 4푼(0.8㎝)

④ 관통 구멍 : 구멍 직경 4푼(0.8㎝), 머리 맨 위에서 3치 6푼(7.2㎝) 지점(맨 위에
서 1/3), 아래에서는 받침 윗면에서 7치 2푼 (14.4㎝) 지점(받침 윗면
에서 2/3).

註 : 즉 받침에 묻힌 부분을 제외한 주신의 높이 21.6㎝의 맨 위에서 7.2㎝ (1/3)
지점에 관통 구멍을 뚫는다.

(2) 신주 만드는 방법과 순서

이해하기 쉽도록 <사례편람>의 순서를 조금 바꾸어서 설명한다.

① 받침을 만든다. 받침은 사방 8㎝, 두께 2.4㎝이다. 받침의 중앙에 맨 밑바닥까
지 구멍(가로6㎝, 세로2.4㎝, 깊이2.4㎝)을 뚫는다.

註 : 신주 받침의 구멍은 맨 밑바닥(뚜께 2.4㎝)까지 뚫어서 주신의 밑바닥과 받
침의 밑바닥이 가지런히 되도록 받침에 꽂아 세우도록 되어 있다.

② 주신을 만든다. 주신의 높이는 24㎝, 넓이는 6㎝, 두께 2.4㎝이다. 주신의 머리
맨 위의 양 측면을 아래로 1㎝ 까지 둥글게 깎아서 머리 전체를 둥글게 한다.

③ 주신의 앞면 머리 맨 위에서부터 3㎝ 지점에서 깎아서 턱을 만들고 턱밑으로
두 판으로 만드는데 앞판은 두께 0.8㎝, 뒤판은 두께 1.6㎝가 되게 쪼개서 만
든다.

④ 뒤판 턱밑으로 속신주를 쓸 함중(홈: 길이 12㎝ , 넓이 2㎝, 깊이 0.8 ㎝)을 파낸다.

註 : 함중(홈)의 길이는 16㎝ 정도로 조금 길게 하는 것이 좋다. 뒤판(함중: 홈)에
글자 수를 가능한 많이 쓰기 위함이다.

⑤ 뒤판 옆에 중앙으로 통하게 구멍(직경 0.8㎝)을 뚫는다. 구멍의 위치는 머리 맨 위에서 7.2㎝(위에서 1/3) 지점이며, 아래에서는 받침 윗면에서 14.4㎝(받침 윗면에서 2/3) 지점이다.

註 : 관통 구멍의 직경을 0.8㎝로 하면 뒤판이 손상될 수 있으므로 직경 0.4㎝로 뚫는 것이 좋다.

⑥ 앞판을 뒤판의 턱에 끼워 합쳐서 주신을 받침의 구멍(맨 밑바닥까지)에 꽂아 세운다. 받침을 포함한 전체 신주의 높이는 24㎝가 된다.

⑦ 뒤판 머리 부분 앞면과 앞판 앞면에는 흰 분칠(아교를 녹인 풀에 백분을 혼합하여 칠함)을 한다. 요즘은 흰색 아크릴물감(수성)을 칠하면 편리하고 깨끗하며 붓글씨도 잘 쓸 수 있다. 뒷판은 함중식, 앞판은 분면식이라고 한다.

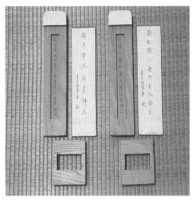

▲ 좌측은 고위신주(父: 함중식과 분면식). 우측은 비위신주(母: 함중식과 분면식)- 아래의 신주 쓰는 방법 예시①과 같이 기재되어 있음.

▲ 앞판(분면식)을 뒤판(함중식)의 턱에 끼워서 받침에 꽂아 세운 모습. 내외분의 신주를 한 신주 독에 같이 모신다.

▲ 신주독과 독덮개

▲ 내외분의 신주를 한 신주독에 넣어서 사당(가묘)의 감실 안에 모신 모습

⑧ 신주 덮개(도韜)는 두꺼운 종이로 만들고 속면과 겉면에 비단을 붙인다. 겉면의 색깔은 남자는 자주색(紫)이고 여자는 붉은색(緋)이다. 신주방석(자藉)은 비단으로 만든다. 역시 남자는 자주색, 여자는 붉은색이다.

⑨ 독좌櫝座(신주 독)는 신주를 모시는 독(상자)이다. 부부의 신주를 각각 만들어 한 독에 같이 모신다. 좌우면과 후면은 막고 앞과 위는 틔운다. 외부는 흑색, 내부는 붉은색이다. 독개櫝蓋(독 덮개)는 독을 위에서 아래로 씌워 덮는 덮개이다. 윗면과 전후좌우면은 막는다. 다만 후면의 아랫부분은 틔운다. 이는 감실 안에서 독 덮개를 편리하게 벗길 수 있도록 하기 위함이다. 외부는 흑색이다.

[2] 신주 쓰는 방법(題主)

(1) 고위 함중식(뒤판) (예시)

① 故學生全州李公諱康哲字仲甫神主
② 故處士全州李公諱康哲字仲甫神主
③ 故月亭(아호 등)全州李公諱康哲字仲甫神主
④ 故月亭(아호 등)處士全州李公諱康哲字仲甫神主
⑤ 故事務官月亭(아호 등)全州李公諱康哲字仲甫神主

○ 인적사항을 기재한다. 즉 관직, 시호, 아호, 본관, 성, 휘(이름), 자 등을 함중(홈)의 중앙에 위에서 아래로 내려 쓴다. 친속관계(고조 · 증조 · 조 · 고)는 쓰지 않는다. 함중식(뒤판)은 흰 분칠을 하지 않고 나무에 글씨를 바로 쓴다.

○ '學生' 대신에 '處士'로 쓰기도 한다.

  ※ '처사'는 학문과 덕망이 높은 학자로서 벼슬하지 않고 초야에 묻혀 은둔한 선비를 말한다.

○ 아호가 있으면 '학생' 대신에 '아호'를 쓰기도 하고, '아호처사(00處士)'로 쓰기도 한다.

○ 만약 '학생'과 '아호'를 같이 쓰려면 학생, 아호 순으로 기재하는 것이 옳을 것이다.

○ 옛날의 관직이나 현대의 관직과 직위가 있으면 '학생' 대신에 그 관직이나 직위를 쓴다.

예) 부사, 현령, 현감, 학교장, 사무관, 문학박사 등 관직과 사회적 공적인 직위

註 : <편람>의 상례편 제주題主(신주 쓰는 것) 조항에서 함중식(뒤판)   신주에 "무관자(벼슬이 없는 사람)는 상시(평소) 호칭대로 쓴다. 즉 학생, 처사, 수사, 별호(아호 등) 같은 것이다. 분면에도 같이 쓴다."라고 하였다. 무관자에게 별호를 쓸 수 있다고 하였으므로 관직자에게도 관직 뒤에 별호를 쓸 수 있다고 해석함이 옳을 것이다.

○ <편람>에는 고위 비위 함중식 모두 본관을 기재하지 않는 것으로 예시하면서 비위 함중식과 분면식에는 혹은 본관을 쓴다고 되어 있다. 그러나 요즘은 대부분 고위 비위 함중식과 비위 분면식에는 다 같이 본관을 기재하고 있다.

○ 작은 붓으로 정자로 가늘게 작은 글씨로 쓴다. 신주의 글자 수가 많아도 두 줄로 쓰지 않고 가능한 한 줄로 쓴다.

  (2) 고위 분면식(앞판) (예시)
① 顯考學生府君神主

　　孝子性宰 奉祀 - 작은 글씨로 좌측 하단에 기재. 아래도 같음
② 顯考處士府君神主

　　孝子性宰 奉祀
③ 顯考月亭(아호 등)府君神主

　　　孝子性宰 奉祀
④ 顯考月亭(아호 등)處士府君神主

　　　孝子性宰 奉祀
⑤ 顯考事務官月亭(아호 등)府君神主

　　　　孝子性宰 奉祀

○ 고인과 봉사자와의 친속관계(고조·증조·조·고)와 관직, 시호, 아호 등을 흰 분칠을 한 앞판의 중앙에 위에서 아래로 내려 쓰고, 왼쪽에 봉사자의 친속관계와 이름을 쓴다.

○ 조부이면 '考'를 '祖考', 증조부이면 '曾祖考', 고조부이면 '高祖考'로 각각 고쳐 쓰고 왼쪽의 봉사자도 '孝子'를 '孝孫', '孝曾孫', '孝玄孫'으로 각각 고쳐 쓴다.

○ 상세한 기재사항은 위의 '고위함중식 쓰는 법'을 참고한다.

(3) 비위 함중식(뒤판) (예시)

① 故孺人慶州金氏諱任順神主

② 故修仁堂(당호,아호 등)慶州金氏諱任順神主

③ 故孺人修仁堂(당호,아호 등)慶州金氏諱任順神主

④ 故事務官修仁堂(당호,아호 등)慶州金氏諱任順神主

⑤ 故夫人修仁堂(당호,아호 등)慶州金氏諱任順神主

○ 인적사항을 기재한다. 즉 봉호, 당호(아호), 본관, 성씨, 휘(이름) 등을 함중(홈)의 중앙에 위에서 아래로 내려 쓴다. 친속관계(고조·증조·조·고)는 쓰지 않는다. 함중식(뒤판)은 흰 분칠을 하지 않고 나무에 글씨를 바로 쓴다.

○ 당호(아호)가 있으면 '유인' 대신에 당호(아호)를 쓰기도 하고, '유인' 다음에 당호(아호)를 쓰기도 한다. 본인이 옛날의 관직이나 현대의 관직과 직위가 있으면 '유인' 대신에 그 관직이나 직위를 쓴다.

○ 남편이 현대의 관직이나 직위가 있고, 부인은 관직(직위)이 없을 경우는 '유인' 대신에 '夫人' 혹은 '淑人'으로 쓰기도 한다.

○ 만약 남편이 옛날의 관직이 있으면 '유인' 대신에 남편의 관직에 해당하는 봉호(정부인, 숙부인, 숙인 등)를 쓴다.

(4) 비위 분면식(앞판) (예시)

① 顯妣孺人慶州金氏神主

　　孝子性宰 奉祀 - 작은 글씨로 좌측 하단에 기재. 아래도 같음

② 顯妣修仁堂(당호,아호 등)慶州金氏神主

　　　　　孝子性宰 奉祀

③ 顯妣孺人修仁堂(당호,아호 등)慶州金氏神主

　　　　　孝子性宰 奉祀

④ 顯妣事務官修仁堂(당호,아호 등)慶州金氏神主

孝子性宰 奉祀

⑤ 顯妣夫人修仁堂(당호,아호 등)慶州金氏神主

孝子性宰 奉祀

○ 고인과 봉사자와의 친속관계(고조 · 증조 · 조 · 비)와 봉호, 당호(아호), 본관, 성씨 등을 흰 분칠을 한 앞판의 중앙에 위에서 아래로 내려 쓰고, 왼쪽에 봉사자의 친속관계와 이름을 쓴다.

○ 조모이면 '妣'를 '祖妣', 증조모이면 '曾祖妣', 고조모이면 '高祖妣'로 각각 고쳐 쓰고 왼쪽의 봉사자도 '孝子'를 '孝孫'. '孝曾孫', '孝玄孫'으로 각각 고쳐 쓴다.

○ 신주, 위패, 지방의 글씨 중에서 옛날 관직에 기록된 '경연經筵', '증贈', '시諡' 등 경의敬意를 표해야 할 글자는 대두법擡頭法을 적용하여 밑으로 한두 칸 띄어 쓰기도 한다. 그러나 신주神主, 신위神位의 '神'자만은 대두법을 적용하지 않는다고도 한다. 이유는 신주, 위패, 지방은 그 형상形象 자체가 경의의 대상이므로 '神'자는 굳이 대두법을 적용할 필요가 없다는 것이다. 즉 신주神主, 신위神位의 '神'자만은 밑으로 한두 칸 띄어 쓰지 않고 위의 글자와 같은 간격으로 쓴다고도 한다.

○ 대두법이란 축문 등에서 '顯', '諱日復臨', '饗'자와 같이 경의敬意를 표해야 할 글자는 행(줄)을 바꾸어 다른 행의 첫 글자보다 한두 칸 위에 쓰거나 문장의 중간에 있을 때는 밑으로 한두 칸 띄어서 쓰는 것을 말한다. 관혼상제의 모든 고유고사, 축문, 청혼서, 납채서(사주편지), 혼례편지 등도 동일하다. 즉 축문 등에는 대두법을 적용해야 한다.

<사례편람>에는 '諱日復臨'을 행(줄)을 바꾸어 '諱'자를 '顯'자와 같은 칸에 쓰도록 예시하고 있다. 그러나 문장의 중간에 있기 때문에 밑으로 한두 칸 띄어서 쓰는 경우가 많다.

경의를 표해야 할 글자는 묘호廟號(태조, 세종 등), 경연經筵, 증贈, 시諡, 현顯, 휘諱, 봉영封塋, 존령尊靈, 신神, 구柩, 토지지신土地之神, 향饗, 존체尊體, 존자尊慈, 존조尊照 등이다.

4. 위패位牌

① 위패는 고인의 혼령이 깃들 수 있도록 인적사항을 기록한 나무패이다.

위패는 밤나무로 만든다. 신주와 비슷하지만 앞판(분면식) 뒤판(함중식)이 없고 단순히 한 토막의 목판에 고인의 관직, 시호, 아호 등을 쓴 것이다. 위는 둥글고 아래는 평평한 모양이다. 위패를 위판, 사판, 신판이라고도 한다.

② 신주는 사가의 사당(가묘)에만 모시고, 위패는 동일 인물에 대하여 공신당, 문묘, 서원 등 여러 곳에 수개의 위패를 모실 수 있다. 이것이 신주와 다른 점이다.

③ 위패의 종류는 <직계선조위패>, <공신당위패>, <문묘위패>, <서원위패> 등이 있다.

[1] 직계선조위패

註 : 직계선조위패 봉안의 당부當否(옳고 그름)에 대하여 먼저 기술한다.

시조나 중시조, 파조 등 특별한 조상을 제외한 5대조 이상(친진親盡)의 직계선조위패를 사당이나 재실에 봉안하는 것은 바른 예법이라고는 할 수 없을 것이다. 시조나 중시조, 파조도 친진親盡된 조상이지만 타당한 사유(왕명 등)에 의하여 옛날부터 사당을 건립하여 위패를 봉안했으므로 합당하다 할 것이다. 그러나 5대조 이상의 직계선조위패는 봉안하지 않는 것이 바른 예법이다. 그 이유는 4대가 지나면 사당(가묘)에 모시던 신주를 묘소에 매안하도록 되어 있다. 신주 매안 후에 다시 위패를 봉안하는 것은 예법에 맞지 않기 때문이다.

그러나 요즘 문중의 재실에서 시제(세일사)를 지내기 위하여 4대가 지난 선조의 위패를 봉안하는 경우가 많이 있다. 그러나 이는 바른 예법은 아니다. 지방으로 봉사함이 옳을 것이다.

<가례>와 <편람>에는 실내(재실)에서 묘제(시제)를 지낸다는 기록은 없다. 다만 우천으로 묘소에서 묘제를 지낼 수 없거나 맑은 날이라도 같은 산에 묘소가 너무 많아서 하루에 행하기가 어려울 경우에는 실내(재실)에서 여러 대의 신위(위패, 지방)를

모시고 합사할 수도 있다. 재실 본래의 기능은 제구 보관, 제사 음식 준비, 참제원 유숙, 문중회의 등을 하는 곳이다. 그러나 현실적으로 재실에 위패를 봉안하고 시제(세일사)를 많이 지내고 있다.

(1) 직계선조위패 만드는 방법

① 재실에 봉안하는 위패는 신주의 규격과 같이 만든다. 다만 앞판, 뒤판이 없다. 받침(사방8㎝ 두께2.4㎝)의 한가운데 구멍(가로6㎝ 세로2.4㎝ 깊이1.4㎝)을 파서 위패의 본신을 꽂아 세운다.

　　註 : 위패 받침의 구멍은 맨 밑바닥(뚜께 2.4㎝)까지 뚫지 않는 것 같다.

　　　　즉 받침의 맨 밑바닥 1㎝는 구멍을 뚫지 않는다.

　　註 : 그러나 신주는 받침의 구멍을 맨 밑바닥(뚜께2.4㎝)까지 뚫어서 주신의 밑바닥과 받침의 밑바닥이 가지런히 되도록 받침에 꽂아 세우도록 되어 있다.

② 본신은 높이 24㎝, 넓이 6㎝, 두께 2.4㎝이다. 본신이 받침에 1.4㎝ 묻힘으로 실제 남는 본신의 높이는 22.6㎝이다. 받침(두께2.4㎝) 포함 전체 위패의 높이는 25㎝이다. 이 규격은 여건에 따라서 다를 수 있다.

③ 고위 비위 위패를 각각 따로 만들고, 독 하나에 함께 모신다. 위패는 대체로 신주와는 다르게 앞면에 흰 분칠을 하지 않고 나무에 글씨를 바로 쓴다.

(2) 직계선조위패 쓰는 방법

○ 직계선조위패 쓰는 방법은 <지방식>과 <선조로 표시한 혼합형> 등 여러 가지가 있을 수 있다.

○ <지방식>으로 쓰면 누구의 위패인지 구분이 어렵고, 봉사자(제주)의 대수가 바뀔 때마다 위패의 대수를 수정해야 하는 단점이 있다.

○ 그래서 <선조로 표시한 혼합형>이 적당하다고 생각한다. 즉 신주의 함중식과 분면식을 준용하는 방법이다.

○ 직계선조의 휘(이름)와 자를 기재함에 대하여 부정적일 수도 있으나 신주의 함중식에도 휘와 자를 기재하고 있다.

○ 이 방법은 봉사자(제주)가 바뀌어도 위패 문안을 고쳐 쓰지 않고 처음 기재한 문안대로 영구히 모실 수 있도록 창안한 것이다. 문중마다 위패 문안이 다를 수 있으므로 참고하기 바란다.

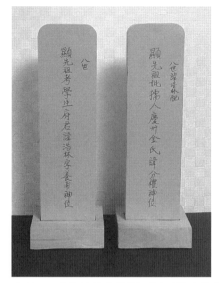

▲ 선조고비위 위패(내외분을 각각 만들어 한 독에 같이 모신다.)- 아래 예시 ①, ②와 같이 기재되어 있음.

① 선조고위 위패 : <선조로 표시한 혼합형>

> 八世 (작은 글씨)
>
> 顯先祖考學生府君諱浩林字養甫神位(중앙에 기재) -신주 함중식과 분면식을 혼합하여 준용함

② 선조비위 위패 : <선조로 표시한 혼합형>

> 八世諱浩林配 (작은 글씨)
>
> 顯先祖妣孺人慶州金氏諱分禮神位(중앙에 기재) -신주 함중식과 분면식을 혼합하여 준용함

○ 위의 八世는 족보상 1세(시조,파조)로부터 아래로 내려와서 8세에 해당하는 '浩林' 선조의 세수임(봉사자로부터 위로 올라가는 8대조가 아님)

○ '八世'를 이해하지 못하고 착각하여 중앙에 '八世'를 함께 기재하여 "顯八世考 學生府君諱浩林字養甫神位"라고 쓰면 안 된다. 통상적으로 선조의 호칭은 '八世考'라고 하지 않고 족보상 8세에 해당하는 선조가 본인의 12대조일 경우 '12대조고'라고 호칭하기 때문에 위패의 본문 (중앙)에 '八世考'라고 기재하는 것은 큰 잘못이다.

○ '府君'대신에 '全州李公'으로 기재할 수도 있겠으나 후손과 남자조상은 姓이 동일함으로 같은 姓을 위패마다 기재하는 것보다는 남자 조상의 존칭인 '府君'으로 기재하는 것이 좋을 것이다.

○ 항렬에 맞추어 작명함으로서 동명이인이 있을 수 있으므로 字까지 기재하여 구분하는 것이 좋다. 신주의 함중식에도 字를 기재한다.

○ 위패에는 '선조'로 기재하였더라도 축문은 '몇대조' 라고 쓰는 것이 좋고, 위패에는 분별을 위하여 부득이 諱, 字를 기재하였지만 축문에는 휘, 자를 쓰지 않는다.

○ 위패는 말미에 '神主'라고 쓰지 않고 '神位'라고 쓰며, 봉사자는 쓰지 않는다. 처사, 아호, 관직 등 상세한 기재사항은 위의 '신주 쓰는 방법'을 참고한다.

○ 신주, 위패, 지방의 글씨 중에서 옛날 관직에 기록된 '경연經筵', '증贈', '시諡' 등 경의敬意를 표해야 할 글자는 대두법擡頭法을 적용하여 밑으로 한두 칸 띄어 쓰기도 한다. 그러나 신주神主, 신위神位의 '神'자만은 대두법을 적용하지 않는다고도 한다. 이유는 신주, 위패, 지방은 그 형상形象 자체가 경의의 대상이므로 '神'자는 굳이 대두법을 적용할 필요가 없다는 것이다. 즉 신주神主, 신위神位의 '神'자만은 밑으로 한두 칸 띄어 쓰지 않고 위의 글자와 같은 간격으로 쓴다고도 한다.

○ 대두법에 대한 상세한 설명은 위의 3. 신주神主 편의 [2] 신주 쓰는 방법(題主) 조항을 참고한다.

[2] 공신당 · 문묘 · 서원위패

(1) 위패 만드는 방법

① 받침의 한 가운데 구멍을 파서 위패의 본신을 꽂아 세운다.

② 글씨는 나무에 바로 쓰거나 아니면 흰 분칠을 한 후에 쓰기도 한다.

③ 위패에 봉사자는 기재하지 않으며, 배위의 위패는 만들지 않는다.

④ 공신당, 문묘, 서원의 규정에 따라서 위패의 규격이 다를 수 있다.

(2) 위패 쓰는 방법

공신당, 문묘(성균관·향교), 서원은 공신, 선현, 선생의 위패를 모시기 때문에 후손이 모시는 직계선조위패의 기재 방법과는 다르다.

1) 종묘의 공신당

공신당 위패의 기재순서는 실직, 군호, 증직, 시호, 성명 순으로 쓴다. 말미에 '신위'라고는 쓰지 않는다.

註 : 공신당의 위패는 임금의 신하로서 배향되기 때문에 '성명'을 쓴다고 생각한다.

① 右議政靑城府院君贈領議政00公(시호)000(성명)

② 領議政00公(시호)000(성명)

③ 行左贊成00公(시호)000(성명)

2) 문묘(성균관·향교)

공자의 위패는 '大成至聖文宣王'으로 쓰고, 동방 18선현의 위패는 시호와 성명을 기재한다. 간혹 위패 말미에 '神位'라고 표기한 향교도 있다.

註 : 문묘의 공자를 제외한 선현의 위패는 공자의 후학으로서 종향되기 때문에 '성명'을 쓴다고 생각한다.

① 퇴계이황 - 文純公李滉

② 율곡이이 - 文成公李珥

3) 서원

서원의 위패는 이름을 쓰지 않고 '김선생' 등으로 쓴다. 간혹 성姓을 안 쓰는 서원도 있고, 위패 말미에 '神位', '之位' 혹은 '位' 라고 표기한 서원도 있다. 서원마다 쓰는 방법이 조금씩 다르다.

註 : 서원의 위패는 공자는 모시지 않고 서원별로 각각 주향 선현을 모시기 때문에 '선생'으로 쓴다고 생각한다.

① 先師 贈領議政00公(시호)00(아호)金先生

② 領議政00公(시호)00(아호)李先生

③ 00公(시호)00(아호)朴先生

④ 00(아호)崔先生

⑤ 00(아호)先生

5. 지방紙榜

① 지방은 고인의 혼령이 깃들 수 있도록 한지에 인적사항을 기록한 조상의 상징물이다. 신주 대신에 만드는 임시적인 신위이다. 위는 둥글고 아래는 평평한 모양이다. 크기는 높이 22cm‐24cm, 넓이 6cm 정도로 한다.

② 사당 건립과 신주 봉안이 어려운 일이므로 일반 가정에서는 대부분 지방으로 대신한다.

③ 지방은 신주 분면식과 같이 쓴다. 다만 말미에 '신주'를 '신위'로 쓰고, 봉사자는 기재하지 않는다.

④ <사례편람>에 고위와 비위의 지방을 각각 쓴다고 하였다. 부모 합설시 지방함(판)에 고위와 비위의 지방을 나란히 붙여서 교의에 모시고 제사 지내며, 제사 후에는 정결한 곳에서 축문과 함께 불사른다.

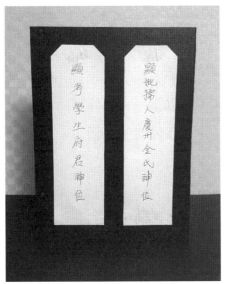

▲ 부모 지방(합설시 각각 작성. 아래의 지방 쓰는 방법 예시① 과 같이 기재 되어 있음)

[1] 지방 쓰는 방법

■ 부모 지방 ■

顯妣孺人慶州金氏神位　顯考學生府君神位

■ 조부모 지방 ■

顯祖妣孺人金海金氏神位　顯祖考學生府君神位

■ 증조부모 지방 ■

顯曾祖妣孺人密陽朴氏神位　顯曾祖考學生府君神位

■ 고조부모 지방 ■

顯高祖妣孺人慶州崔氏神位　顯高祖考學生府君神位

■ 백숙부모 지방 ■

顯伯叔母孺人東萊鄭氏神位　顯伯(叔)父學生府君神位

■ 외조부모 지방 ■

顯外祖妣孺人坡平尹氏神位　顯外祖考學生府君神位

■ 남편 지방 ■

顯辟學生府君神位

■ 아내 지방 ■

亡室孺人金海金氏神位

■ 형 지방 ■

顯兄學生府君神位

■ 동생 지방 ■

亡弟學生神位

■ 아들 지방 ■

亡子學生神位

※ 백·숙부모 등 방친이면 '考'와 '妣'를 쓰지 않고 '父'와 '母'로 쓴다.

※ 아내 지방은 '亡室' 대신에 '故室'로 쓰기도 한다. 동생과 아들 지방은 '故弟', '故子'로 쓰기도 하고, '府君'은 쓰지 않는다. 아들 지방은 "亡子秀才00(이름)神位"로 쓰기도 한다.

※ 외조부모·남편·아내·아들의 지방으로써 기제를 지내야 하는 경우에 대하여는 기제편 '기제 축문' 조항에 상세히 설명하였으니 참고하기 바란다.

○ 신주, 위패, 지방의 글씨 중에서 옛날 관직에 기록된 '경연經筵', '증贈', '시諡' 등 경의敬意를 표해야 할 글자는 대두법擡頭法을 적용하여 밑으로 한두 칸 띄어 쓰기도 한다. 그러나 신주神主, 신위神位의 '神'자만은 대두법을 적용하지 않는다고도 한다. 이유는 신주, 위패, 지방은 그 형상形象 자체가 경의의 대상이므로 '神'자는 굳이 대두법을 적용할 필요가 없다는 것이다. 즉 신주神主, 신위神位의 '神'자만은 밑으로 한두 칸 띄어 쓰지 않고 위의 글자와 같은 간격으로 쓴다고도 한다.

○ 대두법에 대한 상세한 설명은 위의 3. 신주神主 편의 [2] 신주 쓰는 방법(題主) 조항을 참고한다.

(1) 고위 지방(예시)

① 顯考學生府君神位

② 顯考處士府君神位

③ 顯考月亭(아호 등)府君神位

④ 顯考月亭(아호 등)處士府君神位

⑤ 顯考事務官月亭(아호 등)府君神位

※ 조부이면 '考'를 '祖考', 증조부이면 '曾祖考', 고조부이면 '高祖考'로 각각 고쳐 쓴다.

※ 상세한 기재사항은 위의 '신주 쓰는 방법' 참고한다.

(2) 비위 지방(예시)

① 顯妣孺人慶州金氏神位

② 顯妣修仁堂(당호,아호 등)慶州金氏神位

③ 顯妣孺人修仁堂(당호,아호 등)慶州金氏神位

④ 顯妣事務官修仁堂(당호,아호 등)慶州金氏神位

⑤ 顯妣夫人修仁堂(당호,아호 등)慶州金氏神位

※ 조모이면 '妣'를 '祖妣', 증조모이면 '曾祖妣', 고조모이면 '高祖妣'로 각각 고쳐
　쓴다.

6. 제사의 종류와 재계

[1] 제사의 종류

① 사시제 : 고조 이하의 조상에게 사계절의 중월(2.5.8.11월)에 지내는 제사.

② 시조제 : 성씨를 개창한 시조에게 동지에 지내는 제사.

③ 선조제 : 2세부터 5대조(고조의 부친)까지의 선조에게 입춘에 지내는 제사.

④ 녜제 : 아버지에게 계추(9월)에 지내는 제사.

⑤ 기제 : 고조 이하의 조상에게 기일에 지내는 제사.

⑥ 절사(차례) : 설, 한식, 단오, 추석, 동지 등 명절에 지내는 제사. 차례라고도 한다.

⑦ 묘제(시제) : 선조의 묘에서 지내는 제사.

[2] 제사의 재계齋戒

(1) 재계의 의미

모든 제사는 재계가 중요하다. 재계는 제사를 지내기 위하여 몸과 마음을 깨끗이

하고 부정不淨한 일을 멀리하며 행동을 삼가는 것을 말한다. 즉 목욕하고, 훈채葷菜(냄새나고 자극성 있는 마늘, 파 등의 채소)를 먹지 않고, 조문하지 않고, 풍악을 듣지 않고, 모든 흉사에 참석하지 않는다.

참고로 5훈채는 마늘, 파, 부추, 달래, 무릇(흥거)이다. 오훈채를 오신채五辛菜라고도 한다.

(2) 재계 기간

① 사시제, 시조제, 선조제, 녜제는 3일 전에 재계한다.

② 기제, 절사(차례), 묘제(시제)는 1일 전에 재계한다.

이제부터 제사의 종류에 대하여 각각 설명한다. 각 제사별로 설명할 분량이 많으므로 별도의 큰 항목으로 분류하여 <가례>와 <편람>의 내용을 중심으로 상세하게 서술한다. 현재는 사시제, 녜제는 대부분 지내지 않고, 시조제, 선조제는 대종중에서 지내고, 기제, 절사(차례), 묘제(시제)는 각 가정과 문중에서 많이 지내고 있다.

7. 사시제四時祭

① 사시제는 기제를 모시는 고조 이하의 조상에게 주인(장손·장남)이 사계절의 중월仲月에 지내는 제사이다. 옛날에는 사시제가 가장 중요한 제사였으며, 기제를 비롯한 모든 제사의 기본이 되었다. 그러나 요즘은 대부분 지내지 않는다.

② 사계절의 중월(2.5.8.11월)의 일진에 丁이나 亥가 드는 날을 택하여 새벽에 정침(청사: 대청)에서 지낸다. 3일 전에 재계한다.

③ 하루 전날 정침을 청소하여 제사 지낼 준비를 하고 궐명厥明(다음날:제사날 새벽)에 일어나 과실, 채소, 포, 해(젓갈), 술을 진설(설소와 주찬)한다.

④ 질명質明(먼동이 틀 때)에 사당에서 4대조의 신주를 받들어서 정침으로 모신다.

⑤ 사시제 순서(편람식 헌작) : 신주를 봉주(출주)하여 정침에서 지내므로 선참신 후강신이다.

○ 관수 - 서립 - 봉주 - 참신재배 - 강신(분향재배 - 뇌주재배) - 진찬

○ 초헌(주인이 고조부모에게 헌작 - 삼제반지고처 - 전적 - 계반개 - 독축 - 재배후 주인이 증조부모, 조부모, 부모에게 고조와 같은 방법으로 각각 헌작 - 삼제반지고처 - 전적 - 계반개 - 독축 - 재배함) - 철주

○ 아헌(주부가 고조부모에게 헌작 - 삼제반지고처 - 전적 - 사배후 주부가 증조부모, 조부모, 부모에게 고조와 같은 방법으로 각각 헌작 - 삼제반지고처 - 전적 - 사배함) - 철주

○ 종헌(종헌이 고조부모에게 헌작 - 삼제반지고처 - 전적 - 재배후 종헌이 증조부모, 조부모, 부모에게 고조와 같은 방법으로 각각 헌작 - 삼제반지고처 - 전적 - 재배함)

○ 유식(주인이 첨작 - 주부삽시정저 - 주인재배·주부사배) - 합문 - 계문 - 철갱진숙수 - 철시숙수접중 - 국궁 - 수조(음복) - 고이성 - 하시저합반개 - 사신재배 - 분축문 - 납주 - 철 - 예필

※ "헌작獻酌 삼제 반지고처三祭 反之故處"는 "제상 위의 신위 앞의 잔반을 내려서 술을 잔반에 가득 따라서 제상 위 신위 앞에 올린 후 그 잔반을 다시 내려서 삼제(三祭: 술을 모사기에 조금씩 세 번 따름)한 후에 그 잔반을 다시 제상 위 본래의 자리(신위 앞)에 올린다."는 뜻이다. 이 헌작방법을 "편람식 헌작"이라고 칭한다.

※ "삼제 반지고처"에 대한 상세한 절차는 "11. 기제忌祭"의 "[6] 기제 헌작방법 비교"편 이하의 설명을 참고한다.

⑥ <편람>에는 '철시숙수접중'과 '국궁'의 절차가 없다. 그러나 실제 현실의 기제에는 '철시숙수접중'과 '국궁'을 하기도 한다.

⑦ 수조受胙(음복)의 절차

○ 집사는 향안 앞에 음복할 자리를 편다. 주인은 음복할 자리로 가서 북쪽으로

향하여 선다.

○ 축은 고조고위 앞으로 가서 잔반(술)을 들고 주인의 오른쪽으로 간다. 주인이 꿇어앉으면 축 역시 꿇어앉는다. 주인은 잔반을 받아 모사기에 삼제하고 술을 맛본다.

○ 축이 숟가락과 수조반을 들고 모든 신위의 반(메)을 조금씩 떠 담아 받들고 주인의 왼쪽에서 복 받기를 비는 하사嘏辭(고사)를 한다.

○ 주인은 잔반(술)을 좌석 앞에 놓고 잠시 엎드렸다가 일어나 재배를 하고 꿇어앉아 반(메)을 받아서 맛보고 잔반(술)을 받아서 다 마시면 집사자는 오른쪽으로 와서 꿇어앉아 잔반을 받아 주전자 곁에 놓고 왼쪽으로 와서 반(메)을 받아 그와 같이한다.

○ 주인은 잠시 엎드렸다가 일어나 동쪽 층계 위에서 서쪽으로 향하여 서고, 축은 서쪽 층계 위에서 동쪽으로 향하여 서서 이성을 고하고 내려와 제자리에 서면 참제원 모두 재배를 한다. 이때 주인은 절을 하지 않고 내려와 제자리에 선다.

　　註 : '고이성'은 옛날에 '시동尸童'을 신좌에 앉히고 제사 지낼 때 '시동'에게 고하는 제도였으므로 요즘은 '시동'이 없기 때문에 '이성'을 고하지 않는다고도 한다.

※ '이성'의 의미는 '이利'는 봉양함이고, '성成'은 마침이니 "봉양의 예가 모두 잘 이루어졌다"는 뜻이다.

※ '이성'은 조상을 떠나보내기에 앞서 미리 조상의 현감顯感을 살핀 후 제주(주인)에게 알리는 의미이다.

※ <가례>와 <편람>에 '고이성'의 절차가 있는 제사는 상중제사, 길제, 사시제, 시조제, 선조제, 녜제, 기제이다.

⑧ 사시제 축문

유세차임진 모월간지삭 모일간지 효현손　　　　　　성재
維歲次壬辰 某月干支朔 某日干支 孝玄孫(효증손,효손,효자)性宰

감소고우
敢昭告于

현고조고　　　　　　　　　학생부군
顯高祖考(현증조고,현조고,현고)學生府君

현고조비　　　　　　　유인김해김씨 기서유역 시유중춘
顯高祖妣(현증조비,현조비,현비)孺人金海金氏 氣序流易 時維仲春(수시속칭: 仲
夏, 仲秋, 仲冬)

추감세시 불승영모　　　　　감이 청작서수 지천세사 상
追感歲時 不勝永慕(부모이면 昊天罔極) 敢以 淸酌庶羞 祗薦歲事 尙

향
饗

해설 : 임진년 0월 0일 효현손 성재는

고조고비위님께 감히 고하옵니다. 절기의 차례가 바뀌어 중춘이 되었습니다.
미루어 생각하건대 세시 때가 되니 길이 사모하는 마음 이길 수가 없습니
다. 감히 맑은 술과 여러 음식으로 공경을 다하여 제사를 올리오니 흠향하
시옵소서.

○ 만약 곁들여 모시는 방친이 있으면 '祗薦歲事' 다음에 "以叔父學生府君叔母孺人
密陽朴氏 祔食"을 추가하여 기재한다.

○ 축문은 고조, 증조, 조부모, 부모 각각 작성하여 초헌 때 각각 읽는다.

⑨ 하사嘏辭 : 축이 조상을 대신하여 제주(주인)에게 복 받기를 비는 축사.

조고명공축 승치다복우여효손 래여효손 사여수록우천 의가우전
祖考命工祝 承致多福于汝孝孫 來汝孝孫 使汝受祿于天 宜稼于田

미수영년 물체인지
眉壽永年 勿替引之

해설 : 할아버지께서 공축에 명하여 많은 복을 너희 효손에게 이르게 하셨도다. 하늘에서 녹을 받고 땅에서 마땅히 곡식을 거두어 수명을 길게 누리며 매사에 쇠퇴하는 일이 없도록 하기 바라노라.

⑩ 사시제후 토지신제 축문

이 축문은 사시제후에 집의 토지신에게 제사하는 축문이다. 묘제의 토지신제와 같이 한다. 집에서는 토지신제를 지내지 않는다고도 한다.

유세차임진 모월간지삭 모일간지 유학   이성재 감소고우
維歲次壬辰 某月干支朔 某日干支 幼學(직위 등)李性宰 敢昭告于

토지지신 유차중춘 세공운시 약시소사 감유불흠 빈조수미 서장성의
土地之神 維此仲春 歲功云始 若時昭事 敢有不欽 蘋藻雖微 庶將誠意

유   신감향 영전궐거 상
惟   神監享 永奠厥居 尚

향
饗

해설 : 임진년 0월 0일 유학 이성재는

토지신께 감히 고하옵니다. 중춘에 이 해의 일을 처음으로 시작하니 감히 공경치 않을 수 없어 비록 미약하오나 성의를 다 하였사옵니다. 오직 신께서 보살펴 주시고 오랫동안 이곳에 거처하시도록 전 드리오니 흠향하시옵소서.

○ 여름이면 "維此仲春 歲功云始"를 "仲夏應期 時物暢茂"로, 가을이면 "維此仲秋 歲功將就"로, 겨울이면 "維此仲冬 歲功告畢"로 각각 고친다.

○ 가을과 겨울에는 "若時昭事"를 "若時報事"로 고친다.

8. 시조제始祖祭 : 초조제

① 시조제는 성씨를 개창한 시조에게 종손이 동지에 지내는 제사이다.

② 동지는 양陽의 기운이 시작되는 첫날이기 때문이다. 시조의 위패를 모신 사당(별묘)에서 새벽에 지낸다. 3일 전에 재계한다. 대종중에서 지낸다.

③ 시조제 순서 : 사시제와 같다. 다만 위패를 봉주(출주)하여 정침에서 지내지 않고 바로 사당(별묘)에서 지낸다면 선강신 후참신이다. 지방제사이면 역시 선강신 후참신이다.

④ 시조제 축문

유세차임진 모월간지삭 모일간지 효손성재 감소고우
維歲次壬辰 某月干支朔 某日干支 孝孫性宰 敢昭告于

현시조고　　　부군
顯始祖考00000府君

현시조비　　　김씨 금이 중동 양지지시 추유보본 예불감망 근이
顯始祖妣00000金氏 今以 仲冬 陽至之始 追惟報本 禮不敢忘 謹以

결생유모 자성예제 지천세사 상
潔牲柔毛 粢盛醴齊 祇薦歲事 尙

향
饗

해설 : 임진년 0월 0일 효00대손 성재는

시조고비위님께 감히 고하옵니다. 이제 양의 기운이 시작되는 동지이옵니다. 생각하옵건대 시조님께 보답하는 예도를 감히 잊을 수가 없습니다. 삼가 깨끗한 희생의 부드러운 털과 서직(기장)과 예주로써 공경을 다하여 제사를 올리오니 흠향하시옵소서.

註 : <가례>에 의하면 시 · 선조제의 축문에 제주의 호칭이 '효손'으로 되어 있다. 이것은 종손의 개념으로 해석함이 옳을 것이다. 즉 '효00 대손' 혹은 '효현손'의 의미로 보는 것이 좋을 것이다.

9. 선조제先祖祭

① 선조제는 시조 이하 2세부터 5대조(고조의 부친)까지의 선조에게 종손이 입춘에 지내는 제사이다.
② 입춘은 만물이 생성하는 첫날이기 때문이다. 선조의 위패를 모신 사당(별묘)에서 새벽에 지낸다. 3일 전에 재계한다. 대종중에서 지낸다.
③ 선조제 순서 : 시조제와 같다.
④ 선조제 축문

유세차임진 모월간지삭 모일간지 효손성재 감소고우
維歲次壬辰 某月干支朔 某日干支 孝孫性宰 敢昭告于

현선조고   부군
顯先祖考00000府君

현선조비   김씨 금이 입춘 생물지시 추유보본 예불감망 근이
顯先祖妣00000金氏 今以 立春 生物之始 追惟報本 禮不敢忘 謹以

결생유모 자성예제 지천세사 상
潔牲柔毛 粢盛醴齊 祗薦歲事 尙

향
饗

해설 : 임진년 0월 0일 효00대손 성재는

선조고비위님께 감히 고하옵니다. 이제 만물이 소생하기 시작하는 입춘이옵니다. 생각하옵건대 선조님께 보답하는 예도를 감히 잊을 수가 없습니다.
삼가 깨끗한 희생의 부드러운 털과 서직(기장)과 예주로써 공경을 다하여
제사를 올리오니 흠향하시옵소서.

10. 녜제禰祭

① 녜제는 아버지에게 주인(장남)이 계추(음9월)에 지내는 제사이다. 계추는 만물이 성숙하기 시작하는 시기이기 때문이다. 그러나 요즘은 대부분 지내지 않는다.

② 녜제를 9월에 지내게 된 유래는 처음 '녜제'를 지낸 사람의 아버지 생일이 9월 15일이었기 때문이다.

③ 9월의 일진에 丁이나 亥가 드는 날을 택하여 새벽에 정침에서 지낸다. 3일 전에 재계한다. 고비 모두 돌아가셨으면 양위를 같이 모신다.

④ 녜제 순서 : 사시제와 같다. 지방제사이면 선강신 후참신이다.

⑤ 녜제 축문

유세차임진 모월간지삭 모일간지 효자성재 감소고우
維歲次壬辰 某月干支朔 某日干支 孝子性宰 敢昭告于

현고학생부군
顯考學生府君

현비유인경주김씨 금이 계추 성물지시 감시추모 호천망극 감이
顯妣孺人慶州金氏 今以 季秋 成物之始 感時追慕 昊天罔極 敢以

청작서수 지천세사 상
淸酌庶羞 祗薦歲事 尙

향
饗

해설 : 임진년 0월 0일 효자 성재는

고비위님께 감히 고하옵니다. 이제 만물이 열매를 맺기 시작하는 계추이옵니다. 추모의 정이 감동되는 시절에 부모님 은혜 하늘과 같이 크고 끝이 없사옵니다. 감히 맑은 술과 여러 음식으로써 공경을 다하여 제사를 올리오니 흠향하시옵소서.

11. 기제忌祭

① 기제는 4대(친미진親未盡: 고조 - 부모) 조상과 불천위 조상에게 주인(장손·장남)이 기일의 새벽에 지내는 제사이다.

② 기제는 사당(가묘)이 있어도 사당에서 지내지 않고 당일 기제 대상인 신주를 사당에서 모셔내어 정침(청사: 대청)에서 지낸다. 불천위를 별도의 부조묘(별묘)에 모신 경우에는 부조묘에서 지낸다. 신주를 모시지 않았으면 지방으로 지낸다. 1일 전에 재계한다.

註 : 기제 지내는 장소는 정침正寢 혹은 청사廳事에서 지낸다. 대체로 정침은 안채의 중심 몸채의 방이고, 청사는 사랑채의 대청을 말한다.

※ 불천위 기제 : 국가에 큰 공훈이 있거나 학문이 높은 분에 대하여 4대가 지나도 신주를 땅에 묻지 않고 사당에 영구히 모시고 기제를 지내도록 은전[부조지전(不祧之典)]을 입은 불천위 조상에게 지내는 제사.

③ 군자가 종신토록 슬퍼해야 하는 일이 기일이라고 했다. 친속의 기일을 맞으면 슬픈 마음을 가져야 하고 즐거운 일은 피해야 한다. 금주한다. 특히 부모 기제에는 곡哭을 하여 슬픔을 다한다.

④ 모든 제사는 몸소 친히 지내야 하며 만약 유고시는 다른 사람을 시켜 대신하게 해야 한다. 특히 기제, 절사(차례)는 부부가 반드시 친히 함께 지낸다고 했다.(부부공제)

⑤ <사례편람>에 기제의 진설, 진행 절차, 헌작 절차 등은 사시제의 의식과 같이 한다고 되어 있다. 다만 수조受胙(음복례), 준(餕: 제물을 나누어 대접하는 예)의 절차가 없다고 하였다.

註 : 기제에 수조와 준이 없다고 한 것은 기일은 제사 후에도 종일토록 술과 고기를 먹지 않고 음악을 듣지 않는다고 하였기 때문이다.

[1] 단설과 합설

① 단설 : 그날 돌아가신 분의 신위만 모신다.

② 합설 : 그날 돌아가신 분과 배우자의 신위를 함께 모신다.

③ <주자가례>에 기제는 단설이 정례正禮(바른 예법)라고 하였다. 그러나 <사례편 람>에 합설(병설)하는 것은 예의 근본은 인정에 있기 때문이라고 하였다.

④ 회재 이언적 선생은 단설은 禮之正(예의 바름), 합설은 禮之情(예의 인정)이라 하였다. 율곡 이이 선생은 합설을 꼭 피할 필요는 없다고 하였고, 사계 김장생 선생은 합설이 비록 주자의 뜻과는 다르나 우리나라의 선현들은 일찍부터 합설로 행하여 왔다고 했다. 그래서 단설로 하기도 하고, 합설하기도 한다.

[2] 기제 시간

① 기제의 시간은 <가례>와 <편람>에 돌아가신 날 새벽에 지낸다고 했다. 하루 전날 재계하고 궐명厥明(다음날 새벽: 즉 기일 새벽)에 진설하여 질명質明(먼동이 틀 때)에 제사를 시작한다. 그러나 질명시간은 현재의 몇 시라고 말하기는 어렵다. 계절에 따라 다르기 때문이다. 또한 공자는 제사 시간에 대하여 "늦은 아침(안조: 晏朝) 시간보다는 차라리 새벽, 즉 날이 밝기 전(미명: 未明)에 제사함이 옳다."고 하였다. 이 말은 <편람>의 사시제편(질명 봉주)에 수록되어 있다. 위와 같은 예서의 취지로 보면 기제는 돌아가신 날 새벽에 시작하여 날이 완전히 밝기 전에 끝내는 것이 가장 좋을 것이다. 기일의 새벽에 다른 일을 하기 전에 가장 먼저 제사부터 지낸다.

② 요즘 자시子時에 지낸다면서 밤 11시에 기제를 시작하기도 하지만 자정이 지나야 기일이 되기 때문에 기일 전날 지내는 결과가 되므로 옳지 않다.

옛날에는 자시子時가 되면 그 다음날로 인정한다고도 하였지만 지금은 자정(0시)이 날짜 변경의 기준(경계)점이 되므로 자정이 지나야만 기일이 되는 것이다. 옛날 국가의례(궁례)에는 자시, <국조오례의>에는 축시(새벽1시 - 3시)에 제사지낸다는 예문이 있으나 사가의례인 <가례>와 <편람>에는 질명質明(먼동이 틀 때)에 제사를 지낸다고 하였을 뿐이다.

③ 대체로 자정 이후에 지낸다. 현재 우리나라의 표준시간이 30분 앞당겨져 있으므로 밤 12시 30분이 되어야 사실상 자정이 된다. 그러므로 밤 12시에 행하여도 사실은 기일 전날 기제를 지내게 되는 결과가 된다. 즉 밤 12시 30분이 지나야 기일의 첫 시각이 되는 것이다. 그러나 밤 12시 30분에 행하여도 예서의 질명시간으로 보면 바른 예법이라 할 수는 없을 것이다.

④ 자정 이후 행사와 예서의 질명(먼동이 틀 때) 행사를 종합하여 현실적으로 판단하면 새벽 1시 이후에 진설하여 기제를 시작하면 타당성이 있다고 할 수 있다. 새벽 1시 이후가 되면 확실한 기일이 되고 또 새벽이 시작되는 첫 시각이라고 볼 수 있기 때문이다.

⑤ 그러나 요즘은 사정에 따라서 기일의 아침, 낮, 저녁 시간에도 기제를 지내기도 한다. 실제로 대종중 파조(불천위)의 기제는 낮 시간(정오)이나 혹은 저녁 8 - 9시경에 지내고 있는 실정이다. 신은 늦은 밤중에 활동하며 새벽닭이 울기 전에 돌아가야 한다.”는 말은 예서에도 없는 미신적인 말이다.

⑥ 만약 새벽에 지내기 어려우면 바른 예법은 아니지만 기일 저녁 8 - 9쯤 지내면 된다. 이 경우는 늦어도 밤 11시 이전에 기제를 끝내야 한다. 밤 11시가 지나면 그 다음날 자시가 시작되기 때문이다. 결과적으로 제사시각이 늦춰지게 된다. 간혹 살아 계신 날 지내는 것으로 잘못 알고 기일 전날 초저녁에 지내는 경우가 많이 있는데 이는 큰 잘못이다. 기제는 반드시 돌아가신 날 지내야 한다. 즉 축문에 돌아가신 날짜와 그날의 일진을 써야한다.

[3] 선참신 · 선강신 제사의 구분

일반적으로 신주를 모시고 제사지낼 때는 참신을 먼저하고 지방을 모시고 지낼 때는 강신을 먼저 하는 것으로 이해하고 있다. 그러나 예서의 규정을 자세히 보면 신주를 모시고 지낼 경우에도 신주 출주 여부에 따라서 참신, 강신 순서가 서로 다르다.

(1) 선참신 제사

① 당일 기제에 해당하는 신주를 사당에서 밖으로 출주하여 정침(청사: 대청)에서 지내는 기제.

　　註 : 사당에서 신주를 출주 고유할 때 먼저 분향을 했기 때문에 이미 신주에 혼령이 깃들여 있으므로 참신을 먼저 하고 강신(분향, 뇌주)을 뒤에 한다. 참신 후에 다시 강신(분향, 뇌주)하는 까닭은 출주시 분향만 하였으므로 다시 강신(분향, 뇌주)하여 혼령과 체백을 완전하게 합쳐 모시기 위함이다.

② 묘에서 지내는 묘제.

(2) 선강신 제사

① 신주를 사당 밖으로 출주하지 않고 신주를 모신 사당에서 바로 지내는 설·추석 절사(차례).

② 지방으로 지내는 기제, 설·추석 절사(차례).

③ 불천위 등 한 대의 신주만을 모신 부조묘(별묘)에서 지내는 기제.

④ 실내(재실)에서 지내는 세일사 시제(묘제).

[4] 참제원參祭員의 명칭과 임무 · 복장

참제원은 제사에 참여하는 모든 사람을 총칭하는 말이다. 제례편의 기제, 절사(차례), 묘제(시제) 등 모든 제사의 참제원의 명칭과 임무 · 복장은 아래와 같다.

(1) 명칭과 임무

"술잔을 올리는 사람"의 명칭은 '관官' 자를 빼고 '초헌初獻', '아헌亞獻', '종헌終獻'으로 칭하고 3명을 총칭하여 '헌자獻者'라고 하였다. 국가제사에는 초헌관, 아헌관, 종헌관, 헌관 등으로 칭하지만 사가私家제사에는 '관官' 자를 붙이지 않는 것이 좋기 때문이다.

근래에는 서집사, 동집사라고 칭하는 경향이 늘어가고 있다. 즉 종래의 좌집사는 서집사, 우집사는 동집사로 칭하는 것이다. 참제원 기준으로 좌집사(서쪽), 우집사(동쪽)라고 하면 신위 기준 좌측(동쪽), 우측(서쪽)과 혼돈할 수 있기 때문이다. 실제로 참제원 기준으로 좌집사(서쪽), 우집사(동쪽)로 하는 문중도 있고, 신위 기준으로 좌집사(동쪽), 우집사(서쪽)로 하는 문중도 있다. 이와 같이 기준에 따라서 서로 반대의 개념이 되기 때문에 혼란스럽다. 그래서 예절의 방위를 기준으로 서집사, 동집사로 칭한다.

① 초헌初獻 : 첫 번째 술잔을 올리는 헌자. 기제의 초헌은 주인(장손, 장남)이 한다. 주인이 못할 경우에는 차손, 차남 혹은 주인의 장남이 한다.
② 아헌亞獻 : 두 번째 술잔을 올리는 헌자. 기제의 아헌은 주부(주인의 부인)가 한다. 주부가 없거나 하지 못할 경우에는 주인의 동생이 한다.
③ 종헌終獻 : 마지막 술잔을 올리는 헌자. 기제의 종헌은 주인의 동생이나 장남, 친족, 손님 중에서 한다.
④ 집례執禮 : 제사를 진행하는 집사. 진행순서에 따라 홀기를 읽는다. 즉 사회자를 말한다.
⑤ 축祝 : 축문을 작성하고 읽는 집사.
⑥ 서집사西執事 : 향안의 서쪽에서 초헌, 아헌, 종헌이 술잔을 올릴 때 도와주는 집사. 규모가 큰 제사에는 서집사를 2명으로 선임하기도 한다. 좌집사(참제원 기준 좌측)라고도 한다.
⑦ 동집사東執事 : 향안의 동쪽에서 초헌, 아헌, 종헌이 술잔을 올릴 때 술을 따르고, 도와주는 집사. 규모가 큰 제사에는 동집사를 2명으로 선임하기도 한다. 우집사(참제원 기준 우측)라고도 한다.

(2) 복장

1) 기제의 복장

① 모든 제례에서 참제원의 복장은 한복·양복의 정장을 원칙으로 한다. 직업에 따라 정해진 제복이 있으면 그 제복을 입는다. 옛날 제례의 정장은 한복과 두루마기를 입는 것이다. 그 위에 도포와 유건을 갖추면 더욱 좋다. 여자는 흰색

이나 옥색 한복정장을 입는다.

② 기제의 복장은 <사례편람> 기제 변복조를 살펴보면 남자는 흰색 한복, 부인은 흰색, 검은색, 옥색 한복이 적당하다고 생각한다. 만약 부모기제에는 남녀 모두 흰색 계통의 한복을 입는 것이 좋다. 모든 기제에는 화려한 복장과 장신구는 삼가고 소박한 복장으로 한다.

③ 참고로 <사례편람> 기제 변복조의 복장은 남자는 부모 기제에는 참포립(黲布笠: 거무스름한 갓)에 포심의(布深衣: 검은 베로 띠를 두른 흰 심의), 백포대(白布帶: 흰 허리띠), 백화(白靴: 흰 신), 조부모 이상과 방친은 흑립(黑笠: 검은 갓), 소대(素帶: 흰 허리띠), 조화(皂靴: 검은 신)이며 부인의 복장은 부모 기제에는 백대의(白大衣: 흰 저고리), 조부모이상의 기제에는 현피(玄帔: 검은 치마), 옥색상(玉色裳: 옥색 치마), 백대(白帶: 흰 허리띠)를 한다고 하였다.

2) 절사(차례)와 묘제(시제)의 복장

가능한 기제의 복장과 같이 하는 것이 좋다.

[5] 기제 진설

① 기제의 진설도는 <사례편람>의 '기제 진설도'와 '현행 기제진설도'로 구분할 수 있다. '현행 기제진설도'는 <사례편람>의 '기제 진설도'에 <제의초>의 '기제 진설도'에 수록된 탕을 추가한 것이다. 현실에서 가장 많이 사용하는 진설도이다.

② 제례에 있어서의 방향은 자연(실제)방위와 관계없이 신위를 모신 곳을 항상 북쪽으로 간주하므로 참제원 배석(절하는 자리)이 남쪽이고, 신위(북쪽)에서 앞으로 보았을 때 좌측이 동쪽, 우측이 서쪽이 된다. 즉 참제원 기준으로 신위를 바라보고 섰을 때 우측이 동쪽, 좌측이 서쪽이 된다.

③ 원칙적으로 제례에서는 신위(북쪽) 기준으로 좌측(동쪽), 우측(서쪽)으로 말하고, 참제원(남쪽) 기준으로 좌측(서쪽), 우측(동쪽)으로 말하지 않는다.

④ 진설하는 방법은 예서에도 통일되지 못하였고 지방이나 가문마다 차이가 있으

며, 또한 학파에 따라서도 다소 다르게 행하여 왔다.

⑤ 이렇게 진설이 통일되지 못한 것은 아마도 <가례>와 <편람>, <제의초>의 진설 도는 비슷하지만 <국조오례의>의 대부·사·서인 진설도는 <가례>와도 조금 다르고, 신분(품계)에 따라 차이가 있으므로 지방이나 가문마다 다소 다르게 전 승되어 왔기 때문이라고 생각한다.

⑥ 현행 기제진설도는 <국조오례의>의 대부·사·서인 진설도를 참고하지 않았 다. 그 이유는 <국조오례의>의 진설은 신분(품계)에 따라 다르기 때문이다.

⑦ 현행 기제진설도는 대체적으로 5행으로 되어 있다. 신위(북)쪽부터 제1행(반, 갱), 제2행(면,3적,3전,병), 제3행(3탕), 제4행(포,채소,해), 제5행(과실)이다.

(1) 사례편람 기제진설도(단설)

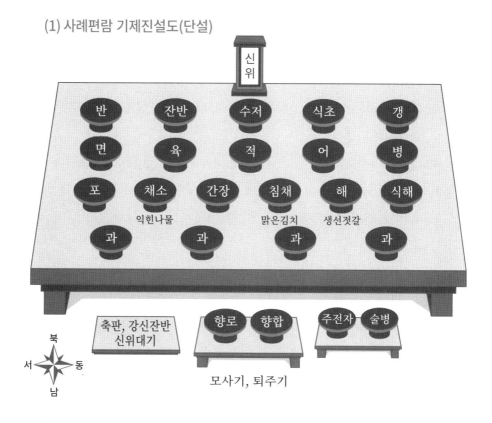

① 도암 이재 선생의 <사례편람> 진설도에는 4행으로 진설하며 탕이 없다. 여러 예서 중에서 율곡 이이 선생의 <제의초祭儀鈔>에만 탕이 있으며 제3행(가운데)

에 진설한다. 요즘은 대부분 탕을 진설하고 있다.

② 생牲은 희생이다. 즉 제물로 쓰는 온마리의 짐승을 말한다. 가장 중요한 제수이다. <편람>에 의하면 대부大夫와 사士는 양과 돼지를 쓰고 서인庶人은 희생이 없다고 했다. 예서에 돼지, 기러기, 닭, 거위, 오리, 물고기 등이라고도 했다. 지금은 사부士夫의 제사에는 희생이 없으며 서수庶羞(여러 가지 음식)를 쓰고, 희생 대신에 적炙(구이)을 쓴다고 하면서 쇠고기도 무방하다고 했다.

③ 과果는 4품이고, 품목과 위치는 명시되어 있지 않다.

　　※ 가례본주에는 6품이라고 했고, 4품이나 2품도 쓴다. 복숭아는 쓰지 않는다고 했다.

④ 포脯는 좌반과 같은 것이다. 말린 어육은 모두 포라고 했다. 즉 어포, 육포를 말한다.

⑤ 해醢(생선 젓갈)와 식해食醢(생선을 토막 내어 소금과 쌀밥으로 버무려놓은 젓갈류)를 동쪽에 나란히 진설한다.

　　※ 해는 식해와 어해라고 했다. 요즘은 해, 식해, 어해 모두 생선 젓갈 종류라고 이해하고 있다.

⑥ 채소菜蔬는 숙채(익힌 나물)나 침채(맑은 김치)이고, 간장은 청장淸醬이다.

⑦ 수저(시접)는 중앙에 놓고, 그 서쪽에 잔반, 동쪽에 초醋(식초)를 놓는다.

　　※ 고비 합설이면 서쪽부터 반, 잔반, 갱, 시저(중앙), 식초, 반, 잔반, 갱의 순서로 진설하게 된다.

　　※ 제주(술)는 가능한 청주淸酒를 사용한다. 축문에도 청작서수淸酌庶羞 (맑은 술과 여러 가지 음식)라고 하였다.

⑧ 면麵은 국수, 병餠은 떡, 반飯은 밥(메), 갱羹은 국이다. 만약 탕湯에 어육을 쓰면 갱은 채갱菜羹으로 하고, 탕에 어육을 쓰지 않으면 갱은 육갱肉羹을 쓴다고 했다.

⑨ 어魚(생선류)는 물에서 나는 종류이면 다 쓸 수 있다. 신선한 생물을 쓴다. 뼈가 붙은 것, 어회, 토막 생선, 볶은 생선도 좋다고 했다. 잉어는 쓰지 않는다고 했다.

⑩ 육肉(육고기)은 가축이나 산에서 나는 종류이면 다 쓸 수 있다.

⑪ 적炙(구이)은 간적, 육적, 육적이다. 간적은 초헌 때 올리고, 육적은 아, 종헌 때 올린다고 했다. 3적은 중앙에 놓는다.

※ 현실에는 육적, 계적, 어적을 많이 쓴다.

⑫ 강신잔반은 별도 준비하도록 명시하고 있다.(陳器 諸具 조)

▲ 기제의 남동여서 : 남자는 동쪽 여자는 서쪽. 공수자세는 길사(평상시)의 공수로서 남자는 왼손을 위에, 여자는 오른손을 위에 올린다.

(2) 현행 기제진설도(합설) 및 참제원 서립도

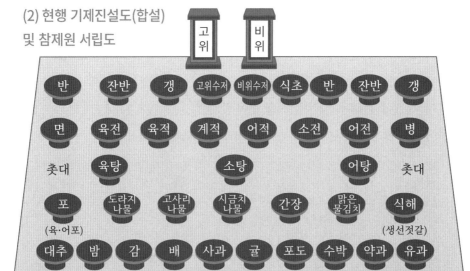

| 고위 | 비위 |

| 반 | 잔반 | 갱 | 고위수저 | 비위수저 | 식초 | 반 | 잔반 | 갱 |

| 면 | 육전 | 육적 | 계적 | 어적 | 소전 | 어전 | 병 |

촛대 | 육탕 | 소탕 | 어탕 | 촛대

| 포 | 도라지나물 | 고사리나물 | 시금치나물 | 간장 | 맑은물김치 | 식해 |
(육·어포) | | | | | | (생선젓갈)

| 대추 | 밤 | 감 | 배 | 사과 | 귤 | 포도 | 수박 | 약과 | 유과 |

| 축판, 강신잔반 신위대기 | 향로 | 향합 | 주전자 | 술병 |

북 서 동 남

첨작잔. 모사기. 퇴주기

| 서집사 | 헌자배석 | 동집사 |

| (1)남.여 함께 제사를 지낼 때 | (1)남.여 함께 제사를 지낼 때 |
| **┃여자석┃** | **┃남자석┃** |

여자석 (좌측)

(관세위)

종숙모,숙모, 모
종제수, 제수, 주부
질부, 여, 자부, 장자부
(동집사, 서집사)여자집사

※여자는 서쪽에 서되 중앙(동측)을 상석으로 하여 항렬별 순위로 선다.

※주부 앞에는 어머니만이 설 수 있다.

(2)남자만 제사를 지낼 때

※항고자, 헌자, 집사가 아닌 일반 참제원은 서쪽에 서되 중앙(동측)을 상석으로 하여 항렬별 순위로 선다.

남자석 (우측)

숙부, 종숙부
주인, 제, 종형제   (관세위)
장자, 차자, 질
남자집사(축,서집사,동집사)

※남자는 동쪽에 서되 중앙(서측)을 상석으로 하여 항렬별 순위로 선다.

※주인 앞에는 아무도 설 수 없다.

(2)남자만 제사를 지낼 때

숙부, 종숙부
주인, 제, 종형제
축, 서집사, 동집사

※항고자, 헌자, 집사는 동쪽에 서되 중앙(서측)을 상석으로 하여 항렬별 순위로 선다.

① '현행 기제진설도'는 <사례편람>의 '기제진설도'에 <제의초>의 탕을 추가한 것이다. 현재 가장 많이 사용하는 진설도이다. 그러나 반드시 위의 제수 품목과 같이 진설하라는 것은 아니며 이 진설도를 참고하여 여건과 형편에 따라 제수를 준비하면 될 것이다.

　　註 : 근래에 와서 제수를 과도하게 많이 준비함으로써 시간적, 경제적인 부담을 가져오고 친족 간에 갈등을 초래할 수도 있으며 허례허식으로 변질될 우려도 있다. 또한 이로 인하여 신세대 자손들이 제사를 기피하는 요인이 될 수도 있다. 현실적으로 여러 가지 사정을 고려해 보면 제수는 여건에 맞추어 간소하게 준비하는 것이 좋을 것이다. 제사는 제수의 수량이 중요한 것이 아니고 정성을 다하여 엄숙하고 경건한 마음으로 추모하는 그 정신이 더 중요하기 때문이다. 그러나 개인적인 소견은 제수를 아무리 줄여도 3적 (육적, 계적, 어적)은 꼭 갖추어야 할 것으로 생각한다. 3적은 가장 중요한 제수이기 때문이다.

※ <편람>에 관세위는 남녀 양쪽에 각각 놓게 되어 있다.

　　註 : <편람>에 강신잔반은 동쪽에 놓게 되어 있지만 실제는 서집사가 강신잔반을 주인에게 받들어줌으로 서쪽에 놓는 것이 더 편리하다.

　　註 : <편람>에 첨작잔은 별도로 준비하지 않고 주인이 주전자를 들고 직접 첨작하도록 되어 있지만 별도의 첨작잔으로 행하면 더욱 좋을 것이다.

② 위의 '참제원 서립도'는 참신재배, 사신재배할 때의 위치를 말한다. 진행 홀기에 따라 각 집사는 각자 봉무할 자리로 들어간다. 축, 서집사는 헌자배석의 서쪽에서 봉무하고, 동집사는 헌자배석의 동쪽에서 봉무한다.

　　註 : 사가제사에서 집례의 위치는 서쪽에서 동향하는 것이 옳다고 생각한다. <편람>에 집례의 위치에 대한 규정은 없는 것 같다. 그러나 주인(초헌)의 반대쪽에서 주인 쪽을 향하는 것이 타당할 것이다.

③ 기제, 절사(차례)에는 남녀 참제원이 함께 제사 지내는 것을 원칙으로 하고 있다. 특히 부부는 반드시 친히 함께 지낸다고 했다.(부부공제)

④ 남자는 중앙(헌자배석)을 기준으로 동쪽에 서고, 여자는 서쪽에 선다. 남·여 각각 중앙에 가까운 자리가 상석이 된다.

⑤ 예서에는 "남·여 함께 제사 지낼 때"의 서립도는 명시하고 있으나 "남자만 제사 지낼 때"의 참제원 서립에 대한 규정은 없다. 그러나 현실적으로 남자만 제사를 지내기도 하므로 "남자만 제사 지낼 때"의 '참제원 서립도'를 정립할 필요가 있다고 생각한다.

⑥ 그래서 위의 '참제원 서립도'와 같이 "(2)남자만 제사 지낼 때"의 참제원의 서립 위치를 예시한 것이다. 이는 "(1)남·여 함께 제사 지낼 때"의 서립 위치를 준용하였으므로 예서의 취지에도 합당한 방법이라고 생각한다. 즉 동쪽. 서쪽 각각 중앙(헌자배석)에 가까운 자리를 상석으로 하였으므로 참고하기 바란다. 가문에 따라서 서립 위치가 다를 수도 있다.

(3) 기제진설 방법(원칙)

① 조율시이棗栗柿梨 : 서쪽부터 조(대추), 율(밤), 시(감), 이(배) 순으로 진설하고, 그 다음에 사과, 귤, 포도, 수박, 약과, 유과 등을 진설한다.

○ '조율이시'로 하기도 한다.

○ 과실의 종류나 색깔로써 진설 위치를 규정한 예서는 없다. 다만 예서(儀禮士虞禮)에 대추는 서쪽에 놓고, 그 다음에 밤을 놓는다고 되어 있다.

※ "의례儀禮의 사우례士虞禮편에 대추는 서쪽에 놓는다. 대추는 아름다움으로 숭상하여 과실행의 으뜸 되는 곳(서쪽)에 진설하고, 밤은 그 다음에 둔다." 하였다. 이는 제사는 신도神道의 예이므로 음의 세계로서 서쪽을 숭상하기 때문이다.

② 홍동백서紅東白西 : 붉은 과실은 동쪽에 흰 과실은 서쪽에 놓는다. 음양의 원리에 따라 행하고 있다.

③ 조동율서棗東栗西 : 조(대추)는 동쪽, 율(밤)은 서쪽에 놓는다. 홍동백서와 비슷한 방법이다.

④ 서두동미西頭東尾 : 머리와 꼬리가 있는 제수는 머리는 서쪽, 꼬리는 동쪽으로 향하도록 놓는다.

※ 예서('의례儀禮'의 '소뢰궤식례少牢饋食禮'편)에 어류의 진설은 右首進(신위기준: 서두동미)으로 한다고 되어 있다. 즉 신위 기준 우측(서쪽)으로 머리를 향하게 한다는 말이다. 제사는 신도神道의 예로서 서쪽을 숭상하기 때문이다.

註 : 신도는 음의 세계로서 방위로는 서쪽에 해당하므로 이서위상이다. 즉 서쪽을 상위로 숭상하기 때문에 계적, 어적, 포, 식해(생선젓갈) 등 머리와 꼬리가 있는 제수는 머리는 서쪽, 꼬리는 동쪽으로 향하도록 한다.

註 : 배복방향은 어적, 식해(생선젓갈)는 배가 신위 쪽으로 향하게 하고, 계적, 생선 포는 등이 위로 향하도록 놓는 것이 순리일 것이다.

註 : 예서에 과실의 위치와 생선 등의 두미의 방향에 대한 규정이 분명하지 않아 지방과 가문마다 진설에 다소 차이가 있다. 개인적인 소견은 '조율시이', '서두 동미'가 가장 예서의 근거에 가까운 진설법이라고 생각한다.

⑤ 동두서미東頭西尾 : 머리는 동쪽, 꼬리는 서쪽으로 향하도록 한다.

음양의 원리에 따라 행하고 있다.

⑥ 서포동해西脯東醢 : 포는 서쪽 맨 끝에 놓고, 식해(생선 젓갈)는 동쪽 맨 끝에 놓는다.

※ 식해 대신에 식혜(食醯: 쌀로 만든 단술 건더기)를 쓰기도 하지만 어떤 예서에도 식혜를 진설한다는 기록은 없다.

⑦ 어동육서魚東肉西 : 생선은 동쪽, 육고기 종류는 서쪽에 놓는다.

⑧ 시접거중匙楪居中 : 고위 · 비위 각각의 시접(수저)은 신위 앞 중앙에 각각 놓는다. 식초는 시접의 동쪽에 놓는다.

註 : 만약 고위 · 비위의 신위(신주 · 지방)를 각각 다른 교의(신주나 지방을 모시는 의자)에 모실 경우는 시접(수저)을 각 신위 앞에 각각 따로 놓아야 할 것이다. 즉 제1행에 서쪽부터 반(밥), 잔반, 수저, 갱(국), 식초, 반(밥), 잔반, 수저, 갱(국)을 놓는다.

⑨ 면서병동麵西餠東 : 국수는 서쪽 끝에 놓고, 떡은 동쪽 끝에 놓는다.

⑩ 반서갱동飯西羹東 : 반(밥)은 서쪽, 갱(국)은 동쪽에 놓는다.

⑪ 삼적거중三炙居中 : 3적(육적, 계적, 어적)은 시접 앞의 제2행 중앙에 올리며, 초헌, 아헌, 종헌시 각각 올린다.

⑫ 천산양수 지산음수天産陽數 地産陰數 : 육고기나 생선 등은 천산(양산)이기 때문에 같은 줄에 차릴 때는 품수(品數: 종류)를 홀수로 차린다. 땅에 뿌리를 박은 곡식이나 채소 · 과실은 지산(음산)이

기 때문에 같은 줄에 차릴 때는 품수를 짝수로 차린다.

[6] 기제 헌작방법 비교

기제, 묘제 등의 헌작방법은 두 가지가 있다. <편람>의 규정에 의한 헌작 방법과 <편람>에 의하지 않는 다소 간략한 방법이 그것이다. 가문에 따라서 각각 선택하여 행하고 있다. 편의상 <편람>에 의한 방법을 '편람식 헌작', <편람>에 의하지 않는 방법을 '비편람식 헌작'이라고 칭하여 설명한다.

(1) 편람식 헌작

제상 위의 신위 앞의 잔반을 내려서 술을 잔반에 가득 따라서 제상 위 신위 앞에 올린 후 그 잔반을 다시 내려서 삼제(三祭: 술을 모사기에 조금씩 세 번 따름)한 후에 그 잔반을 다시 제상 위 본래의 자리(신위 앞)에 올린다. 이 절차를 "헌작獻酌 삼제 반지 고처三祭 反之故處"라고 한다.

<가례>와 <편람>에 의하면 기제, 묘제 등(길제, 사시제, 시조제, 선조제, 녜제 포함)의 헌작은 다음과 같이 "편람식 헌작"으로 하도록 되어 있다.

(절차 요약)

> 초헌(헌자)이 제상 위의 잔반을 내림 - 초헌과 집사가 향안 앞에 서서 집사가 술을 가득 따름 - 초헌이 잔반을 제상에 올림 - 집사가 잔반을 내림 - 초헌과 집사가 꿇어앉아서 초헌이 삼제(모사기에 조금씩 술을 세 번 따름) - 집사가 잔반을 받아서 일어서서 제상에 다시 올림

(2) 비편람식 헌작

기제, 묘제 등에서 다음과 같이 "비편람식 헌작"으로 하기도 한다.

(절차요약)

> 집사가 제상 위의 잔반을 내림 - 초헌(헌자)과 집사가 꿇어앉아서 집사가 술을 가득 따르고 초헌이 삼제(모사기에 조금씩 술을 세 번 따름) - 집사가 잔반을 받아서 일어서서 제상에 올림

※ "편람식 헌작"과 "비편람식 헌작"의 상세한 절차는 아래의 "신주기제 절차"의 "초헌례 헌작(편람식 헌작)"과 "비편람식 헌작"을 참고한다.

[7] 신주기제 절차

① 신주기제 순서(편람식 헌작) : 신주를 봉주(출주)하여 정침에서 지내므로 선참 신 후강신이다.
○ 관수 - 서립 - 봉주 - 참신재배 - 강신(분향재배 - 뇌주재배) - 진찬
○ 초헌례 : 초헌(주인)헌작 - 삼제반지고처 - 전적 - 계반개 - 독축 - 초헌재배 - 철주
○ 아헌례 : 아헌(주부)헌작 - 삼제반지고처 - 전적 - 아헌사배 - 철주
○ 종헌례 : 종헌(주인의 동생)헌작 - 삼제반지고처 - 전적 - 종헌재배
○ 유식례 : 초헌(주인)첨작 - 삽시정저 - 초헌재배 - 합문 - 계문
○ 철갱진숙수 - 철시숙수접중 - 국궁 - 하시저합반개 - 사신재배 - 분축문 - 납주 - 철 - 예필

② 기제 절차는 <사례편람>에 의한 "신주기제 절차"를 기준으로 서술하고, "현실의 기제절차"와 비교하여 설명한다. 그 이유는 "신주기제"가 제사의 기본이므로 그 절차를 이해할 필요가 있기 때문이다.

③ 기제 홀기는 "신주기제 홀기"와 "지방기제 홀기"로 구분하여 설명한다. 본래 신주기제가 기제의 기본이지만 요즘은 대부분 사당(신주)을 모시지 않고 지방으로 기제를 지내기 때문에 "지방기제 홀기"도 함께 서술하였다.

④ 신주기제는 "설소과 주찬" 후에 당일 기제 대상 신주를 사당에서 정침(청사 : 제청)으로 봉주(출주)하여 "선참신 후강신"으로 지낸다.

⑤ 지방기제는 "설소과 주찬" 후에 봉신위(지방을 모심)하여 "선강신 후참신"으로 지낸다.

⑥ "사례편람의 기제절차"와 "현실의 기제절차"는 헌작과 전적 절차, 주부의 역할 등이 조금씩 차이가 있다.

⑦ "편람의 기제절차"는 "편람식 헌작"으로 되어 있고, 주부의 역할이 많다. 그러

나 "현실의 기제절차"는 "비편람식 헌작"으로 하기도 하고, 주부의 역할은 집사가 대신하기도 한다. "편람의 절차"대로 행하는 가문도 있지만 "현실의 절차"에 따라 행하기도 한다. 그래서 여기서는 "편람의 기제절차"를 먼저 설명하고, "현실의 기제절차"를 추가하여 설명한다.

⑧ <편람>에는 절사(차례)를 제외한 기제, 묘제 등 제례편의 모든 제사의 헌작은 "편람식 헌작"으로 하게 되어 있다.

⑨ "술잔을 올리는 사람"의 명칭은 '관官' 자를 빼고 '초헌初獻', '아헌亞獻', '종헌終獻'으로 칭하고 3명을 총칭하여 '헌자獻者'라고 하였다. 집사는 종래의 좌집사는 서집사, 우집사는 동집사로 한다. 제사에 참석하는 모든 사람은 '참제원參祭員'이라고 한다.

⑩ 기일의 1일 전에 재계齋戒한다. 즉 몸과 마음을 깨끗이 하고 근신하며 그 조상을 기리면서 제사 지낼 준비를 하는 것이다. 집안을 청소한다.

⑪ 기제의 시간은 <가례>와 <편람>에 돌아가신 날 새벽에 지낸다고 했다. 하루 전날 재계하고 궐명厥明(다음날: 기일 새벽)에 진설하여 질명質明(먼동이 틀 때)에 제사를 시작한다.

⑫ 설소과 주찬(1차 진설)

○ 기일 새벽 1시 이후에 진설을 시작한다.

○ 주인 이하 모든 남녀 자손은 예복으로 갈아입는다. 주인 이하 모든 집사는 손을 씻는다. 먼저 제5행에 서쪽부터 과실(조, 율, 시, 이 등), 약과, 유과, 제4행에 포, 나물류(채소), 간장, 맑은 물김치, 식해(생선젓갈), 제1행에 잔반, 수저(중앙), 식초, 잔반을 놓는다. 서쪽 소탁에 강신잔반을 놓고, 동쪽 소탁에 주전자, 술병을 놓는다. 이를 "설소과 주찬"이라고 한다.

※ 기제는 참신례, 강신례 후에 별도로 진찬(2차 진설)을 하기 때문에 진찬할 때 올릴 면(국수), 육전, 소전, 어전, 병(떡), 육탕, 소탕, 어탕, 반(메), 갱(국)을 제상 앞 서쪽 대탁 위에 따로 둔다.

註 : 그러나 대체로 면(국수), 육전, 소전, 어전, 병(떡), 육탕, 소탕, 어탕은 설소과 주찬(1차 진설)할 때 같이 진설하고 반(메), 갱(국)만 진찬(2차 진설) 때 올리기도 한다.

※ 3적(육적, 계적, 어적)은 1·2차 진설시에 진설하지 않고 제상 앞 서쪽 대탁에
　　따로 놓아두었다가 초헌, 아헌, 종헌시에 각각 전적(적을 올림)한다. 시접 앞
　　의 제2행 중앙에 3적이 놓일 자리를 비워둔다.

註 : <편람>에는 진찬(2차 진설)용 제수와 3적(육적, 계적, 어적)을 제상 앞 동쪽
　　에 놓아두었다가 각각 진찬, 전적하는 것으로 되어 있지만 실제는 서집사
　　의 도움으로 행하기 때문에 서쪽에 두는 것이 더 편리하다.

○ "설소과 주찬" 후에 주인은 신주나 지방을 교의에 모신다.

▲ 설소과 주찬(1차 진설)한 장면

⑬ 봉주奉主 : 출주出主라고도 한다.

○ "설소과 주찬" 후에 주인과 집사는 손을 씻고, 사당에 가서 신주를 정침(청사:
　　제청)으로 봉주(출주)하여 서쪽 소탁 위에 모셨다가 교의에 모신다. 이를 "봉신
　　주 출취정침奉神主 出就正寢"이라고 한다. 지방이면 지방함(판)에 붙이고 서쪽
　　소탁 위에 모셨다가 교의에 모신다. 이를 "봉신위奉神位"라고 한다.

○ 주인과 집사가 사당 앞에서 서립하여 일동 재배하고 사당 문을 열고 들어가서
　　당일 기제 대상 신주가 모셔져 있는 감실 앞에 향안을 차리고, 해당 감실 문을

열고 모두 꿇어앉아 주인이 분향 후 봉주(출주) 고유하고 잠깐 엎드렸다가 일어난다. 집사가 신주 독을 받들고 주인은 앞에서 인도하고 집사는 뒤에서 따른다. 정침으로 와서 집사가 신주를 제상 앞 서쪽의 소탁 위에 안치하면, 주인은 주독을 교의에 받들어 모시고 독을 연다.

○ 봉주고사奉主告辭(고비 합설로 모실 경우)

今以

顯考學生府君 遠諱之辰 敢請

顯考

顯妣　　　神主 出就正寢 恭伸追慕

해설 : 이제

아버님의 기일을 맞이하여 감히 아버님과 어머님의 신주를 정침으로 모시고 공손히 추모의 제사를 드리고자 하옵니다.

※ 정침正寢 대신에 '청사廳事'로 쓰기도 한다.

신주기제 절차(고비 합설)

(1) **관수**盥手 : 주인(초헌) 이하 모든 집사는 손을 씻는다.

(2) **서립**序立 : 주인 이하 모든 남녀 자손은 차례대로 선다.

(위의 "현행 기제진설도 및 참제원 서립도"참고)

(3) **봉주**奉主 : 주인과 집사는 사당으로 가서 당일 기제 대상 신주(고비)를 사당에서 정침(청사: 제청)으로 모신다.

① 주인이하 사당전 서립主人以下 祠堂前 序立 : 주인 이하 집사는 사당 앞에서 차례대로 선다.

② 재배再拜 : 주인 이하 집사는 재배한다.

③ 계문입당啓門入堂 : 사당 문을 열고 사당 안으로 들어간다.

④ 감실계龕室啓 : 기제 대상 신주의 감실 문을 연다.

⑤ 주인이하 궤主人以下 跪 : 주인 이하 집사는 기제 대상 감실 앞에 꿇어앉는다.

⑥ 분향焚香 : 주인은 향을 세 번 피운다.

⑦ 고사告辭 : 주인은 봉주고사를 고유한다.

⑧ 면복흥俛伏興 : 주인 이하 집사는 잠깐 엎드렸다가 일어난다.

⑨ 집사봉독執事奉櫝 : 집사는 주독을 받든다.

⑩ 주인전도 집사후종 지정침主人前導 執事後從 至正寢 : 주인은 앞에서 인도하고 집사는 주독을 받들고 뒤에서 따르며 정침(청사:제청)으로 간다.

⑪ 주독소탁안치主櫝小卓安置 : 집사는 주독을 제상 앞 서쪽의 소탁에 안치한다.

⑫ 봉안계독奉安啓櫝 : 주인은 주독을 교의에 받들어 모시고 독을 연다. 주인과 집사는 물러나서 본래의 제자리(서립위치)로 간다.

※ 지방기제이면 이때 주인은 지방함(판)에 고위와 비위의 지방을 나란히 붙이고, 교의에 모셔서 개함한다. 이를 "봉신위奉神位"라고 한다.

※ 지방기제이면 "선강신 후참신"이다.

(4) **참신례參神禮** : 모든 자손이 신위께 인사하는 의식.

① 참신재배參神再拜 : 주인 이하 모든 자손은 서립위치에서 재배한다. 여자는 사배한다.

(5) **강신례降神禮** : 주인이 혼백이 강림하시기를 기원하는 의식. 분향하는 뜻은 하늘에 계신 혼령을 강림하도록 하는 것이고, 뇌주하는 것은 지하에 계시는 체백을 인도하는 뜻이다.

축과 서집사·동집사는 향안의 서쪽, 동쪽 각자 맡은 위치로 들어간다.

① 분향재배焚香再拜 : 주인(초헌)이 분향재배함.

○ 주인은 향안 앞에 꿇어앉는다.

○ 주인은 향을 세 번 피운다.

○ 주인은 향안 앞 배석에서 재배한다.

② 뇌주재배酹酒再拜 : 주인이 강신 술을 모사기에 붓고 재배함.

○ 주인이 향안 앞에서 북향하여 서면, 동집사는 술병을 열어 주전자에 술을 붓

는다. 서집사가 강신잔반을 받들고 주인의 좌측에서 동향하여 서고, 동집사는 주전자를 들고 주인의 우측에서 서향하여 선다. 주인이 향안 앞에 꿇어앉으면, 서집사도 꿇어앉아 주인에게 강신잔반을 주면 주인은 강신잔반을 받는다.

○ 동집사도 꿇어앉아 주인의 우측에서 강신잔반에 술을 따른다. 주인은 왼손으로 강신잔반을 잡고 오른손으로 잔만 들어 모사기(땅을 상징함)에 술을 다 부은 후, 빈 강신잔반을 서집사에게 주면 서집사는 강신잔반을 본래의 제자리(향안 위)에 놓는다.

주인은 향안 앞 배석에서 재배한다. 주인은 물러나서 본래의 제자리 (제사 시작 직전에 서립한 위치)로 돌아간다.

※ 실제 "현실의 뇌주재배"는 다음과 같이 하기도 한다.

"현실의 뇌주재배" 절차

○ 주인이 다시 향안 앞에 꿇어앉는다.
○ 서집사가 꿇어앉아 강신잔반을 받들어 주인에게 주고, 동집사는 주인의 우측에 꿇어앉아 술을 따른다.
○ 주인은 왼손으로 강신잔반을 잡고 오른손으로 잔만 들어 모사기에 술을 다 부은 후, 빈 강신잔반을 서집사에게 주면 서집사는 강신잔반을 본래의 제자리(향안 위)에 놓는다.
○ 주인은 향안 앞 배석에서 재배한다.

※ <편람>에는 주인이 직접 분향하도록 되어 있다. 그러나 현실은 분향할 때 집사의 도움을 받아서 행하기도 한다.

※ <편람>에는 분향재배, 뇌주재배로 재배를 두 번 하도록 되어 있다. <가례>에는 분향만 하고 재배는 하지 않고 다음 순서인 뇌주까지 하고난 뒤에 재배를 한 번만 하도록 되어 있다. 그러나 <가례>보다 후대에 편찬된 <상례비요>와 <편람>에는 분향재배, 뇌주재배로 증보(增補)되어 있으므로 분향, 뇌주 각각 재배함이 옳다.

※ <편람>에는 뇌주할 때 강신 술을 모사기에 세 번으로 나누어 붓는다는 규정이 없으며 그냥 다 부으라고만 되어 있다. 그러나 대체로 세 번으로 나누어 붓는 경우가 있는데 바른 예법은 아니다. 헌작할 때는 삼제를 하지만 뇌주에는

그냥 다 붓는다.

※ 모든 제례에는 강신잔반을 별도로 향안의 서쪽에 준비한다.

※ 모사기茅沙器는 강신뇌주와 헌작 삼제할 때 술을 따르는 제기이다. 굽이 조금 높은 밥그릇 같은 제기에 모래를 담고 모래 가운데에 띠 풀을 한줌 묶어서 세운다. 땅을 상징한다.

▲ 모사기

▲ 향안상(향로, 향합, 강신잔반, 첨작잔, 모사기, 철주기, 술주전자, 축판 등)

▲ 기제의 뇌주 : 왼손으로 강신잔반을 잡고 오른손으로 잔만 들어 모사기에 강신 술을 다 붓는다.

(6) 진찬進饌 : 2차 진설.

○ 주인과 주부는 제3행에 서쪽부터 육탕, 소탕, 어탕, 제2행에 서쪽부터 면(국수), 육전, 소전, 어전, 병(떡), 제1행에 반(메)은 고·비위 잔반의 각각 서쪽에, 갱(국)은 고·비위 잔반의 각각 동쪽에 받들어 올린다.

주인과 주부는 물러나서 본래의 제자리(서립위치)로 간다.

註 : 그러나 대체로 육탕, 소탕, 어탕, 면(국수), 육전, 소전, 어전, 병(떡)은 "설소과 주찬(1차 진설)"할 때 같이 진설하고 반(메), 갱(국)만 진찬(2차 진설) 때 올리기 도 한다.

※ 3적(육적, 계적, 어적)은 1·2차 진설시에 진설하지 않고 제상 앞 서쪽 대탁에 따 로 두었다가 초헌, 아헌, 종헌시에 각각 전적(적을 올림)한다. 시접 앞의 제2행 중앙에 3적이 놓일 자리를 비워둔다.

※ <편람>에는 주인과 주부가 진찬하도록 되어 있다. 그러나 실제 "현실의 진찬" 은 서·동집사가 하기도 한다.

▲ 진찬(2차 진설)한 장면 : 제2행 중앙에 초헌, 아헌, 종헌시에 3적을 전적할 자리가 비워져 있다.

(7) 초헌례初獻禮 : 주인이 첫 번째 잔반(술잔)을 올리는 의식.

(편람식 헌작)

① 헌작獻酌 : 잔반(술잔)을 올림.

○ 주인이 향안 앞에서 북향하여 서면, 동집사는 주전자를 들고 주인의 우측에

선다.

○ 주인이 제상 위의 고위잔반을 내려서 받들고 향안 앞 서쪽에서 동향하여 서면, 동집사가 향안의 동쪽에서 서향으로 마주 보고 서서 술을 가득히 따른다. 주인은 잔반을 받들어서 제상 위의 고위 앞에 올린다.

○ 다음은 주인이 제상 위의 비위잔반을 내려서 받들고 향안 앞 서쪽에서 동향하여 서면, 동집사가 향안의 동쪽에서 서향으로 마주 보고 서서 술을 가득히 따른다. 주인은 잔반을 받들어서 제상위의 비위 앞에 올린다.

② 삼제 반지고처三祭 反之故處 : 제상 위에 헌작한 그 잔반을 다시 내려서 삼제(三祭: 술을 모사기에 조금씩 세 번 따름)한 후에 그 잔반을 다시 제상 위 본래의 자리(신위 앞)에 올림.

○ 주인이 향안 앞에서 북향하여 서면, 서 · 동집사는 제상 위의 고 · 비위잔반을 각각 받들어서 주인의 좌우에 선다. 주인이 그 자리에 꿇어앉으면 서 · 동집사도 같이 꿇어앉는다.

○ 주인이 서집사로부터 고위잔반을 받아서 왼손으로 잔반을 잡고 오른손으로 잔만 들어 모사기에 술을 조금씩 세 번 따르고(三祭: 술잔에 술이 약80% 정도가 남게 됨) 잔반을 받들어 올리면 서집사가 잔반을 받아 받들고 일어나서 제상 위의 고위 앞에 올린다.

○ 다음은 주인이 동집사로부터 비위잔반을 받아서 왼손으로 잔반을 잡고 오른손으로 잔만 들어 모사기에 술을 조금씩 세 번 따르고(三祭: 술잔에 술이 약80% 정도가 남게 됨) 잔반을 받들어 올리면 동집사가 잔반을 받아 받들고 일어나서 제상 위의 비위 앞에 올린다.

○ 주인은 잠시 엎드렸다가 일어나서 조금 물러선다.

※ 기제, 묘제 등에서 다음과 같이 "비편람식 헌작" 절차로 행하기도 한다.

"비편람식 헌작" 절차

○ 주인이 향안 앞에 꿇어앉는다.
○ 서집사가 제상 위의 고위잔반을 내려 주인에게 주고, 동집사는 주인의 우측에 꿇어앉아 술을 가득히 따른다.

※ 헌작할 때 모사기에 술을 삼제三祭하는 이유는 조상신이 아닌 다른 신에게 제사하는 의미라고 한다.

※ 헌작할 때 헌자가 잔반을 향로 위에 세 번 빙빙 돌리는 경우가 많이 있는데 예서에는 없는 것이다. 잔반을 돌리지 않는 것이 바른 예법이다.

③ 육적전적肉炙奠炙 : 육적을 올림.

○ 서집사는 육적을 받들어서 수저 남쪽 중앙의 서쪽에 올린다.

※ "육적전적"을 다음과 같은 절차로 하기도 한다.

※ <편람>에는 3적을 간적, 육적, 육적의 순서로 규정하고 있으나, 대체로 육적, 계적, 어적을 많이 사용한다. 그러나 육적, 어적, 계적의 순서로 하기도 한다.

④ 계반개啓飯蓋 : 제수의 뚜껑을 벗김.

○ 서·동집사는 고·비위 메그릇과 모든 제수의 뚜껑을 열어 놓는다.

※ 간혹 계반개 후에 삽시정저(메그릇에 숟가락을 꽂고 젓가락을 가지런히 함)하는 경우가 많이 있는데 <편람>에는 유식례시 첨작 후에 삽시정저하는 것으로 되

어 있다. 그러나 절사(차례)나 묘제는 첨작, 합문, 계문이 없으므로 초헌 때 계반개 후에 삽시정저한다.

▲ 초헌 헌작 후 육적 전적 후 계반개한 장면

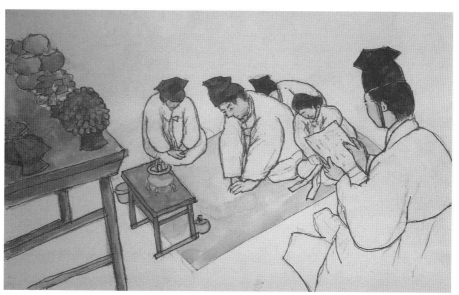

▲ 기제의 독축 : 축은 주인의 좌측에서 동향으로 꿇어앉아 독축한다.

⑤ 축 동향궤祝 東向跪 : 축은 주인의 좌측에서 동향으로 꿇어앉는다.

⑥ 주인이하 궤主人以下 跪 : 주인 이하 모든 자손은 꿇어앉는다.

⑦ 축독축祝讀祝 : 축은 축문을 읽는다. 독축이 끝나면 모든 자손은 일어난다.

※ 축문은 축판에 받쳐서 읽는다. 만약 축문을 읽을 사람이 없으면 주인이 직접 읽는다. 독축할 때의 음성은 참제원에게 들릴 정도면 된다고 했다.

註 : 부모의 기제에는 곡哭을 한다. 곡을 하는 시기는 독축 후에 모두 꿇어앉은 상태에서 한다.

⑧ 주인재배主人再拜 : 주인은 향안 앞 배석에서 재배한다. 주인은 물러나서 본래의 제자리(서립위치)로 간다.

⑨ 철주撤酒 : 서·동집사는 고·비위 잔반을 내려서 철주기에 술을 다 비운 후 빈 잔반을 제상 위 제자리에 올려놓는다.

※ 이때 철주를 하지 않고 바로 아헌례를 진행하여 잔반을 내려서 철주하고 바로 술을 부어 아헌례 헌작을 하는 경우가 많이 있으나, <편람>에는 초헌, 아헌례 후 철주를 별도로 하고 빈 잔반을 제상 위 제자리에 올린 후 아헌례, 종헌례의 순서로 진행하도록 되어있다.

註 : <편람>에는 철주 후 초헌례, 아헌례시 전적한 육적, 계적을 초헌례 후, 아헌례 후 각각 철적하는 것으로 되어 있으나, 대체로 올렸던 육적, 계적을 내리기가 섭섭하므로 내리지 않고 육적의 바로 동쪽 옆에 계적, 어적 순으로 아헌, 종헌 시에 각각 올린다. 혹은 육적 위에 계적, 계적 위에 어적을 가적(쌓아 올림)하는 경우가 있는데, 제상에 공간이 있다면 가적보다는 옆으로 놓는 것이 좋다.

(8) 아헌례亞獻禮 : 주부가 두 번째 잔반(술잔)을 올리는 의식.

아헌은 주부(주인의 부인)가 한다. 주부가 없거나 하지 못할 경우에는 주인의 동생이 한다.

① 헌작獻酌 삼제 반지고처三祭 反之故處 : 잔반(술잔)을 올리고 삼제하는 절차는 초헌례 때와 같이 한다. 아헌을 주부가 할 때는 집사도 여자가 한다.

② 계적전적鷄炙奠炙 : 계적을 올림.

○ 서집사는 계적을 받들어서 육적의 바로 옆 동쪽에 올린다.

※ "계적전적"을 다음과 같은 절차로 하기도 한다.

"계적전적" 절차

○ 아헌(주부)과 집사가 향안 앞에 꿇어앉은 상태에서 행한다.

○ 서집사가 계적을 받들어서 아헌에게 주고, 아헌이 계적을 받아 받들어 올리면, 서집사가 다시 받아 받들고 일어나서 육적의 바로 옆 동쪽에 올린다.

▲ 아헌 헌작 후 계적을 전적한 장면

③ 주부사배主婦四拜 : 주부는 향안 앞 배석에서 사배한다. 주부는 물러나서 본래의 제자리(서립위치)로 간다.

④ 철주撤酒 : 서 · 동집사는 고 · 비위 잔반을 내려서 철주기에 술을 다 비운 후 빈 잔반을 제상 위 제자리에 올려놓는다.

(9) 종헌례終獻禮 : 종헌이 마지막 잔반(술잔)을 올리는 의식.

  종헌은 주인의 동생이나 장남, 친척, 손님 중에서 한다. 주부가 없어서 동생이

  아헌을 했을 경우의 종헌은 동생의 처(제수)가 하기도 한다.

① 헌작獻酌 삼제 반지고처三祭 反之故處 : 잔반(술잔)을 올리고 삼제하는 절차는

                                         아헌례 때와 같이 한다.

② 어적전적魚炙奠炙 : 어적을 올림.

○ 서집사는 어적을 받들어서 동집사의 도움으로 계적의 바로 옆 동쪽에 올린다.

※ "어적전적"을 다음과 같은 절차로 하기도 한다.

"어적전적" 절차

○ 종헌과 집사가 향안 앞에 꿇어앉은 상태에서 행한다.

○ 서집사가 어적을 받들어서 종헌에게 주고, 종헌이 어적을 받아 받들어 올
  리면, 어적은 동쪽에 올려야 하므로 동집사가 받아 받들고 일어나서 계적
  의 바로 옆 동쪽에 올린다.

▲ 종헌 헌작후 어적을 전적한 장면

③ 종헌재배終獻再拜 : 종헌은 향안 앞 배석에서 재배한다.

종헌은 물러나서 본래의 제자리(서립위치)로 간다. 종헌례 후에는 철주를 하지 않는다.

註 : 종헌 후에 헌작할 사람이 많다고 하여 다시 헌작을 하는 경우가 많이 있는데 네 번째, 다섯 번째 잔을 올리는 것은 인정상 가능할지는 모르나 예에는 맞지 않다. 어떠한 예서에도 기록이 없다.

註 : 종헌은 세 번째 올리는 잔이지만 그 의미는 마지막 잔 올림이란 뜻이다. 만약 특별히 종헌을 해야 할 사람이 있으면 제사 시작 전에 미리 결정하여 행하여야 한다. 잔을 올릴 서열이 되지 않으면 참신재배, 사신재배만 하는 것으로 만족하여야 할 것이다.

註 : 간혹 종헌에 한하여 고위와 비위의 헌자를 각각 선정하여 헌자 2명이 동시에 헌작하는 가문도 있다. 또한 종헌에 한하여 사위, 딸 등 몇 명이 함께 향안 앞에 들어가서 대표로 한사람만 헌작하고, 몇 명이 다 함께 재배(사배)하는 방법도 있을 수 있다. 그러나 바른 예법은 아니다.

(10) 유식례侑食禮 : 주인이 많이 흠향하시기를 권하는 의식.

① 첨작添酌 : 주인이 직접 주전자를 들고 고비위의 술잔에 술을 첨작한다.

※ <편람>에는 주인이 직접 주전자를 들고 첨작하도록 되어있다. 그러나 첨작을 첨작잔으로 서·동집사의 도움을 받아 행하기도 한다.

※ "첨작"을 다음과 같은 절차로 하기도 한다.

"첨작" 절차

○ 주인이 향안 앞에 꿇어앉으면 서집사가 꿇어앉아 첨작잔(잔대 없음)을 들어 주인에게 주고, 동집사가 주인의 우측에 꿇어앉아 술을 따른다.
○ 주인이 첨작잔을 받들어 올리면, 서집사가 첨작잔을 받아 받들고 일어나서 고·비위 잔반에 술을 가득 채운다.

※ 종헌할 때 모사기에 술을 조금씩 세 번 따랐으므로 고·비위 잔반에는 술이 약 80% 정도만 남아 있으므로 술을 가득 채우는 것이다. 이때 첨작잔을 별도로 준

비한다. 잔대는 필요 없다.

② 삽시정저揷匙正筯 : 주부는 고·비위의 메그릇에 숟가락을 바닥이 동쪽으로 가
　　　　　　　　　도록 하여 꽂고, 젓가락을 자루가 서쪽으로 가도록 하여 시
　　　　　　　　　접 위에 가지런히 걸쳐 올려놓는다.

※ <편람>에는 주부가 삽시정저하도록 되어있다. 그러나 실제 "현실의 삽시정저"
　는 서·동집사가 하기도 한다.

※ 젓가락을 초헌, 아헌, 종헌 때 여러 가지 제수 위로 옮겨 놓는 경우가 있는데 <
　편람>에는 그러한 기록이 없으며 유식례시 젓가락을 가지런히 하여 시접 위에
　걸쳐 올려 놓는다고 되어 있다.

③ 주인재배主人再拜. 주부재배主婦四拜 : 주인은 향안 앞 배석에서 재배한다. 주
　　　　　　　　　　　　　　　　　부는 사배한다. 주인과 주부는 물러나
　　　　　　　　　　　　　　　　　서 본래의 제자리(서립위치)로 간다.

※ <편람>에는 '첨작'과 '삽시정저' 후에 주인과 주부가 같이 절하도록 되어 있다.
　그러나 실제 현실에는 주인만 재배하는 경우가 많다.

(11) 합문闔門 : 주인 이하 모든 자손은 밖으로 나오고, 축은 방문을 닫는다.

※ 문이 없는 장소이면 제상 앞에 발을 내려치거나 별도의 병풍으로 둘러친다.

① 공수시립拱手侍立 : 주인 이하 모든 자손은 방문 밖에서 북쪽을 상석으로 하여
　　　　　　　　　차례대로 남자들은 동쪽에서 서향하고, 여자들은 서쪽에
　　　　　　　　　서 동향하여 공수자세로 서 있다.

※ 합문시간은 구식경이라 하는데, 밥 아홉 술 뜨는 시간이라고 한다.

註 : 합문한 후에 밖에서 모두 서 있는 것이다. 합문 후에 부복하는 가문도 있다. 그
　러나 부복한다는 기록은 예서에 보이지 않는다.

(12) 계문啓門 : 축은 기침을 세 번 한 후 방문을 열고, 주인 이하 모든 자손은 각
　　　　　　　자 맡은 위치로 들어간다.

① 철갱진숙수撤羹進熟水 : 주인과 주부는 고·비위의 국을 내리고 숭늉을 올린
　　　　　　　　　　　다. 주인과 주부는 물러나서 본래의 제자리(서립위치)

로 간다.

※ <편람>에는 주인과 주부가 '철갱진숙수' 하도록 되어 있다. 그러나 실제 현실에서는 서·동집사가 하기도 한다.

② 철시숙수접중撤匙熟水楪中 : 서·동집사는 메그릇의 숟가락을 빼어 메를 세 번 떠서 숭늉 그릇에 말고 숟가락을 자루가 서쪽으로 가도록 하여 숭늉그릇에 놓는다.

③ 국궁鞠躬 : 주인 이하 모든 자손은 자기가 서 있는 현 위치에서 잠시 허리를 굽혔다가 바로 선다.

註 : <편람>에는 '철시숙수접중'과 '국궁'의 절차가 없다. 그러나 실제 현실에서는 대체로 이 절차를 많이 행하고 있다.

※ 기제, 묘제에는 '수조례(음복례)'의 절차가 없다.

※ 기제의 '고이성'은 '철시숙수접중'과 '국궁' 다음에 주인(초헌)은 서향하여 서고, 축은 동향하여 서서 축이 '이성'을 고하는 것을 말한다.

註 : '고이성'은 옛날에 '시동尸童'을 신좌에 앉히고 제사 지낼 때 '시동'에게 고하는 제도였으므로 요즘은 '시동'이 없기 때문에 '이성'을 고하지 않는다고도 한다.

※ '이성'의 의미는 '이利'는 봉양함이고, '성成'은 마침이니 "봉양의 예가 모두 잘 이루어졌다"는 뜻이다.

※ '이성'은 조상을 떠나보내기에 앞서 미리 조상의 현감顯感을 살핀 후 제주(주인)에게 알리는 의미이다.

※ <가례>와 <편람>에 '고이성'의 절차가 있는 제사는 상중제사, 길제, 사시제, 시조제, 선조제, 녜제, 기제이다.

④ 하시저합반개下匙筯合飯蓋 : 서·동집사는 수저를 시접에 거두고 메그릇과 모든 제수의 뚜껑을 덮는다. 서·동집사는 물러나서 본래의 제자리(서립위치)로 간다.

(13) 사신례辭神禮 : 모든 자손이 신을 보내드리는 의식.

① 사신재배辭神再拜 : 주인 이하 모든 자손은 서립위치에서 재배한다. 여자는 사배한다.

② 분축문焚祝文 : 축은 향안 앞으로 들어가 꿇어앉아서 축문을 불사른다.

③ 납주納主 : 주인과 집사는 신주의 독을 덮고 받들어 모시고 사당으로 가서 본래
　　의 감실에 봉안하고 감실 문을 닫고 나온다.

※ 지방기제이면 주인은 지방함(판)을 거두고, 지방을 불사른다. 이를 "납신위納
　　神位"라고 한다.

④ 철撤 : 제물을 거두고 철상한다. 철상 순서는 주酒(잔반), 과실, 포, 해, 채소(나
　　물), 탕, 어, 육, 면(국수), 병(떡), 반(메), 갱(국)의 순서로 한다.

⑤ 예필禮畢 : 기제의 의식을 모두 마친다.

※ 기제는 사시제와 다르게 제사 후 제물을 나누어 대접하는 예(준:餕)가 없으므로
　　술과 고기를 먹지 않는다고 하였다. 조상의 기일이므로 하루 동안은 경건한 마
　　음을 가져야하기 때문이다.

※ 실제 현실에는 제사 후 음복이라 하여 제물을 대접하는 예를 하고 있다.

註 : 기제의 절차와 홀기는 '고이성'을 하지 않는 것으로 제정하였다.

[8] 신주기제 홀기(원문)

① 이 "신주기제 홀기"는 <사례편람>의 원문을 기본으로 작성하였다. 본래 신주
　　기제가 기제의 기준이 되기 때문이다. 그러나 요즘은 대부분 사당(신주)을 모시
　　지 않고 지방으로 기제를 지내는 경우가 많으므로 신주기제와 지방기제가 서
　　로 다른 부분은 ※표를 하고 네모박스(□) 안에 "지방기제 홀기(원문)"를 부기(
　　첨언) 하였다. 가문에 따라서 해당(신주 혹은 지방) 홀기를 선택하면 된다.

② 이 홀기는 "편람식 헌작" 절차대로 하였다.

③ "편람식 헌작"은 "헌작獻酌 삼제 반지고처三祭 反之故處"의 순서로 한다. 즉 제
　　상 위의 신위 앞의 잔반을 내려서 술을 잔반에 가득 따라서 제상 위 신위 앞에
　　올린 후 그 잔반을 다시 내려서 삼제(三祭: 술을 모사기에 조금씩 세 번 따름)한 후
　　에 그 잔반을 다시 제상 위 본래의 자리(신위 앞)에 올린다.

④ "술잔을 올리는 사람"의 명칭은 '관官' 자를 빼고 '초헌初獻', '아헌亞獻', '종헌終

獻'으로 칭하고 3명을 총칭하여 '헌자獻者'라고 하였다. 집사는 종래의 좌집사는 서집사, 우집사는 동집사로 한다.

⑤ <편람>의 제례의 절차에는 "강복위降復位(내려와서 제자리로 가시오.)"를 사용하고 있지만 현실적으로 모든 위치(여건)에서 두루 적용할수 있도록 기제, 절사(차례), 묘제(시제) 홀기에 모두 "퇴복위退復位(물러나서 제자리로 가시오.)"를 사용하였다.

⑥ 기제, 절사(차례), 불천위와 4대(친미진親未盡: 고조 - 부모)묘제는 주인(장손)이 반드시 초헌하도록 되어 있으므로 홀기에서 초헌자의 용어를 '주인'이라고 칭하여야 하지만, 5대조 이상(친진親盡)의 세일사 묘제와 용어를 통일하기 위하여 편의상 '초헌'이라고 하였다.

※ 5대조 이상의 세일사 묘제는 주인(장손)이 초헌할 수도 있으나 종중이나 문중이 구성되었으면 종회장(문회장), 도유사 또는 최존 항렬자가 초헌할 수도 있다.

⑦ 신주기제는 "설소과 주찬" 후에 봉주(신주를 모시고)하여 "선참신 후강신"으로 지낸다. 지방기제이면 "선강신 후참신"이다.

신주기제 홀기神主忌祭 笏記**(원문)**

○ 초헌이하 제집사관수(初獻以下 諸執事盥手) : 초헌(주인) 이하 모든 집사는 손을 씻으시오.

○ 초헌이하 서립(初獻以下 序立) : 초헌 이하 모든 자손은 차례대로 서시오.

□ 봉주(奉主) : 초헌과 집사는 당일 기제 대상 신주(고비)를 사당에서 정침(청사: 제청)으로 모시시오.

○ 초헌이하 사당전 서립(初獻以下 祠堂前 序立) : 초헌 이하 집사는 사당 앞에서 차례대로 서시오.

○ 재배(再拜) : 초헌 이하 집사는 재배하시오.

○ 계문입당(啓門入堂) : 사당 문을 열고 사당 안으로 들어가시오.

○ 감실계(龕室啓) : 기제 대상 신주의 감실 문을 여시오.

○ 초헌이하 궤(初獻以下 跪) : 초헌 이하 집사는 꿇어앉으시오.

○ 분향(焚香) : 초헌은 향을 세 번 피우시오.

○ 고사(告辭) : 초헌은 봉주고사를 고유하시오.

○ 면복흥(俛伏興) : 초헌 이하 집사는 잠깐 엎드렸다가 일어나시오.

○ 집사봉독(執事奉櫝) : 집사는 주독을 받드시오.

○ 초헌전도 집사후종 지정침(初獻前導 執事後從 至正寢) : 초헌은 앞에서 인도하고 집사는 주독을 받들고 뒤에서 따르며 정침(청사: 제청)으로 가시오.

○ 봉안계독(奉安啓櫝) : 초헌과 집사는 주독을 교의에 받들어 모시고 독을 여시오.

※ 지방기제이면 위의 "봉주(奉主)" 절차 대신에 아래와 같이 "봉신위奉神位"한다.

○ **봉신위(奉神位)** : 초헌은 지방을 지방함(판)에 붙이고, 교의에 모셔서 개함 하시오.
○ **퇴복위(退復位)** : 초헌은 물러나서 본래의 제자리(서립위치)로 가시오.

○ 퇴복위(退復位) : 초헌과 집사는 물러나서 본래의 제자리(서립위치)로 가시오.

□ **행참신례(**行參神禮**) : 참신례를 행하시오.**

○ 초헌이하 재배, 국궁, 배, 흥, 배, 흥, 평신(初獻以下 再拜, 鞠躬, 拜, 興, 拜, 興, 平身) : 초헌 이하 모든 자손은 차례대로 서서 재배하시오.

허리를 약간 굽히시오, 절하시오, 일어나시오, 절하시오, 일어나시오, 바로 서시오.

□ **행강신례(**行降神禮**) : 강신례를 행하시오.**

○ 제집사 각취위(諸執事 各就位) : 축·서집사는 향안의 서쪽, 동집사는 동쪽 각자 맡은 위치로 들어가시오.

○ 초헌 향안전궤(初獻 香案前跪) : 초헌은 향안 앞에 꿇어앉으시오.

○ 초헌 분향(初獻 焚香) : 초헌은 향을 세 번 피우시오.

○ 재배(再拜) : 초헌은 향안 앞 배석에서 재배하시오.

○ 초헌 향안전립(初獻 香案前立) : 초헌은 향안 앞에서 북향하여 서시오.

○ 서집사 봉강신잔반 초헌지좌립(西執事 奉降神盞盤 初獻之左立) : 서집사는 강신
잔반을 받들고 초헌의 좌측에 서시오.

○ 동집사 집주 초헌지우립(東執事 執注 初獻之右立) : 동집사는 주전자를 들고 초
헌의 우측에 서시오.

○ 초헌궤(初獻跪) : 초헌은 다시 향안 앞에 꿇어앉으시오.

○ 서집사 궤 봉강신잔반 수초헌(西執事 跪 奉降神盞盤 授初獻) : 서집사는 동향으
로 꿇어앉아 강신잔반을 받들어서 초헌에게 주시오.

○ 초헌 수잔반(初獻 受盞盤) : 초헌은 잔반을 받으시오.

○ 동집사 궤 침주(東執事 跪 斟酒) : 동집사는 서향으로 꿇어앉아 술을 따르시오.

○ 초헌 관우모상(初獻 灌于茅上) : 초헌은 강신잔반의 술을 모사기에 다 부으시오.

○ 이잔반 수서집사(以盞盤 授西執事) : 초헌은 이 빈 강신잔반을 서집사에게 주
시오.

○ 서집사 치우고처(西執事 置于故處) : 서집사는 강신잔반을 받들어서 본래의 제
자리에 놓으시오.

○ 초헌 면복흥 재배(初獻 俛伏興 再拜) : 초헌은 잠깐 엎드렸다가 일어나서 재배하
시오.

○ 퇴복위(退復位) : 초헌은 물러나서 본래의 제자리(서립위치)로 가시오.

□ 진찬(進饌) : 진찬 하시오.

○ 서동집사 봉찬반갱(西東執事 奉饌飯羹) : 서 · 동집사는 3탕, 면(국수), 병(떡), 3
전, 반(메), 갱(국)을 받들어 올리시오.

※ 지방기제이면 아래와 같이 "선강신 후참신"이며, 강신, 참신, 진찬할 때까지
"제집사 각취위"와 "제집사 퇴복위"의 시기가 신주기제와는 조금씩 다르다.

□ 행강신례(行降神禮) : 강신례를 행하시오.

○ **제집사 각취위(諸執事 各就位)** : 서·동집사는 향안의 서쪽, 동쪽 각자 맡은 위치로 들어가시오.

○ **초헌 향안전궤(初獻 香案前跪)** : 초헌은 향안 앞에 꿇어앉으시오.

○ **초헌 분향(初獻 焚香)** : 초헌은 향을 세 번 피우시오.

○ **재배(再拜)** : 초헌은 향안 앞 배석에서 재배하시오.

○ **초헌 향안전립(初獻 香案前立)** : 초헌은 향안 앞에서 북향하여 서시오.

○ **서집사 봉강신잔반 초헌지좌립(西執事 奉降神盞盤 初獻之左立)** : 서집사는 강신잔반을 받고 초헌의 좌측에 서시오.

○ **동집사 집주 초헌지우립(東執事 執注 初獻之右立)** : 동집사는 주전자를 들고 초헌의 우측에 서시오.

○ **초헌궤(初獻跪)** : 초헌은 다시 향안 앞에 꿇어앉으시오.

○ **서집사 궤 봉강신잔반 수초헌(西執事 跪 奉降神盞盤 授初獻)** : 서집사는 동향으로 꿇어앉아 강신잔반을 받들어서 초헌에게 주시오.

○ **초헌 수잔반(初獻 受盞盤)** : 초헌은 잔반을 받으시오.

○ **동집사 궤 침주(東執事 跪 斟酒)** : 동집사는 서향으로 꿇어앉아 술을 따르시오.

○ **초헌 관우모상(初獻 灌于茅上)** : 초헌은 강신잔반의 술을 모사기에 다 부으시오.

○ **이잔반 수서집사(以盞盤 授西執事)** : 초헌은 이 빈 강신잔반을 서집사에게 주시오.

○ **서집사 치우고처(西執事 置于故處)** : 서집사는 강신잔반을 받들어서 본래의 제자리에 놓으시오.

○ **초헌 면복흥 재배(初獻 俛伏興 再拜)** : 초헌은 잠깐 엎드렸다가 일어나서 재배하시오.

○ **초헌 제집사 퇴복위(初獻 諸執事 退復位)** : 초헌과 서·동집사는 물러나서 본래의 제자리(서립위치)로 가시오.

□ 행참신례(行參神禮) : 참신례를 행하시오.

○ **초헌이하 재배, 국궁, 배, 흥, 배, 흥, 평신(初獻以下 再拜, 鞠躬, 拜, 興, 拜, 興, 平身)** : 초헌 이하 모든 자손은 차례대로 서서 재배하시오. 허리를 굽히시오, 절하시오, 일어나시오, 절하시오, 일어나시오, 바로 서시오.

□ 진찬(進饌) : 진찬하시오.

　○ 제집사 각취위(諸執事 各就位) : 축·서집사는 향안의 서쪽, 동집사는 동쪽 각자 맡은 위치로 들어가시오.
　○ 서동집사 봉찬반갱(西東執事 奉饌飯羹) : 서·동집사는 3탕, 면(국수), 병(떡), 3전, 반(메), 갱(국)을 받들어 올리시오.

□ **행초헌례(**行初獻禮**) : 초헌례를 행하시오.**

◎ 헌작(獻酌) : 헌작하시오.

○ 초헌 향안전 북향립(初獻 香案前 北向立) : 초헌은 향안 앞에서 북향하여 서시오.

○ 동집사 집주 초헌지우립(東執事 執注 初獻之右立) : 동집사는 주전자를 들고 초헌의 우측에 서시오.

○ 초헌 봉고위잔반 동향립(初獻 奉考位盞盤 東向立) : 초헌은 제상 위의 고위잔반을 받들어서 향안 앞 서쪽에서 동향하여 서시오.

○ 동집사 서향립 침주(東執事 西向立 斟酒) : 동집사는 서향으로 서서 술을 가득히 따르시오.

○ 초헌 봉잔반 전우고위전(初獻 奉盞盤 奠于考位前) : 초헌은 잔반을 받들어서 제상 위의 고위 앞에 올리시오.

○ 초헌 봉비위잔반 동향립(初獻 奉妣位盞盤 東向立) : 초헌은 제상 위의 비위잔반을 받들어서 향안 앞 서쪽에서 동향하여 서시오.

○ 동집사 서향립 침주(東執事 西向立 斟酒) : 동집사는 서향으로 서서 술을 가득히 따르시오.

○ 초헌 봉잔반 전우비위전(初獻 奉盞盤 奠于妣位前) : 초헌은 잔반을 받들어서 제상 위의 비위 앞에 올리시오.

◎ 삼제 반지고처(三祭 反之故處) : 삼제 후에 잔반을 다시 제상 위에 올리시오.

○ 초헌 향안전 북향립(初獻 香案前 北向立) : 초헌은 향안 앞에서 북향하여 서시오.

○ 서동집사 봉잔반 초헌지좌우립(西東執事 奉盞盤 初獻之左右立) : 서·동집사는 제상 위의 고·비위잔반을 각각 받들어서 초헌의 좌우에 서시오.

○ 초헌 서동집사 궤(初獻 西東執事 跪) : 초헌과 서·동집사는 모두 꿇어앉으시오.

○ 초헌 수고위잔반 삼제 수서집사(初獻 受考位盞盤 三祭 授西執事) : 초헌은 서집
사로부터 고위잔반을 받아서 술을 모사기에 조금씩 세 번 따르고 서집사에게 주
시오.

○ 서집사 봉잔반 전우고위전(西執事 奉盞盤 奠于考位前) : 서집사는 잔반을 받들고
일어나서 제상 위의 고위 앞에 올리시오.

○ 초헌 수비위잔반 삼제 수동집사(初獻 受妣位盞盤 三祭 授東執事) : 초헌은 동집
사로부터 비위잔반을 받아서 술을 모사기에 조금씩 세 번 따르고 동집사에게 주
시오.

○ 동집사 봉잔반 전우비위전(東執事 奉盞盤 奠于妣位前) : 동집사는 잔반을 받들고
일어나서 제상 위의 비위 앞에 올리시오.

○ 초헌 면복흥 소퇴립(初獻 俛伏興 小退立) : 초헌은 잠깐 엎드렸다가 일어나서 조
금 물러서시오.

○ 서집사 봉육적 전적(西執事 奉肉炙 奠炙) : 서집사는 육적을 받들어서 수저 남쪽
중앙의 서쪽에 올리시오.

○ 서동집사 계반개(西東執事 啓飯蓋) : 서·동집사는 메그릇과 모든 제수의 뚜껑
을 열어 놓으시오.

○ 축 동향궤(祝 東向跪) : 축은 초헌의 좌측에서 동향으로 꿇어앉으시오.

○ 초헌이하 궤(初獻以下 跪) : 초헌 이하 모든 자손은 꿇어앉으시오.

○ 축독축(祝讀祝) : 축은 축문을 읽으시오.

○ 초헌이하 흥(初獻以下 興) : 초헌 이하 모든 자손은 일어나시오.

○ 초헌 재배(初獻 再拜) : 초헌은 향안 앞 배석에서 재배하시오.

○ 퇴복위(退復位) : 초헌은 물러나서 본래의 제자리(서립위치)로 가시오.

○ 서동집사 철주(西東執事 撤酒) : 서·동집사는 고·비위 잔반을 내려서 철주기
에 술을 다 비운 후 빈 잔반을 제상 위 제자리에 올려놓으시오.

□ **행아헌례(行亞獻禮) : 아헌례를 행하시오.**

◎ **헌작(獻酌) : 헌작하시오.**

○ 아헌 향안전 북향립(亞獻 香案前 北向立) : 아헌(주부)은 향안 앞에서 북향하여 서시오.

○ 동집사 집주 아헌지우립(東執事 執注 亞獻之右立) : 동집사는 주전자를 들고 아헌의 우측에 서시오.

○ 아헌 봉고위잔반 동향립(亞獻 奉考位盞盤 東向立) : 아헌은 제상 위의 고위잔반을 받들어서 향안 앞 서쪽에서 동향하여 서시오.

○ 동집사 서향립 침주(東執事 西向立 斟酒) : 동집사는 서향으로 서서 술을 가득히 따르시오.

○ 아헌 봉잔반 전우고위전(亞獻 奉盞盤 奠于考位前) : 아헌은 잔반을 받들어서 제상 위의 고위 앞에 올리시오.

○ 아헌 봉비위잔반 동향립(亞獻 奉妣位盞盤 東向立) : 아헌은 제상 위의 비위잔반을 받들어서 향안 앞 서쪽에서 동향하여 서시오.

○ 동집사 서향립 침주(東執事 西向立 斟酒) : 동집사는 서향으로 서서 술을 가득히 따르시오.

○ 아헌 봉잔반 전우비위전(亞獻 奉盞盤 奠于妣位前) : 아헌은 잔반을 받들어서 제상 위의 비위 앞에 올리시오.

◎ 삼제 반지고처(三祭 反之故處) : 삼제 후에 잔반을 다시 제상 위에 올리시오.

○ 아헌 향안전 북향립(亞獻 香案前 北向立) : 아헌은 향안 앞에서 북향하여 서시오.

○ 서동집사 봉잔반 아헌지좌우립(西東執事 奉盞盤 亞獻之左右立) : 서 · 동집사는 제상 위의 고 · 비위잔반을 각각 받들어서 아헌의 좌우에 서시오.

○ 아헌 서동집사 궤(亞獻 西東執事 跪) : 아헌과 서 · 동집사는 모두 꿇어앉으시오.

○ 아헌 수고위잔반 삼제 수서집사(亞獻 受考位盞盤 三祭 授西執事) : 아헌은 서집사로부터 고위잔반을 받아서 술을 모사기에 조금씩 세 번 따르고 서집사에게 주시오.

○ 서집사 봉잔반 전우고위전(西執事 奉盞盤 奠于考位前) : 서집사는 잔반을 받들고 일어나서 제상 위의 고위 앞에 올리시오.

○ 아헌 수비위잔반 삼제 수동집사(亞獻 受妣位盞盤 三祭 授東執事) : 아헌은 동집사로부터 비위잔반을 받아서 술을 모사기에 조금씩 세 번 따르고 동집사에게 주

시오.

○ 동집사 봉잔반 전우비위전(東執事 奉盞盤 奠于妣位前) : 동집사는 잔반을 받들고
일어나서 제상 위의 비위 앞에 올리시오.

○ 아헌 면복흥 소퇴립(亞獻 俛伏興 小退立) : 아헌은 잠깐 엎드렸다가 일어나서 조
금 물러서시오.

○ 서집사 봉계적 전적(西執事 奉鷄炙 奠炙) : 서집사는 계적을 받들어서 육적의 바
로 옆 동쪽에 올리시오.

○ 아헌 사배(亞獻 四拜) : 아헌(주부)은 향안 앞 배석에서 사배하시오.

○ 퇴복위(退復位) : 아헌은 물러나서 본래의 제자리(서립위치)로 가시오.

○ 서동집사 철주(西東執事 撤酒) : 서·동집사는 고·비위잔반을 내려서 철주기에
술을 다 비운 후 빈 잔반을 제상 위 제자리에 올려놓으시오.

□ **행종헌례(**行終獻禮**) : 종헌례를 행하시오.**

◎ 헌작(獻酌) : 헌작하시오.

○ 종헌 향안전 북향립(終獻 香案前 北向立) : 종헌은 향안 앞에서 북향하여 서시오.

○ 동집사 집주 종헌지우립(東執事 執注 終獻之右立) : 동집사는 주전자를 들고 종
헌의 우측에 서시오.

○ 종헌 봉고위잔반 동향립(終獻 奉考位盞盤 東向立) : 종헌은 제상 위의 고위잔반
을 받들어서 향안 앞 서쪽에서 동향하여 서시오.

○ 동집사 서향립 침주(東執事 西向立 斟酒) : 동집사는 서향으로 서서 술을 가득히
따르시오.

○ 종헌 봉잔반 전우고위전(終獻 奉盞盤 奠于考位前) : 종헌은 잔반을 받들어서 제
상 위의 고위 앞에 올리시오.

○ 종헌 봉비위잔반 동향립(終獻 奉妣位盞盤 東向立) : 종헌은 제상 위의 비위잔반
을 받들어서 향안 앞 서쪽에서 동향하여 서시오.

○ 동집사 서향립 침주(東執事 西向立 斟酒) : 동집사는 서향으로 서서 술을 가득히
따르시오.

○ 종헌 봉잔반 전우비위전(終獻 奉盞盤 奠于妣位前) : 종헌은 잔반을 받들어서 제

상 위의 비위 앞에 올리시오.

◎ 삼제 반지고처(三祭 反之故處) : 삼제 후에 잔반을 다시 제상 위에 올리시오.

○ 종헌 향안전 북향립(終獻 香案前 北向立) : 종헌은 향안 앞에서 북향하여 서시오.

○ 서동집사 봉잔반 종헌지좌우립(西東執事 奉盞盤 終獻之左右立) : 서·동집사는 제상 위의 고·비위잔반을 각각 받들어서 종헌의 좌우에 서시오.

○ 종헌 서동집사 궤(終獻 西東執事 跪) : 종헌과 서·동집사는 모두 꿇어앉으시오.

○ 종헌 수고위잔반 삼제 수서집사(終獻 受考位盞盤 三祭 授西執事) : 종헌은 서집사로부터 고위잔반을 받아서 술을 모사기에 조금씩 세 번 따르고 서집사에게 주시오.

○ 서집사 봉잔반 전우고위전(西執事 奉盞盤 奠于考位前) : 서집사는 잔반을 받들고 일어나서 제상 위의 고위 앞에 올리시오.

○ 종헌 수비위잔반 삼제 수동집사(終獻 受妣位盞盤 三祭 授東執事) : 종헌은 동집사로부터 비위잔반을 받아서 술을 모사기에 조금씩 세 번 따르고 동집사에게 주시오.

○ 동집사 봉잔반 전우비위전(東執事 奉盞盤 奠于妣位前) : 동집사는 잔반을 받들고 일어나서 제상 위의 비위 앞에 올리시오.

○ 종헌 면복흥 소퇴립(終獻 俛伏興 小退立) : 종헌은 잠깐 엎드렸다가 일어나서 조금 물러서시오.

○ 서동집사 봉어적 전적(西東執事 奉魚炙 奠炙) : 서·동집사는 어적을 받들어서 계적의 바로 옆 동쪽에 올리시오.

○ 종헌 재배(終獻 再拜) : 종헌은 향안 앞 배석에서 재배하시오.

○ 퇴복위(退復位) : 종헌은 물러나서 본래의 제자리(서립위치)로 가시오.

□ **행유식례**(行侑食禮) : 유식례를 행하시오.

○ 초헌 집주첨작(初獻 執注添酌) : 초헌은 주전자를 들고 고·비위 잔반에 첨작하시오.

○ 삽시반중 서병정저(揷匙飯中 西柄正筯) : 서·동집사는 고·비위의 메그릇에 숟가락을 바닥이 동쪽으로 가도록 하여 꽂고, 젓가락을 자루가 서쪽으로 가도록 하

여 시접 위에 가지런히 걸쳐 올려놓으시오.

○ 초헌 재배(初獻 再拜) : 초헌은 향안 앞 배석에서 재배하시오.

○ 초헌 제집사 퇴복위(初獻 諸執事 退復位) : 초헌과 축·서집사·동집사는 물러나서 본래의 제자리(서립위치)로 가시오.

□ **합문(闔門) : 합문 하시오.**

○ 축 합문(祝 闔門) : 모든 자손은 밖으로 나오고, 축은 방문을 닫으시오.

○ 초헌이하 공수시립(初獻以下 拱手侍立) : 초헌 이하 모든 남녀 자손은 방문 밖에서 북쪽을 상석으로 하여 차례대로 공수자세로써 남자들은 동쪽에서 서향하여 서고, 여자들은 서쪽에서 동향하여 서시오.

□ **계문(啓門) : 계문 하시오.**

○ 축 계문(祝 啓門) : 축은 기침을 세 번 한 후 방문을 여시오.

○ 초헌이하 각취위(初獻以下 各就位) : 초헌 이하 모든 자손은 각자 맡은 위치로 들어가시오.

○ 철갱 진숙수(撤羹 進熟水) : 서·동집사는 고·비위의 갱을 내리고 숭늉을 올리시오.

○ 철시치우 숙수접중(撤匙置于 熟水楪中) : 서·동집사는 메그릇의 숟가락을 빼어 메를 세 번 떠서 숭늉그릇에 말고 숟가락을 자루가 서쪽으로 가도록 하여 숭늉그릇에 놓으시오.

○ 초헌이하 국궁(初獻以下 鞠躬) : 초헌 이하 모든 자손은 현 위치에서 잠시 허리를 굽히시오.

○ 평신(平身) : 모두 허리를 펴고 바로 서시오.

○ 제집사 하시저 합반개(諸執事 下匙筯 合飯蓋) : 서·동집사는 수저를 시접에 거두고 메그릇과 모든 제수의 뚜껑을 덮으시오.

○ 제집사 퇴복위(諸執事 退復位) : 서·동집사는 물러나서 본래의 제자리 (서립위치)로 가시오.

□ **행사신례(**行辭神禮**) : 사신례를 행하시오.**

○ 초헌이하 재배, 국궁, 배, 흥, 배, 흥, 평신(**初獻以下 再拜, 鞠躬, 拜, 興, 拜, 興, 平**
   身) : 초헌 이하 모든 자손은 차례대로 서서 재배하시오.
   허리를 약간 굽히시오, 절하시오, 일어나시오, 절하시오, 일어나시오, 바로 서
   시오.

○ 축 분축문(**祝 焚祝文**) : 축은 향안 앞으로 들어가 꿇어앉아 축문을 불사르시오.

○ 납주(**納主**) : 초헌과 집사는 신주의 독을 덮고 받들어 모시고 사당으로 가서 본
   래의 감실에 봉안하시오.

※ 지방기제이면 지방을 아래와 같이 "납신위納神位"한다.

○ **납신위(**納神位**) : 초헌은 지방함(판)을 거두고, 지방을 불사르시오.**

○ 철(**撤**) : 제물을 거두고 철상하시오.

○ 예필(**禮畢**) : 기제의 의식을 모두 마치겠습니다.

[9] 신주기제 홀기(약식)

① 이 기제 홀기는 "편람식 헌작" 절차에 따르고, 읽기 편하도록 한문 문장을 간략
   하게 약식으로 작성하였다.

② "편람식 헌작"은 "헌작獻酌 삼제 반지고처三祭 反之故處"의 순서로 한다. 즉 제
   상 위의 신위 앞의 잔반을 내려서 술을 잔반에 가득 따라서 제상 위 신위 앞에
   올린 후 그 잔반을 다시 내려서 삼제(三祭: 술을 모사기에 조금씩 세 번 따름)한 후
   에 그 잔반을 다시 제상 위 본래의 자리(신위 앞)에 올린다.

신주기제 홀기(神主忌祭 笏記)(약식)

○ 초헌이하 제집사관수(初獻以下 諸執事盥手) : 초헌(주인) 이하 모든 집사는 손을 씻으시오.

○ 서립(序立) : 초헌 이하 모든 자손은 차례대로 서시오.

□ 봉주(奉主) : 초헌과 집사는 당일 기제 대상 신주(고비)를 사당에서 정침(청사: 제청)으로 모시시오.

○ 사당전 서립(祠堂前 序立) : 초헌 이하 집사는 사당 앞에서 차례대로 서시오.

○ 재배(再拜) : 초헌 이하 집사는 재배하시오.

○ 계문입당(啓門入堂) : 사당 문을 열고 사당 안으로 들어가시오.

○ 감실계(龕室啓) : 기제 대상 신주의 감실 문을 여시오.

○ 초헌이하 궤(初獻以下 跪) : 초헌 이하 집사는 꿇어앉으시오.

○ 분향(焚香) : 초헌은 향을 세 번 피우시오.

○ 고사(告辭) : 초헌은 봉주고사를 고유하시오.

○ 면복흥(俛伏興) : 초헌 이하 집사는 잠깐 엎드렸다가 일어나시오.

○ 집사봉독(執事奉櫝) : 집사는 주독을 받드시오.

○ 초헌전도 집사후종 지정침(初獻前導 執事後從 至正寢) : 초헌은 앞에서 인도하고 집사는 주독을 받들고 뒤에서 따르며 정침(청사: 제청) 으로 가시오.

○ 봉안계독(奉安啓櫝) : 초헌과 집사는 주독을 교의에 받들어 모시고 독을 여시오.

○ 퇴복위(退復位) : 초헌과 집사는 물러나서 본래의 제자리로 가시오.

□ 행참신례(行參神禮) : 참신례를 행하시오.

○ 초헌이하 재배, 국궁, 배, 흥, 배, 흥, 평신(初獻以下 再拜, 鞠躬, 拜, 興, 拜, 興, 平身) : 초헌 이하 모든 자손은 차례대로 서서 재배하시오. 허리를 약간 굽히시오, 절하시오, 일어나시오, 절하시오, 일어나시오, 바로 서시오.

□ 행강신례(行降神禮) : 강신례를 행하시오.

○ 제집사 각취위(諸執事 各就位) : 축 · 서집사는 향안의 서쪽, 동집사는 동쪽 각자

맡은 위치로 들어가시오.

○ 초헌 향안전궤(初獻 香案前跪) : 초헌은 향안 앞에 꿇어앉으시오.

○ 분향(焚香) : 초헌은 향을 세 번 피우시오.

○ 재배(再拜) : 초헌은 향안 앞 배석에서 재배하시오.

○ 뇌주(酹酒) :

초헌은 다시 향안 앞에 꿇어앉으시오.

서집사는 동향으로 꿇어앉아 강신잔반을 받들어서 초헌에게 주시오.

동집사는 서향으로 꿇어앉아 술을 따르시오.

초헌은 강신잔반의 술을 모사기에 다 부으시오.

초헌은 이 빈 강신잔반을 서집사에게 주시오.

서집사는 강신잔반을 받들어서 본래의 제자리에 놓으시오.

○ 재배(再拜) : 초헌은 향안 앞 배석에서 재배하시오.

○ 퇴복위(退復位) : 초헌은 물러나서 본래의 제자리로 가시오.

□ 진찬(進饌) : 진찬 하시오.

○ 봉 찬반갱(奉 饌飯羹) : 서 · 동집사는 3탕, 면(국수), 병(떡), 3전, 반(메), 갱(국)을
받들어 올리시오.

□ 행초헌례(行初獻禮) : 초헌례를 행하시오.

○ 헌작(獻酌) : 헌작하시오.

초헌은 향안 앞에서 북향하여 서시오.

동집사는 주전자를 들고 초헌의 우측에 서시오.

초헌은 제상 위의 고위잔반을 받들어서 향안 앞 서쪽에서 동향하여 서시오.

동집사는 서향으로 서서 술을 가득히 따르시오.

초헌은 잔반을 받들어서 제상 위의 고위 앞에 올리시오.

초헌은 제상 위의 비위잔반을 받들어서 향안 앞 서쪽에서 동향하여 서시오.

동집사는 서향으로 서서 술을 가득히 따르시오.

초헌은 잔반을 받들어서 제상 위의 비위 앞에 올리시오.

○ 삼제 반지고처(三祭 反之故處) : 삼제 후에 잔반을 다시 제상 위에 올리시오.

초헌은 향안 앞에서 북향하여 서시오.

서·동집사는 제상 위의 고·비위잔반을 각각 받들어서 초헌의 좌우에 서시오.

초헌과 서·동집사는 모두 꿇어앉으시오.

초헌은 서집사로부터 고위잔반을 받아서 술을 모사기에 조금씩 세 번 따르고 서집사에게 주시오.

서집사는 잔반을 받들고 일어나서 제상 위의 고위 앞에 올리시오.

초헌은 동집사로부터 비위잔반을 받아서 술을 모사기에 조금씩 세 번 따르고 동집사에게 주시오.

동집사는 잔반을 받들고 일어나서 제상 위의 비위 앞에 올리시오.

○ 육적 전적(肉炙 奠炙) :

서집사는 육적을 받들어서 초헌에게 주시오.

초헌은 육적을 받들어서 서집사에게 주시오.

서집사는 육적을 받들고 일어나서 수저 남쪽 중앙의 서쪽에 올리시오.

○ 계반개(啓飯蓋) : 서·동집사는 고비위 메그릇과 모든 제수의 뚜껑을 열어 놓으시오.

○ 초헌이하 궤(初獻以下 跪) : 초헌 이하 모든 자손은 현 위치에서 꿇어앉으시오.

○ 축독축(祝讀祝) : 축은 초헌의 좌측에서 동향으로 꿇어앉아 축문을 읽으시오.

○ 흥평신(興平身) : 모든 자손은 일어나서 바로 서시오.

○ 초헌 재배(初獻 再拜) : 초헌은 향안 앞 배석에서 재배하시오.

○ 퇴복위(退復位) : 초헌은 물러나서 본래의 제자리로 가시오.

○ 철주(撤酒) : 서·동집사는 고·비위 잔반을 내려서 철주기에 술을 다 비운 후 빈 잔반을 제상 위 제자리에 올려놓으시오.

□ 행아헌례(行亞獻禮) : 아헌례를 행하시오.

○ 헌작(獻酌) : 헌작하시오.

아헌(주부)은 향안 앞에서 북향하여 서시오.

동집사는 주전자를 들고 아헌의 우측에 서시오.

아헌은 제상 위의 고위잔반을 받들어서 향안 앞 서쪽에서 동향하여 서시오.

동집사는 서향으로 서서 술을 가득히 따르시오.

아헌은 잔반을 받들어서 제상 위의 고위 앞에 올리시오.

아헌은 제상 위의 비위잔반을 받들어서 향안 앞 서쪽에서 동향하여 서시오.

동집사는 서향으로 서서 술을 가득히 따르시오.

아헌은 잔반을 받들어서 제상 위의 비위 앞에 올리시오.

○ 삼제 반지고처(三祭 反之故處) : 삼제 후에 잔반을 다시 제상 위에 올리시오.

아헌은 향안 앞에서 북향하여 서시오.

서ㆍ동집사는 제상 위의 고ㆍ비위잔반을 각각 받들어서 아헌의 좌우에 서시오.

아헌과 서ㆍ동집사는 모두 꿇어앉으시오.

아헌은 서집사로부터 고위잔반을 받아서 술을 모사기에 조금씩 세 번 따르고 서집사에게 주시오.

서집사는 잔반을 받들고 일어나서 제상 위의 고위 앞에 올리시오.

아헌은 동집사로부터 비위잔반을 받아서 술을 모사기에 조금씩 세 번 따르고 동집사에게 주시오.

동집사는 잔반을 받들고 일어나서 제상 위의 비위 앞에 올리시오.

○ 계적 전적(鷄炙 奠炙) :

서집사는 계적을 받들어서 아헌에게 주시오.

아헌은 계적을 받들어서 서집사에게 주시오.

서집사는 계적을 받들고 일어나서 육적의 바로 옆 동쪽에 올리시오.

○ 아헌 사배(亞獻 四拜) : 아헌(주부)은 향안 앞 배석에서 사배하시오.

○ 퇴복위(退復位) : 아헌은 물러나서 본래의 제자리로 가시오.

○ 철주(撤酒) : 서ㆍ동집사는 고ㆍ비위 잔반을 내려서 철주기에 술을 다 비운 후 빈 잔반을 제상 위 제자리에 올려놓으시오.

□ 행종헌례(行終獻禮) : 종헌례를 행하시오.

○ 헌작(獻酌) : 헌작하시오.

　　종헌은 향안 앞에서 북향하여 서시오.

　　동집사는 주전자를 들고 종헌의 우측에 서시오.

　　종헌은 제상 위의 고위잔반을 받들어서 향안 앞 서쪽에서 동향하여 서시오.

　　동집사는 서향으로 서서 술을 가득히 따르시오.

　　종헌은 잔반을 받들어서 제상 위의 고위 앞에 올리시오.

　　종헌은 제상 위의 비위잔반을 받들어서 향안 앞 서쪽에서 동향하여 서시오.

　　동집사는 서향으로 서서 술을 가득히 따르시오.

　　종헌은 잔반을 받들어서 제상 위의 비위 앞에 올리시오.

○ 삼제 반지고처(三祭 反之故處) : 삼제 후에 잔반을 다시 제상 위에 올리시오.

　　종헌은 향안 앞에서 북향하여 서시오.

　　서·동집사는 제상 위의 고·비위잔반을 각각 받들어서 종헌의 좌우에 서시오.

　　종헌과 서·동집사는 모두 꿇어앉으시오.

　　종헌은 서집사로부터 고위잔반을 받아서 술을 모사기에 조금씩 세 번 따르고 서집사에게 주시오.

　　서집사는 잔반을 받들고 일어나서 제상 위의 고위 앞에 올리시오.

　　종헌은 동집사로부터 비위잔반을 받아서 술을 모사기에 조금씩 세 번 따르고 동집사에게 주시오.

　　동집사는 잔반을 받들고 일어나서 제상 위의 비위 앞에 올리시오.

○ 어적 전적(魚炙 奠炙) :

　　서집사는 어적을 받들어서 종헌에게 주시오.

　　종헌은 어적을 받들어서 동집사에게 주시오.

　　동집사는 어적을 받들고 일어나서 계적의 바로 옆 동쪽에 올리시오.

○ 종헌 재배(終獻 再拜) : 종헌은 향안 앞 배석에서 재배하시오.

○ 퇴복위(退復位) : 종헌은 물러나서 본래의 제자리로 가시오.

□ 행유식례(行侑食禮) : 유식례를 행하시오.

○ 초헌 향안전궤(初獻 香案前跪) : 초헌은 향안 앞에 꿇어앉으시오.

○ 첨작(添酌) :

　　서집사는 첨작잔을 받들어서 초헌에게 주시오.

　　동집사는 술을 따르시오.

　　초헌은 첨작잔을 받들어서 서집사에게 주시오.

　　서집사는 첨작잔을 받들고 일어나서 고·비위 잔반에 첨작하시오.

○ 삽시 정저(揷匙 正箸) : 서·동집사는 고비위의 메그릇에 숟가락을 바닥이 동쪽으로 가도록 하여 꽂고, 젓가락을 자루가 서쪽으로 가도록 하여 시접 위에 가지런히 걸쳐 올려놓으시오.

○ 초헌 재배(初獻 再拜) : 초헌은 향안 앞 배석에서 재배하시오.

○ 초헌 제집사 퇴복위(初獻 諸執事 退復位) : 초헌과 축·서집사·동집사는 물러나서 본래의 제자리로 가시오.

□ 합문(闔門) : 모든 자손은 밖으로 나오고, 축은 방문을 닫으시오.

○ 공수시립(拱手侍立) : 초헌 이하 모든 남녀 자손은 방문 밖에서 북쪽을 상석으로 하여 차례대로 공수자세로써 남자들은 동쪽에서 서향하여 서고, 여자들은 서쪽에서 동향하여 서시오.

□ 계문(啓門) : 축은 기침을 세 번 하고 방문을 여시오.

○ 각취위(各就位) : 초헌 이하 모든 자손은 각자 맡은 위치로 들어가시오.

○ 철갱 진숙수(撤羹 進熟水) : 서·동집사는 고·비위의 갱을 내리고 숭늉을 올리시오.

○ 철시 숙수접중(撤匙 熟水楪中) : 서·동집사는 메그릇의 숟가락을 빼어 메를 세 번 떠서 숭늉그릇에 말고, 숟가락을 자루가 서쪽으로 가도록 하여 숭늉그릇에 놓으시오.

○ 국궁(鞠躬) : 초헌 이하 모든 자손은 현 위치에서 잠시 허리를 굽히시오.

○ 평신(平身) : 모두 허리를 펴고 바로 서시오.

○ 하시저 합반개(下匙筯 合飯蓋) : 서 · 동집사는 수저를 시접에 거두고, 메그릇과 모든 제수의 뚜껑을 덮으시오.

○ 제집사 퇴복위(諸執事 退復位) : 서 · 동집사는 물러나서 본래의 제자리로 가시오.

□ 행사신례(行辭神禮) : 사신례를 행하시오.

○ 초헌이하 재배, 국궁, 배, 흥, 배, 흥, 평신(初獻以下 再拜, 鞠躬, 拜, 興, 拜, 興, 平身) : 초헌 이하 모든 자손은 차례대로 서서 재배하시오. 허리를 약간 굽히시오, 절하시오, 일어나시오, 절하시오, 일어나시오, 바로 서시오.

○ 분축문(焚祝文) : 축은 향안 앞으로 들어가 꿇어앉아 축문을 불사르시오.

○ 납주(納主) : 초헌과 집사는 신주의 독을 덮고 받들어 모시고 사당으로 가서 본래의 감실에 봉안하시오.

○ 철(撤) : 제물을 거두고 철상하시오.

○ 예필(禮畢) : 기제의 의식을 모두 마치겠습니다.

[10] 지방기제 홀기(약식)

① 이 기제 홀기는 "비편람식 헌작" 절차에 따르고, 읽기 편하도록 한문 문장을 간략하게 약식으로 작성하였다.

② "비편람식 헌작"은 제상 위의 신위 앞의 잔반을 내려서 술을 가득 따라서 먼저 삼제한 후에 잔반을 신위 앞에 올린다.

③ 현실에는 지방기제 홀기(약식)를 많이 사용한다.

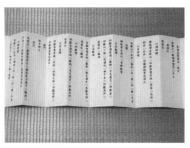

◀ 지방기제 홀기(약식)

지방기제 홀기紙榜忌祭 笏記(약식)

○ 초헌이하 제집사관수(初獻以下 諸執事盥手) : 초헌(주인)이하 모든 집사는 손을 씻으시오.

○ 서립(序立) : 초헌 이하 모든 자손은 차례대로 서시오.

○ 봉신위(奉神位) : 초헌은 지방을 지방함(판)에 붙이고, 교의에 모셔서 개함하시오.

○ 퇴복위(退復位) : 초헌은 물러나서 본래의 제자리(서립위치)로 가시오.

□ 행강신례(行降神禮) : 강신례를 행하시오.

○ 제집사 각취위(諸執事 各就位) : 서·동집사는 향안의 서쪽, 동쪽 각자 맡은 위치로 들어가시오.

○ 초헌 향안전궤(初獻 香案前跪) : 초헌은 향안 앞에 꿇어앉으시오.

○ 분향(焚香) : 초헌은 향을 세 번 피우시오.

○ 재배(再拜) : 초헌은 향안 앞 배석에서 재배하시오.

○ 뇌주(酹酒) :

　초헌은 다시 향안 앞에 꿇어앉으시오.

　서집사는 동향으로 꿇어앉아 강신잔반을 받들어서 초헌에게 주시오.

　동집사는 서향으로 꿇어앉아 술을 따르시오.

　초헌은 강신잔반의 술을 모사기에 다 부으시오.

　초헌은 이 빈 강신잔반을 서집사에게 주시오.

　서집사는 강신잔반을 받들어서 본래의 제자리에 놓으시오.

○ 재배(再拜) : 초헌은 향안 앞 배석에서 재배하시오.

○ 초헌 제집사 퇴복위(初獻 諸執事 退復位) : 초헌과 서·동집사는 물러나서 본래의 제자리(서립위치)로 가시오.

□ 행참신례(行參神禮) : 참신례를 행하시오.

○ 초헌이하 재배, 국궁, 배, 흥, 배, 흥, 평신(初獻以下 再拜, 鞠躬, 拜, 興, 拜, 興, 平身) : 초헌 이하 모든 자손은 차례대로 서서 재배하시오.

허리를 약간 굽히시오, 절하시오, 일어나시오, 절하시오, 일어나시오, 바로 서시오.

□ 진찬(進饌) : 진찬 하시오.

○ 제집사 각취위(諸執事 各就位) : 축 · 서집사 · 동집사는 향안의 서쪽, 동쪽 각자 맡은 위치로 들어가시오.

○ 봉 찬반갱(奉 饌飯羹) : 서 · 동집사는 3탕, 면(국수), 병(떡), 3전, 반(메), 갱(국)을 받들어 올리시오.

□ 행초헌례(行初獻禮) : 초헌례를 행하시오.

○ 초헌 향안전궤(初獻 香案前跪) : 초헌은 향안 앞에 꿇어앉으시오.

○ 헌작(獻酌) :

서집사는 제상 위의 고위잔반을 받들어서 꿇어앉아 초헌에게 주시오.

동집사는 서향으로 꿇어앉아 술을 가득히 따르시오.

초헌은 술을 모사기에 조금씩 세 번 따르시오.

초헌은 이 잔반을 받들어서 서집사에게 주시오.

서집사는 잔반을 받들고 일어나서 제상 위의 고위 앞에 올리시오.

동집사는 제상 위의 비위잔반을 받들어서 꿇어앉아 초헌에게 주시오.

동집사는 서향으로 꿇어앉아 술을 가득히 따르시오.

초헌은 술을 모사기에 조금씩 세 번 따르시오.

초헌은 이 잔반을 받들어서 동집사에게 주시오.

동집사는 잔반을 받들고 일어나서 제상 위의 비위 앞에 올리시오.

○ 육적 전적(肉炙 奠炙) :

서집사는 육적을 받들어서 꿇어앉아 초헌에게 주시오.

초헌은 육적을 받들어서 서집사에게 주시오.

서집사는 육적을 받들고 일어나서 수저 남쪽 중앙의 서쪽에 올리시오.

○ 계반개(啓飯蓋) : 서 · 동집사는 고비위 메그릇과 모든 제수의 뚜껑을 열어 놓으시오.

○ 초헌이하 궤(初獻以下 跪) : 초헌 이하 모든 자손은 현 위치에서 꿇어앉으시오.

○ 축독축(祝讀祝) : 축은 초헌의 좌측에서 동향으로 꿇어앉아 축문을 읽으시오.

○ 흥평신(興平身) : 모든 자손은 일어나서 바로 서시오.

○ 초헌 재배(初獻 再拜) : 초헌은 향안 앞 배석에서 재배하시오.

○ 퇴복위(退復位) : 초헌은 물러나서 본래의 제자리(서립위치)로 가시오.

○ 철주(撤酒) : 서·동집사는 고·비위 잔반을 내려서 철주기에 술을 다 비운 후 빈 잔반을 제상 위 제자리에 올려놓으시오.

□ 행아헌례(行亞獻禮) : 아헌례를 행하시오.

○ 아헌 향안전궤(亞獻 香案前跪) : 아헌(주부)은 향안 앞에 꿇어앉으시오.

○ 헌작(獻酌) :

　서집사는 제상 위의 고위잔반을 받들어서 꿇어앉아 아헌에게 주시오.

　동집사는 서향으로 꿇어앉아 술을 가득히 따르시오.

　아헌은 술을 모사기에 조금씩 세 번 따르시오.

　아헌은 이 잔반을 받들어서 서집사에게 주시오.

　서집사는 잔반을 받들고 일어나서 제상 위의 고위 앞에 올리시오.

　동집사는 제상 위의 비위잔반을 받들어서 꿇어앉아 아헌에게 주시오.

　동집사는 서향으로 꿇어앉아 술을 가득히 따르시오.

　아헌은 술을 모사기에 조금씩 세 번 따르시오.

　아헌은 이 잔반을 받들어서 동집사에게 주시오.

　동집사는 잔반을 받들고 일어나서 제상 위의 비위 앞에 올리시오.

○ 계적 전적(鷄炙 奠炙) :

　서집사는 계적을 받들어서 꿇어앉아 아헌에게 주시오.

　아헌은 계적을 받들어서 서집사에게 주시오.

　서집사는 계적을 받들고 일어나서 육적의 바로 옆 동쪽에 올리시오.

○ 아헌 사배(亞獻 四拜) : 아헌(주부)은 향안 앞 배석에서 사배하시오.

○ 퇴복위(退復位) : 아헌은 물러나서 본래의 제자리(서립위치)로 가시오.

○ 철주(撤酒) : 서·동집사는 고·비위잔반을 내려서 철주기에 술을 다 비운 후 빈

잔반을 제상 위 제자리에 올려놓으시오.

□ 행종헌례(行終獻禮) : 종헌례를 행하시오.

○ 종헌 향안전궤(終獻 香案前跪) : 종헌은 향안 앞에 꿇어앉으시오.

○ 헌작(獻酌) :

서집사는 제상 위의 고위잔반을 받들어서 꿇어앉아 종헌에게 주시오.

동집사는 서향으로 꿇어앉아 술을 가득히 따르시오.

종헌은 술을 모사기에 조금씩 세 번 따르시오.

종헌은 이 잔반을 받들어서 서집사에게 주시오.

서집사는 잔반을 받들고 일어나서 제상 위의 고위 앞에 올리시오.

동집사는 제상 위의 비위잔반을 받들어서 꿇어앉아 종헌에게 주시오.

동집사는 서향으로 꿇어앉아 술을 가득히 따르시오.

종헌은 술을 모사기에 조금씩 세 번 따르시오.

종헌은 이 잔반을 받들어서 동집사에게 주시오.

동집사는 잔반을 받들고 일어나서 제상 위의 비위 앞에 올리시오.

○ 어적 전적(魚炙 奠炙) :

서집사는 어적을 받들어서 꿇어앉아 종헌에게 주시오.

종헌은 어적을 받들어서 동집사에게 주시오.

동집사는 어적을 받들고 일어나서 계적의 바로 옆 동쪽에 올리시오.

○ 종헌 재배(終獻 再拜) : 종헌은 향안 앞 배석에서 재배하시오.

○ 퇴복위(退復位) : 종헌은 물러나서 본래의 제자리(서립위치)로 가시오.

□ 행유식례(行侑食禮) : 유식례를 행하시오.

○ 초헌 향안전궤(初獻 香案前跪) : 초헌은 향안 앞에 꿇어앉으시오.

○ 첨작(添酌) :

서집사는 동향으로 꿇어앉아 첨작잔을 받들어서 초헌에게 주시오.

동집사는 서향으로 꿇어앉아 술을 따르시오.

초헌은 첨작잔을 받들어서 서집사에게 주시오.

서집사는 첨작잔을 받들고 일어나서 고·비위잔반에 첨작하시오.

○ 삽시 정저(揷匙 正筯) : 서·동집사는 고비위의 메그릇에 숟가락을 바닥이 동쪽으로 가도록 하여 꽂고, 젓가락을 자루가 서쪽으로 가도록 하여 시접 위에 가지런히 걸쳐 올려놓으시오.

○ 초헌 재배(初獻 再拜) : 초헌은 향안 앞 배석에서 재배하시오.

○ 초헌 제집사 퇴복위(初獻 諸執事 退復位) : 초헌과 축·서집사·동집사는 물러나서 본래의 제자리(서립위치)로 가시오.

□ 합문(闔門) : 모든 자손은 밖으로 나오고, 축은 방문을 닫으시오.

○ 공수시립(拱手侍立) : 초헌 이하 모든 남녀 자손은 방문 밖에서 북쪽을 상석으로 하여 차례대로 공수자세로써 남자들은 동쪽에서 서향하여 서고, 여자들은 서쪽에서 동향하여 서시오.

□ 계문(啓門) : 축은 기침을 세 번하고 방문을 여시오.

○ 각취위(各就位) : 초헌 이하 모든 자손은 각자 맡은 위치로 들어가시오.

○ 철갱 진숙수(撤羹 進熟水) : 서·동집사는 고·비위의 갱을 내리고 숭늉을 올리시오.

○ 철시 숙수접중(撤匙 熟水楪中) : 서·동집사는 메그릇의 숟가락을 빼어 메를 세 번 떠서 숭늉그릇에 말고, 숟가락을 자루가 서쪽으로 가도록 하여 숭늉그릇에 놓으시오.

○ 국궁(鞠躬) : 초헌 이하 모든 자손은 현 위치에서 잠시 허리를 굽히시오.

○ 평신(平身) : 모두 허리를 펴고 바로 서시오.

○ 하시저 합반개(下匙筯 合飯蓋) : 서·동집사는 수저를 시접에 거두고, 메그릇과 모든 제수의 뚜껑을 덮으시오.

○ 제집사 퇴복위(諸執事 退復位) : 서·동집사는 물러나서 본래의 제자리(서립위치)로 가시오.

□ 행사신례(行辭神禮) : 사신례를 행하시오.

○ 초헌이하 재배, 국궁, 배, 흥, 배, 흥, 평신(初獻以下 再拜, 鞠躬, 拜, 興, 拜, 興, 平身) : 초헌 이하 모든 자손은 차례대로 서서 재배 하시오.

허리를 약간 굽히시오, 절하시오, 일어나시오, 절하시오, 일어나시오, 바로 서시오.

○ 분축문(焚祝文) : 축은 향안 앞으로 들어가 꿇어앉아 축문을 불사르시오.

○ 납신위(納神位) : 초헌은 지방함(판)을 거두고, 지방을 불사르시오.

○ 철(撤) : 제물을 거두고 철상하시오.

○ 예필(禮畢) : 기제의 의식을 모두 마치겠습니다.

[11] 기제 축문

모든 축문은 한지(가로20, 세로30㎝)에 세로로 쓰며 우측에서 좌측으로 쓴다. 축문은 기제를 마치면 지방과 함께 불사른다.

(1) 부 기제축(부모 병설)

유세차임진 십일월무신삭 십칠일갑자　효자　학교장　성재
維歲次壬辰 十一月戊申朔 十七日甲子① 孝子②學校長③性宰

감소고우
敢昭告于

현고학생부군
顯考學生府君④

현비유인경주김씨　세서천역
顯妣孺人慶州金氏⑤ 歲序遷易

현고　　휘일부림　추원감시　호천망극　근이 청작서수
顯考⑥　諱日復臨⑦ 追遠感時⑧ 昊天罔極⑨ 謹以 清酌庶羞

공신전헌　상
恭伸奠獻⑩ 尙

향
饗⑪

해설 : 임진년 0월 0일 효자 학교장 성재는

아버님 학생부군과

어머님 유인경주김씨께 감히 고하옵니다. 세월의 차례가 바뀌어 아버님께서 돌아가신 날이 다시 돌아왔습니다. 지난날의 감회를 생각하니 은혜가 하늘과 같이 크고 넓어서 끝이 없사옵니다.

삼가 맑은 술과 여러 음식으로 공경을 다하여 받들어 올리오니 흠향하시옵소서.

위 축문의 주 ① 에서 주 ⑪ 까지의 작성요령을 상세하게 설명한다.

① <편람>의 축문식에는 연호年號를 쓰게 되어 있다. 요즘은 연호가 없으므로 단군기원을 쓰기도 한다. 그러나 연호와 기원紀元은 다른 개념이라고 할 수 있다. 연호는 '광무', '융희' 등 왕조시대에 제왕이 정한 그 연대에 대한 칭호이고, 기원은 단기檀紀나 서기西紀를 말한다. 만약 단군기원을 쓸 경우는 '維'다음에 줄을 바꾸어 '檀'자를 '維'자 보다 2자 높여서 쓰고 '顯'자는 '維'자 보다 1자 높여서 쓴다.

예)　　　維

　　檀君紀元 四千三百四十五年 歲次壬辰 十一月戊申朔 十七日甲子 - - - - -

　　　顯考學生府君 - - - - -

○ 壬辰은 해(年)의 간지이며, 戊申는 11월 초하루 날의 일진이고, 甲子는 17일, 즉 제삿날(기일)의 일진이다. 제사를 준비하는 전날이 아니다.

○ 만약 양력으로 시행하면 연年의 태세간지만 쓰고, 월의 삭일(초하루) 간지와 제삿날의 일진간지는 쓰지 않는다. 그러나 모든 제사는 옛날의 제도를 존중하고 따르는 의미에서 음력으로 지내는 것이 좋다.

○ 축문 등에는 대두법擡頭法을 적용한다. 대두법이란 위의 기제축의 '顯', '諱日復臨', '饗'과 같이 경의敬意를 표해야 할 글자는 행(줄)을 바꾸어 다른 행의 첫 글자보다 한두 칸 위에 쓰거나 문장의 중간에 있을 때는 밑으로 한두 칸 띄어서 쓰는 것을 말한다. 관혼상제의 모든 고유고사, 축문, 청혼서, 납채서(사주편지), 혼례편지 등도 동일하다.

<사례편람>에는 '諱日復臨'을 행(줄)을 바꾸어 '諱'자를 '顯'자와 같은 칸에 쓰도록 예시하고 있다. 그러나 문장의 중간에 있기 때문에 밑으로 한두 칸 띄어서 쓰는 경우가 많다.

경의를 표해야 할 글자는 묘호廟號(태조, 세종 등), 경연經筵, 증贈, 시諡, 현顯, 휘諱, 봉영封瑩, 존령尊靈, 신神, 구柩, 토지지신土地之神, 향饗, 존체尊體, 존자尊慈, 존조尊照 등이다.

○ 축문은 원칙적으로 대두법을 제외하고는 띄어쓰기를 하지 않는다. 위의 축문에서 띄어 쓴 것은 현실적인 성향에서 해설의 이해를 돕고 축문을 읽을 때 숨을 쉬는 보편적인 위치를 표시하기 위함이다.

② '孝子'는 큰아들, 즉 대를 이어 받은 아들이란 뜻이다.

○ 큰아들(제주)이 특별한 사정에 의하여 제사를 지내지 못할 경우에도 지방과 축문은 큰아들(제주)의 명의로 쓴다. 큰아들 이름 뒤에 그 사유 (遠行,有病,有故 등)와 대신하는 사람의 관계와 이름을 기재한다. 만약 큰아들(제주)의 숙부나 아들이 대신하여도 지방과 축문의 신위는 '顯兄'이나 '顯祖考'로 고쳐 쓰지 않고 큰아들(제주)과의 친속관계인 '顯考'로 바로 쓴다.

예) 孝子 學校長 性宰 遠行 將事未得 使弟忠宰(혹은 使子廷賢) 敢昭告于

　顯考學生府君 - - - - -

○ 대행자가 제주의 子弟 등 아랫사람이면 '使'를 쓰고, 제주와 같은 行列이면서 손위(종형)이면 보통 '代'로 쓰며, 제주의 叔行 이상일 경우는 부탁의 의미를 가진 '촉屬'으로 쓴다.

○ 조부 제사에는 '孝孫', 증조부는 '孝曾孫', 고조부는 '孝玄孫'이라 쓴다.

만약 백·숙부 제사이면 '姪'이라고 쓴다.

③ 예서의 축문식에 제주(큰아들)의 직위를 쓰게 되어 있다. 직위가 있어도 겸양의 의미로 안 쓰는 경우도 있다.

옛날에는 오로지 관직만 기재하였지만 현대는 직업이 다양화되었기 때문에 관직과 사회적 공적인 직위를 사실대로 기재할 수 있을 것이다.

④ '顯考'는 돌아가신 아버지를 말하며, 조부이면 '顯祖考', 증조부이면 '顯曾祖考', 고조부이면 '顯高祖考'라고 쓴다. 만약 방계 친족(백·숙부)제사에는 '顯伯父', '

顯叔父'로 기재한다. '顯伯考', '顯叔考'로 쓰지 않는다.

○ '顯考學生府君'은 반드시 줄을 바꾸어 써야 하며, '維'자보다 한 칸 위에서부터 쓴다. 만약 단군기원을 병용하면 檀君의 '君'자와 같은 칸에서부터 쓴다. 그 이유는 조상을 높여서 써야 하고, '檀君'보다는 한 칸 내려써야 하기 때문이다.

○ '學生' 대신에 '處士'로 쓰기도 한다.

※ '처사'는 학문과 덕망이 높은 학자로서 벼슬하지 않고 초야에 묻혀 은둔한 선비를 말한다.

○ 아호가 있으면 '학생' 대신에 '아호'를 쓰기도 하고, '아호처사(00處士)'로 쓰기도 한다.

○ 만약 '학생'과 '아호'를 같이 쓰려면 학생, 아호 순으로 기재하는 것이 옳을 것이다.

○ 옛날의 관직이나 현대의 관직과 직위가 있으면 '학생' 대신에 그 관직이나 직위를 쓴다.

예) 부사, 현령, 현감, 학교장, 사무관, 문학박사 등 관직과 사회적 공적인 직위

○ '府君'이란 남자 조상을 높여 부르는 말이다.

⑤ '顯妣'는 돌아가신 어머니를 말하며, 조모이면 '顯祖妣', 증조모이면 '顯曾祖妣', 고조모이면 '顯高祖妣'라고 쓴다.

○ '顯妣孺人慶州金氏'는 반드시 줄을 바꾸어 써야 한다.

만약 모친이 두 분이면 '顯妣孺人慶州金氏' 다음에 줄을 바꾸어 '顯妣孺人密陽朴氏'라고 쓰고, 그 다음에 '歲序遷易'을 쓴다.

○ '孺人'은 모친이 당호(아호)가 있으면 '유인' 대신에 당호(아호)를 쓰기도 하고, '유인' 다음에 당호(아호)를 쓰기도 한다. 모친 본인이 옛날의 관직이나 현대의 관직과 직위가 있으면 '유인' 대신에 그 관직이나 직위를 쓴다.

○ 남편이 현대의 관직이나 직위가 있고, 부인은 관직(직위)이 없을 경우는 '유인' 대신에 '夫人' 혹은 '淑人'으로 쓰기도 한다.

○ '夫人'과 '淑人'은 옛날의 관직자 부인의 봉호인 '貞夫人', '淑人' 등에서 유래하여 쓰는 칭호이다.

○ 만약 남편이 옛날의 관직이 있으면 '유인' 대신에 남편의 관직에 해당하는 봉호

(정부인, 숙부인, 숙인 등)를 쓴다.

○ '歲序遷易'은 '세월이 차례로 바뀌어'의 뜻이다.

⑥ '顯考'는 오늘 제사가 부친제사라는 뜻이며, 반드시 줄을 바꾸어 써야 한다. 顯考라고 쓰기도 하고, 顯考學生府君까지 쓰기도 하지만, 學生府君은 앞줄에 이미 기재하였으므로 顯考만 쓴다.

○ 모친제사에는 '顯妣'라고 쓴다. 역시 줄을 바꾸어 써야 한다.
만약 모친이 두 분이면 당일 기제 대상 모친을 표시하기 위하여 '顯妣'를 '顯妣孺人慶州金氏' 혹은 '顯妣孺人密陽朴氏'로 고쳐 쓴다. 즉 성씨까지 기재하여 어느 모친의 기제인지를 구분한다.

○ 모친은 살아 계시고 부친제사이면 ④ 번 顯考學生府君 다음에 바로 '歲序遷易 諱日復臨'으로 연결하면 된다.(⑤ ,⑥번은 기재하지 않음)

⑦ '諱日復臨'은 '돌아가신 날이 다시 돌아오니'라는 뜻이다. '諱'자는 행(줄)을 바꾸어 '顯'자, '饗'자와 같은 칸에 쓰거나 문장의 중간에 있을 때는 밑으로 한두 칸 띄어서 쓴다.

⑧ '追遠感時'는 '지난날(먼 옛날)의 감회를 생각하니'라는 뜻이다.
방계 친족(백·숙부모)제사에는 '追遠感時'를 기재하지 않는다.

⑨ '昊天罔極'은 '부모님의 은혜가 하늘과 같이 크고 넓어서 끝이 없사옵니다' 라는 뜻이다.

○ 조부모, 증조부모, 고조부모 제사에는 昊天罔極이라 쓰지 않고 '不勝永慕'(길이 흠모하는 마음을 이길 수 없습니다)라고 쓴다.

○ 방계 친족 제사에는 昊天罔極 대신에 '不勝感愴'(슬프고 아픈 마음을 이길 수 없습니다)이라고 쓴다.

○ '謹以'는 '삼가'라는 뜻이다.

○ '淸酌庶羞'는 '맑은 술과 여러 가지 음식'이라는 뜻이다.

⑩ '恭伸奠獻'은 줄을 바꾸어서 '顯'자보다 한 칸 내려쓴다. '공경을 다하여 받들어 올린다'는 뜻이다.

⑪ '饗'자는 반드시 줄을 바꾸어 쓰고 '顯'자와 같은 칸에 쓴다.

(2) 백·숙부모 기제축

① 위의 부모 기제축에서 '孝子00'를 '姪00'로 고치고, '顯考'는 '顯伯(叔)父'로, '顯妣'는 '顯伯(叔)母'로 각각 고치고, '追遠感時'는 삭제하고, '昊天罔極'은 '不勝感愴'로 고치면 된다.

② 백·숙부모 등 방친이면 '考'와 '妣'를 쓰지 않고 '父'와 '母'로 쓴다. '追遠感時'는 기재하지 않는다.

(3) 출가여식 친정부모 기제축

① 친정에 자손(양자)이 없을 경우에 출가한 여식이 제주가 되어 친정 부모의 기제를 지낸다.

② 위의 부모 기제축에서 '孝子00'를 '女息 金海金氏(혹은 이름)'로 고치면 된다.

③ 사위는 장인, 장모의 기제에 직접 제주가 될 수 없다. 그러나 아내를 대신하여 지낼 수는 있을 것이다. 그러나 축문은 아내의 명의로 작성해야 하며 대신함을 표시하여야 한다.

예) 女息 金海金氏(혹은 이름) 代 夫000(성명) 敢昭告于

　顯考學生府君 - - - - -

(4) 외조부모 기제축

① 외가에 자손(양자)이 없고 모친도 돌아가신 후에는 외손이 외조부모의 기제를 지낸다.

② 위의 부모 기제축에서 '孝子00'를 '外孫000(성명)'로 고치고, '顯考'는 '顯外祖考'로, '顯妣'는 '顯外祖妣'로, '昊天罔極'은 '不勝永慕'로 각각 고치면 된다.

(5) 부夫(남편) 기제축

유세차임진 십일월무신삭 십칠일갑자 처김해김씨 감소고우
維歲次壬辰 十一月戊申朔 十七日甲子 妻金海金氏 敢昭告于

현벽학생부군 세서천역　휘일부림 추원감시 불승감창 근이
顯辟學生府君 歲序遷易　諱日復臨 追遠感時 不勝感愴 謹以

> 청작서수 공신전헌 상
> 淸酌庶羞 恭伸奠獻 尙
>
> 향
> 饗

① 부夫(남편) 기제축은 아내가 제주인 경우에만 사용한다. 즉 자녀(양자)가 없는 경우이다. 그러나 남편이 장남이면 아들이 있어도 시아버지가 있으면 시아버지가 제주이다. 남편이 차남이면 아들이 있으면 아들이 제주가 되고, 아들이 없으면 시아버지가 있어도 아내가 제주가 된다.

② '불승감창不勝感愴'은 '슬프고 아픈 마음을 이길 수 없음'의 뜻이다.

　　註 : <사례편람>에는 부夫(남편) 기제축에 대한 예시가 없는 것 같다. 다른 기제축의 용례를 참고한 것이다.

(6) 처妻(아내) 기제축

> 유세차임진 십일월무신삭 십칠일갑자 부이강민 소고우
> 維歲次壬辰 十一月戊申朔 十七日甲子 夫李康珉 昭告于
>
> 망실유인김해김씨 세서천역 망일부지 불승비감 자이
> 亡室孺人金海金氏 歲序遷易 亡日復至 不勝悲感 玆以
>
> 청작서수 신차전의 상
> 淸酌庶羞 伸此奠儀 尙
>
> 향
> 饗

① 처의 기제에는 자식이 있어도 남편이 제주가 된다. '夫 李康珉'으로 성과 이름을 같이 쓴다. 만약 연로하여 아들이 대신 제사 지낼 경우에는 '夫 李康珉' 다음에 '年老 使子成宰'를 삽입한다. 아버지(남편)가 살아 계시면 아들이 바로 어머니의 기제축으로 제사 지낼 수 없다.

② '불승비감不勝悲感'은 '슬픈 마음 이길 수 없음', '신차전의伸此奠儀'는 '제수를 차려 올림'의 뜻이다.

③ '敢昭告于'는 '昭告于'로 쓰고, '亡室' 대신에 '故室'로 쓰기도 하며, '謹以'는 '玆

以'로 쓴다.

(7) 형 기제축

유세차임진 십일월무신삭 십칠일갑자 제충재 감소고우
維歲次壬辰 十一月戊申朔 十七日甲子 弟忠宰 敢昭告于

현형학생부군 세서천역   휘일부림 불승감창 근이
顯兄學生府君 歲序遷易   諱日復臨 不勝感愴 謹以

청작서수 공신전헌 상
淸酌庶羞 恭伸奠獻 尙

향
饗

① '불승감창不勝感愴'은 '슬프고 아픈 마음을 이길 수 없음'의 뜻이다.

(8) 제(동생) 기제축

유세차임진 십일월무신삭 십칠일갑자 형고우
維歲次壬辰 十一月戊申朔 十七日甲子 兄告于

망제학생 세서천역 망일부지 불승비감 자이
亡弟學生 歲序遷易 亡日復至 不勝悲感 玆以

청작서수 신차전의 상
淸酌庶羞 伸此奠儀 尙

향
饗

① '불승비감不勝悲感'은 '슬픈 마음 이길 수 없음'의 뜻이다.

② 兄의 이름은 쓰지 않고, '敢昭告于'는 '告于'로 쓰고, '謹以'는 '玆以'로 쓴다.

(9) 자(아들) 기제축

유세차임진 십일월무신삭 십칠일갑자 부고우
維歲次壬辰 十一月戊申朔 十七日甲子 父告于

> 망자학생 세서천역 망일부지 불승비감 자이
> 亡子學生 歲序遷易 亡日復至 不勝悲感 兹以
>
> 청작서수 신차전의 상
> 清酌庶羞 伸此奠儀 尙
>
> 향
> 饗

① 자(아들) 기제축은 부(아버지)가 제주인 경우에만 사용한다. 즉 망자가 장남이
   면 망자의 아들과 아내가 있어도 아버지가 제주이다. 망자가 차남이면 망자의
   아들이 있으면 아들이 제주가 되고, 망자의 아들과 아내가 없으면 아버지가 제
   주가 된다.

② 父의 이름은 쓰지 않고, '敢昭告于'는 '告于'로 쓰고, '謹以'는 '兹以'로 쓴다. '亡
   子學生'을 '亡子秀才○○(이름)'으로 쓰기도 한다.

12. 절사節祀 : 차례

① 절사는 명절 아침에 기제의 대상인 불천위와 4대(친미진親未盡: 고조 - 부모) 조
   상에게 주인(장손·장남)이 사당에서 지내는 제사이다. <가례>에 의하면 하루
   전날 청소하고 재계齋戒하며 궐명厥明(다음날: 명절날 새벽)에 진설한다고 했다.
   요즘은 대부분 사당이 없으므로 안방 혹은 대청에서 지낸다. 차례라고도 한다.

② 차례라고 부르는 것은 <가례>의 사당편 '정지삭망즉참正至朔望則參'조에 사당
   에서 정조(설), 동지, 매월 초하루·보름에 참배할 때 술과 함께 차를 올린 데서
   유래된 것 같다. <가례>가 중국에서 우리나라에 들어오면서 '차례'라는 말을
   사용하게 된 것으로 추측할 수 있다.

   그러나 이재 선생의 <사례편람>에는 차는 본래 중국에서 사용한 것이고, 우리

나라에는 차를 사용하지 않기 때문에 <가례>에 나오는 설다設茶, 점다點茶(차를 끓어 올리는 것)와 같은 글귀는 모두 삭제하였다."고 한 것으로 보아 당시에도 사당에 참배할 때 차를 사용하지 않았다는 것을 알 수 있다.

그래서 '차례'보다는 명절제사의 줄인 말인 '절사節祀'라고 부르는 것이 더 좋다고 생각한다. 이유는 차는 쓰지도 않고, 술을 쓰기 때문이다. 옛날부터 '무주불성례無酒不成禮'라고 하여 술이 없으면 예가 이뤄지지 않는다고 했다.

③ 절사(차례)에 대하여는 예서에 별도의 규정이 없다. 다만 <가례>의 사당편에 "세속의 명절에는 그 시절에 나는 음식을 올린다."라고 하였고, 예법은 사당에서 행하는 "정조(설), 동지, 매월 초하루 참배의식과 같다."라고 하였다. 이 참배의식은 단헌무축으로 되어 있다. 이 규정에 의하여 오늘날의 절사(차례)로 변천되었다고 생각한다. 또한 절사는 '소제小祭'(작은 제사)이므로 제수는 간소하게 하고, 절차도 단헌무축으로 간략하게 한다고 하였다. 그래서 단헌무축으로 행하는 것이 통례로 되어 있다. 그러나 단헌무축이 섭섭하여 삼헌독축으로 지내기도 한다.

④ 옛날에는 절사를 설, 한식, 단오, 추석, 동지 등에 지내기도 했지만 근래에는 대부분 설, 추석에만 지낸다. 절사는 "선강신 후참신"이다.

⑤ 절사는 큰집부터 차례대로 지낸다. 그러나 요즘은 지손가에서 각각 먼저 지내고 큰집에 다 같이 모여서 큰집 절사를 지내기도 한다. 1일 전에 재계한다.

[1] 절사 진설

① 절사의 제수는 각 대별로 각각 마련하고 진설도 각 대별로 각각 한다. 즉 4대봉사하면 제수를 4벌 준비하고, 제상도 4개를 준비한다. 서쪽부터 고조, 증조, 조부, 부모의 순으로 제상을 차린다. 작은 제상을 사용한다.

② 절사(차례)의 진설도는 어떤 예서에도 수록되어 있지 않다. 다만 <가례>에 절사는 소제小祭(작은 제사)이므로 제수는 간소하게 하고, "세속의 명절에는 그 시절에 나는 음식을 올린다."라고 하였다. 그래서 옛날의 절사 제수는 기제보다

간소하게 했을 것이다. 또 명절마다 제수가 조금씩 달라질 수도 있다.

③ 요즘의 절사는 기제와 같이 진설하고 있다. 근래에는 설, 추석을 중요시하는 경향으로 변천하여 절사제수를 기제와 똑같이 진설하거나 오히려 그 이상으로 성대하게 차리고 있는 실정이다. 그러나 이것은 간소하게 행하는 절사 본래의 의미를 벗어난 것이라고 생각한다.

④ 만약 4대봉사하면 제수를 각 대별로 각각 진설해야 하므로 기제와 같이 많이 마련하기는 쉽지 않다. 그래서 간소한 "절사 진설도"가 필요하다. 아래의 "절사 진설도(2) (기본제수)"는 <편람>의 사당편에 "속절즉헌이시식俗節則獻以時食(세속의 명절에는 그 시절에 나는 음식을 올린다.)"조에 수록된 제수와 현실의 명절 제수를 혼용하여 기본제수 위주로 만든 것이다.

⑤ 절사의 기본제수가 아래 진설도의 품목으로 한정된다는 것은 아니며 기본적으로 과실, 포, 해(생선 젓갈), 면(국수), 병(떡), 3적(육 · 계 · 어적)은 갖추어야 할 중요한 제수라고 판단된다. 3채(나물류)는 1채로 줄이고, 3탕(육탕, 소탕, 어탕)과 3전(육전, 소전, 어전)은 생략하기도 한다.

　　　註 : <편람>에 의하면 상중제사와 제례편의 모든 제사의 '구찬具饌'조에 제수 이름(포, 해, 청장, 초, 병, 면 등)을 기제진설도(단설)와 같이 상세하게 명시하고 있다. 그러나 사당편 "속절즉헌이시식"조의 제수에는 포, 해(생선젓갈), 청장(간장), 초(식초), 면(국수) 등이 없다. 특히 포와 해가 없다는 것이다. 이것은 제사와 "속절즉헌이시식"은 제수가 다르다는 것이며, 옛날의 "속절"에는 포, 해를 쓰지 않았다는 의미일 것이다. 그러나 "속절"의 의례가 현실의 절사(차례)로 변천하였다고 할 수 있고, 현재는 대부분 절사(차례)에도 기제와 같은 제수를 쓰고 있으므로 절사(차례)의 기본제수에 포와 해 등을 포함시켰다.

⑥ 절사에는 반갱을 쓰지 않고 설에는 떡국, 추석에는 송편을 올린다고 한다. 그러나 가문에 따라서 반갱을 쓰기도 한다. 율곡 선생은 명절에 햇곡식이 있으면 반(메)을 지어 반찬과 같이 진설한다고 하였다. 그래서 설에는 반갱 대신에 떡국을 올리고, 추석에는 햅쌀로 지은 반(메)과 갱(국)을 올리고 병(떡) 위에 송편을 추가하면 좋을 것이다.

⑦ 같은 종류의 제수는 한 개의 제기에 같이 담기도 한다. 즉 3적(육적·계적·어적)은 한 개의 제기에 같이 담기도 하고, 대추·밤·감·배 등도 조금씩 한 개의 제기에 같이 담기도 한다. 이는 작은 제상을 각 대별로 각각 사용하기 때문이다.

⑧ 그 외 진설은 기제진설 방법(원칙)을 참고하기 바란다.

※ 절사의 참제원의 서립위치는 기제와 같다. 남녀가 함께 제사 지내는 것을 원칙으로 하고 있다. 남자는 중앙(헌자배석)을 기준으로 동쪽에 서고, 여자는 서쪽에 선다. 남·여 각각 중앙에 가까운 자리가 상석이 된다. 상세한 사항은 아래의 "(3) 절사 제상배치도(4대봉사) 및 참제원 서립도"를 참고한다.

(1) 절사 진설도(1) (현행 기제진설도 준용)

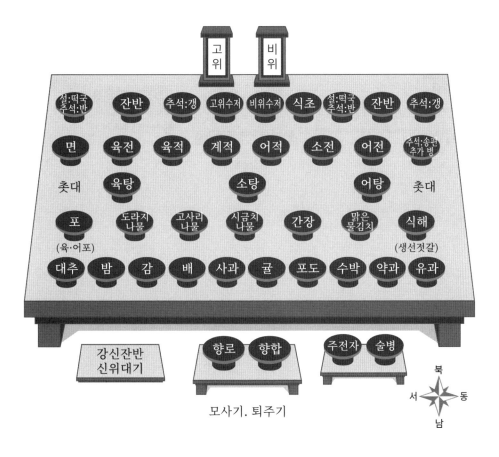

(2) 절사 진설도(2) (기본제수)

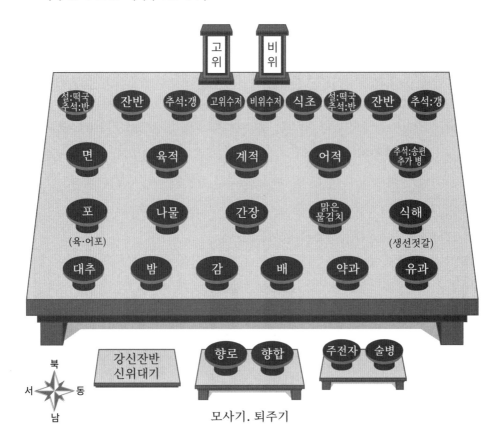

(3) 절사 제상배치도(4대봉사) 및 참제원 서립도

모사기. 퇴주기

서집사	헌자배석	동집사

(1)남.여 함께 제사를 지낼 때

　　　　　■여자석■

　　　　　종숙모,숙모,　모
(관세위)　종제수, 제수, 주부
　　　　　질부, 자부, 장자부
　　　　(동집사,서집사)여자집사

※여자는 서쪽에 서되 중앙(동측)
　을 상석으로 하여 항렬별 순위
　로 선다.

※주부 앞에는 어머니만이 설 수
　있다.

(2)남자만 제사를 지낼 때

※항고자, 헌자, 집사가 아닌 일
　반 참제원은 서쪽에 서되 중앙
　(동측)을 상석으로 하여 항렬별
　순위로 선다.

(1)남.여 함께 제사를 지낼 때

　　　■남자석■

　　　숙부, 종숙부
주인, 제, 종형제　　　(관세위)
장자, 차자, 질
남자집사(축,서집사,동집사)

※남자는 동쪽에 서되 중앙(서측)
　을 상석으로 하여 항렬별 순위
　로 선다.

※주인 앞에는 아무도 설 수 없다.

(2)남자만 제사를 지낼 때

　　　숙부, 종숙부
주인, 제, 종형제
축, 서집사, 동집사

※항고자, 헌자, 집사는 동쪽에 서
　되 중앙(서측)을 상석으로 하여
　항렬별 순위로 선다.

[2] 기제와 절사의 비교(다른 점)

구분	기제 (정식제사)	절사 (약식제사)
절차	- 종헌 후에 첨작, 합문, 계문, 진숙수의 절차가 있다. - 계반개는 초헌시에 하고, 삽시정저는 첨작 후에 한다.	- 첨작,합문, 계문, 진숙수가 없다. - 숙수를 올리기도 한다. - 첨작, 합문, 계문이 없으므로 삽시 정저를 초헌시 계반개 후에 한다.
제수 및 진찬 전적 여부	- 반갱을 올린다 - 참신 후에 진찬한다. - 초·아·종헌시에 각각 3적을 전적한다.	- 제수는 시절음식으로 간소하게 차린다. - 반갱 대신에 설에는 떡국, 추석에는 송편을 올린다. - 추석에 반갱을 올리기도 한다. - 진찬과 전적 없이 처음 진설할 때 다른 제수와 다 같이 진설한다.
헌작 횟수	- 삼헌독축	- 단헌무축
헌작 절차	- 주인이 제상 위의 잔반을 내려서 집사의 도움으로 술을 가득 따라서 신위 앞에 올린 후 잔반을 내려서 모사기에 삼제 후에 다시 잔반을 신위 앞에 올린다.	- 주인이 직접 주전자를 들고 제상 위의 잔반에 술을 따른다. - 삼제는 하지 않는다.
제상 수	- 제상 1개만 차린다.	- 4대봉사하면 제상 4개를 차린다. 작은 제상을 사용한다. - 제상마다 기본제수로 간소하게 한다. - 같은 종류의 제수는 한 개의 제기에 같이 담기도 한다.

[3] 절사 절차(4대봉사 단헌무축)

① 절사의 절차는 예서에 별도의 규정이 없으며 단지 <가례>와 <편람>의 사당편에 그 예법은 사당에서 행하는 "정지삭참正至朔參(정조·동지·매월 초하루 참배의식)의 절차와 같다." 라고 하였다. 그래서 절사는 단헌무축으로 간략하게 하

는 것이 통례로 되어 있다. 신주를 모신 사당절사, 지방절사 모두 "선강신 후 참신"이다.

② 위의 "정조(설) · 동지 · 매월 초하루" 참배 예법에 의하면 분향, 뇌주, 참신, 헌작, 사신의 순으로 되어 있다. 그러나 이 예법에도 <가례>와 <편람>이 서로 다른 점이 있다. <가례>에는 주인이 헌작 후 주부가 차를 올리는 예가 있으나 <편람>에는 차는 중국에만 쓰고 우리나라 풍속에는 쓰지 않기 때문에 차를 쓴다는 글은 삭제하였다고 하였고, 숙수(숭늉)를 올린다는 기록은 없다. 이것은 아마도 옛날에는 반갱을 쓰지 않았기 때문이라고 생각된다.

③ 절사를 아무리 간략하게 한다고 하지만 음식을 먹은 후에 숭늉을 마시는 것은 당연한 것이며, 만약 떡국이나 반갱을 쓴다면 마땅히 숙수를 올려야 할 것이라고 판단된다.

④ 그러나 절사에 숙수를 올리는 문제는 서로 다른 의견이 있는 것 같다. 여기에서 제시하는 순서는 진설조의 설명과 같이 설에는 떡국, 추석에는 반갱을 쓰는 것을 전제로 하였기 때문에 숙수를 올리는 것으로 기술하였다.

⑤ 절사는 <편람>의 정조(설) · 동지 · 매월 초하루 참배 예법을 근거로 하였기 때문에 진찬(2차진설), 전적(초 · 아 · 종헌 때 3적을 따로 올림)의 절차가 없으므로 처음 진설할 때 모든 제수(3적 포함)를 다 함께 올린다. 또한 첨작(유식), 합문, 계문, 수조례(음복), 고이성의 절차가 없다.

⑥ 절사의 헌작은 주인이 직접 주전자를 들고 제상 위의 신위 앞의 잔반에 술을 가득 따른다. 삼제는 하지 않는다. 이것을 "절사 헌작"이라고 한다. 즉 기제의 헌작과는 다르다는 말이다. 절사는 소제小祭(작은 제사)이므로 사당에서 행하는 "정조(설) · 동지 · 매월 초하루 참배의식"과 같이 간략하게 하기 때문이다.

⑦ 그러나 실제 현실의 절사 헌작은 기제의 "비편람식 헌작"과 같이 서 · 동집사의 도움을 받아 술을 모사기에 삼제 후 잔반을 제상 위에 올리기도 한다.

⑧ 절사는 4대봉사하면 제상(작은 제상) 4개를 따로 차려서 4대(고조 - 부모)를 동시에 같이 지내는 것이 바른 예법이다.

⑨ 만약 부득이한 사정으로 제상 1개만 차렸을 경우는 맨 먼저 고조의 절사를 지낸 후에 개인별 제수(떡국, 반, 갱 등)와 포 정도를 바꾸어서 증조, 조부모, 부모

순으로 각각 따로 지내야 할 것으로 생각한다. 즉 제상 1개에 4대(고조 - 부모)를 동시에 같이 지내는 것은 바른 예법이 아니라는 것이다. 여기서는 제상 4개를 따로 차려서 고조에서 부모까지 같이 지내는 절차에 대하여 설명한다.

절사 절차(4대봉사 단헌무축)

(1) 관수 : 주인(초헌) 이하 모든 집사는 손을 씻는다.

(2) 서립 : 주인 이하 모든 남녀 자손은 차례대로 선다.

　　　　　(위의 "절사 제상배치도 및 참제원 서립도" 참고)

(3) 봉신위 : 주인은 지방을 지방함(판)에 붙이고, 교의에 모셔서 개함한다.

　　　　　주인은 물러나서 본래의 제자리(서립위치)로 간다.

(4) 강신례 : 중앙의 향안 앞에서 한 번만 한다.(각 대마다 하지 않음)

　　　　　서·동집사는 향안의 서쪽, 동쪽 각자 맡은 위치로 들어간다.

　　① 분향재배 : 주인(장손·장남)이 향안 앞에 꿇어앉아 향을 세 번 피운 후 주인이 향안 앞 배석에서 재배한다.

　　② 뇌주재배 : 주인이 서·동집사의 도움을 받아 모사기에 강신 술을 다 부은 후 주인이 향안 앞 배석에서 재배한다.

　　　　　주인과 서·동 집사는 물러나서 본래의 제자리(서립위치)로 간다.

(5) 참신례

　　① 참신재배 : 주인 이하 모든 자손은 서립위치에서 재배한다.

　　　　　　여자는 사배한다.(각 대마다 하지 않음)

(6) 헌작례(초헌)

　　서·동집사는 향안의 서쪽, 동쪽 각자 맡은 위치로 들어간다.

　　① 헌작 : 주인은 들어가서 직접 주전자를 들고 제상 위의 잔반에 술을 가득 따름. 삼제는 하지 않음.

　　주인은 고조고비위 잔반에 술을 따른다. 서·동집사는 계반개하고 삽시정저 한다.

　　주인은 증조고비위 잔반에 술을 따른다. 서·동집사는 계반개하고 삽시정저 한다.

주인은 조고비위 잔반에 술을 따른다. 서·동집사는 계반개하고 삽시정저한다.

주인은 고비위 잔반에 술을 따른다. 서·동집사는 계반개하고 삽시정저한다.

※ 만약 3헌독축으로 지내려면 헌작례(초헌례)에서 '헌작' 후에 '초헌이하궤', '축독축', '흥평신', '초헌재배', '퇴복위', '철주'를 추가하고, '아헌례'와 '종헌례', '분축문'의 절차를 행하면 된다.

▲ 헌작후 삽시정저한 장면 : 설(떡국) 절사 기본제수만 진설(2대봉사 사당으로서 작은 제상 사용. 육적, 계적, 어적은 중앙에 한제기에 담아져 있다.)

② 주인재배 : 주인은 중앙의 향안 앞 배석에서 재배한다.(각 대마다 하지 않음)

주인은 물러나서 본래의 제자리(서립위치)로 간다.

아헌, 종헌이 없으므로 철주하지 않는다.

(7) 공수시립 : 주인 이하 모든 자손은 공수자세로 잠시 동안 서 있는다.

註 : 절사(차례)의 근거가 되는 <사례편람> "정조(설)·동지·매월 초하루" 참배 조항에 의하면 이때 "잠시 동안 서 있는다." 라고 되어 있다.

(8) 철갱진숙수 : 서·동집사는 국을 내리고 숭늉을 올린다. (고조부터 차례대로)

(9) 철시숙수접중 : 서·동집사는 떡국(메)그릇의 숟가락을 빼어 떡국(메)을 세 번 떠서 숭늉그릇에 말고, 숟가락을 자루가 서쪽으로 가도록 하여 숭늉그릇에 놓는다.(고조부터 차례대로)

(10) 국궁 : 주인 이하 모든 자손은 현 위치에서 잠시 허리를 굽히고 있다가 바로 선다.

(11) 하시저합반개 : 서·동집사는 수저를 시접에 거두고 떡국(메)그릇과 모든 제 수의 뚜껑을 덮는다.(고조부터 차례대로)

　　　　　　　　서·동집사는 물러나서 본래의 제자리(서립위치)로 간다.

(12) 사신례

　　① 사신재배 : 주인 이하 모든 자손은 서립위치에서 재배한다. 여자는 사배한 다.(각 대마다 하지 않음)

　　② 납신위 : 주인은 지방함(판)을 거두고, 지방을 불사른다.

　　③ 철 : 제물을 거두고 철상한다.

　　④ 예필 : 절사의 의식을 모두 마친다.

[4] 절사 홀기(약식) : 4대봉사 단헌무축

① 이 절사 홀기는 4대봉사 단헌 무축의 경우이며, 읽기 편하도록 한문 문장을 간 략하게 약식으로 작성하였다.

② 이 절사 홀기는 헌작할 때 주인이 직접 주전자를 들고 제상 위의 신위 앞의 잔 반에 술을 가득 따르고, 삼제는 하지 않는 것으로 하였다. "절사헌작"은 기제의 헌작과는 다르기 때문이다.

③ 만약 3헌독축으로 행하려면 헌작례(초헌례)에서 '헌작' 후에 '초헌이하 궤', '축 독축', '흥평신', '초헌재배', '퇴복위'. '철주'를 추가하고, '아헌례'와 '종헌례', '분축 문'을 추가하면 된다.

절사 홀기節祀 笏記(약식)

○ 초헌이하 제집사관수(初獻以下 諸執事盥手) : 초헌(주인) 이하 모든 집사는 손을 씻으시오.

○ 서립(序立) : 초헌 이하 모든 자손은 차례대로 서시오.

○ 봉신위(奉神位) : 초헌은 지방을 지방함(판)에 붙이고, 교의에 모셔서 개함하시오.

○ 퇴복위(退復位) : 초헌은 물러나서 본래의 제자리(서립위치)로 가시오.

□ 행강신례(行降神禮) : 강신례를 행하시오.

○ 제집사 각취위(諸執事 各就位) : 서 · 동집사는 향안의 서쪽, 동쪽 각자 맡은 위치로 들어가시오.

○ 초헌 향안전궤(初獻 香案前跪) : 초헌은 향안 앞에 꿇어앉으시오.

○ 분향(焚香) : 초헌은 향을 세 번 피우시오.

○ 재배(再拜) : 초헌은 향안 앞 배석에서 재배하시오.

○ 뇌주(酹酒) :

　초헌은 다시 향안 앞에 꿇어앉으시오.

　서집사는 동향으로 꿇어앉아 강신잔반을 받들어서 초헌에게 주시오.

　동집사는 서향으로 꿇어앉아 술을 따르시오.

　초헌은 강신잔반의 술을 모사기에 다 부으시오.

　초헌은 이 빈 강신잔반을 서집사에게 주시오.

　서집사는 강신잔반을 받들어서 본래의 제자리에 놓으시오.

○ 재배(再拜) : 초헌은 향안 앞 배석에서 재배하시오.

○ 초헌 제집사 퇴복위(初獻 諸執事 退復位) : 초헌과 서 · 동집사는 물러나서 본래의 제자리(서립위치)로 가시오.

□ 행참신례(行參神禮) : 참신례를 행하시오.

○ 초헌이하 재배, 국궁, 배, 흥, 배, 흥, 평신(初獻以下 再拜, 鞠躬, 拜, 興, 拜, 興, 平身) : 초헌 이하 모든 자손은 차례대로 서서 재배하시오. 허리를 약간 굽히시오, 절하시오, 일어나시오, 절하시오, 일어나시오, 바로 서시오.

□ 행헌작례(行獻酌禮) : 헌작례를 행하시오.

○ 제집사 각취위(諸執事 各就位) : 서·동집사는 향안의 서쪽, 동쪽 각자 맡은 위치로 들어가시오.

○ 헌작(獻酌) :

초헌은 들어가서 주전자를 들고 제상 위의 고조고비의 잔반에 술을 따르시오.

서·동집사는 계반개하고 삽시정저하시오.

초헌은 주전자를 들고 제상 위의 증조고비의 잔반에 술을 따르시오.

서·동집사는 계반개하고 삽시정저하시오.

초헌은 주전자를 들고 제상 위의 조고비의 잔반에 술을 따르시오.

서·동집사는 계반개하고 삽시정저하시오.

초헌은 주전자를 들고 제상 위의 고비의 잔반에 술을 따르시오.

서·동집사는 계반개하고 삽시정저하시오.

3헌 독축시 추가사항

○ 초헌이하 궤(初獻以下 跪) : 초헌 이하 모든 자손은 현 위치에서 꿇어앉으시오.

○ 축독축(祝讀祝) : 축은 초헌의 좌측에서 동향으로 꿇어앉아 축문을 읽으시오.

○ 흥평신(興平身) : 모든 자손은 일어나서 바로 서시오.

○ 초헌 재배(初獻 再拜) : 초헌은 중앙의 향안 앞 배석에서 재배하시오.

○ 퇴복위(退復位) : 초헌은 물러나서 본래의 제자리(서립위치)로 가시오.

3헌 독축시 추가사항

○ 철주(撤酒) : 서·동집사는 모든 잔반을 내려서 철주기에 술을 다 비운 후 빈 잔반을 제상 위 제자리에 올려놓으시오.

□ 행아헌례(行亞獻禮) : 아헌례를 행하시오.

○ 헌작(獻酌) :
아헌은 들어가서 주전자를 들고 제상 위의 고조부터 부모까지 잔반에 술을 따르시오.

○ 아헌 재배(亞獻 再拜) : 아헌은 중앙의 향안 앞 배석에서 재배하시오.

○ **퇴복위(退復位)** : 아헌은 물러나서 본래의 제자리(서립위치)로 가시오.

○ **철주(撤酒)** : 서·동집사는 모든 잔반을 내려서 철주기에 술을 다 비운 후 빈 잔반을 제상 위 제자리에 올려놓으시오.

□ **행종헌례(行終獻禮)** : 종헌례를 행하시오.

○ **헌작(獻酌)** :
종헌은 들어가서 주전자를 들고 제상 위의 고조부터 부모까지 잔반에 술을 따르시오.

○ **종헌 재배(終獻 再拜)** : 종헌은 중앙의 향안 앞 배석에서 재배하시오.

○ **퇴복위(退復位)** : 종헌은 물러나서 본래의 제자리(서립위치)로 가시오.

○ **공수시립(拱手侍立)** : 초헌 이하 모든 자손은 공수자세로 잠시 동안 서 있으시오.

○ **철갱 진숙수(撤羹 進熟水)** : 서 · 동집사는 고조부터 고비위의 갱을 내리고 숭늉을 올리시오.

○ **철시 숙수접중(撤匙 熟水楪中)** : 서 · 동집사는 고조부터 떡국(메)그릇의 숟가락을 빼어 떡국(메)을 세 번 떠서 숭늉 그릇에 말고, 숟가락을 자루가 서쪽으로 가도록 하여 숭늉그릇에 놓으시오.

○ **국궁(鞠躬)** : 초헌 이하 모든 자손은 현 위치에서 잠시 허리를 굽히시오.

○ **평신(平身)** : 모두 허리를 펴고 바로 서시오.

○ **하시저 합반개(下匙筯 合飯蓋)** : 서 · 동집사는 고조부터 수저를 시접에 거두고, 떡국(메)그릇과 모든 제수의 뚜껑을 덮으시오.

○ **제집사 퇴복위(諸執事 退復位)** : 서 · 동집사는 물러나서 본래의 제자리(서립위치)로 가시오.

□ **행사신례(行辭神禮)** : 사신례를 행하시오.

○ **초헌이하 재배, 국궁, 배, 흥, 배, 흥, 평신(初獻以下 再拜, 鞠躬, 拜, 興, 拜, 興, 平身)** : 초헌 이하 모든 자손은 차례대로 서서 재배하시오.
허리를 약간 굽히시오, 절하시오, 일어나시오, 절하시오, 일어나시오, 바로 서시오.

○ **분축문(焚祝文)** : 축은 향안 앞으로 들어가 꿇어앉아 축문을 불사르시오.

○ **납신위(納神位)** : 초헌은 지방함(판)을 거두고, 지방을 불사르시오.

○ **철(撤)** : 제물을 거두고 철상하시오.

○ **예필(禮畢)** : 절사의 의식을 모두 마치겠습니다.

[5] 절사 축문(4대봉사)

① 절사는 '소제小祭'(작은 제사)이므로 단헌무축으로 간략하게 행한다고 하였다. 축문을 읽지 않으므로 절사 축문에 대하여는 예서에 별도의 규정이 없다. 그러나 단헌무축이 섭섭하여 삼헌독축으로 지낼 경우의 절사 축문은 옛날 사계절의 중월(2.5.8.11월)에 지내던 사시제의 축문이나 4대친(친미진親未盡: 고조 - 부모) 묘제 축문을 준용하여 쓰고 있다.

② 절사 축문은 고조에서 부모까지 열서하여 한 장에 작성한다. 4대봉사하면 제상(작은 제상) 4개를 따로 차려서 4대(고조 - 부모)를 동시에 같이 지내는 것이 바른 예법이기 때문이다.

③ 만약 여건상 제상 1개만 차려서 맨 먼저 고조의 절사를 지낸 후에 개인별 제수(떡국, 반, 갱 등)와 포 정도를 바꾸어서 증조, 조부모, 부모순으로 각각 따로 지낸다면 축문은 각 대별로 각각 작성해야 한다.

※ 절사 축문의 '학생', '유인' 등 상세한 작성요령은 기제축문을 참고한다.

(1) 절사 축문1 : 사시제 축문을 준용한 축문

維歲次壬辰 一月癸未朔 初一日癸未① 孝玄孫②學校長③性宰
敢昭告于

顯高祖考學生府君
顯高祖妣孺人金海金氏

顯曾祖考學生府君
顯曾祖妣孺人慶州崔氏

顯祖考學生府君
顯祖妣孺人高靈金氏

顯考學生府君
顯妣孺人慶州金氏 氣序流易 時維正元④ 追感歲時 不勝感慕⑤

　昊天罔極⑥ 謹以 淸酌庶羞 恭伸奠獻⑦ 尙

饗

해설 : 임진년 0월 0일 효현손 학교장 성재는

선조님께 감히 고하옵니다.

절기의 차례가 바뀌어 때가 설날이 되니 세시명절을 따라 감동하여 추모하
는 마음을 이기지 못하옵고, 은혜가 하늘과 같이 크고 넓어서 끝이 없사옵
니다. 삼가 맑은 술과 여러 음식으로 공경을 다하여 받들어 올리오니
흠향하시옵소서.

위 축문1의 주 ① 에서 주 ⑦ 까지의 작성요령을 설명한다.

① 壬辰은 해(年)의 간지이며, 癸未는 1월 초하룻날의 일진이고, 그 다음의 癸未는
초1일 즉 설날의 일진이다. 설날은 삭일과 명절날의 일진이 같다.

② '孝玄孫'은 큰 현손자, 즉 대를 이어 받은 현손자란 뜻이다.

만약 고조에서 부모까지 절사를 지내면 최존위 고조와 제주와의 관계인 '효현
손'만 쓰면 된다. 효증손, 효손, 효자까지 쓸 필요는 없다.

③ 봉사자(큰 현손자)의 직위를 쓴다.

예서의 축문식에 제주(큰아들)의 직위를 쓰게 되어 있다. 직위가 있어도 겸양의
의미로 안 쓰는 경우도 있다.

옛날에는 오로지 관직만 기재하였지만 현대는 직업이 다양화되었기 때문에 관

직과 사회적 공적인 직위를 사실대로 기재할 수 있을 것이다.

④ '時維正元'은 설날이란 뜻이며 '時維正朝'라고도 한다. 추석이면 '時維仲秋'라고 쓴다.

⑤ '不勝感慕'는 조부모 이상에게만 쓰는 용어이며, '감동하여 추모하는 마음을 이기지 못하여' 라는 뜻이다. 만약 명절에 부모만 모실 경우에는 '不勝感慕' 대신에 '昊天罔極'이라고 쓴다.

⑥ '昊天罔極'은 부모에게만 쓰는 용어이며, '은혜가 하늘과 같이 크고 넓어서 끝이 없다'라는 뜻이다.

○ 위 축문에서 '不勝感慕'와 '昊天罔極'을 같이 쓴 이유는 고조에서 부모까지 모시기 때문이다.

⑦ '恭伸奠獻'을 '祇薦歲事'로 쓰기도 한다.

(2) 절사 축문2 : 4대친(친미진: 고조 - 부모) 묘제 축문을 준용한 축문

維歲次壬辰 一月癸未朔 初一日癸未 正元① 孝玄孫②學校長③性宰
敢昭告于

顯高祖考學生府君
顯高祖妣孺人金海金氏

顯曾祖考學生府君
顯曾祖妣孺人慶州崔氏

顯祖考學生府君
顯祖妣孺人高靈金氏

顯考學生府君
顯妣孺人慶州金氏 氣序流易 歲律旣更④ 追感歲時 不勝感慕⑤

昊天罔極⑥ 謹以 淸酌庶羞 祇薦歲事 尙

饗

해설 : 임진년 0월 0일 효현손 학교장 성재는

선조님께 감히 고하옵니다.

절기의 차례가 바뀌어 이미 새해가 되니 세시명절을 따라 감동하여 추모하

는 마음을 이기지 못하옵고, 은혜가 하늘과 같이 크고 넓어서 끝이 없사옵
니다. 삼가 맑은 술과 여러 음식으로 공경을 다하여 세사를 드리오니
흠향하시옵소서.

위 축문2의 주 ①에서 주 ⑥까지의 기재요령은 절사 축문1의 설명을 참조한다. 다
만 주 ①의 월일과 월일의 일진은 생략하고, 설에는 正元, 추석에는 仲秋로만 쓸 수도
있다. 正元은 正朝로, 仲秋는 秋夕으로 쓰기도 한다.

주 ④의 '歲律旣更'(해가 이미 새해로 바뀌어)은 설날에 쓰고, 추석에는 '白露旣降'(이
슬이 이미 내리니)으로 쓴다.

13. 묘제墓祭 : 시제

① 묘제는 조상의 묘소에서 지내는 제사이다. 기제를 모시지 않는 5대조 이상(친
진親盡)의 조상에게 1년에 한번 지내는 세일사歲一祀 묘제와 기제를 모시는 4
대친(친미진親未盡: 고조 - 부모)에게 계절에 따라 지내는 묘제로 구분할 수 있
다. <편람>에 의하면 세일사 묘제는 10월 1일에 지내고, 4대친(고조 - 부모) 묘제
는 3월 상순에 지낸다. 1일 전에 재계한다. 그러나 요즘은 4대친(고조 - 부모) 묘
제는 잘 지내지 않는다.

② 5대조 이상(친진親盡) 세일사歲一祀 묘제는 기제의 대상(고조 - 부모)이 지난 봉
사손(장손)의 5대조를 바로 세일사 묘제로 올려 지내는 것이 아니다. 그 이유는
작은 집에 생존한 최장방最長房(4대 이내의 자손 가운데 항렬이 가장 높은 사람.
증손, 현손)이 있기 때문이다. 그래서 봉사손(장손)의 5대조의 신주는 생존한 증
손, 현손의 집으로 차례대로 옮겨가면서 기제를 계속 지내다가 현손이 모두 사
망하면 기제는 종료하고, 신주를 묘소의 우편(서쪽)에 묻고 비로소 세일사(묘

제)를 지낸다. 신주를 묻기 전에 최장방의 집으로 옮겨가면서 기제를 지내는 신주를 체천위遞遷位라고 한다.

註 : 그러나 요즘은 신주를 작은집 최장방(증손, 현손)에게로 옮겨가면서(체천) 기제를 계속 지내지 않고 신주를 묘소의 우측(서쪽)에 묻고 세일사(묘제)를 지내는 경우가 많다.

③ 묘제를 時祭 · 時祀 · 時享이라고 하기도 한다. 이는 요즘은 지내지 않고 있지만 사계절에 4대친(고조 - 부모)을 대상으로 정침(청사: 대청)에서 지내던 사시제四時祭에서 그 용어가 유래된 것 같다. 그러나 묘에서 지내면 묘제라고 하는 것이 옳다.

註 : 묘제를 시제라고 하면서 사시제(시제)와 같이 '유식(첨작)'과 '수조례(음복)', '고이성'을 행하기도 하는데 <가례>와 <편람>에 의하면 묘제와 사시제(시제)는 완전히 다른 제사이다. 또한 묘제에는 '유식(첨작)'과 '수조례(음복)', '고이성'의 절차가 없다. 묘제를 시제라고 하는 것은 바른 칭호가 아니라고 생각한다.

④ 묘제는 각 묘소마다 지내는 것이 원칙이다. <가례>와 <편람>에는 실내(재실)에서 묘제(시제)를 지낸다는 기록은 없다. 다만 우천으로 묘소에서 묘제를 지낼 수 없거나 맑은 날이라도 같은 산에 묘소가 너무 많아서 하루에 행하기가 어려울 경우에는 실내(재실)에서 여러 대의 신위(위패, 지방)를 모시고 합사할 수도 있을 것이다. 재실 본래의 기능은 제구 보관, 제사 음식 준비, 참제원 유숙, 문중회의 등을 하는 곳이다. 그러나 현실적으로 재실에서 묘제(시제)를 많이 지내고 있다.

⑤ 만약 재실에서 여러 대의 조상을 합사할 경우에는 제상은 작은 것으로 각 대별로 각각 마련하고 제수도 각 대별로 각각 간소하게 진설한다. 여건상 각각 진설이 어려울 경우에는 최존위 조상을 맨 먼저 모신 후에 바른 예법은 아니지만 개인별 제수인 반 · 갱과 공동제수 중에서 포 정도는 바꾸어서 차존위 순으로 모시고, 또 다음 순위로 차례대로 모시기도 한다.

⑥ <편람>에 묘제의 제수 품목은 기제와 같다고 하였다. 묘에서 지내기 때문에 제수는 다소 간소하게 차리기도 한다. 그러나 묘제는 진찬(2차 진설), 전적(초 · 아

·종헌 때 3적을 따로 올림)이 없으므로 처음 진설할 때 모든 제수(3적 포함)를 다 함께 올린다.

※ <편람> 묘제편 '포석진찬布席陳饌(자리를 펴고 찬을 진설함)조의 '제구諸具' 조항에 의하면 3적은 3헌시마다 각각 갖추어 올리지 않는다고 명시하고 있으므로 별도로 전적은 하지 않는다. 그러나 현실적으로 일부 문중에서 3적을 초·아·종헌 때 헌작 후에 각각 전적하기도 한다.

⑦ 5대조 이상의 세일사 묘제(시제)는 대체로 남자들만 지낸다. 세일사 묘제는 주인(장손)이 초헌할 수도 있으나 종중이나 문중이 구성되었으면 종회장(문회장)이나 도유사 혹은 최존 항렬자가 초헌할 수도 있다.

⑧ 그러나 불천위 묘제는 주인이 초헌하여야 한다. 불천위 조상에 대하여는 묘제도 지내고 기제도 지내기 때문에 기제의 제주인 주인이 초헌해야 하는 것이다. 역시 4대친(친미진: 고조 - 부모) 묘제도 주인이 모든 신위에게 초헌하는 것이 원칙이다.

⑨ <편람>에 의하면 묘제는 선참신, 후강신의 순서로 되어 있다. 그러나 실내(재실)에서 행할 경우에는 선강신, 후참신으로 하면 될 것이다.

⑩ 묘제는 첨작(유식), 합문, 계문이 없으므로 초헌 때에 삽시정저한다. 수조례(음복)의 절차도 없다. 초·아·종헌이 헌작할 때 묘지에서는 묘소 앞 땅에 삼제 후에 헌작하고, 실내(재실)에서는 모사기에 삼제 후에 헌작한다.

註 : 묘제의 절차와 홀기는 '전적'과 '고이성'을 하지 않는 것으로 제정하였다.

▲ 묘제 진설 장면

▲ 진설후 묘제 시작전 모습

⑪ 묘제 순서(편람식 헌작)

관수 - 서립 - 참신재배 - 강신(분향재배 - 뇌주재배) - 초헌(헌작 - 삼제반지고처 - 계
반개 - 삽시정저 - 초헌이하궤 - 독축 - 초헌재배) - 철주 - 아헌(헌작 - 삼제반지고처 - 아
헌재배) - 철주 - 종헌(헌작 - 삼제반지고처 - 종헌재배) - 공수시립 - 철갱진숙수 - 철
시숙수접중 - 초헌이하국궁 - 하시저합반개 - 사신재배 - 분축문 - 철 - 예필

⑫ 묘제를 마친 후 토지신제(산신제)를 지낸다. <편람>에 묘제 후에 토지신제를
지내도록 되어있다. 그러나 가문에 따라서 토지신제를 먼저 지내기도 한다.

[1] 묘제 홀기(원문)

① 이 묘제 홀기는 "편람식 헌작" 절차에 따라 작성하였다.

② "편람식 헌작"은 "헌작獻酌 삼제 반지고처三祭 反之故處"의 순서로 한다. 즉 제
상 위의 신위 앞의 잔반을 내려서 술을 잔반에 가득 따라서 제상 위 신위 앞에
올린 후 그 잔반을 다시 내려서 삼제(三祭: 술을 모사기에 조금씩 세 번 따름)한 후
에 그 잔반을 다시 제상 위 본래의 자리(신위 앞)에 올린다.

묘제 홀기墓祭 笏記(원문)

○ 초헌이하 제집사관수(初獻以下 諸執事盥手) : 초헌 이하 모든 집사는 손을 씻으
시오.

○ 초헌이하 서립(初獻以下 序立) : 초헌 이하 모든 자손은 차례대로 서시오.

□ 행참신례(行參神禮) : 참신례를 행하시오.

○ 초헌이하 재배, 국궁, 배, 흥, 배, 흥, 평신(初獻以下 再拜, 鞠躬, 拜, 興, 拜, 興, 平
身) : 초헌 이하 모든 자손은 차례대로 서서 재배하시오.
허리를 약간 굽히시오, 절하시오, 일어나시오, 절하시오, 일어나시오, 바로 서시오.

□ 행강신례(行降神禮) : 강신례를 행하시오.

○ 제집사 각취위(諸執事 各就位) : 축・서집사・동집사는 향안석의 서쪽, 동쪽 각 자 맡은 위치로 들어가시오.

○ 초헌 향안석전궤(初獻 香案石前跪) : 초헌은 향안석 앞에 꿇어앉으시오.

○ 초헌 분향(初獻 焚香) : 초헌은 향을 세 번 피우시오.

○ 재배(再拜) : 초헌은 향안석 앞 배석에서 재배하시오.

○ 초헌 향안석전립(初獻 香案石前立) : 초헌은 향안석 앞에서 북향하여 서시오.

○ 서집사 봉강신잔반 초헌지좌립(西執事 奉降神盞盤 初獻之左立) : 서집사는 강신 잔반을 받들고 초헌의 좌측에 서시오.

○ 동집사 집주 초헌지우립(東執事 執注 初獻之右立) : 동집사는 주전자를 들고 초 헌의 우측에 서시오.

○ 초헌궤(初獻跪) : 초헌은 다시 향안석 앞에 꿇어앉으시오.

○ 서집사 궤 봉강신잔반 수초헌(西執事 跪 奉降神盞盤 授初獻) : 서집사는 동향으 로 꿇어앉아 강신잔반을 받들어서 초헌에게 주시오.

○ 초헌 수잔반(初獻 受盞盤) : 초헌은 잔반을 받으시오.

○ 동집사 궤 침주(東執事 跪 斟酒) : 동집사는 서향으로 꿇어앉아 술을 따르시오.

○ 초헌 관우지상(初獻 灌于地上) : 초헌은 강신잔반의 술을 땅에 다 부으시오.

○ 이잔반 수서집사(以盞盤 授西執事) : 초헌은 이 빈 강신잔반을 서집사에게 주시 오.

○ 서집사 치우고처(西執事 置于故處) : 서집사는 강신잔반을 받들어서 본래의 제 자리에 놓으시오.

○ 초헌 면복흥 재배(初獻 俛伏興 再拜) : 초헌은 잠깐 엎드렸다가 일어나 향안석 앞 배석에서 재배하시오.

○ 퇴복위(退復位) : 초헌은 물러나서 본래의 제자리(서립위치)로 가시오.

□ 행초헌례(行初獻禮) : 초헌례를 행하시오.

◎헌작(獻酌) : 헌작하시오.

○ 초헌 향안석전 북향립(初獻 香案石前 北向立) : 초헌은 향안석 앞에서 북향하여 서시오.

○ 동집사 집주 초헌지우립(東執事 執注 初獻之右立) : 동집사는 주전자를 들고 초헌의 우측에 서시오.

○ 초헌 봉고위잔반 동향립(初獻 奉考位盞盤 東向立) : 초헌은 상석 위의 고위잔반을 받들어서 향안석 앞 서쪽에서 동향하여 서시오.

○ 동집사 서향립 침주(東執事 西向立 斟酒) : 동집사는 서향으로 서서 술을 가득히 따르시오.

○ 초헌 봉잔반 전우고위전(初獻 奉盞盤 奠于考位前) : 초헌은 잔반을 받들어서 상석 위의 고위 앞에 올리시오.

○ 초헌 봉비위잔반 동향립(初獻 奉妣位盞盤 東向立) : 초헌은 상석 위의 비위잔반을 받들어서 향안석 앞 서쪽에서 동향하여 서시오.

○ 동집사 서향립 침주(東執事 西向立 斟酒) : 동집사는 서향으로 서서 술을 가득히 따르시오.

○ 초헌 봉잔반 전우비위전(初獻 奉盞盤 奠于妣位前) : 초헌은 잔반을 받들어서 상석 위의 비위 앞에 올리시오.

◎삼제 반지고처(三祭 反之故處) : 삼제 후에 잔반을 다시 상석 위에 올리시오.

○ 초헌 향안석전 북향립(初獻 香案石前 北向立) : 초헌은 향안석 앞에서 북향하여 서시오.

○ 서동집사 봉잔반 초헌지좌우립(西東執事 奉盞盤 初獻之左右立) : 서·동집사는 상석 위의 고·비위잔반을 각각 받들어서 초헌의 좌우에 서시오.

○ 초헌 서동집사 궤(初獻 西東執事 跪) : 초헌과 서·동집사는 모두 꿇어앉으시오.

○ 초헌 수고위잔반 삼제 수서집사(初獻 受考位盞盤 三祭 授西執事) : 초헌은 서집사로부터 고위잔반을 받아서 술을 땅에 조금씩 세 번 따르고 서집사에게 주시오.

○ 서집사 봉잔반 전우고위전(西執事 奉盞盤 奠于考位前) : 서집사는 잔반을 받들고 일어나서 상석 위의 고위 앞에 올리시오.

○ 초헌 수비위잔반 삼제 수동집사(初獻 受妣位盞盤 三祭 授東執事) : 초헌은 동집사로부터 비위잔반을 받아서 술을 땅에 조금씩 세 번 따르고 동집사에게 주시오.

○ 동집사 봉잔반 전우비위전(東執事 奉盞盤 奠于妣位前) : 동집사는 잔반을 받들고 일어나서 상석 위의 비위 앞에 올리시오.

○ 초헌 면복흥 소퇴립(初獻 俛伏興 小退立) : 초헌은 잠깐 엎드렸다가 일어나서 조금 물러서시오.

○ 서동집사 계반개(西東執事 啓飯蓋) : 서・동집사는 메그릇과 모든 제수의 뚜껑을 열어 놓으시오.

○ 삽시반중 서병정저(揷匙飯中 西柄正筯) : 서・동집사는 고・비위의 메그릇에 숟가락을 바닥이 동쪽으로 가도록 하여 꽂고, 젓가락을 자루가 서쪽으로 가도록 하여 시접 위에 가지런히 걸쳐 올려놓으시오.

○ 축 동향궤(祝 東向跪) : 축은 초헌의 좌측에서 동향으로 꿇어앉으시오.

○ 초헌이하 궤(初獻以下 跪) : 초헌 이하 모든 자손은 꿇어앉으시오.

○ 축독축(祝讀祝) : 축은 축문을 읽으시오.

○ 초헌이하 흥(初獻以下 興) : 초헌 이하 모든 자손은 일어나시오.

○ 초헌 재배(初獻 再拜) : 초헌은 향안석 앞 배석에서 재배하시오.

○ 퇴복위(退復位) : 초헌은 물러나서 본래의 제자리(서립위치)로 가시오.

○ 서동집사 철주(西東執事 撤酒) : 서・동집사는 고・비위 잔반을 내려서 철주기에 술을 다 비운 후 빈 잔반을 상석 위 제자리에 올려놓으시오.

□ 행아헌례(行亞獻禮) : 아헌례를 행하시오.

◎헌작(獻酌) : 헌작하시오.

○ 아헌 향안석전 북향립(亞獻 香案石前 北向立) : 아헌은 향안석 앞에서 북향하여 서시오.

○ 동집사 집주 아헌지우립(東執事 執注 亞獻之右立) : 동집사는 주전자를 들고 아헌의 우측에 서시오.

○ 아헌 봉고위잔반 동향립(亞獻 奉考位盞盤 東向立) : 아헌은 상석 위의 고위잔반을 받들어서 향안석 앞 서쪽에서 동향하여 서시오.

○ 동집사 서향립 침주(東執事 西向立 斟酒) : 동집사는 서향으로 서서 술을 가득히 따르시오.

○ 아헌 봉잔반 전우고위전(亞獻 奉盞盤 奠于考位前) : 아헌은 잔반을 받들어서 상석 위의 고위 앞에 올리시오.

○ 아헌 봉비위잔반 동향립(亞獻 奉妣位盞盤 東向立) : 아헌은 상석 위의 비위잔반을 받들어서 향안석 앞 서쪽에서 동향하여 서시오.

○ 동집사 서향립 침주(東執事 西向立 斟酒) : 동집사는 서향으로 서서 술을 가득히 따르시오.

○ 아헌 봉잔반 전우비위전(亞獻 奉盞盤 奠于妣位前) : 아헌은 잔반을 받들어서 상석위의 비위 앞에 올리시오.

◎삼제 반지고처(三祭 反之故處) : 삼제 후에 잔반을 다시 상석 위에 올리시오.

○ 아헌 향안석전 북향립(亞獻 香案石前 北向立) : 아헌은 향안석 앞에서 북향하여 서시오.

○ 서동집사 봉잔반 아헌지좌우립(西東執事 奉盞盤 亞獻之左右立) : 서 · 동집사는 상석 위의 고 · 비위잔반을 각각 받들어서 아헌의 좌우에 서시오.

○ 아헌 서동집사 궤(亞獻 西東執事 跪) : 아헌과 서 · 동집사는 모두 꿇어앉으시오.

○ 아헌 수고위잔반 삼제 수서집사(亞獻 受考位盞盤 三祭 授西執事) : 아헌은 서집사로부터 고위잔반을 받아서 술을 땅에 조금씩 세 번 따르고 서집사에게 주시오.

○ 서집사 봉잔반 전우고위전(西執事 奉盞盤 奠于考位前) : 서집사는 잔반을 받들고 일어나서 상석 위의 고위 앞에 올리시오.

○ 아헌 수비위잔반 삼제 수동집사(亞獻 受妣位盞盤 三祭 授東執事) : 아헌은 동집사로부터 비위잔반을 받아서 술을 땅에 조금씩 세 번 따르고 동집사에게 주시오.

○ 동집사 봉잔반 전우비위전(東執事 奉盞盤 奠于妣位前) : 동집사는 잔반을 받들고 일어나서 상석 위의 비위 앞에 올리시오.

○ 아헌 면복흥 재배(亞獻 俛伏興 再拜) : 아헌은 잠깐 엎드렸다가 일어나 향안석 앞 배석에서 재배하시오.

○ 퇴복위(退復位) : 아헌은 물러나서 본래의 제자리(서립위치)로 가시오.

○ 서동집사 철주(西東執事 撤酒) : 서 · 동집사는 고 · 비위잔반을 내려서 철주기에 술을 다 비운 후 빈 잔반을 상석 위 제자리에 올려놓으시오.

□ 행종헌례(行終獻禮) : 종헌례를 행하시오.

◎헌작(獻酌) : 헌작하시오.

○ 종헌 향안석전 북향립(終獻 香案石前 北向立) : 종헌은 향안석 앞에서 북향하여 서시오.

○ 동집사 집주 종헌지우립(東執事 執注 終獻之右立) : 동집사는 주전자를 들고 종헌의 우측에 서시오.

○ 종헌 봉고위잔반 동향립(終獻 奉考位盞盤 東向立) : 종헌은 상석 위의 고위잔반을 받들어서 향안석 앞 서쪽에서 동향하여 서시오.

○ 동집사 서향립 침주(東執事 西向立 斟酒) : 동집사는 서향으로 서서 술을 가득히 따르시오.

○ 종헌 봉잔반 전우고위전(終獻 奉盞盤 奠于考位前) : 종헌은 잔반을 받들어서 상석 위의 고위 앞에 올리시오.

○ 종헌 봉비위잔반 동향립(終獻 奉妣位盞盤 東向立) : 종헌은 상석 위의 비위잔반을 받들어서 향안석 앞 서쪽에서 동향하여 서시오.

○ 동집사 서향립 침주(東執事 西向立 斟酒) : 동집사는 서향으로 서서 술을 가득히 따르시오.

○ 종헌 봉잔반 전우비위전(終獻 奉盞盤 奠于妣位前) : 종헌은 잔반을 받들어서 상석 위의 비위 앞에 올리시오.

◎삼제 반지고처(三祭 反之故處) : 삼제 후에 잔반을 다시 상석 위에 올리시오.

○ 종헌 향안석전 북향립(終獻 香案石前 北向立) : 종헌은 향안석 앞에서 북향하여 서시오.

○ 서동집사 봉잔반 종헌지좌우립(西東執事 奉盞盤 終獻之左右立) : 서 · 동집사는 상석 위의 고 · 비위잔반을 각각 받들어서 종헌의 좌우에 서시오.

○ 종헌 서동집사 궤(終獻 西東執事 跪) : 종헌과 서 · 동집사는 모두 꿇어앉으시오.

○ 종헌 수고위잔반 삼제 수서집사(終獻 受考位盞盤 三祭 授西執事) : 종헌은 서집사로부터 고위잔반을 받아서 술을 땅에 조금씩 세 번 따르고 서집사에게 주시오.

○ 서집사 봉잔반 전우고위전(西執事 奉盞盤 奠于考位前) : 서집사는 잔반을 받들고 일어나서 상석 위의 고위 앞에 올리시오.

○ 종헌 수비위잔반 삼제 수동집사(終獻 受妣位盞盤 三祭 授東執事) : 종헌은 동집사로부터 비위잔반을 받아서 술을 땅에 조금씩 세 번 따르고 동집사에게 주시오.

○ 동집사 봉잔반 전우비위전(東執事 奉盞盤 奠于妣位前) : 동집사는 잔반을 받들고 일어나서 상석 위의 비위 앞에 올리시오.

○ 종헌 면복흥 재배(終獻 俛伏興 再拜) : 종헌은 잠깐 엎드렸다가 일어나 향안석 앞 배석에서 재배하시오.

○ 퇴복위(退復位) : 종헌은 물러나서 본래의 제자리(서립위치)로 가시오.

○ 초헌이하 공수시립(初獻以下 拱手侍立) : 초헌 이하 모든 자손은 공수 자세로 잠시 동안 서 있으시오.

○ 철갱 진숙수(撤羹 進熟水) : 서·동집사는 고·비위의 갱을 내리고 숭늉을 올리시오.

○ 철시치우 숙수접중(撤匙置于 熟水楪中) : 서·동집사는 메그릇의 숟가락을 빼어 메를 세 번 떠서 숭늉그릇에 말고 숟가락을 자루가 서쪽으로 가도록 하여 숭늉그릇에 놓으시오.

○ 초헌이하 국궁(初獻以下 鞠躬) : 초헌 이하 모든 자손은 현 위치에서 잠시 허리를 굽히시오.

○ 평신(平身) : 모두 허리를 펴고 바로 서시오.

○ 제집사 하시저 합반개(諸執事 下匙筯 合飯蓋) : 서·동집사는 수저를 시접에 거두고 메그릇과 모든 제수의 뚜껑을 덮으시오.

○ 제집사 퇴복위(諸執事 退復位) : 축과 서·동집사는 물러나서 본래의 제자리(서립위치)로 가시오.

□ 행사신례(行辭神禮) : 사신례를 행하시오.

○ 초헌이하 재배, 국궁, 배, 흥, 배, 흥, 평신(初獻以下 再拜, 鞠躬, 拜, 興, 拜, 興, 平身) : 초헌 이하 모든 자손은 차례대로 서서 재배하시오.
허리를 약간 굽히시오, 절하시오, 일어나시오, 절하시오, 일어나시오, 바로 서시오.

○ 축 분축문(祝 焚祝文) : 축은 향안석 앞으로 들어가 꿇어앉아 축문을 불사르시오.

○ 철(撤) : 제물을 거두고 철상하시오.

○ 예필(禮畢) : 묘제의 의식을 모두 마치겠습니다.

[2] 묘제 홀기(약식)

① 이 묘제 홀기는 "비편람식 헌작" 절차에 따르고, 읽기 편하도록 한문 문장을 간략하게 약식으로 작성하였다.

② "비편람식 헌작"은 상석 위의 신위 앞의 잔반을 내려서 술을 가득 따라서 먼저 삼제한 후에 잔반을 신위 앞에 올린다.

③ 현실에는 묘제 홀기(약식)를 많이 사용한다.

묘제 홀기墓祭 笏記(약식)

○ 초헌이하 제집사관수(初獻以下 諸執事盥手) : 초헌 이하 모든 집사는 손을 씻으시오.

○ 서립(序立) : 초헌 이하 모든 자손은 차례대로 서시오.

□ 행참신례(行參神禮) : 참신례를 행하시오.

○ 초헌이하 재배, 국궁, 배, 흥, 배, 흥, 평신(初獻以下 再拜, 鞠躬, 拜, 興, 拜, 興, 平身) : 초헌 이하 모든 자손은 차례대로 서서 재배하시오. 허리를 약간 굽히시오, 절하시오, 일어나시오, 절하시오, 일어나시오, 바로 서시오.

□ 행강신례(行降神禮) : 강신례를 행하시오.

○ 제집사 각취위(諸執事 各就位) : 축·서집사·동집사는 향안석의 서쪽, 동쪽 각자 맡은 위치로 들어가시오.

○ 초헌 향안석전궤(初獻 香案石前跪) : 초헌은 향안석 앞에 꿇어앉으시오.

○ 분향(焚香) : 초헌은 향을 세 번 피우시오.

○ 재배(再拜) : 초헌은 향안석 앞 배석에서 재배하시오.

○ 뇌주(酹酒) :

　　초헌은 다시 향안석 앞에 꿇어앉으시오.

　　서집사는 동향으로 꿇어앉아 강신잔반을 받들어서 초헌에게 주시오.

　　동집사는 서향으로 꿇어앉아 술을 따르시오.

　　초헌은 강신잔반의 술을 땅에 다 부으시오.

　　초헌은 이 빈 강신잔반을 서집사에게 주시오.

　　서집사는 강신잔반을 받들어서 본래의 제자리에 놓으시오.

○ 재배(再拜) : 초헌은 향안석 앞 배석에서 재배하시오.

○ 퇴복위(退復位) : 초헌은 물러나서 본래의 제자리(서립위치)로 가시오.

□ 행초헌례(行初獻禮) : 초헌례를 행하시오.

○ 초헌 향안석전궤(初獻 香案石前跪) : 초헌은 향안석 앞에 꿇어앉으시오.

○ 헌작(獻酌) :

　　서집사는 상석 위의 고위잔반을 받들어서 꿇어앉아 초헌에게 주시오.

　　동집사는 서향으로 꿇어앉아 술을 가득히 따르시오.

　　초헌은 술을 땅에 조금씩 세 번 따르시오.

　　초헌은 이 잔반을 받들어서 서집사에게 주시오.

　　서집사는 잔반을 받들고 일어나서 상석 위의 고위 앞에 올리시오.

　　동집사는 상석 위의 비위잔반을 받들어서 꿇어앉아 초헌에게 주시오.

　　동집사는 서향으로 꿇어앉아 술을 가득히 따르시오.

　　초헌은 술을 땅에 조금씩 세 번 따르시오.

　　초헌은 이 잔반을 받들어서 동집사에게 주시오.

　　동집사는 잔반을 받들고 일어나서 상석 위의 비위 앞에 올리시오.

○ 계반개(啓飯蓋) : 서·동집사는 메그릇과 모든 제수의 뚜껑을 열어 놓으시오.

○ 삽시 정저(挿匙 正筯) : 서·동집사는 고·비위의 메그릇에 숟가락을 바닥이 동
　　쪽으로 가도록 하여 꽂고, 젓가락을 자루가 서쪽으로 가도록 하여 시접 위에 가
　　지런히 걸쳐 올려놓으시오.

○ 초헌이하 궤(初獻以下 跪) : 초헌 이하 모든 자손은 현 위치에서 꿇어앉으시오.

○ 축독축(祝讀祝) : 축은 초헌의 좌측에서 동향으로 꿇어앉아 축문을 읽으시오.

○ 흥평신(興平身) : 모든 자손은 일어나서 바로 서시오.

○ 초헌 재배(初獻 再拜) : 초헌은 향안석 앞 배석에서 재배하시오.

○ 퇴복위(退復位) : 초헌은 물러나서 본래의 제자리(서립위치)로 가시오.

○ 철주(撤酒) : 서·동집사는 고·비위 잔반을 내려서 철주기에 술을 다 비운 후 빈 잔반을 상석 위 제자리에 올려놓으시오.

□ 행아헌례(行亞獻禮) : 아헌례를 행하시오.

○ 아헌 향안석전궤(亞獻 香案石前跪) : 아헌은 향안석 앞에 꿇어앉으시오.

○ 헌작(獻酌) :

　　서집사는 상석 위의 고위잔반을 받들어서 꿇어앉아 아헌에게 주시오.

　　동집사는 서향으로 꿇어앉아 술을 가득히 따르시오.

　　아헌은 술을 땅에 조금씩 세 번 따르시오.

　　아헌은 이 잔반을 받들어서 서집사에게 주시오.

　　서집사는 잔반을 받들고 일어나서 상석 위의 고위 앞에 올리시오.

　　동집사는 상석 위의 비위잔반을 받들어서 꿇어앉아 아헌에게 주시오.

　　동집사는 서향으로 꿇어앉아 술을 가득히 따르시오.

　　아헌은 술을 땅에 조금씩 세 번 따르시오.

　　아헌은 이 잔반을 받들어서 동집사에게 주시오.

　　동집사는 잔반을 받들고 일어나서 상석 위의 비위 앞에 올리시오.

○ 아헌 재배(亞獻 再拜) : 아헌은 향안석 앞 배석에서 재배하시오.

○ 퇴복위(退復位) : 아헌은 물러나서 본래의 제자리(서립위치)로 가시오.

○ 철주(撤酒) : 서·동집사는 고·비위 잔반을 내려서 철주기에 술을 다 비운 후 빈 잔반을 상석 위 제자리에 올려놓으시오.

□ 행종헌례(行終獻禮) : 종헌례를 행하시오.

○ 종헌 향안석전궤(終獻 香案石前跪) : 종헌은 향안석 앞에 꿇어앉으시오.

○ 헌작(獻酌) :

서집사는 상석 위의 고위잔반을 받들어서 꿇어앉아 종헌에게 주시오.

동집사는 서향으로 꿇어앉아 술을 가득히 따르시오.

종헌은 술을 땅에 조금씩 세 번 따르시오.

종헌은 이 잔반을 받들어서 서집사에게 주시오.

서집사는 잔반을 받들고 일어나서 상석 위의 고위 앞에 올리시오.

동집사는 상석 위의 비위잔반을 받들어서 꿇어앉아 종헌에게 주시오.

동집사는 서향으로 꿇어앉아 술을 가득히 따르시오.

종헌은 술을 땅에 조금씩 세 번 따르시오.

종헌은 이 잔반을 받들어서 동집사에게 주시오.

동집사는 잔반을 받들고 일어나서 상석 위의 비위 앞에 올리시오.

○ 종헌 재배(終獻 再拜) : 종헌은 향안석 앞 배석에서 재배하시오.

○ 퇴복위(退復位) : 종헌은 물러나서 본래의 제자리(서립위치)로 가시오.

○ 공수시립(拱手侍立) : 초헌 이하 모든 자손은 공수자세로 잠시 동안 서 있으시오.

○ 철갱 진숙수(撤羹 進熟水) : 서·동집사는 고·비위의 갱을 내리고 숭늉을 올리시오.

○ 철시 숙수접중(撤匙 熟水楪中) : 서·동집사는 메그릇의 숟가락을 빼어 메를 세 번 떠서 숭늉 그릇에 말고, 숟가락을 자루가 서쪽으로 가도록 하여 숭늉그릇에 놓으시오.

○ 국궁(鞠躬) : 초헌 이하 모든 자손은 현 위치에서 잠시 허리를 굽히시오.

○ 평신(平身) : 모두 허리를 펴고 바로 서시오.

○ 하시저 합반개(下匙筯 合飯蓋) : 서·동집사는 수저를 시접에 거두고, 메그릇과 모든 제수의 뚜껑을 덮으시오.

○ 제집사 퇴복위(諸執事 退復位) : 축과 서·동집사는 물러나서 본래의 제자리(서립위치)로 가시오.

□ 행사신례(行辭神禮) : 사신례를 행하시오.

○ 초헌이하 재배, 국궁, 배, 흥, 배, 흥, 평신(初獻以下 再拜, 鞠躬, 拜, 興, 拜, 興, 平

身) : 초헌 이하 모든 자손은 차례대로 서서 재배하시오.

　허리를 약간 굽히시오, 절하시오, 일어나시오, 절하시오, 일어나시오, 바로 서시오.

○ 분축문(焚祝文) : 축은 향안석 앞으로 들어가 꿇어앉아 축문을 불사르시오.

○ 철(撤) : 제물을 거두고 철상하시오.

○ 예필(禮畢) : 묘제의 의식을 모두 마치겠습니다.

[3] 묘제 축문

　묘제축문은 기제를 모시지 않는 5대조 이상(친진)의 조상에게 1년에 한번 지내는 세일사묘제 축문과 기제를 모시는 4대친(친미진: 고조 - 부모)에게 계절에 따라 지내는 묘제 축문으로 구분한다.

　축문은 여러 대의 묘제를 실내(재실)에서 합동으로 지내도 각 대별로 각각 작성하고 각 대별로 초헌할 때 각각 독축한다. 그러나 10여 대 이상 많은 신위를 모시는 경우에는 바른 예법은 아니지만 편의상 모든 신위를 열서하여 한 장으로 작성하고 초헌할 때 독축하기도 한다.

　※ 묘제 축문의 '학생', '유인' 등 상세한 작성요령은 기제축문을 참고한다.

　(1) 세일사묘제 축문 : 5대조 이상(친진) 1년에 한 번 10월에 지내는 묘제 축문. 축문1 · 축문2로 구분하며, 선택하여 사용하면 된다.

① 축문1

유 세 차 임진 십월 기묘삭 초십일무자 팔대손성재 감소고우
維歲次壬辰 十月己卯朔 初十日戊子 八代孫性宰 敢昭告于

현 팔 대 조 고 학 생   부 군
顯八代祖考學生(處士,雅號,관직 등)府君

현 팔 대 조 비 유 인   파 평 윤 씨 지 묘
顯八代祖妣孺人(堂號,남편관직에 따른 봉호 등)坡平尹氏之墓

세 천 일 제 예 유 중 제 이 자 상 로 미 증 감 모 근 이 청 작 서 수 지 천
歲薦一祭 禮有中制 履茲霜露 彌增感慕 謹以 淸酌庶羞 祗薦

세 사 상
歲事 尙

향
饗

해설 : 임진년 10월 10일 8대손 성재는

8대조 할아버님과 할머님께 감히 고하옵니다. 일 년에 한 차례씩
제사를 드리는 것이 예에 맞는 법이옵니다. 서리와 이슬을 밟으니 더욱 감
동하고 사모하는 마음 간절하여 삼가 맑은 술과 여러 음식으로 공경을 다
하여 세사를 드리오니
흠향하시옵소서.

○ 위 축문 내용중 '祗薦歲事'를 '恭伸歲事'혹은 '祗奉常事'로 쓰기도 한다.
○ 일기 관계로 실내(재실)에서 지방을 모시고 묘제를 지낼 때는 '禮有中制' 다음
에 '宜當墓祭 於禮至當 今爲 日氣不順 茲敢 設位奉行'을 삽입한다.

② 축문2

유 세 차 임진 십월 기묘삭 초십일무자 팔대손성재 감소고우
維歲次壬辰 十月己卯朔 初十日戊子 八代孫性宰 敢昭告于

현 팔 대 조 고 학 생   부 군
顯八代祖考學生(處士,雅號,관직 등)府君

```       현 팔 대 조 비 유 인                            파평윤씨 지묘
顯八代祖妣孺人(堂號,남편관직에 따른 봉호 등)坡平尹氏之墓

    금이  초목귀근지시  추유보본  예불감망  첨소    봉영  불승감모
今以 草木歸根之時 追惟報本 禮不敢忘 瞻掃   封塋 不勝感慕

    근이  청작서수  지천세사 상
謹以 淸酌庶羞 祗薦歲事 尙

  향
饗
```

해설 : 임진년 10월 10일 8대손 성재는

8대조 할아버님과 할머님께 감히 고하옵니다. 이제 초목이 뿌리로 돌아가는
계절에 음덕을 추모하고 근본에 보답하는 예를 감히 잊지 못하여 묘역을 쓸
고 봉분을 바라보니 감동하여 사모하는 마음 이길 수 없습니다. 삼가 맑은
술과 여러 음식으로 공경을 다하여 세사를 드리오니
흠향하시옵소서.

○ 일기 관계로 실내(재실)에서 묘제를 지낼 때는 '瞻掃封塋'을 빼고 대신에 '宜當
墓祭 於禮至當 今爲 日氣不順 茲敢 設位奉行'을 삽입한다.

(2) 4대친묘제 축문 : 4대친(친미진: 고조 - 부모)에 대하여 3월에 지내는 묘제
축문.

이 축문은 대체적으로 4대친(고조 - 부모)에게 기제와는 별도로 계절에 따라 묘제
를 지낼 경우에 많이 사용한다. 간혹 5대조 이상의 묘제에도 사용하기도 하나, 5대조
이상의 세일사묘제에는 위의 축문1, 축문2를 더 많이 사용하고 있다.


```
    유세차임진  삼월임오삭  초십일신묘  효손성재  감소고우
維歲次壬辰 三月壬午朔 初十日辛卯 孝孫性宰 敢昭告于

    현조고학생                     부군
顯祖考學生(處士,雅號,관직 등)府君
```

해설 : 임진년 3월 10일 효손 성재는

할아버님과 할머님께 감히 고하옵니다. 절기가 바뀌어 봄이 되어

비와 이슬이 내려 젖었습니다. 묘역을 쓸고 봉분을 바라보니 감동하여 사

모하는 마음 금할 수 없사옵니다. 삼가 맑은 술과 여러 음식으로 공경을 다

하여 세사를 드리오니

흠향하시옵소서.

○ 음력 正月은 '雨露旣濡' 대신에 '歲律旣更'(해가 이미 새해로 바뀌어), 寒食(2월,

3월)은 '時維仲春 雨露旣濡(降)', 端午는 '時物暢茂'(모든 만물이 창성하니), 秋

夕은 '時維仲秋 白露旣降', 十月에는 '霜露旣降'으로 계절에 따라 고쳐 쓴다. 문

중에 따라서 '時維仲春', '時維仲秋'를 기재하지 않는 경우도 있다.

○ 부모 묘제에는 '不勝感慕'를 '昊天罔極'으로 고쳐 쓴다.

○ 일기 관계로 실내(재실)에서 묘제를 지낼 때는 '瞻掃封塋'을 빼고 대신에 '宜當

墓祭 於禮至當 今爲 日氣不順 玆敢 設位奉行'을 삽입한다.

[4] 묘제 토지신제(산신제)

① 세일사 · 4대친 묘제를 지낼 때는 최존위 묘지의 동북쪽에 자리를 마련하여 토

지신에게 제사를 올린다.

② <편람>에 묘제시 토지신제는 묘제 후에 올리는 것으로 되어 있다. 또한 제수도 육전, 어전, 면, 병 등 묘제 제수와 같다고 하였으며, 헌작도 삼헌으로 되어 있다. 그러나 문중에 따라서 토지신제를 묘제 전에 행하기도 하고, 제수도 간소하게 주·과·포로서 단헌으로 하기도 한다.

③ 토지신은 신위를 1위로 본다.

④ 토지신은 하늘에 있는 것이 아니고 당연히 지하에 있을 것이므로 분향은 하지 않고 뇌주만 한다. 그러나 실제 현실에서 분향을 하기도 한다.

　　※ <편람>에 묘제편의 토지신제(산신제)는 분향이 없는 것으로 되어 있다. 하늘과 땅의 신에게 제사하는 천제天祭와는 다르다는 의미일 것이다. 그래서 토지신제의 순서에 분향이 없는 것으로 하였다.

⑤ 묘제 토지신제 순서 : 관수 - 서립 - 강신(뇌주재배) - 참신재배 - 초헌(헌작 - 정저 - 초헌이하궤 - 독축 - 초헌재배) - 철주 - 아헌(헌작 - 아헌재배) - 철주 - 종헌(헌작 - 종헌재배) - 하저 - 사신재배 - 분축문 - 철 - 예필

⑥ 토지신제 축문

유세차임진 십월기묘삭 초십일무자
維歲次壬辰 十月己卯朔 初十日戊子

유학　　　　　전주이춘재　　　　　　　　　감소고우
幼學(직위 등) 全州李春宰(토지신제 제주 성명) 敢昭告于

토지지신　이성재　　　　　　　공수세사우
土地之神 李性宰(묘제 제주 성명) 恭修歲事于

팔대조고학생　　　　　　　　　　　부군
八代祖考學生(處士,雅號,관직 등)府君

팔대조비유인　　　　　　　　　　　　　파평윤씨지묘
八代祖妣孺人(堂號,남편관직에 따른 봉호 등)坡平尹氏之墓

유시보우 실뢰　신휴 감이 주찬 경신전헌 상
惟時保佑 實賴　神休 敢以 酒饌 敬伸奠獻 尙

향
饗

해설 : 임진년 10월 10일 유학 전주 이춘재는

토지신께 감히 고하옵니다. 이성재가 8대조 할아버님과 할머님의 묘에 삼가
세사를 지내옵니다. 항상 보호하고 돌보아주심은 실로 힘입은 것이옵니다.
신께서는 잠시 쉬시옵고 감히 술과 과실로써 공경을 다하여 받들어 올리
오니
흠향하시옵소서.

○ 기제 · 묘제 등의 축문은 제주의 표시를 성은 생략하고 이름만 쓰지만, 묘제
　 시 토지신제 축문에는 토지신제 제주와 묘제 제주를 성을 포함하여 성명을 기
　 재한다. 이유는 조상에게 고하는 것이 아니고 토지신에게 고하는 축문이기 때
　 문이다.
○ 조상의 표기에 존칭을 의미하는 '顯'자는 기재하지 않는다. 토지신에 대한 제사
　 이므로 조상을 존칭으로 기재하지 않는 것이다.
○ <편람>에 묘제 토지신제는 직계후손이 제주가 되므로 축문을 '八代祖考學生府
　 君'과 '八代祖妣孺人坡平尹氏'로 작성하고, 장례시 토지신제는 복이 없는 먼 친
　 척이나 빈객(외인)이 제주가 되므로 '學生全州李公'과 '孺人坡平尹氏'로 구분하
　 여 예시하고 있다.
○ 축문 내용 중에 '酒饌'을 '酒果'로, '敬伸奠獻'을 '祗薦于 神'으로 쓰기도 한다.

14. 실내 제위합동시제

① 근래에 실내(재실)에서 제위諸位(여러 대의 조상)의 신위(위패, 지방)를 모시고 합
　 동으로 시제를 지내는 경우가 많이 있기 때문에 별도의 항목을 만들었으며 아
　 래와 같이 [1], [2], [3]의 유형으로 나누어 상세하게 설명한다. 문중별로 서로 다

를 수 있으므로 참고하기 바란다.

② 묘제(시제)는 각 묘소마다 지내는 것이 원칙이다. <가례>와 <편람>에는 실내 (재실)에서 묘제(시제)를 지낸다는 기록은 없다. 다만 우천으로 묘소에서 묘제 를 지낼 수 없거나 맑은 날이라도 같은 산에 묘소가 너무 많아서 하루에 행하 기가 어려울 경우에는 실내(재실)에서 여러 대의 신위(위패, 지방)를 모시고 합 사할 수도 있을 것이다. 그러나 현실적으로 재실에서 묘제(시제)를 많이 지내 고 있다.

※ 상세한 설명은 "13. 묘제墓祭"편을 참고하기 바란다.

③ <편람>의 묘제편을 근거로 하였기 때문에 진찬(2차진설), 전적(3적을 초·아· 종헌때 따로 올림), 첨작, 합문, 계문, 수조례(음복)의 절차가 없다. '고이성'은 하 지 않는 것으로 하였다. 실내에서 신위(위패, 지방)를 모시고 행하므로 "선강신 후참신"이다.

④ 절차와 홀기는 "비편람식 헌작" 절차에 따라 제상 위의 신위 앞의 잔반을 내 려서 술을 가득 따라서 먼저 삼제한 후에 잔반을 신위 앞에 올리는 것으로 하 였다.

[1] 10여 대 미만을 모시는 시제(초헌 1명이 모든 신위에 초헌)

작은 제상을 각 대별로 각각 마련하고 제수도 각 대별로 간소하게 각각 진설한다.

(1) 헌자·집사 선임

초헌 1명, 아헌 1명, 종헌 1명, 집례 1명, 축 1명·혹은 각 대별 각 1명, 서·동집사 각 대별로 2명을 선임한다. 종헌에 한하여 각 대별로 각각 선임하여 여러 명이 동시 에 종헌하기도 한다.

(2) 봉행 방법

초헌이 중앙의 향안 앞에서만 강신하고, 초헌이 각 대별로 모든 신위에게 각각 초헌하며, 아헌이 각 대별로 모든 신위에게 각각 아헌하며, 종헌이 각 대별로 모든 신위에게 각각 종헌하는 방법이다. 즉 '사시제'의 초헌, 아헌, 종헌의 절차와 같이 한다.

축문은 각 대별로 각각 작성하고 초헌이 각 대별로 초헌할 때 각각 독축한다. 시제 지내는 시간이 오래 걸린다.

(3) 봉행 절차

1) 관수 : 초헌 이하 모든 집사는 손을 씻는다.

2) 서립 : 초헌 이하 모든 자손은 차례대로 선다.

　　[절사 제상배치도 및 참제원 서립도에서 (2)남자만 제사를 지낼 때의 서립도 참고]

3) 봉신위 : 초헌은 각 대별 신위(위패, 지방)를 모시고, 개독(개함)한다.

　　　　　초헌은 물러나서 본래의 제자리(서립위치)로 간다.

4) 강신례 : 한 번만 한다.(각 대마다 하지 않음)

　　최존위 서·동집사는 중앙의 향안 서쪽, 동쪽 각자 맡은 위치로 들어간다.

　　초헌은 중앙의 향안 앞으로 들어가서 꿇어앉는다.

　　① 분향재배 : 초헌이 중앙의 향안 앞에서 세 번 향을 피운 후 재배한다.

　　② 뇌주재배 : 초헌이 중앙의 향안 앞에서 서·동집사의 도움을 받아 모사기에 강신 술을 다 부은 후 재배한다.

　　초헌과 서·동집사는 물러나서 본래의 제자리(서립위치)로 간다.

5) 참신례

　　① 참신재배 : 초헌 이하 모든 자손은 서립위치에서 재배한다.

　　　　　　　(각 대마다 하지 않음)

6) 초헌례

　　축과 각 대별 서·동집사는 각자 맡은 위치로 들어간다.

　　초헌은 최존위 앞으로 들어가서 꿇어앉는다.

　　① 초헌이 서·동집사의 도움을 받아 먼저 최존위에게 삼제 후에 헌작 - 계반개 - 삽시정저 - 초헌이하궤 - 독축 - 초헌이 재배한다.

　　② 초헌이 최존위와 같은 방법으로 차존위에서 마지막위까지 순서대로 각각

삼제 후에 헌작 - 계반개 - 삽시정저 - 초헌이하궤 - 독축 - 초헌이 재배한다.

초헌은 물러나서 본래의 제자리(서립위치)로 간다.

③ 각 대별 서·동집사는 잔반을 내려서 철주 후 빈 잔반을 제상 위의 제자리에 놓는다.

7) 아헌례

아헌은 최존위 앞으로 들어가서 꿇어앉는다.

① 아헌이 서·동집사의 도움을 받아 먼저 최존위에게 삼제 후에 헌작 - 아헌이 재배한다.

② 아헌이 최존위와 같은 방법으로 차존위에서 마지막위까지 순서대로 각각 삼제 후에 헌작 - 아헌이 재배한다.

아헌은 물러나서 본래의 제자리(서립위치)로 간다.

③ 각 대별 서·동집사는 잔반을 내려서 철주 후 빈 잔반을 제상 위의 제자리에 놓는다.

8) 종헌례

종헌은 최존위 앞으로 들어가서 꿇어앉는다.

① 종헌이 서·동집사의 도움을 받아 먼저 최존위에게 삼제 후에 헌작 - 종헌이 재배한다.

② 종헌이 최존위와 같은 방법으로 차존위에서 마지막위까지 순서대로 각각 삼제 후에 헌작 - 종헌이 재배한다.

종헌은 물러나서 본래의 제자리(서립위치)로 간다.

종헌 후에는 철주하지 않는다.

9) 공수시립 : 초헌 이하 모든 자손은 공수 자세로 잠시 동안 서 있는다.

10) 철갱진숙수 : 각 대별 서·동집사는 국을 내리고 숭늉을 올린다.

11) 철시숙수접중 : 각 대별 서·동집사는 메그릇의 숟가락을 빼어 메를 세 번 떠서 숭늉그릇에 말고, 숟가락을 자루가 서쪽으로 가도록 하여 숭늉그릇에 놓는다.

12) 국궁 : 초헌 이하 모든 자손은 현 위치에서 잠시 허리를 굽히고 있다가 바로 선다.

13) 하시저합반개 : 각 대별 서·동집사는 수저를 시접에 거두고 메그릇과 모든 제

수의 뚜껑을 덮는다.

축과 각 대별 서·동집사는 물러나서 본래의 제자리(서립위치)로 간다.

14) 사신례

① 사신재배 : 초헌 이하 모든 자손은 서립위치에서 재배한다.

（각 대마다 하지 않음）

② 분축문 : 축은 축문을 불사른다.

③ 납신위 : 초헌은 각 대별 신위(위패, 지방)를 거두고, 지방이면 불사른다.

④ 철 : 제물을 거두고 철상한다.

⑤ 예필 : 시제의 의식을 모두 마친다.

[2] 10여 대 미만을 모시는 시제(각 대별로 초·아·종헌 선임)

작은 제상을 각 대별로 각각 마련하고 제수도 각 대별로 간소하게 각각 진설한다.

(1) 헌자·집사 선임

초·아·종헌 각 대별로 각각 3명, 집례 1명, 축 각 대별 1명, 서·동집사 각 대별 2명을 선임한다.

(2) 봉행 방법

최존위 초헌이 중앙의 향안 앞에서만 강신하고, 초헌·아헌·종헌은 각 대별 초·아·종헌이 각각 동시에 하는 방법이다.

축문은 각 대별로 각각 작성하고 각 대별 초헌할 때 각각 독축한다. 각 대별 초·아·종헌을 각각 동시에 시행하므로 시제 시간이 단축된다.

(3) 봉행 절차

1) 관수 : 최존위 초헌 이하 모든 집사는 손을 씻는다.

2) 서립 : 최존위 초헌 이하 모든 자손은 차례대로 선다.

[절사 제상배치도 및 참제원 서립도에서 (2)남자만 제사를 지낼 때의 서립도 참고]

3) 봉신위 : 각 대별 초헌은 각 대별 신위(위패, 지방)를 모시고, 개독(개함)한다.

각 대별 초헌은 물러나서 본래의 제자리(서립위치)로 간다.

4) 강신례 : 한 번만 한다.(각 대마다 하지 않음)

최존위 서·동집사는 중앙의 향안 서쪽, 동쪽 각자 맡은 위치로 들어간다.

최존위 초헌은 중앙의 향안 앞으로 들어가서 꿇어앉는다.

① 분향재배 : 최존위 초헌이 중앙의 향안 앞에서 세 번 향을 피운 후 재배한다.

② 뇌주재배 : 최존위 초헌이 중앙의 향안 앞에서 서·동집사의 도움을 받아 모사기에 강신 술을 다 부은 후 재배한다.

최존위 초헌과 서·동집사는 물러나서 본래의 제자리(서립 위치)로 간다.

5) 참신례

① 참신재배 : 최존위 초헌 이하 모든 자손은 서립위치에서 재배한다.

(각 대마다 하지 않음)

6) 초헌례

각 대별 축과 각 대별 서·동집사는 각자 맡은 위치로 들어간다.

각 대별 초헌은 각자 맡은 신위 앞으로 들어가서 꿇어앉는다.

① 각 대별 초헌이 동시에 서·동집사의 도움을 받아 각 대별로 각각 삼제 후에 헌작 - 계반개 - 삽시정저 - 각 초헌이하궤 - 각 독축 - 각 초헌이 재배한다.

각 대별 초헌은 물러나서 본래의 제자리(서립위치)로 간다.

② 각 대별 서·동집사는 잔반을 내려서 철주 후 빈 잔반을 제상 위의 제자리에 놓는다.

7) 아헌례

각 대별 아헌은 각자 맡은 신위 앞으로 들어가서 꿇어앉는다.

① 각 대별 아헌이 동시에 서·동집사의 도움을 받아 각 대별로 각각 삼제 후에 헌작 - 각 아헌이 재배한다.

각 대별 아헌은 물러나서 본래의 제자리(서립위치)로 간다.

② 각 대별 서·동집사는 잔반을 내려서 철주 후 빈 잔반을 제상 위의 제자리에 놓는다.

8) 종헌례

각 대별 종헌은 각자 맡은 신위 앞으로 들어가서 꿇어앉는다.

① 각 대별 종헌이 동시에 서·동집사의 도움을 받아 각 대별로 각각 삼제후에 헌작 - 각 종헌이 재배한다.

각 대별 종헌은 물러나서 본래의 제자리(서립위치)로 간다.

종헌 후에는 철주하지 않는다.

9) 공수시립 : 초헌 이하 모든 자손은 공수 자세로 잠시 동안 서 있는다.

10) 철갱진숙수 : 각 대별 서·동집사는 국을 내리고 숭늉을 올린다.

11) 철시숙수접중 : 각 대별 서·동집사는 메그릇의 숟가락을 빼어 메를 세 번 떠서 숭늉그릇에 말고, 숟가락을 자루가 서쪽으로 가도록 하여 숭늉그릇에 놓는다.

12) 국궁 : 각 초헌 이하 모든 자손은 현 위치에서 잠시 허리를 굽히고 있다가 바로 선다.

13) 하시저합반개 : 각 대별 서·동집사는 수저를 시접에 거두고 메그릇과 모든 제수의 뚜껑을 덮는다.

각 대별 축과 서·동집사는 물러나서 본래의 제자리(서립위치)로 간다.

14) 사신례

① 사신재배 : 최존위 초헌 이하 모든 자손은 서립위치에서 재배한다.

(각 대마다 하지 않음)

② 분축문 : 각 대별 축은 축문을 불사른다.

③ 납신위 : 각 초헌은 각 대별 신위(위패, 지방)를 거두고, 지방이면 불사른다.

④ 철 : 제물을 거두고 철상한다.

⑤ 예필 : 시제의 의식을 모두 마친다.

[3] 많은 대를 모시는 시제(최존위 초·아·종헌과 분헌 선임)

10여 대 이상 수십 대의 많은 신위(위패, 지방)를 모시고 시제를 지낼 때는 제상을 각 대별로 각각 마련하기 어렵고, 제수도 각 대별로 각각 진설하기도 어렵다.

이때는 재실 중앙에 하나의 큰 제상을 마련하여 모든 공동제수는 풍성하게 진설하고, 개인별 제수인 반갱·잔반·시저는 최존위부터 마지막위까지 재실내 북쪽 각 신위 앞에 각각 차린다.

(1) 헌자·집사 선임

최존위 초·아·종헌 3명, 차존위 이하 각 대별 분헌(초·아·종헌) 각각 3명, 집례 1명, 축 1명, 최존위 서·동집사 2명, 차존위 이하 집사 약간명을 선임한다.

(2) 봉행 방법

최존위 초헌이 큰 제상 앞에서만 강신을 하고, 초헌·아헌·종헌은 최존위 초·아·종헌이 큰 제상 앞에서 각각 먼저 하고, 차존위 이하는 각대별 분헌(초·아·종헌)이 차존위 이하 각 신위 앞에서 각각 동시에 하는 방법이다.

축문은 바른 예법은 아니지만 편의상 모든 신위를 열서하여 한 장으로 작성하고 초헌할 때 독축한다. 각 대별 분헌(초·아·종헌)을 각각 동시에 시행하므로 시제시간이 단축된다.

(3) 봉행 절차
1) 관수 : 최존위 초헌 이하 모든 집사는 손을 씻는다.
2) 서립 : 최존위 초헌 이하 모든 자손은 차례대로 선다. [절사 제상배치도 및 참제원 서립도에서 (2)남자만 제사를 지낼 때의 서립도 참고]
3) 봉신위 : 각 대별 초헌은 각 대별 신위(위패, 지방)를 모시고, 개독(개함)한다. 각 대별 초헌은 물러나서 본래의 제자리(서립위치)로 간다.
4) 강신례 : 한 번만 한다.(각 대마다 하지 않음)
　　　　　　최존위 서·동집사는 중앙의 큰 제상 향안 서쪽, 동쪽 각자 맡은 위치로 들어간다.

최존위 초헌은 중앙의 큰 제상 향안 앞으로 들어가서 꿇어앉는다.

① 분향재배 : 최존위 초헌이 중앙의 큰 제상 향안 앞에서 세 번 향을 피운 후 재배한다.

② 뇌주재배 : 최존위 초헌이 중앙의 큰 제상 향안 앞에서 서·동집사의 도움을 받아 모사기에 강신 술을 다 부은 후 재배한다.

최존위 초헌과 서·동집사는 물러나서 본래의 제자리(서립 위치)로 간다.

5) 참신례

① 참신재배 : 최존위 초헌 이하 모든 자손은 서립위치에서 재배한다.

(각 대마다 하지 않음)

6) 초헌례

축과 최존위 서·동집사, 모든 집사는 각자 맡은 위치로 들어간다.

최존위 초헌은 중앙의 큰 제상 향안 앞으로 들어가서 꿇어앉는다.

각 대별 분헌(초헌)은 각자 맡은 신위 앞으로 들어가서 꿇어앉는다.

① 최존위 초헌이 최존위에게 중앙의 큰 제상 향안 앞에서 서·동집사의 도움을 받아 삼제 후에 헌작하면, 이어서 각 대별 분헌(초헌)은 각 신위 앞에서 삼제의 절차 없이 직접 술병을 들고 헌작한다.

② 최존위 집사와 각 대별 분헌(초헌)은 각 신위 앞에서 모두 동시에 계반개하고, 삽시정저한다.

③ 최존위 초헌 이하 모든 자손은 꿇어앉고 축이 큰 제상 향안 앞에서 독축 후에 최존위 초헌은 큰 제상 향안 앞에서, 각 대별 분헌(초헌)은 각신위 앞에서 동시에 재배한다.

최존위 초헌과 각 대별 분헌(초헌)은 물러나서 본래의 제자리(서립위치)로 간다.

④ 모든 집사는 잔반을 내려서 철주 후 빈 잔반을 제상 위의 제자리에 놓는다.

7) 아헌례

최존위 아헌은 중앙의 큰 제상 향안 앞으로 들어가서 꿇어앉는다.

각 대별 분헌(아헌)은 각자 맡은 신위 앞으로 들어가서 꿇어앉는다.

① 최존위 아헌이 최존위에게 큰 제상 향안 앞에서 서·동집사의 도움을 받아 삼제 후에 헌작하면, 이어서 각 대별 분헌(아헌)은 각 신위 앞에서 삼제의 절차 없이 직접 술병을 들고 헌작한다.

② 최존위 아헌은 큰 제상 향안 앞에서, 각 대별 분헌(아헌)은 각 신위 앞에서 동시에 재배한다.

최존위 아헌과 각 대별 분헌(아헌)은 물러나서 본래의 제자리(서립위치)로 간다.

③ 모든 집사는 잔반을 내려서 철주 후 빈 잔반을 제상 위의 제자리에 놓는다.

8) 종헌례

최존위 종헌은 중앙의 큰 제상 향안 앞으로 들어가서 꿇어앉는다.

각 대별 분헌(종헌)은 각자 맡은 신위 앞으로 들어가서 꿇어앉는다.

① 최존위 종헌이 최존위에게 큰 제상 향안 앞에서 서·동집사의 도움을 받아 삼제 후에 헌작하면, 이어서 각 대별 분헌(종헌)은 각 신위 앞에서 삼제의 절차 없이 직접 술병을 들고 헌작한다.

② 최존위 종헌은 큰 제상 향안 앞에서, 각 대별 분헌(종헌)은 각 신위 앞에서 동시에 재배한다.

최존위 종헌과 각 대별 분헌(종헌)은 물러나서 본래의 제자리(서립위치)로 간다.

종헌 후에는 철주하지 않는다.

9) 공수시립 : 초헌 이하 모든 자손은 공수 자세로 잠시 동안 서 있는다.

10) 철갱진숙수 : 모든 집사는 국을 내리고 숭늉을 올린다.

11) 철시숙수접중 : 모든 집사는 메그릇의 숟가락을 빼어 메를 세 번 떠서 숭늉그릇에 말고, 숟가락을 자루가 서쪽으로 가도록 하여 숭늉그릇에 놓는다.

12) 국궁 : 최존위 초헌 이하 모든 자손은 현 위치에서 잠시 허리를 굽히고 있다가 바로 선다.

13) 하시저합반개 : 모든 집사는 수저를 시접에 거두고 메그릇과 모든 제수의 뚜껑을 덮는다.

축과 모든 집사는 물러나서 본래의 제자리(서립위치) 로 간다.

14) 사신례

　　① 사신재배 : 최존위 초헌 이하 모든 자손은 서립위치에서 재배한다.

　　　　　　　　　　(각 대마다 하지 않음)

　　② 분축문 : 축은 축문을 불사른다.

　　③ 납신위 : 각 초헌은 각 대별 신위(위패, 지방)를 거두고, 지방이면 불사른다.

　　④ 철 : 제물을 거두고 철상한다.

　　⑤ 예필 : 시제의 의식을 모두 마친다.

(4) 많은 대를 모시는 시제 홀기(약식)

① 이 시제 홀기는 "비편람식 헌작" 절차에 따르고, 읽기 편하도록 한문 문장을 간략하게 약식으로 작성하였다.

② "비편람식 헌작"은 제상 위의 신위 앞의 잔반을 내려서 술을 가득 따라서 먼저 삼제한 후에 잔반을 신위 앞에 올린다.

③ 이 시제 홀기는 위의 "[3] 많은 대를 모시는 시제(최존위 초 · 아 · 종헌과 분헌 선임)"와 같이 실내(재실)에서 수십 대의 신위(위패, 지방)를 모시고 합동으로 지낼 때의 홀기이다. 실내에서 행하므로 "선강신 후참신"이다.

많은 대를 모시는 시제 홀기(약식)

○ 초헌이하 제집사관수(初獻以下 諸執事盥手) : 최존위 초헌 이하 모든 집사는 손을 씻으시오.

○ 서립(序立) : 최존위 초헌 이하 모든 자손은 차례대로 서시오.

○ 봉신위(奉神位) : 각 대별 초헌은 각 대별 신위(위패, 지방)를 모시고, 개독(개함)하시오.

○ 퇴복위(退復位) : 각 대별 초헌은 물러나서 본래의 제자리(서립위치)로 가시오.

□ 행강신례(行降神禮) : 강신례를 행하시오.

○ 제집사 각취위(諸執事 各就位) : 모든 집사는 각자 맡은 위치로 들어가시오.

○ 초헌 향안전궤(初獻 香案前跪) : 최존위 초헌은 중앙의 큰 제상 향안 앞에 꿇어
앉으시오.

○ 분향(焚香) : 최존위 초헌은 향을 세 번 피우시오.

○ 재배(再拜) : 최존위 초헌은 중앙의 큰 제상 향안 앞 배석에서 재배하시오.

○ 뇌주(酹酒) :

최존위 초헌은 다시 중앙의 큰 제상 향안 앞에 꿇어앉으시오.

서집사는 동향으로 꿇어앉아 강신잔반을 받들어서 최존위 초헌에게 주시오.

동집사는 서향으로 꿇어앉아 술을 따르시오.

최존위 초헌은 강신잔반의 술을 모사기에 다 부으시오.

최존위 초헌은 이 빈 강신잔반을 서집사에게 주시오.

서집사는 강신잔반을 받들어서 본래의 제자리에 놓으시오.

○ 재배(再拜) : 최존위 초헌은 중앙의 큰 제상 향안 앞 배석에서 재배하시오.

○ 초헌 제집사 퇴복위(初獻 諸執事 退復位) : 최존위 초헌과 모든 집사는 물러나서
본래의 제자리(서립위치)로 가시오.

□ 행참신례(行參神禮) : 참신례를 행하시오.

○ 초헌이하 재배, 국궁, 배, 흥, 배, 흥, 평신(初獻以下 再拜, 鞠躬, 拜, 興, 拜, 興, 平
身) : 최존위 초헌 이하 모든 자손은 차례대로 서서 재배하시오. 허리를 약간 굽히
시오, 절하시오, 일어나시오, 절하시오, 일어나시오, 바로 서시오.

□ 행초헌례(行初獻禮) : 초헌례를 행하시오.

○ 제집사 각취위(諸執事 各就位) : 축과 모든 집사는 각자 맡은 위치로 들어가시오.

○ 초헌 향안전궤(初獻 香案前跪) : 최존위 초헌은 중앙의 큰 제상 향안 앞에 꿇어
앉으시오.

○ 각분헌 각신위전궤(各分獻 各神位前跪) : 각 분헌(초헌)은 각 신위 앞에 꿇어앉
으시오.

○ 최존위 헌작(最尊位 獻酌) :

서집사는 최존고위잔반을 받들어서 꿇어앉아 최존위 초헌에게 주시오.

동집사는 서향으로 꿇어앉아 술을 가득히 따르시오.

최존위 초헌은 술을 모사기에 조금씩 세 번 따르시오.

최존위 초헌은 이 잔반을 받들어서 서집사에게 주시오.

서집사는 잔반을 받들고 일어나서 최존고위 앞에 올리시오.

동집사는 최존비위잔반을 받들어서 꿇어앉아 최존위 초헌에게 주시오.

동집사는 서향으로 꿇어앉아 술을 가득히 따르시오.

최존위 초헌은 술을 모사기에 조금씩 세 번 따르시오.

최존위 초헌은 이 잔반을 받들어서 동집사에게 주시오.

동집사는 잔반을 받들고 일어나서 최존비위 앞에 올리시오.

○ 각위 헌작(各位 獻酌) : 각 분헌(초헌)은 술병을 들고 각 신위 앞에 헌작하시오.

○ 계반개 삽시정저(啓飯蓋 揷匙正筯) :

모든 집사는 모든 신위의 메그릇과 모든 제수의 뚜껑을 열어 놓으시오.

숟가락을 바닥이 동쪽으로 가도록 하여 메그릇에 꽂고, 젓가락을 자루가 서쪽으로 가도록하여 시접위에 가지런히 걸쳐 올려놓으시오.

○ 초헌이하 궤(初獻以下 跪) : 최존위 초헌이하 모든 자손은 현 위치에서 꿇어앉으시오.

○ 축독축(祝讀祝) : 축은 최존위 초헌의 좌측에서 동향으로 꿇어앉아 축문을 읽으시오.

○ 흥평신(興平身) : 모든 자손은 일어나서 바로 서시오.

○ 초헌 각분헌 재배(初獻 各分獻 再拜) : 최존위 초헌은 중앙의 큰 제상 향안 앞에서, 각 분헌(초헌)은 각 신위 앞에서 재배하시오.

○ 퇴복위(退復位) : 최존위 초헌과 각 분헌(초헌)은 물러나서 본래의 제자리(서립위치)로 가시오.

○ 철주(撤酒) : 모든 집사는 모든 신위의 잔반을 내려서 철주기에 철주 후 빈 잔반을 제자리에 올려놓으시오.

□ 행아헌례(行亞獻禮) : 아헌례를 행하시오.

○ 아헌 향안전궤(亞獻 香案前跪) : 최존위 아헌은 중앙의 큰 제상 향안 앞에 꿇어

앉으시오.

○ 각분헌 각신위전궤(各分獻 各神位前跪) : 각 분헌(아헌)은 각 신위 앞에 꿇어앉
   으시오.

○ 최존위 헌작(最尊位 獻酌) :

　서집사는 최존고위잔반을 받들어서 꿇어앉아 최존위 아헌에게 주시오.

　동집사는 서향으로 꿇어앉아 술을 가득히 따르시오.

　최존위 아헌은 술을 모사기에 조금씩 세 번 따르시오.

　최존위 아헌은 이 잔반을 받들어서 서집사에게 주시오.

　서집사는 잔반을 받들고 일어나서 최존고위 앞에 올리시오.

　동집사는 최존비위잔반을 받들어서 꿇어앉아 최존위 아헌에게 주시오.

　동집사는 서향으로 꿇어앉아 술을 가득히 따르시오.

　최존위 아헌은 술을 모사기에 조금씩 세 번 따르시오.

　최존위 아헌은 이 잔반을 받들어서 동집사에게 주시오.

　동집사는 잔반을 받들고 일어나서 최존비위 앞에 올리시오.

○ 각위 헌작(各位 獻酌) : 각 분헌(아헌)은 술병을 들고 각 신위 앞에 헌작하시오.

○ 아헌 각분헌 재배(亞獻 各分獻 再拜) : 최존위 아헌은 중앙의 큰 제상 향안 앞에
   서, 각 분헌(아헌)은 각 신위 앞에서 재배하시오.

○ 퇴복위(退復位) : 최존위 아헌과 각 분헌(아헌)은 물러나서 본래의 제자리(서립
   위치)로 가시오.

○ 철주(撤酒) : 모든 집사는 모든 신위의 잔반을 내려서 철주기에 철주 후 빈 잔반
   을 제자리에 올려놓으시오.

□ 행종헌례(行終獻禮) : 종헌례를 행하시오.

○ 종헌 향안전궤(終獻 香案前跪) : 최존위 종헌은 중앙의 큰 제상 향안 앞에 꿇어
   앉으시오.

○ 각분헌 각신위전궤(各分獻 各神位前跪) : 각 분헌(종헌)은 각 신위 앞에 꿇어앉
   으시오.

○ 최존위 헌작(最尊位 獻酌) :

서집사는 최존고위잔반을 받들어서 꿇어앉아 최존위 종헌에게 주시오.

동집사는 서향으로 꿇어앉아 술을 가득히 따르시오.

최존위 종헌은 술을 모사기에 조금씩 세 번 따르시오.

최존위 종헌은 이 잔반을 받들어서 서집사에게 주시오.

서집사는 잔반을 받들고 일어나서 최존고위 앞에 올리시오.

동집사는 최존비위잔반을 받들어서 꿇어앉아 최존위 종헌에게 주시오.

동집사는 서향으로 꿇어앉아 술을 가득히 따르시오.

최존위 종헌은 술을 모사기에 조금씩 세 번 따르시오.

최존위 종헌은 이 잔반을 받들어서 동집사에게 주시오.

동집사는 잔반을 받들고 일어나서 최존비위 앞에 올리시오.

○ 각위 헌작(各位 獻酌) : 각 분헌(종헌)은 술병을 들고 각 신위 앞에 헌작하시오.

○ 종헌 각분헌 재배(終獻 各分獻 再拜) : 최존위 종헌은 중앙의 큰 제상 향안 앞에서, 각 분헌(종헌)은 각 신위 앞에서 재배하시오.

○ 퇴복위(退復位) : 최존위 종헌과 각 분헌(종헌)은 물러나서 본래의 제자리(서립 위치)로 가시오.

○ 공수시립(拱手侍立) : 최존위 초헌 이하 모든 자손은 공수 자세로 잠시 동안 서 있으시오.

○ 철갱 진숙수(撤羹 進熟水) : 모든 집사는 모든 신위의 갱을 내리고 숭늉을 올리시오.

○ 철시 숙수접중(撤匙 熟水楪中) : 모든 집사는 모든 신위의 메그릇의 숟가락을 빼어 메를 세 번 떠서 숭늉 그릇에 말고, 숟가락을 자루가 서쪽으로 가도록 하여 숭늉그릇에 놓으시오.

○ 국궁(鞠躬) : 최존위 초헌 이하 모든 자손은 현 위치에서 잠시 허리를 굽히시오.

○ 평신(平身) : 모두 허리를 펴고 바로 서시오.

○ 하시저 합반개(下匙筯 合飯蓋) : 모든 집사는 모든 신위의 수저를 시접에 거두고, 메그릇과 모든 제수의 뚜껑을 덮으시오.

○ 제집사 퇴복위(諸執事 退復位) : 축과 모든 집사는 물러나서 본래의 제자리(서립 위치)로 가시오.

□ 행사신례(行辭神禮) : 사신례를 행하시오.

○ 초헌이하 재배, 국궁, 배, 흥, 배, 흥, 평신(初獻以下 再拜, 鞠躬, 拜, 興, 拜, 興, 平身) : 최존위 초헌 이하 모든 자손은 차례대로 서서 재배하시오. 허리를 약간 굽히시오, 절하시오, 일어나시오, 절하시오, 일어나시오, 바로 서시오.

○ 분축문(焚祝文) : 축은 향안 앞으로 들어가 꿇어앉아서 축문을 불사르시오.

○ 납신위(納神位) : 각 초헌은 각 대별 신위(위패, 지방)를 거두시오. 지방이면 불사르시오.

○ 철(撤) : 제물을 거두고 철상하시오.

○ 예필(禮畢) : 시제 의식을 모두 마치겠습니다.

[4] 실내 제위합동시제(세일사) 축문

이 축문은 기제를 모시지 않는 5대조 이상(친진親盡)의 모든 조상에게 합동으로 1년에 한 번 실내에서 지내는 세일사시제의 축문이다.

<편람>에 의하면 세일사시제는 10월 1일에 지낸다.

※ 축문의 '학생', '유인' 등 상세한 작성요령은 앞에 있는 기제축문과 묘제축문을 참고한다.

(1) 각 대별로 각각 작성

위의 [1], [2]와 같이 "10여 대 미만을 모시는 시제"의 축문은 각 대별로 각각 작성하고 각 대별로 초헌할 때 각각 독축한다.

(2) 모든 신위를 열서하여 한 장으로 작성

위의 [3]과 같이 "많은 대를 모시는 시제"의 축문은 바른 예법은 아니지만 편의상 모든 신위를 열서하여 한 장으로 작성하고 초헌할 때 중앙의 큰 제상 향안 앞에서 독축한다.

실내 제위합동시제(세일사) 축문 : "많은 대를 모시는 시제"

유세차임진 십월기묘삭 초십일무자 십오대손성재 감소고우
維歲次壬辰 十月己卯朔 初十日戊子 十五代孫性宰 敢昭告于

현십오대조고학생부군지위
顯十五代祖考學生府君之位

현십오대조비유인파평윤씨지위
顯十五代祖妣孺人坡平尹氏之位

현십사대조고학생부군지위
顯十四代祖考學生府君之位

현십사대조비유인김해김씨지위
顯十四代祖妣孺人金海金氏之位
(많은 대의 모든 신위를 열서한다)

세천일제 예유중제 이자상로 미증감모 근이
歲薦一祭 禮有中制 履玆霜露 彌增感慕 謹以

청작서수 지천세사 상
淸酌庶羞 祗薦歲事 尙

향
饗

해설 : 임진년 10월 10일 15대손 성재는

15대조고비와 여러 선조님께 감히 고하옵니다. 일 년에 한 차례씩 제사를 드
리는 것이 예에 맞는 법이옵니다. 서리와 이슬을 밟으니 더욱 감동하고 사
모하는 마음 간절하여 삼가 맑은 술과 여러 음식으로 공경을 다하여 세사
를 드리오니

흠향하시옵소서.

○ 매년 실내(재실)에서 시제를 지내려면 실내(재실)시제 첫해에 한하여 사전에 묘
지에 사유를 고유해야 할 것이다.

○ 축문에 '之墓'를 '之位'로 표시함으로써 실내에서 봉행한다는 뜻이 되므로 구태
여 축문에 묘제를 지내지 못하고 실내(재실)에서 봉행하는 사유를 기재할 필

요는 없을 것이다.

○ 만약 실내 봉행사유를 꼭 기재하려면 사정에 맞는 문구를 지어서 '禮有中制' 다음에 삽입하면 된다. 일반적으로 '宜當墓祭 事勢不逮 設位奉行'(마땅히 묘제를 지내야 하나 사정이 여의치 못하여 실내에서 위패 · 지방을 모시고 봉행한다는 의미)이란 문구를 많이 사용한다.

○ 제주의 표시에서 "몇 대손 성재"는 최존위의 몇 대손으로 표기한다.

○ 사정에 따라서 차존위 이하의 신위는 "몇 대조고", "몇 대조비"의 표시를 모든 초헌자(혹은 참제원)의 항렬 대수에 관계없이 통용할 수 있도록 모든 신위에 "선조고", "선조비"로 표기하기도 한다.

○ 만약 불천위를 같은 날 모신다면 별도로 따로 모셔야 하고, 축문도 별도로 작성해야 한다. 불천위 묘제는 세일사 묘제가 아니기 때문에 앞에 있는 묘제축문 중에서 "4대친(친미진: 고조 - 부모) 묘제축문"을 사용해야 한다.

15. 고유제 告由祭

① 고유제는 중대한 일을 치르고자 할 때나 치른 후에 조상이나 천지신명에게 고유하고 기원하는 제사이다.

② 사당에 '유사고유有事告由'를 비롯하여 정초에 무사안녕을 기원하는 기원제, 정월 대보름 당산제, 천제天祭, 동제, 산악인의 시산제, 직장의 번성을 기원하는 고사 등이 고유제라고 할 수 있다.

③ 고유제의 신위수는 대상에 따라서 다르다. 즉 사당 등에서는 모든 신위 혹은 특정한 신위가 그 수가 되고, 당산제 · 천제天祭 · 동제 · 시산제 · 직장고사 등에서는 신위를 1위로 본다.

④ 고유제는 단헌독축이 통례이다. 그러나 현실적으로 삼헌독축을 많이 하고 있

다. 종헌 후에 네 번째, 다섯 번째 헌작하는 경우가 있는데 예서에는 근거가 없다. 모든 제례는 종헌으로 헌작은 끝나는 것이다.

⑤ 고유제는 '토지신'만이 제사의 대상이 아니고 '천지신명天地神明' 혹은 '天地之神' 등 하늘과 땅, 우주만물이 그 대상이 될 수 있으므로 분향도 하고 뇌주도 한다.

⑥ 고유제 순서 : 관수 - 서립 - 강신(분향재배 - 뇌주재배) - 참신재배 - 초헌(헌작 - 정저 - 독축 - 초헌재배) - 철주 - 아헌(헌작 - 아헌재배) - 철주 - 종헌(헌작 - 종헌재배) - 하저 - 사신재배 - 분축문 - 철 - 예필

⑦ 위의 순서는 고유제의 성격과 여건에 따라서 변경될 수 있다.

(1) 고유제 홀기(약식)

① 이 홀기는 "비편람식 헌작" 절차에 따르고, 읽기 편하도록 한문 문장을 간략하게 약식으로 작성하였다.

② "비편람식 헌작"은 신위 앞의 잔반을 내려서 술을 가득 따라서 먼저 삼제한 후에 잔반을 신위 앞에 올린다.

고유제告由祭 笏記(약식)

○ 초헌이하 제집사관수(初獻以下 諸執事盥手) : 초헌 이하 모든 집사는 손을 씻으시오.

○ 서립(序立) : 초헌 이하 모든 참제원은 차례대로 서시오.

□ 행강신례(行降神禮) : 강신례를 행하시오.

○ 제집사 각취위(諸執事 各就位) : 서 · 동집사는 향안 서쪽, 동쪽의 각자 맡은 위치로 들어가시오.

○ 초헌 향안전궤(初獻 香案前跪) : 초헌은 향안 앞에 꿇어앉으시오.

○ 분향(焚香) : 초헌은 향을 세 번 피우시오.

○ 재배(再拜) : 초헌은 향안 앞 배석에서 재배하시오.

○ 뇌주(酹酒) :

초헌은 다시 향안 앞에 꿇어앉으시오.

서집사는 동향으로 꿇어앉아 강신잔반을 받들어서 초헌에게 주시오.

동집사는 서향으로 꿇어앉아 술을 따르시오.

초헌은 강신잔반의 술을 모사기(땅)에 다 부으시오.

초헌은 이 빈 강신잔반을 서집사에게 주시오.

서집사는 강신잔반을 받들어서 본래의 제자리에 놓으시오.

○ 재배(再拜) : 초헌은 향안 앞 배석에서 재배하시오.

○ 초헌 제집사 퇴복위(初獻 諸執事 退復位) : 초헌과 서 · 동집사는 물러나서 본래
　　의 제자리(서립위치)로 가시오.

□ 행참신례(行參神禮) : 참신례를 행하시오.

○ 초헌이하 재배, 국궁, 배, 흥, 배, 흥, 평신(初獻以下 再拜, 鞠躬, 拜, 興, 拜, 興, 平
　　身) : 초헌 이하 모든 참제원은 차례대로 서서 재배하시오. 허리를 약간 굽히시오,
　　절하시오, 일어나시오, 절하시오, 일어나시오, 바로 서시오.

□ 행초헌례(行初獻禮) : 초헌례를 행하시오.

○ 제집사 각취위(諸執事 各就位) : 축 · 서집사 · 동집사는 향안 서쪽, 동쪽의 각자
　　맡은 위치로 들어가시오.

○ 초헌 향안전궤(初獻 香案前跪) : 초헌은 향안 앞에 꿇어앉으시오.

○ 헌작(獻酌) :

　　서집사는 신위 앞의 잔반을 받들어서 꿇어앉아 초헌에게 주시오.

　　동집사는 서향으로 꿇어앉아 술을 가득히 따르시오.

　　초헌은 술을 모사기(땅)에 조금씩 세 번 따르시오.

　　초헌은 이 잔반을 받들어서 서집사에게 주시오.

　　서집사는 잔반을 받들고 일어나서 신위 앞에 올리시오.

○ 정저(正筯) : 서집사는 젓가락을 자루가 서쪽으로 가도록 하여 시접 위에 가지런
　　히 걸쳐 올려놓으시오.

○ 초헌이하 궤(初獻以下 跪) : 초헌이하 모든 참제원은 현 위치에서 꿇어앉으시오.

○ 축독축(祝讀祝) : 축은 초헌의 좌측에서 동향으로 꿇어 앉아 축문을 읽으시오.

○ 흥평신(興平身) : 모든 참제원은 일어나서 바로 서시오.

○ 초헌 재배(初獻 再拜) : 초헌은 향안 앞 배석에서 재배하시오.

○ 퇴복위(退復位) : 초헌은 물러나 본래의 제자리(서립위치)로 가시오.

○ 철주(撤酒) : 서집사는 신위 앞의 잔반을 내려서 철주기에 철주 후 빈 잔반을 제상 위 제자리에 올려놓으시오.

□ 행아헌례(行亞獻禮) : 아헌례를 행하시오.

○ 아헌 향안전궤(亞獻 香案前跪) : 아헌은 향안 앞에 꿇어앉으시오.

○ 헌작(獻酌) :

　서집사는 신위 앞의 잔반을 받들어서 꿇어앉아 아헌에게 주시오.

　동집사는 서향으로 꿇어앉아 술을 가득히 따르시오.

　아헌은 술을 모사기(땅)에 조금씩 세 번 따르시오.

　아헌은 이 잔반을 받들어서 서집사에게 주시오.

　서집사는 잔반을 받들고 일어나서 신위 앞에 올리시오.

○ 아헌 재배(亞獻 再拜) : 아헌은 향안 앞 배석에서 재배하시오.

○ 퇴복위(退復位) : 아헌은 물러나 본래의 제자리(서립위치)로 가시오.

○ 철주(撤酒) : 서집사는 신위 앞의 잔반을 내려서 철주기에 철주 후 빈 잔반을 제상 위 제자리에 올려놓으시오.

□ 행종헌례(行終獻禮) : 종헌례를 행하시오.

○ 종헌 향안전궤(終獻 香案前跪) : 종헌은 향안 앞에 꿇어앉으시오.

○ 헌작(獻酌) :

　서집사는 신위 앞의 잔반을 받들어서 꿇어앉아 종헌에게 주시오.

　동집사는 서향으로 꿇어앉아 술을 가득히 따르시오.

　종헌은 술을 모사기(땅)에 조금씩 세 번 따르시오.

　종헌은 이 잔반을 받들어서 서집사에게 주시오.

　서집사는 잔반을 받들고 일어나서 신위 앞에 올리시오.

○ 종헌 재배(終獻 再拜) : 종헌은 향안 앞 배석에서 재배하시오.

○ 퇴복위(退復位) : 종헌은 물러나 본래의 제자리(서립위치)로 가시오.

○ 하저(下筯) : 서집사는 젓가락을 시접에 거두시오.

○ 제집사 퇴복위(諸執事 退復位) : 축 · 서집사 · 동집사는 물러나 본래의 제자리 (서립위치)로 가시오.

□ 행사신례(行辭神禮) : 사신례를 행하시오.

○ 초헌이하 재배, 국궁, 배, 흥, 배, 흥, 평신(初獻以下 再拜, 鞠躬, 拜, 興, 拜, 興, 平 身) : 초헌 이하 모든 참제원은 차례대로 서서 재배 하시오.
  허리를 약간 굽히시오, 절하시오, 일어나시오, 절하시오, 일어나시오, 바로 서시 오.

○ 분축문(焚祝文) : 축은 향안 앞으로 들어가 꿇어앉아서 축문을 불사르시오.

○ 철(撤) : 제물을 거두고 철상하시오.

○ 예필(禮畢) : 고유제의 의식을 모두 마치겠습니다.

(2) 고유제 축문

고유제 축문은 고유제의 성격에 따라 다르므로 고유(기원)하는 요지를 문장으로 작성하면 된다.

제5장 각종 의례축문(고사 告辭)

이 장에서는 앞장의 사례(제1·2·3·4장)에서 언급되지 않은 각종 의례의 축문에 대하여 설명한다.

1. 시건당고사 始建堂告辭

이 축문(고사)은 사가私家에서 처음으로 사당(가묘)을 만들고 고유하는 고사이다.

> 유세차임진 모월간지삭 모일간지 효자　감소고우
> 維歲次壬辰 某月干支朔 某日干支 孝子00 敢昭告于
>
> 현고학생부군
> 顯考學生府君
>
> 현비유인○○○씨 복이 보본반시 존조상문 근본불망 명분수호
> 顯妣孺人○○○氏 伏以 報本反始 尊祖尙門 根本不忘 名分守護
>
> 개묘전세 자감 금위 사우창조 복유　존령 시거시영 근이
> 開廟傳世 玆敢 今爲 祠宇創造 伏惟　尊靈 是居是寧 謹以
>
> 주과용신 건고근고
> 酒果用伸 虔告謹告

해설 : 임진년 0월 0일 효자 00는

아버님과

어머님께 감히 고하옵니다. 조상의 은혜에 보답하고 조상을 존경하고 가문을 숭상하며 근본을 잊지 않고 명분을 수호하여 사당을 열어 후손에게 대대로 전승하기 위하여 감히 금번에 사당을 처음으로 세웠사옵니다. 엎드려 생각

하옵건대 존령께서는 여기에 계시며 이에 편안하시옵소서. 삼가 술과 과실을 차려 경건한 마음으로 삼가 고하옵니다.

2. 추후제주 묘고사 追後題主 墓告辭

사정에 의하여 추후에 신주를 모신다면 묘소에 고유하는 것이 옳을 것이다. 이 축문(고사)은 돌아가셨을 때 신주를 모시지 못하고 추후에 모실 경우 혼령이 신주에 깃들어 의지할 수 있도록 묘소에 고유하는 의식이 필요하다고 생각한다.

유세차임진 모월간지삭 모일간지 효자　감소고우
維歲次壬辰 某月干支朔 某日干支 孝子00 敢昭告于

현고학생부군
顯考學生府君

현비유인○○○씨 지묘 별세당시 의당제주 사세불체 신주미성
顯妣孺人○○○氏 之墓 別世當時 宜當題主 事勢不逮 神主未成

추모보은 조상공경 근본불망 자감 금위 의례제주 복유　존령
追慕報恩 祖上恭敬 根本不忘 玆敢 今爲 依禮題主 伏惟　尊靈

종주시빙 근이 주과용신 건고근고
從主是憑 謹以 酒果用伸 虔告謹告

해설 : 임진년 0월 0일 효자 00는

아버님과

어머님의 묘소에 감히 고하옵니다. 돌아가셨을 때에 신주를 모셔야 하오나 그 당시에는 사정이 여의치 못하여 신주를 모시지 못하였습니다. 그러나 추모하고 은혜에 보답하며 조상을 공경하고 근본을 잊지 않기 위하여 감히 금번에 예에 따라 신주를 만들어 모셨습니다. 엎드려 생각하옵건대 존령께서는

신주를 따르시어 이에 의존하시옵소서. 삼가 술과 과실을 차려 경건한 마음
으로 삼가 고하옵니다.

3. 사당 중수고사祠堂 重修告辭

이 축문(고사)은 사당을 수리하기 위하여 신주를 다른 곳으로 옮겨 모실 때 고유
하는 고사이다.

유세차임진 모월간지삭 모일간지 효현손   감소고우
維歲次壬辰 某月干支朔 某日干支 孝玄孫00 敢昭告于

현고조고학생부군
顯高祖考學生府君

현고조비유인○○○씨
顯高祖妣孺人○○○氏

(사당에 모신 신위를 서열별로 열서한다.)

사우건축 세구퇴비 금장개수 근봉신주 이안타소 복유   존령
祠宇建築 歲久頹圮 今將改修 謹奉神主 移安他所 伏惟   尊靈

물진물경
勿震勿驚

해설 : 임진년 0월 0일 효현손 00는

고조고학생부군과

고조비유인○○○씨께 감히 고하옵니다.

사당을 건축한 지 세월이 오래되어 무너져 이제 새롭게 수리를 하고자 삼가
신주를 받들어 다른 곳으로 옮겨 모시겠나이다. 엎드려 생각하옵건대 존령
께서는 두려워하거나 놀라지 마시기 바라옵니다.

4. 사당중수후 봉안고사 祠堂重修後 奉安告辭

이 축문(고사)은 사당을 수리 후에 신주를 다시 사당에 봉안할 때 고유하는 고사이다.

유세차임진 모월간지삭 모일간지 효현손　감소고우
維歲次壬辰 某月干支朔 某日干支 孝玄孫00 敢昭告于

현고조고학생부군
顯高祖考學生府君

현고조비유인○○○씨
顯高祖妣孺人○○○氏

(사당에 모신 신위를 서열별로 열서한다.)

사우수즙 공기필역 금이길진 봉안고처 복유　존령 시거시영
祠宇修葺 工旣畢役 今以吉辰 奉安故處 伏惟　尊靈 是居是寧

해설 : 임진년 0월 0일 효현손 00는

고조고학생부군과

고조비유인○○○씨께 감히 고하옵니다.

사당을 중수하는 공사를 모두 마치고 이제 좋은 날에 신주를 다시 옛 사당에 봉안하였사옵니다. 엎드려 생각하옵건대 존령께서는 여기에 계시며 편안하시옵소서.

5. 가대조성전 기지신제축 家垈造成前 基址神祭祝

이 축문은 가옥을 신축할 때 대지 조성 전에 터주신에게 제사하는 축문이다.

維歲次壬辰 某月干支朔 某日干支 幼學000 敢昭告于

基址之神 今以吉辰 家垈基築 整理 工雖人力 德是神助

敢請 工中無事 神惟鑑顧 謹以 酒果 以表微誠 敬奠 尚

饗

해설 : 임진년 0월 0일 유학 000는

터주신께 감히 고하옵니다.

이제 길일을 택하여 가옥의 터전을 다지고 정리하고자 하옵니다.

공사는 비록 사람의 힘으로 하오나 덕은 터주신의 도움이옵니다.

공사 도중 무사하기를 감히 청하오니 터주신께서는 감응하여

보살펴 주시기 바라오며 삼가 주과로써 정성의 뜻을 표하여

전 드리오니 흠향하시옵소서.

○ "基址之神"을 "土地之神"으로 쓰기도 한다.

6. 재실낙성 기지신제축 齋室落成 基址神祭祝

이 축문은 재실을 낙성했을 때 재실 터주신에게 제사 지내는 축문이다.

維歲次壬辰 某月干支朔 某日干支 幼學000 敢昭告于

기지지신 택자길지 영건재우 금기낙성 공수인력 덕시신조
基址之神 擇玆吉地 營建齋宇 今期落成 工雖人力 德是神助

불감불흠　신유감고 궐거 근이 주과 이표미성 경전 상
不敢不欽　神惟鑑顧 厥居 謹以 酒果 以表微誠 敬奠 尙

향
饗

해설 : 임진년 0월 0일 유학 000는

터주신께 감히 고하옵니다.

길지를 택하여 재실을 세우고 이제 낙성식을 하게 되었습니다. 공사는 비록 사람의 힘으로 하였으나 덕은 터주신의 도움이므로 감히 공경하지 않을 수 없사옵니다. 터주신께서는 감응하여 보살펴 주시고 이곳에 오랫동안 거처하시기 바라오며 삼가 주과로써 정성의 뜻을 표하여 전 드리오니 흠향하시옵소서.

○ "基址之神"을 "土地之神"으로 쓰기도 한다.

7. 수관 고사授官 告辭

이 축문(고사)은 관작(벼슬)을 받았을 때 사당에 고유하는 고사이다. 사당이 없으면 지방을 모시고 고유한다.

유세차임진 모월간지삭 모일간지 효현손　감소고우
維歲次壬辰 某月干支朔 某日干支 孝玄孫00 敢昭告于

현고조고학생부군
顯高祖考學生府君

현고조비유인○○○씨
顯高祖妣孺人○○○氏

(사당에 모신 신위를 서열별로 열서한다.)

모지장자모 이모월모일 몽은수모관 봉승선훈 획점녹위 여경소급
某之長子某 以某月某日 蒙恩授某官 奉承先訓 獲霑祿位 餘慶所及

불승감모 근이 주과용신 건고근고
不勝感慕 謹以 酒果用伸 虔告謹告

해설 : 임진년 0월 0일 효현손 00는

고조고학생부군과

고조비유인○○○씨께 감히 고하옵니다.

○○의 장자 ○○이가 ○월 ○일에 은혜를 입어 ○○벼슬(사무관·서기관
등)을 제수 받았습니다. 이는 모두 선대의 가르침을 이어 받아 벼슬을 얻게
된 것으로서 경사스러운 자리에 함께하게 되었습니다. 감동하고 사모함을
이기지 못하여 삼가 술과 과실을 차려 경건한 마음으로 삼가 고하옵니다.

8. 생신제축 生辰祭祝

이 축문은 부모가 다 돌아가셨을 때 돌아가신 아버님 생신제에 올리는 축문이다.
사당에서 부모님의 신주를 출주하여 정침(대청: 제청)에서 생신제를 지낸다. 신주를
모시지 않았으면 지방을 모시고 지낸다.

유세차임진 모월간지삭 모일간지 효자   감소고우
維歲次壬辰 某月干支朔 某日干支 孝子00 敢昭告于

현고학생부군
顯考學生府君

현비유인○○○씨 세서천역
顯妣孺人○○○氏 歲序遷易

현고 생신부임 존당유경 몰영감망 추원감시
顯考 生辰復臨 存當有慶 沒寧敢忘 追遠感時

호천망극 근이 청작서수 공신정례 상
昊天罔極 謹以 淸酌庶羞 恭伸情禮 尙

향
饗

해설 : 임진년 0월 0일 효자 00는

아버님과

어머님께 감히 고하옵니다.

어느덧 세월이 흘러 아버님 생신일이 돌아왔습니다. 생존해계셨으면 당연
히 경사스러운 일이온데 돌아가셨다고 하여 어찌 감히 잊을 수 있겠습니까.
지난날의 감회를 생각하니 은혜가 하늘과 같이 크고 넓어서 끝이 없사옵니
다. 삼가 맑은 술과 여러 음식으로 공경을 다하여 정리의 예를 표하오니 흠
향하시옵소서.

○ 돌아가신 아버님의 회갑이면 "生辰復臨"를 "甲日復臨"로 고치고, 고희이면
"古稀復臨", 팔순이면 "八旬復臨"로 각각 고친다.

○ 돌아가신 어머님 생신이면 "顯考 生辰復臨"을 "顯妣 生辰復臨"로 고친다.

○ 만약 어머님은 생존해계시고 돌아가신 아버님 생신이면 "顯妣孺人○○○氏"
와 "顯考"를 삭제하고, "顯考學生府君" 다음에 바로 "歲序遷易 生辰復臨"으
로 연결하여 작성한다.

○ 생신제는 3년 탈상 이후에는 지내지 않는다고 한다.

9. 본인회갑시 고비고유축 本人回甲時 考妣告由祝

이 축문은 본인의 회갑일에 돌아가신 부모님께 고유하는 축문이다. 사당에서 부모님의 신주를 출주하여 정침(대청: 제청)에서 고유한다. 신주를 모시지 않았으면 지방을 모시고 고유한다.

유세차임진 모월간지삭 모일간지 효자 감소고우
維歲次壬辰 某月干支朔 某日干支 孝子00 敢昭告于

현고학생부군
顯考學生府君

현비유인○○○씨 세월불유 금당주갑 평생미보 구로지은
顯妣孺人○○○氏 歲月不留 今當週甲 平生未報 劬勞之恩

난망국육지공 추원감시 호천망극 근이 청작서수 공신정례 상
難忘鞠育之功 追遠感時 昊天罔極 謹以 淸酌庶羞 恭伸情禮 尙

향
饗

해설 : 임진년 0월 0일 효자 00는

아버님과

어머님께 감히 고하옵니다.

세월은 머무르지 않고 흘러 오늘 소자의 회갑일이 되었습니다. 평생을 갚아도 못 다할 저를 낳으시고 길러주신 은혜와 공을 잊을 수 없습니다. 지난 날의 감회를 생각하니 은혜가 하늘과 같이 크고 넓어서 끝이 없사옵니다. 삼가 맑은 술과 여러 음식으로 공경을 다하여 정리의 예를 표하오니 흠향하시옵소서.

○ 본인의 고희이면 "今當週甲"을 "今當古稀"로, 팔순이면 "今當八旬"으로 각각 고친다.

10. 석물 보수고사 石物 補修告辭

이 축문(고사)은 석물 등이 장맛비로 인하여 무너져 보수 후에 고유하는 고사이다.

유세차임진 모월간지삭 모일간지 10대손   감소고우
維歲次壬辰 某月干支朔 某日干支 十代孫00 敢昭告于

현10대조고학생부군
顯十代祖考學生府君

현10대조비유인○○○씨지묘 석물곡장 치료우퇴비 재연길진
顯十代祖妣孺人○○○氏之墓 石物曲墻 値潦雨頹圮 載涓吉辰

원방창설 잉구보완 근이 주과용신 건고근고
爰方創設 仍舊補完 謹以 酒果用伸 虔告謹告

해설 : 임진년 0월 0일 10대손 00는

10대조고학생부군과

10대조비유인○○○씨 묘소에 감히 고하옵니다.

석물과 곡장이 장맛비로 인하여 무너져 좋은 날을 택하여 이곳에 석물을 다시 설치하여 옛날과 같이 완성하였습니다. 삼가 술과 과실을 차려 경건한 마음으로 삼가 고하옵니다.

11. 화재묘 위안고사 火災墓 慰安告辭

이 축문(고사)은 실화(들불)로 인하여 묘소가 피해를 입었을 때 개사초 후에 위안하는 고유고사이다.

유세차임진 모월간지삭 모일간지 효자　감소고우
維歲次壬辰 某月干支朔 某日干支 孝子00 敢昭告于

현고학생부군
顯考學生府君

현비유인○○○씨지묘 수호불근 야화요원 화급봉영 상통망애
顯妣孺人○○○氏之墓 守護不謹 野火燎原 禍及封塋 傷痛罔涯

금이개사 복유　존령 영세시영 근이 주과용신 건고근고
今已改莎 伏惟　尊靈 永世是寧 謹以 酒果用伸 虔告謹告

해설 : 임진년 0월 0일 효자 00는

아버님과

어머님의 묘에 감히 고하옵니다.

묘를 삼가 수호하지 못하여 들불로 인하여 묘소가 화를 입어 상처 나고 아픈 마음 한이 없습니다. 이제 사초를 다시 하였사오니 엎드려 생각하옵건대 존령께서는 영원토록 편안하시옵소서. 삼가 술과 과실을 차려 경건한 마음으로 삼가 고하옵니다.

12. 수재묘 위안고사 水災墓 慰安告辭

이 축문(고사)은 수재로 인하여 묘역이 무너져 피해를 입었을 때 고친 후에 위안하는 고유고사이다.

유세차임진 모월간지삭 모일간지 효자　감소고우
維歲次壬辰 某月干支朔 某日干支 孝子00 敢昭告于

현고학생부군
顯考學生府君

현비유인○○○씨지묘 하료계천 수설묘정 계체붕대 금가수치
顯妣孺人○○○氏之墓 夏潦稽天 水齧墓庭 階砌崩汰 今加修治

　복유　　존령 영세시영 근이 주과용신 건고근고
**　伏惟　　尊靈 永世是寧 謹以 酒果用伸 虔告謹告**

해설 : 임진년 0월 0일 효자 00는

아버님과

어머님의 묘에 감히 고하옵니다.

　여름 장마에 묘정에 물이 침식하여 축대와 흙이 무너져 이제 묘역을 고쳤습니다. 엎드려 생각하옵건대 존령께서는 영원토록 편안하시옵소서. 삼가 술과 과실을 차려 경건한 마음으로 삼가 고하옵니다.

13. 도굴후 위안고사 盜掘後 慰安告辭

이 축문(고사)은 묘소가 도굴 당하였을 때 새로 고친 후에 위안하는 고유고사이다.

　유세차임진 모월간지삭 모일간지 효자　감소고우
**　維歲次壬辰 某月干支朔 某日干支 孝子00 敢昭告于**

현고학생부군
顯考學生府君

현비유인○○○씨지묘 수호불근 야인도굴 이치경동 상통망애
顯妣孺人○○○氏之墓 守護不謹 野人盜掘 以致驚動 傷痛罔涯

　금개봉축 복유　　존령 영세시영 근이 주과용신 건고근고
**　今改封築 伏惟　　尊靈 永世是寧 謹以 酒果用伸 虔告謹告**

해설 : 임진년 0월 0일 효자 00는

아버님과

어머님의 묘에 감히 고하옵니다.

묘를 삼가 수호하지 못하여 야인의 도굴을 당하였습니다. 이에 놀라움이 말할 수 없으며 상처 나고 아픈 마음 한이 없습니다. 이제 봉분을 새로 고쳤사오니 엎드려 생각하옵건대 존령께서는 영원토록 편안하시옵소서. 삼가 술과 과실을 차려 경건한 마음으로 삼가 고하옵니다.

14. 실묘 추심고사失墓 追尋告辭

이 축문(고사)은 실전된 선대의 분묘를 찾기 위하여 심증이 있는 고총을 파묘하기 전에 고총에 고유하는 고사이다.

유세차임진 모월간지삭 모일간지 유학　감소고우
維歲次壬辰 某月干支朔 某日干支 幼學000 敢昭告于

고총지신
古塚之神

현10대조고학생부군
顯十代祖考學生府君

현10대조비유인○○○씨지묘 구실기처 고래상전 재어모지
顯十代祖妣孺人○○○氏之墓 久失其處 古來相傳 在於某地

기무비표 막가지적 혹기유광지지 가이 고증자 불감불 약계영역
旣 無碑表 莫可指的 惑冀有壙誌之 可以 考證者 不敢不 略啓壙域

복원 물진물경
伏願 勿震勿驚

해설 : 임진년 0월 0일 유학 000는

고총지신께 감히 고하옵니다.

10대조고학생부군과

10대조비유인○○○씨의 묘소가 있던 곳을 잃어버린 지 너무 오래 되었습니다. 옛날부터 전해 오기를 이곳 어디에 있었다고 하나 이미 묘비와 표석이 없으니 확실한 지적을 할 수 없어 혹시 광중에 지석이 있으면 고증할만한 것이 있을까 하고 바라는 마음에 감히 무덤을 약간 열지 않을 수 없어 무덤을 열겠사옵니다.

엎드려 바라옵건대 두려워하거나 놀라지 마시기 바라옵니다.

15. 실묘추심후 위안고사 失墓追尋後 慰安告辭

이 축문(고사)은 실전된 분묘를 다시 찾은 후에 위안하는 고유고사이다.

유세차임진 모월간지삭 모일간지 10대손　감소고우
維歲次壬辰 某月干支朔 某日干支 十代孫00 敢昭告于

현10대조고학생부군
顯十代祖考學生府君

현10대조비유인○○○씨지묘 경실수호 세월자구 금자계고총
顯十代祖妣孺人○○○氏之墓 竟失守護 歲月滋久 今玆啓古塚

내적유지 현회유시 희차감모 개축기사 봉역유신 복유　존령
乃的幽誌 顯晦有時 喜且敢慕 改築旣莎 封域維新 伏惟　尊靈

영세시영 근이 주과용신 건고근고
永世是寧 謹以 酒果用伸 虔告謹告

해설 : 임진년 0월 0일 10대손 00는

10대조고학생부군과

10대조비유인○○○씨 묘소에 감히 고하옵니다.

묘를 수호하지 못하고 마침내 실전한 지 오래되어 이제 묘를 열어보고 이에 지석이 맞으니 다 때가 있음이옵니다. 기쁘고 감동하여 봉분을 다시 쌓고 이미 잔디를 입혀 묘역이 새롭게 되었습니다. 엎드려 생각하옵건대 존령께서는 영원토록 편안하시옵소서. 삼가 술과 과실을 차려 경건한 마음으로 삼가 고하옵니다.

16. 무징고총 오계위안고사 無徵古塚 誤啓慰安告辭

이 축문(고사)은 실전된 선대분묘를 찾기 위하여 고총을 잘못 파묘하여 근거가 없어 다시 봉하고 위안하는 고유고사이다.

유세차임진 모월간지삭 모일간지 유학　감소고우
維歲次壬辰 某月干支朔 某日干支 幼學000 敢昭告于

고총지신 경실선영 장심유지 감훼봉역 원자오계 잉축기사
古塚之神 竟失先塋 將尋幽誌 敢毁封域 爰玆誤啓 仍築旣莎

의구신봉 근고 이주 휴구시영
依舊新封 謹告 以酒 休咎是寧

해설 : 임진년 0월 0일 유학 000는

고총지신께 감히 고하옵니다.

선영을 마침내 실전하여 지석이라도 보고 찾으려고 감히 묘소를 열었으나 이에 잘못 열었음을 알고 전과 같이 다시 봉분을 쌓고 잔디를 심었습니다. 삼가 술을 올리며 고하오니 허물치 마시옵고 이에 편안하시옵소서.

17. 동제축洞祭祝

유세차임진 모월간지삭 모일간지 유학　　감소고우
維歲次壬辰 某月干支朔 某日干支 幼學000 敢昭告于

동수지신 유차맹동　　　　　　　　약시소사 일동강길
洞守之神 維此孟冬(수시속칭: 仲夏, 仲秋, 仲冬) 若時昭事 一洞康吉

만사대통 백곡풍양 기뢰　신휴 비례장성 유　신고흠
萬事大通 百穀豊穰 冀賴　神休 菲禮將誠 惟　神顧歆

영전궐거 상
永奠厥居 尙

향
饗

해설 : 임진년 0월 0일 유학 000는

동수지신께 감히 고하옵니다. 맹동의 계절에 밝혀 섬기옵니다. 동 전체가 편
안하고 만사가 대통하고 백곡이 풍년이 들어 바라던 대로 거둬들인 것은 신
의 관대하심이옵니다. 변변치 못한 예이오나 정성을 다한 것이옵니다. 신께
서는 감응하여 돌보아 주시기 바라오며 영원히 이곳에 거처하시도록 전드
리오니 흠향하시옵소서.

○ '洞守之神'을 '里社之神'으로 '一洞康吉'을 '一里康吉'로 쓰기도 한다.

18. 기우제축祈雨祭祝

유세차임진 모월간지삭 모일간지 유학　　감소고우
維歲次壬辰 某月干支朔 某日干支 幼學000 敢昭告于

황천후토지신 복이
皇天后土之神 伏以

천지대유 호생지덕 풍구한제지난 우구사마지사 실비풍우지능
天地大有 好生之德 風救漢帝之難 雨救司馬之死 實非風雨之能

천지신명지덕 복선화음 과시천야 인간유구 수앙가의 초목곤충
天地神明之德 福善禍淫 果是天也 人間有咎 受殃可矣 草木昆蟲

하죄동사 복유신명 대시호생지덕 이제만물 근이 생폐 부사흠전
何罪同死 伏惟神明 大施好生之德 以濟萬物 謹以 牲幣 俯賜歆典

해설 : 임진년 0월 0일 유학 000는

황천후토(천지신명)께 감히 고하옵니다. 엎드려 생각하건대 하늘과 땅은 크게 호생지덕이 있는지라 바람으로 한무제의 어려움을 구원하였고, 비로 사마의 죽음을 구원하였으나 실상은 바람과 비의 능력이 아니라 천지신명의 덕이니 복되고 착하고 화가 되고 음란함이 과연 이 하늘의 뜻이옵니다. 인간이 죄가 있으면 재앙을 받는 것은 가한 일이오나 초목과 곤충은 무슨 죄로 같이 죽어야 하나이까. 천지신명께서는 크게 호생지덕을 베풀어 만물을 구제하여 주시기를 기원하옵니다. 삼가 희생과 폐백을 갖추어 제사 드리오니 굽어 흠향하시고 은전을 내려 주시옵소서.

19. 시산제축始山祭祝

이 축문은 공공(국가)기관 등에 소속된 산악회의 연초 시산제 축문의 예시이다. 산악회의 회칙과 이념, 성격에 따라서 축문의 내용을 다르게 지을 수도 있을 것이다.

유세차임진 일월간지삭 모일간지   산악회장   감소고우
維歲次壬辰 一月干支朔 某日干支 000山岳會長 000 敢昭告于

천지지신 복이 시유맹춘 만물소생 금위 태백정상 시산제림
天地之神 伏以 時維孟春 萬物蘇生 今爲 太白頂上 始山祭臨

자연보호 친목화합 건강증진 사회봉사 국운융성 복유앙망
自然保護 親睦和合 健康增進 社會奉仕 國運隆盛 伏惟仰望

항상보우 실뢰　신휴 감이 청작생수 경신전헌 상
恒常保佑 實賴　神休 敢以 淸酌牲羞 敬伸奠獻 尙

향
饗

해설 : 임진년 1월 0일 000산악회장 000은

천지지신에게 엎드려 감히 고하옵니다.

만물이 소생하는 맹춘에 금일 태백산 정상에서 시산제를 올리옵니다. 자연을 보호하고 친목화합하며 건강증진하여 사회에 봉사하고 국운융성할 수 있도록 앙망하옵니다. 항상 보호하고 돌보아 주심은 실로 신의 힘을 입은 것이옵니다. 신께서는 잠시 쉬시옵고 감히 맑은 술과 희생과 음식으로써 공경을 다하여 받들어 올리오니 흠향하시옵소서.

○ 양력 시행이면 월간지와 일간지는 쓰지 않는다.

○ 음력 1월은 孟春, 2월은 仲春, 3월은 季春, 4월은 孟夏, 5월은 仲夏, 6월은 季夏, 7월은 孟秋, 8월은 仲秋, 9월은 季秋, 10월은 孟冬, 11월은 仲冬, 12월은 季冬으로 각각 고쳐 쓴다.

○ 계절에 따라 봄(음1월 - 3월)에는 '萬物蘇生(만물이 소생함)', 여름(4월 - 6월)에는 '萬物暢茂(만물이 무성함)', 가을(7월 - 9월)에는 '萬物成熟(만물이 완전히 성숙함)', 겨울(10월 - 12월)에는 '萬物歸根(만물이 뿌리로 돌아감)' 으로 각각 고쳐 쓴다.

○ '太白頂上'은 태백산에서 지내는 경우이다. 시산제 장소에 따라 고쳐 쓴다.

○ 돼지머리 등 희생을 쓰지 않으면 '牲羞'를 '庶羞(여러 가지 음식)'로 고쳐 쓴다.

※ 참고문헌 :

"제1편 전통 관혼상제" 중에서 "예절의 방위", "제1장 관례", "제2장 혼례"의 일부의 내용은 <실천예절개론 : 김득중. 교문사. 1997년>을 참고하여 정리하였음.

※ 참고문헌:

"제1편 전통 관혼상제" 중에서 "제3장 상례", "제4장 제례"의 일부의 내용은 <성균관 사이트 의례문답>을 참고하여 정리하였으며, "제5장 각종 의례축문"의 일부의 내용은 <전례요람(증보판) : (사)淸權祠. 2003년>, <축문집람 : 이목춘. 보경문화사. 2005년>, <가례초해 : 전계현. 예지각. 2007년>을 참고하여 정리하였음.

제2편
예절 문답

제2편 예절 문답

이 예절문답 편은 예절에 대하여 혼돈하거나 착각하기 쉬운 부분을 이해하기 쉽도록 <가례>와 <편람> 등 예서를 근거로 서술하였으며 바른 예절을 이해하는 데 참고할 수 있도록 질문과 답변 형식으로 마련하였다.

예절문답 편에 나오는 내용은 본문에서 설명하는 내용과 중복되는 부분도 있다. 가능한 간단하게 문답하고, 연관이 있는 분야에 대하여는 보충설명을 한다. 상세한 설명이 필요한 문답은 그 말미에 참고할 본문의 편명을 표시하였다.

1. 기본예절

문 : 의례의 방위설정은?

답 : 의례에서의 방위는 행사장의 실제(자연)방향이 남향이든 북향이든지 관계없이 그 행사장의 제일 윗자리(상석)를 항상 북쪽으로 간주하는 것이다. 윗자리(북쪽)의 앞이 남쪽이 되고, 윗자리에서 앞(남쪽)으로 보았을 때 좌측이 동쪽, 우측은 서쪽이 된다.

원칙적으로 의례에서는 행사장의 상석(예: 혼례-주례, 제례-신위)을 기준으로 좌측(동쪽), 우측(서쪽)으로 말한다. 기준 없이 그냥 좌측, 우측으로 말하여도 의례에서는 상석기준 좌측(동쪽), 우측(서쪽)으로 이해하여야 한다.

문 : 의례에서 남여의 위치는?

답 : 생자와 사자의 위치가 다르다.

생자는 남동여서이고, 사자는 남서여동(고서비동)이다.

생자인 남자는 양의 방위인 동쪽이고, 여자는 음의 방위인 서쪽이다.

사자는 생자의 반대이다. 즉 남자는 음의 방위인 서쪽이고, 여자는 양의 방위인 동쪽이다. 그래서 사자(신도)는 음의 방위인 서쪽을 숭상하므로 신위나 묘지에는 남자 조상을 서쪽에 모신다.

문 : 의례에서 흉사凶事와 길사吉事는 무엇인지?

답 : 흉사는 초상에서부터 장례, 상중제사 중에서 초우제, 재우제, 삼우제, 졸곡 전까지(혹은 졸곡포함)의 모든 의례가 흉사에 속한다. 길사吉事는 흉사를 제외한 모든 의례가 길사에 속한다. 예를 들면 상중제사 중에서 졸곡부터 부제, 소상, 연제, 대상, 담제, 길제와 제례편의 제사인 사시제, 시조제, 선조제, 녜제, 기제, 절사(차례), 묘제(시제) 등의 모든 의례가 길사에 해당한다. 또한 이 기준은 남녀 공수법의 기준이 되기도 한다.

註 : 의례에서 흉사와 길사의 구분은 상주 입장에서가 아니고 고인의 입장에서 흉사, 길사가 되는 것이라고도 한다. 우제虞祭는 고인이 흉사를 당하였으므로 혼령을 위안하는 제사이다. 육신이 흙으로 돌아갔으니 혼령이 방황할 수 있으므로 우제를 세 번 지내어 혼령을 위안하는 것이다. 고인의 입장에서 볼 때 졸곡 전까지(혹은 졸곡 포함)를 흉사로 보는 것이라고 한다. 길사吉事라고 하여 축하하고 잔치하는 의미는 결코 아니다. 다만 흉사凶事에 대칭되는 개념으로 보아야 할 것이다. 그러나 자손은 탈상할 때까지 추모하고 근신해야 마땅한 일이고, 또한 친속의 기일을 맞으면 슬픈 마음을 가져야 하고 즐거운 일은 피해야 한다.

문 : 길흉사시 남녀의 공수법은?

답 : ① 길사吉事의 공수법 : 평상시

남자는 양이므로 동쪽(좌측)인 왼손을 오른손 위에 올려 포개서 잡고, 여자는 음이므로 서쪽(우측)인 오른손을 왼손 위에 올려 포개서 잡는다. 즉 남동여서이며, 남좌여우이다.

② 흉사凶事의 공수법 : 흉사시

흉사의 공수는 길사의 공수법과 반대로 남자는 오른손을 위에 올리고, 여자는 왼손을 위에 올린다.

흉사란 사람이 죽은 때를 말한다. 자기가 상주가 되었거나 남의 상가 빈소나 영결식에 조문할 때는 흉사의 공수를 한다.

문 : 남녀의 절하는 회수는?

답 : 절의 기본 횟수는 남자는 양이므로 최소 양수인 한 번이고, 여자는 음이므로 최소 음수인 두 번이다. 죽은 사람과 의식행사(폐백, 수연례 등)에는 기본 횟수의 배로 남자는 두 번 여자는 네 번 한다. 절을 받는 어른이 절의 횟수를 줄이라고 하면 줄여서 할 수 있다. 그러나 현대는 산 사람에게 평상시에 하는 절은 남녀 모두 한 번이다.

문 : 세배하는 순서? 세배 받고, 세배하는 위치는?

답 : 윗대 어른부터 순서대로 세배를 한다. 직계어른에게 먼저하고 방계어른에게 한다.
　① 부모가 조부모에게 한다.
　② 자녀가 조부모에게 한다.
　③ 자녀가 부모에게 한다.
　④ 자녀 형제간에 한다.
세배 받고, 세배하는 위치는 모두 생자生者의 위치인 남동여서이다.

문 : 묵세배와 그믐제사란 무엇인지?

답 : ① 묵세배
가문이나 지역에 따라서 섣달 그믐날 저녁에 지난 한 해도 잘 보살펴 주신 데 대한 감사의 인사로 올리는 세배를 말한다. 묵은 세배라는 의미도 있다. 먼저 사당의 조상님께 묵세배 후 윗대 어른부터 순서대로 묵세배를 한다. 이튿날 설날 세배를 한다.
② 그믐제사
가문이나 지역에 따라서 섣달 그믐날 저녁에 한 해를 무사히 보낸 데 대한 감사의 표시로 간소하게 지내는 제사. 이는 옛날의 종묘·사직에서 지내든 납일제사

에서 유래된 것으로 생각된다. 납일臘日(가평절)은 동지 뒤 세 번째 미일未日로서 대개 음력으로 12월 연말에 든다. 이튿날 새벽에 설날 절사(차례)를 지낸다. 요즘은 그믐제사는 대부분 지내지 않는다.

문 : 세배할 때 인사말은 어떻게 하는지?

답 : '과세過歲 편히 하셨습니까?', '새해에는 더욱 건강하십시오.', '만수무강萬壽無疆 하십시오.' 라고 하는 것이 좋다.

위의 인사말은 윗사람이 세배를 받은 후 아랫사람에게 덕담을 하면 그때 답례로 하는 것이 바른 예법이다. 그리고 '새해 복 많이 받으세요.' 라는 말은 적절하지 않다. 복 많이 받으라는 인사말은 윗사람이 아랫사람에게 사용하는 말이기 때문이다.

문 : 의식행사에서 남녀의 정장은?

답 : 남자의 한복정장은 실내외를 막론하고 두루마기를 입어야 한다.

여자의 한복정장은 실내 의식행사에는 두루마기를 벗어야 한다.

여자의 두루마기는 정장이 아니고 방한용이다.

그러나 양복·양장 정장에는 남녀 모두 코트는 포함되지 않는다. 추운 실외행사에는 예외가 되겠지만 실내행사에는 남녀 모두 코트를 벗어야 한다.

문 : 일가와 종씨의 구분은?

답 : 일가一家는 성姓과 본本이 같은 씨족을 말한다. 촌수를 따질 수 있고, 족보나 파보를 같이 할 수 있는 씨족을 부르는 말이다. 일반적으로 동성동본을 일가라고 한다.

종씨宗氏는 성은 같고 본이 다른 씨족을 말한다. 촌수를 따질 수 없거나 따질 정도가 못되고, 족보나 파보를 같이 할 수 없는 씨족을 부르는 말이다. 일반적으로 동성이본을 종씨라고 한다.

문 : 家·哥·氏는 어떻게 다른지?

답 : ① 家는 가문을 나타내는 말이다. 李家라고 하면 개인을 말하는 것이 아니고 李씨의 집안을 뜻하는 것이다.

② 哥는 자신의 성을 남에게 말할 때 낮추어 쓰는 말이다. 또한 공적, 사적인 자리에서 자기 개인의 성을 말할 때도 哥를 쓰는 것이 좋을 것이다. 예) 저는 00李哥입니다.

그러나 공적인 행사에서 자기 문중성씨를 말할 때는 氏자를 쓴다. 즉 종친회에서 "행사 사회를 볼 때", "씨족을 말할 때" 등이다. "지금부터 00李氏 종친회를 시작하겠습니다." 라고 한다.

③ 氏는 다른 사람의 성씨를 부를 때 쓴다.

문 : 부모에 대한 칭호는?

답 : ① 아버지·어머니

자기의 부모를 직접 부를 때와 남에게 말할 때

※ 친자녀는 친親함이 앞서기 때문이다.

② 아버님·어머님

남편의 부모를 직접 부를 때와 남에게 말할 때

※ 며느리는 친함보다는 공경과 예절이 앞서기 때문이다.

남에게 그의 부모를 말할 때 '자네 아버님'

자기 부모에게 편지할 때

※ 자식이 부모에게 직접 대화시에는 '아버지, 어머니'라 하지만 편지에는 '아버님, 어머님'이라고 쓴다.

※ 한글식 지방에도 '아버님 신위', '어머님 신위'로 쓴다.

③ 가친·자친 家親·慈親

자기의 부모를 남에게 한문식으로 말할 때

④ 선친·선고·선비 先親·先考·先妣

남에게 자기의 별세한 부모를 말할 때

문 : 자기 아버지의 이름을 남에게 말할 때는?

답 : "저의 아버지는 ○(姓)○자○자 입니다." 또는 "저의 아버지 함자는 ○(姓)○자○
자 입니다."라고 한다. 성姓 뒤에는 '자字'를 붙이지 않는다. 자기의 아버지를 남
에게 말할 때 "아버님"이라고 하지 않는다.

문 : '아주버님'과 '서방님'의 용례는?

답 : 아주버님은 남편의 형에 대한 호칭이고, 서방님은 결혼한 시동생의 호칭이다. 결
혼 전의 시동생은 도련님이다. 남편을 서방님이라고 부르기도 한다. 또한 서방님
이란 서방(글방)에서 글 읽는 사람이란 의미에서 유래되었다.

문 : 남편을 다른 사람에게 말할 때 남편을 높여서 경어를 써야 하는지?

답 : 남편은 평어로 지칭하여 대화해야 한다. 부부는 동격이므로 남편을 높이면 자신
을 높이는 것이므로 평어로 지칭하여 대화함이 옳다.

문 : 자형姊兄, 매형妹兄, 매부妹夫의 구분은?

답 : '자姊'는 손위 누이(누나)이고, '매妹'는 손아래 누이(여동생)이므로 누나의 남편은
'자형'이라고 호칭해야 한다고 한다.

그러나 옛날부터 누나의 남편을 자형, 매형, 매부로 혼용하여 부르기도 한다. 또
여동생의 남편을 매부라고 부르기도 한다.

문 : 나이 많은 손위 처남에 대한 호칭은?

답 : 현실적으로 나이 많은 손위 처남은 '형님', 손아래 처남은 그냥 '처남'이라 호칭하
고 있다. 나이 적은 손위 처남에게 '형님'으로 부르기는 어렵고, '처남'으로 호칭
함이 옳을 것이다.

전통적으로 처남 매부 간에는 처남, 매부로 호칭하였지, 형·아우로 호칭하지 않
았다. 역시 손위 처남에 대한 호칭도 '처남'이라 하였다. 처가의 서열에 따라 '형
님'으로 부르지 않았다는 것이다. 그러나 현실을 무시할 수는 없을 것이다.

문 : 나이 적은 손위 처남과 나이 많은 매제와의 예우 관계는?

답 : 처가의 서열에 따른다. 혹은 연령에 따른다고도 한다. 그러나 나이 많은 매제에게 함부로 예우하는 것은 아니라고 생각한다.

문 : '사돈'과 '사장어른'의 구분은?

답 : 사돈 간에 며느리와 사위를 기준으로 항렬이 같으면 서로 '사돈'이라고 호칭한다. 바깥사돈은 '사돈어른', 안사돈은 '사부인'이라고 한다. 친정아버지가 시조부를 호칭할 때와 같이 항렬이 높은 사돈에게는 '사장어른(査丈)'이라고 한다.
또한 형수의 형제는 '사돈'이지만, 형수의 친정부모는 '사장어른'이다.

문 : 나이가 적은 집안의 조항祖行에 대한 호칭은?

답 : 나이가 적어도 문중내의 조항이면 대부大父라고 호칭해야 한다. 대부는 나이 많은 손항孫行을 '족장어른' 또는 '일가어른'으로 부르는 것이 좋다.

문 : 나이가 훨씬 많은 집안의 조카에 대한 호칭은?

답 : '조카님'이라고 부르고 말씨는 존댓말을 써야 한다. 조카도 '아저씨'라고 부르고 역시 존댓말을 써야 한다. 항렬과 나이를 같이 대접하기 때문이다.

문 : 일반 사회생활의 위계질서는?

답 : 사회생활에서는 나이 많은 어른을 공경하고 나이 적은 사람을 사랑하고, 덕망이 높은 사람을 공경해야 하며, 직장에서는 직위가 높은 사람을 섬겨야 한다.
① 연고年高 : 일반 사회생활에서의 위계는 연령을 최우선으로 한다.
② 덕고德高 : 세상을 바르게 하는 지도자의 위계는 덕망과 학문을 우선으로 한다. 덕망이 높고 사회를 인도하는 지도자는 비록 나이가 적어도 공경해야 한다.
③ 작고爵高 : 조직사회에서는 직위를 위계의 우선으로 한다.
상급자가 규칙과 제도에 맞게 하급자에게 지시할 때는 하급자는 순종하고 섬겨야 하는 것이다.

문 : 문중에서 위계질서는?

답 : 가까운 당내친인 경우는 항고行高를 우선할 수도 있으나 요즘은 일반적으로 덕고, 연고, 항고 혹은 연고, 덕고, 항고 순으로 위계가 정해지기도 한다.

문 : 양 단체에서 합동행사를 할 때 참석자를 소개하는 순서는?

답 : 그 행사를 주관하는 단체에서 먼저 자기단체의 참석자를 소개하고, 상대 단체에서 구성원을 소개한다.

좌석의 위치는 행사를 주관하는 단체가 주인격이므로 동쪽, 상대 단체는 서쪽에 위치한다. 즉 '주동객서主東客西' 이다.

문 : 각종 행사에서 시상할 때 시상자와 수상자의 위치는?

답 : 행사장과 단상의 방위는 실제 방위에 관계없이 단상의 맨 안쪽을 북쪽으로, 입구쪽을 남쪽으로 간주한다. 북쪽이 상석이고, 남쪽이 하석이다. 동과 서를 비교하면 동쪽이 상석이다.

시상자는 북쪽에 서고, 수상자는 남쪽에 선다. 동서로 서서 시상하면 시상자는 동쪽, 수상자는 서쪽이다.

문 : 경조사 부조봉투에 쓰는 문구는?

답 : 대체로 혼인 축의금 봉투에는 '祝華婚' 또는 '慶賀婚姻'으로 쓴다.

조의금에는 초상은 '賻儀', '弔儀', '謹弔'로 쓰고, 소상·대상 등에는 '奠儀', '香燭代'라고 쓴다.

문 : 고희연에서 당사자 부부의 위치는? 당사자 형제도 같이 앉아 헌수 받을 수 있는지?

답 : 고희 당사자의 위치는 상석을 북쪽으로 하여 남자는 동쪽, 여자는 서쪽에 앉는다. 즉 남동여서이다. 절을 하는 자손의 위치도 역시 남동여서이다. 고희 당자자의 웃어른(연상의 숙항, 고모, 형님 등)이 아닌 동생들은 같이 앉아서 절을 받지 않는 것이 옳을 것이다.

문 : 70세, 80세, 90세, 91세는 각 무엇이라 하는지?

답 : 70세는 고희古稀(칠순), 80세는 팔순八旬, 90세는 구순九旬, 91세는 망백望百이라 한다. 이때 나이는 세는 나이로 계산한다. 다만 회갑은 만 60세이다.

문 : 회갑, 칠순 등 어른의 생신을 축하하는 문구는?

답 : 대체로 회갑에는 '축수연祝壽宴' 또는 '경하수연慶賀壽宴'으로 쓰고, 칠순에는 '祝古稀宴', '慶賀古稀宴'으로 쓴다. 그러나 회갑이나 칠순 등 어른의 생신이면 '祝壽宴' 또는 '慶賀壽宴'으로 통일하여 써도 무방하다. '宴'을 '筵'으로 쓰기도 한다.

문 : 세와 대는?

답 : 세世와 대代는 동의同義로서 같은 것이다. 그래서 세와 대는 같고, 대조와 세조도 같고, 대손과 세손도 같다.

일부에서 세와 대를 잘못 이해하여 '세'에는 기준이 되는 주격을 넣고, '대'에는 기준이 되는 주격을 뺀다는 이의異義로 해석하는 경우가 있는데 이는 잘못이다. '세'에는 주격을 넣고 '대'에는 주격을 빼는 것이 아니고, '조祖'나 '손孫'을 붙여서 '몇 대조(세조)', '몇 대손(세손)'으로 할 때는 세와 대 구분 없이 기준(주격)이 되는 1세(1대)를 빼야 한다. 즉 '조'를 붙이면 후손을 제외하고, '손'을 붙이면 조상을 제외한다. 대체로 '몇 세조', '몇 세손' 보다는 '몇 대조', '몇 대손' 이라는 용어를 더 많이 사용한다.

※ 상세한 설명은 "부록편 제2장 족보의 세와 대" 조항을 참고한다.

문 : '중시조中始祖'와 '중흥조中興祖'의 구분은?

답 : ① 중시조는 시조가 누구인지 알고 있지만, 그 아랫대가 실전되어 계대가 분명하지 못할 경우 계대가 분명한 조상을 1세로 하여 그로부터 족보상 계대를 헤아려 나가는 조상을 중시조라고 한다.

용례) "시조는 00이나 00를 중시조(1세)로 하여 계대한다."

그러나 종중에 따라서 중시조를 1세로 하지 않고, 중시조에서 분파한 파조를 1세로 하는 경우도 있다.

②중흥조는 시조 이후 쇠퇴하였던 가문을 중간에 크게 중흥시킨 조상을 별도로 중흥조라고 한다. 시조로부터 그 아랫대의 계대가 분명하므로 중흥조를 1세로 할 수는 없을 것이다. 중흥조는 후손들이 존경하는 씨족의 상징적인 인물이다. 중흥조를 중시조라고 칭하는 종중도 있지만 시조 이하의 계대가 분명하다면 중흥조라고 해야 할 것이다.

문 : 삼한갑족이란 무슨 뜻이며 그 기준은 무엇인지?

답 : 삼한갑족三韓甲族은 우리나라에서 문벌이 최고로 뛰어난 씨족이란 말이다. 그러나 '삼한갑족'이라고 스스로 칭해서는 안 되며, 다른 문중(타인)에서 인정해 주어야 진정한 '삼한갑족'일 것이다.

갑족(문벌)의 기준은 관습상으로 다음과 같다.

① 학덕이 훌륭하여 스승으로 추앙받는 선현先賢을 배출한 씨족

② 학덕이 훌륭한 대제학(문형文衡)을 배출한 씨족

③ 국가에 공헌하고 선정을 베푼 유명한 정승을 배출한 씨족

④ 문·무과에 많이 급제하고 충신과 공신 청백리를 배출한 씨족

⑤ 효행을 실천하여 정려를 받은 효자, 효부, 열녀를 많이 배출한 씨족

문 : 친족단체의 명칭에 종친회, 화수회, 종중 등의 사용 구분은?

답 : 종친회, 화수회, 종중, 문중, 종회, 문회 등 모두 동성동본의 일가간의 모임이란 뜻으로 구분하여 설명하기 어렵다. 종친회, 화수회는 일반적으로 총칭적인 개념이며, 종중은 문중보다 넓은 의미로 해석할 수 있을 것이다. 다만 종친이란 말은 왕조시대에는 일반씨족은 사용하지 않았다.

문 : 소문중의 명칭 제정 방법은?

답 : 소문중의 명칭은 가능한 대종중과 연계되도록 제정하는 것이 좋으며, 대체로 소문중을 구성하는 최존위 선조의 관직, 품계, 시호, 호, 후손의 거주지역명 등으로 제정한다. 그러나 자字, 휘諱(이름)를 넣어서 제정하지는 않는다.

예) 관직 : 00이씨000파 00공후 참판공 문중

품계 : 00이씨000파 통정대부공 문중

시호 : 00이씨000파 충렬공 문중

아호 : 00이씨000파 웅계공 문중

지역명 : 00이씨000파 경주 문중

문 : 가선대부로서 호조참판을 지낸 경우 관직명을 표기할 때 '행가선대부호조참판行嘉
善大夫戶曹參判'을 표기하면 맞는 것인지?

'행行'자는 가선대부로서 호조참판을 행(역임)했다는 뜻으로 쓴다고도 하는데 맞는
지?

답 : 가선대부와 호조참판은 품계와 관직이 같은 종2품이므로 행수법의 적용 대상이
아니기 때문에 '행과 수'를 쓸 필요가 없다. 만약 행수법의 대상이 되어도 '행 ·
수'는 반드시 품계 뒤 관직 앞에 쓰며, 품계 앞에 쓰면 안 된다.

※ 상세한 설명은 "부록편 제2장 족보의 옛날관직 행수법" 조항을 참고한다.

문 : 가가례家家禮란 무엇인가?

답 : 가가례는 지방과 가문에 따라 예절의 절차와 방법이 조금씩 다르다는 말이다.
가가례가 형성된 이유는 옛날부터 다양한 예설이 있었기 때문이기도 하다. 또한
전통예서에서 상세한 설명을 생략하고 각자의 재량에 맡긴 부분을 자기의 판단
대로 다르게 행함에서 비롯된 것이다. 그러나 가가례는 자기의 잘못된 의례에 대
한 변명의 방편으로 쓰이고 있다는 데에 문제가 있는 것이다.

현대는 전통예절에 대한 통일된 예절서가 많이 보급되어 있고, 동질성의 교육과
매스컴의 발달로 인하여 전국이 같은 생활권이므로 지역이나 가문에 따라 각각
다르게 행하는 가가례는 점차 개선되어야 하겠다. 가가례를 이유로 잘못된 의례
를 행하지 말고 바른 의례를 행하여야 할 것이다.

문 : '귀하'와 '좌하'의 차이점은?

답 : 좌하가 귀하보다 더 높임말이다. 옛날 우리의 전통은 '좌하座下'라고 썼다. 참고
로 '님'은 귀하, 좌하를 우리말로 쓴 것이고, '전前'은 아랫사람에게 쓴다.

문 : 문패, 현판, 간판을 부착하는 위치는?

답 : 문패와 현판 등은 주인의 위치인 건물의 동쪽(左측)에 부착한다. 즉 건물 앞에서 보면 우측이 된다.

이유는 문패는 가정(집)의 주인을 나타내고, 현판 등은 그 기관을 상징하므로 주격으로 보아야 하므로 동쪽에 부착하여야 할 것이다.

문 : 악수할 때 왼손으로 상대방의 악수한 손등을 덮어 감싸 주는 의미는?

답 : 상대방의 손등을 감싸 주는 것은 웃어른이 아랫사람과 악수할 때 아랫사람에게 깊은 관심과 정겨움을 표시하는 방법이라고 생각된다.

만약 대등한 관계라면 할 필요가 없다. 아랫사람이 웃어른의 손등을 덮어 감싸서는 안 된다.

2. 관례

문 : 관례의 주인은 누구인지?

답 : 관례 당사자의 부친이다. 조부가 있으면 조부가 주인이다.

만약 부친이나 조부가 장손(종자)이 아니면 '고조'를 계승하는 장손(종자)이 주인이 된다고 하였다. 즉 '사당의 주인이 관례의 주인이다'는 의미이다. 관자가 직계존속이 없는 장손이면 자신이 주인이 된다.

문 : 관례, 제례 등에서 사당에 고유할 때 고유자는 누구인지?

답 : 사당의 주인(장손)이 고유한다. 주인이 먼저 고유 재배 후에 관자(당사자)가 재배한다.

문 : 관례에서 빈賓의 임무는?

답 : 빈은 관례나 계례를 주관하는 주례자이다.

문 : 관례의 날짜는?

답 : 관례의 날짜는 <가례>에는 정월 중에 하루를 택하여 하는 것이 좋다고 하였고, <편람>에는 꼭 정월이 아니라도 아무 계절이나 관례를 할 수 있다고 했다. 그러나 관례 당사자나 부모가 1년 이상의 복인服人이면 탈상하기 전에는 할 수 없다.

3. 혼례

문 : 혼인 제도에서 '주자사례'란 무엇인지?

답 : 중국 송나라의 주자(주희)가 주장한 혼인 절차로서 의혼議婚, 납채納采, 납폐納幣, 친영親迎이다. 옛날에 '주자사례'에 의한 혼인을 권장했지만 잘 시행되지 않고 대부분 '우리의 전통 혼례(육례)'로 혼인하였다. '우리의 전통 혼례(육례)'와 크게 다른 점은 다음과 같다.

　　○ 우리의 전통 혼례(육례) : 신랑이 신부집에 가서 예식을 하고 신부를 데리고 온다.

　　○ 주자사례 : 신랑이 신부집에 가서 신부를 데리고 신랑집에 와서 예식을 한다.

문 : 혼례의 혼주는 누구인지?

답 : 혼주는 혼인 당사자의 부모이다. 그러나 <편람>에는 혼주는 祖나 父라고 했다. 이는 조부가 살아계시면 조부가 혼주라는 의미이다.

　　요즘 신식 혼인예식에는 조부가 생존해도 부모가 혼주석에 앉고 있다. 이는 조부가 승낙했다고 생각할 수도 있고, 또 시대의 변화이기도 하다.

　　현구고례(폐백)는 일반적으로 조부가 있어도 부모가 먼저 폐백을 받는다. 이것은 글자 그대로 "시부모를 뵈는 예"이기 때문이다.

문 : 전통혼례에서 '초자례醮子禮'란 무엇인지?

답 : 혼인하는 날 아침에 신랑의 부모가 신랑에게 술과 교훈을 내리고 신랑이 남편의 도리를 다할 것을 서약하는 의식이다. 신부는 초녀례라고 한다.

문 : 전통 혼례에서 '전안례奠雁禮'의 의미는?

답 : 전안은 신랑이 백년해로의 징표로 신부 모친에게 나무로 만든 기러기를 드리는 의식이다. 기러기는 왕성한 번식과 다른 짝을 찾지 않는 본성이 있다고 한다. 즉 다산과 백년해로를 의미한다.

문 : 전통혼례 초례상에 소나무와 대나무, 대추와 밤을 놓는 이유는?

답 : 소나무(송)와 대나무(죽)는 굳은 절개를 상징하고, 대추와 밤은 다산과 장수를 의미하기 때문이다.

문 : 폐백 때 신부만 절을 하는지?

답 : 현구고례(폐백)에서는 원칙적으로 며느리가 시부모를 뵈며 폐백을 올리는 예이기 때문에 신부만 절한다. 그러나 요즘은 대체로 신랑·신부가 함께 절한다.

문 : 폐백에서 신부가 절할 때 손위 형제항렬자는 상석上席(남향)에 앉는지?

답 : 손위 형제항렬자는 동쪽에서 서향하고, 신부는 서쪽에서 동향하여 평절로 맞절한다. 이때 신부가 먼저 시작해서 늦게 끝내고, 손위 형제항렬자는 늦게 시작해 먼저 끝낸다.

문 : 혼인 폐백에서 신부가 술·대추·밤·닭을 준비하는 이유는?

답 : 예서에는 시아버지에게는 대추·밤을 올리고 시어머니에게는 육포肉脯를 드린다고 했다. 육포 대신 꿩을 쓰기도 했고 근래에는 꿩 대신 닭으로 쓰는 것이 관례로 되었다. 대추는 부지런하겠다는 뜻이고, 밤은 두려운 마음으로 공경하겠다는 뜻이다. 그러나 예서에 폐백 때에 며느리가 술을 시부모에게 올린다는 기록은 없다. 요즘 신부가 시부모에게 술을 따라 올리는 것은 옛날의 예법과는 다르게 변형된 예법이라고 할 수 있다.

문 : 전통혼례에서 '구고예지舅姑禮之'는 무엇인지?

답 : 우귀례의 한 절차로서 현구고례(폐백) 후에 시부모가 신부에게 술을 내리고 교

훈하는 의식이다. 그 다음에 시부모가 신부에게 큰상을 내려 음식을 대접하는데 이를 '구고향지舅姑饗之'라고 한다.

문 : 혼인婚姻과 결혼結婚이란 의미의 차이는?

답 : 혼인과 같은 뜻으로 결혼이란 말을 많이 쓰고 있지만, 결혼은 요즘 생긴 말이다. 옛날에는 혼인이라 했다.

혼인이란 말은 "장가들고(婚) 시집간다(姻)"란 뜻이므로 혼인이 더 합당한 표현이다. 민법에도 혼인, 혼인신고로 되어있다.

문 : 신혼여행에서 돌아와서 시가, 친정 어디로 먼저 가는지?

답 : 신혼여행 후 친정으로 먼저 가는 것이 옳다고 생각한다.

전통혼례에 의하면 신부집에서 예식을 올리고 첫날밤을 지낸 다음날 신랑이 처부모를 뵙고 인사하는 예가 있다.

요즘의 신혼여행은 전통혼례 때 신부집에서 첫날밤을 치르는 행사로 보아야 할 것이다. 그래서 신혼여행에서 돌아올 때는 친정으로 먼저 가서 하룻밤을 지내고 시가로 가는 것이 옳을 것이다.

문 : 상喪을 치른 후 타인의 결혼식에 참석 못하는 기간이 있는지?

답 : 옛날에는 부모상을 치른 후 졸곡(운명일로부터 3개월이 지난 첫 강일) 이전에는 다른 모든 경조사에 참석하지 못하였다. 그러나 요즘은 본인의 심정과 의사에 따라 참석여부를 결정함이 옳다.

문 : 회혼례回婚禮의 절차는?

답 : 회혼례는 혼인 60주년을 기념하는 행사이므로 혼인 예식 때와 같이 회혼의식을 한 후에 자손들의 헌수를 받는다. 당사자의 예복은 혼례복이 좋을 것이다.

4. 상례

문 : 상례에서 주상主喪(상주)과 상제喪制의 구분은?

답 : 주상(상주)은 상례를 주장하는 맏상제이다. 즉 장자를 말한다.

　만약 부가 먼저 돌아가시고 조부모가 뒤에 돌아가셨을 경우는 장손이 승중承重으로서 주상(상주)이 된다. 상제는 상중에 있는 모든 자녀, 손자녀 등을 총칭하는 말이다.

문 : 상주의 자칭自稱인 '고자孤子' '애자哀子' '고애자孤哀子'의 구분은?

답 : 고자는 모친은 생존하고 부친이 돌아가셨을 때, 애자는 부친은 생존하고 모친이 돌아가셨을 때, 고애자는 부모 두 분이 다 돌아가셨을 때의 자칭이다.

문 : 남편이 먼저 죽은 경우 아내(미망인)가 주상이 될 수 있는지?

답 : 아내는 주상이 될 수 없다. 주상은 대를 잇는 남자 자손이 되어야 하기 때문이다. 대를 잇는 장자가 주상이다.

　남편은 살아있고 아내가 먼저 죽으면 아들이 있어도 현재 대를 잇고 있는 남편이 주상이다. 이때 주상인 남편의 복이 1년이므로 아들들도 3년 복을 입을 수 없고 1년 복을 입어야 한다.

문 : 父가 생존하고 母가 사망했을 때 주상은 누구인지? 모가 생존하고 부가 사망했을 때 주상은 누구인지?

답 : 부가 생존하고 모가 사망했을 때는 부가 주상이 되고, 모가 생존하고 부가 사망했을 때는 장자가 주상이 된다.

문 : 모친이 생존하고 부친이 돌아가셨을 때 장자가 주상이다. 이때 모친과 장자부 중에서 누가 주부가 되는지?

답 : 이 경우에는 삼우제까지는 모친이 주부가 되고, 그 이후의 제사에는 장자부가 주부가 된다.

문 : 부는 생존하고 아들이 먼저 죽었을 때 주상은 누가 되는지?

답 : 먼저 죽은 아들이 장자이면 그의 아들이 있어도 부친이 주상이다.

　　죽은 아들이 차자이면 그의 아들이 주상이 되고, 만약 죽은 차자에게 아들이 없으면 부친이 주상이 된다. 장자와 차자 이하를 구분하는 것은 장자는 부친의 대를 이어가는 것이고, 차자 이하는 분가하기 때문이다.

문 : 부 생존시 아들이 먼저 사망하고 부가 제주일 경우 장례나 기제 때에 절을 하는지?

답 : 아들이 먼저 사망하여 부父가 주상主喪이나 제주로서 제사할 때는 분향은 하지만 헌작은 집사가 대신하며, 절은 하지 않는다. 처의 장례나 제사에는 남편(夫)이 헌작과 절을 한다.

문 : 시사전始死奠이란?

답 : 시사전은 운명 후 처음 올리는 전奠이다. 주, 과, 포, 해(젓갈)를 놓고 집사(축)가 술을 올린다. 시사전은 주상이 애통하여 황망하므로 집사(축)가 대신 술을 올리는 것이다.

문 : 조전祖奠이란?

답 : 조전祖奠은 발인하기 전날 저녁에 드리는 전奠이다. 조전朝奠, 석전夕奠의 예와 같이한다.

　　※ 이때의 조祖는 조상이 아니고 도신道神(길신)을 의미하며, 먼 길을 잘 인도해 달라는 뜻으로 도신道神에게 드리는 전奠이라고도 한다.

문 : 복제도에서 심상心喪 3년이란 무엇인지?

답 : 비록 3년 동안 복을 입지는 않지만 마음으로 3년을 슬퍼하는 것을 말한다.

　　○복이 없으면서 심상 3년인 경우 : 스승의 상

　　○1년 복으로서 심상 3년인 경우 : 부생존 모상, 부모생존 양부모상, 조부 생존 조모상, 양자간 자의 친부모상 등이 있다.

문 : 부고에 상제들을 쓰는 순서는?

답 : 옛날 부고에는 주상과 호상만을 기재하였으나 요즘은 상제들을 다 쓰고 있다. 순서는 먼저 주상과 주부를 쓰고, 다음에 자, 자부, 여, 서, 손자, 손부, 손녀, 손서 등 직계비속을 쓰고 제, 질의 순으로 쓴다.

문 : 상가에 기중忌中 또는 상중喪中이라고 써 붙이는데 어느 것이 옳은지?

답 : 두 개 다 쓸 수 있다. 그러나 기중은 웃어른이 돌아가신 경우이기 때문에 상중이 무난하다.

문 : 성복전成服奠이란?

답 : 성복전은 대렴(입관) 다음날(운명일로부터 4일) 성복 후에 올리는 전이다. 성복례라고도 한다. 모든 상제들이 정해진 상복을 갖추어 입는다. 남녀 상제들이 마주보고 절하며 서로 조문하는 의식이다.

주, 과, 포, 해(젓갈)를 차린다.

※ 요즘은 대체로 3일장으로 장례를 치르기 때문에 운명이 확인되면 입관하고 성복 후에 조문을 받는다. 가까운 친척이 아닌 일반 조객은 요즘도 입관 전에는 조문을 꺼리는 경향이 있다.

문 : 아내의 상에 남편이 영좌에 절하는지?

답 : 아내의 상이나 제사에서 남편은 주상과 제주로서 헌작과 절을 한다. 남편의 상이나 제사에도 아내는 역시 헌작과 절을 한다. 부부는 동위격으로서 살아있을 때도 서로 절하는 것이 바른 예법이다.

문 : 초등학교 교장을 지낸 사람이 죽었을 때 명정銘旌을 어떻게 쓰는지? 그 부인은 유인孺人으로 쓰는지?

답 : 관직이 있으므로 '학생' 대신에 직급과 직책을 쓴다. "初等學校長全州李公諱康哲之柩"라고 쓴다. 직급과 직책이란 '서기관 김해군수' 등이다.

부인은 남편이 관직이 있으므로 '孺人'이라고 쓰면 안 된다고도 한다. 그러나 옛날같이 관직자의 부인에게 봉호封號를 내려주는 봉작제도는 없지만 '儒人'대신에 '夫人'이나 '淑人'으로 쓰는 것이 좋다는 의견도 있다.

예) "夫人慶州金氏諱任順之柩"

문 : 만장輓章이란?

답 : 고인의 학덕, 선행 등을 추모하는 의미로 친구나 친척, 제자들이 한시를 지어 애도를 표시하는 깃발이다. 만사輓詞, 만시輓詩라고도 한다.

문 : 조상弔喪, 문상問喪, 조문弔問은 어떻게 다른지?

답 : 옛날에는 조상과 문상을 구분하였다.

① 조상은 남자의 상에 고인(영좌)에게 분향재배하고, 상제에게 인사하는 것을 말한다.

② 문상은 여자의 상에 고인(영좌)에게는 분향재배하지 않고, 상제에게만 인사하는 것을 말한다.

③ 조문은 조상과 문상을 총칭하는 말이다.

요즘은 조상과 문상을 구분하지 않고 다 같이 고인(영좌)에게 슬픔을 표시하고, 상제에게 인사를 하고 있다. 그래서 이를 합하여 조문이라고 한다.

문 : 요즘 상가에서 분향과 헌작을 하는데 바른 예법인지?

답 : 옛날에는 조문객이 술을 가지고 왔을 경우에만 헌작하였다. 그러나 요즘은 조상, 문상 구분 없이 영좌에 분향과 헌작을 하고 있다.

문 : 상가 조문할 때 인사말을 어떻게 하는지?

답 : 조문자의 인사말은 "얼마나 망극하십니까?", "얼마나 애통하십까?", "상사말씀 무엇이라 여쭈리까?" 등이다.

상주의 인사말은 "망극할 따름입니다", "애통할 따름입니다" 등이다.

문 : 초상에 조문할 때 고인이 조문객보다 나이가 많을 때, 혹은 조문객보다 나이가 적을

때 구분 없이 곡을 하는지?

답 : 곡은 조문객이 슬픔을 나타내는 뜻이므로 고인의 나이가 많고 적음에 관계없이 다 곡을 할 수 있다.

문 : 초상에 조문할 때 고인이 조문객보다 나이가 적을 때 영좌에 절을 하는지?

답 : 고인이 조문객보다 나이가 11살 이상 적으면 분향 · 헌작 · 곡은 하지만 절은 하지 않는다. 즉 조문객 나이 60세이면 고인의 나이 50세까지는 절하고 49세 이하인 고인에게는 절하지 않는다는 말이다.

문 : 고인이 비록 조카뻘이나 나이가 많은 경우 영좌에 절을 해야 하는지?

답 : 조카뻘이라도 나이가 많으면 절을 한다. 자기보다 웃어른이면 무조건 절을 하고, 항렬이 높으면 나이가 적어도 절한다.

조문객은 고인이 생존시에 맞절이나 정중한 답배로 절을 하는 상대이면 영좌에 절을 한다. 상주와 인사할 때도 평소 상주와의 맞절, 답배 여부를 따져서 절을 한다.

문 : 장례의 토지신제에 분향을 하는지?

답 : <편람>에 장례와 묘제의 토지신제(산신제)에는 분향을 하지 않는다고 했다. 토지신은 하늘에 있는 것이 아니고 당연히 지하에 있을 것이므로 분향은 하지 않고 뇌주만 한다. 그러나 분향을 하기도 한다.

※ 하늘과 땅의 신에게 제사하는 천제天祭와는 다르다는 의미일 것이다.

문 : 장례에서 발인제의 제수, 진설, 지내는 순서는?

답 : 일반적으로 발인제라고 하지만 예서의 기록에는 견전遣奠이다.

견전은 정식제사가 아니고 전奠이므로 제수도 간소하게 하고, 헌작도 단헌의 예로 하는 것이 원칙이다. 그러나 요즘은 삼헌으로 지내기도 한다.

문 : 견전(발인제)의 제수에 반갱을 쓰지 않는지?

답 : 견전은 정식제사가 아니고 전奠이므로 반갱은 쓰지 않는다. 제수는 간소하게, 절차도 단헌으로 간략하게 한다. 순서는 분향, 헌작, 정저, 독축, 재배 순으로 한다. 축문(견전고사)은 삼우제까지는 흉사凶事이므로 주상의 우측(동쪽)에서 읽는다.

문 : 모친이 돌아가셔서 부친의 묘소에 쌍분으로 모실 경우 어느 쪽에 모셔야 하는지?

답 : 산사람은 '남동여서'이고, 죽은 사람은 '남서여동'이다. 그래서 상석 (북쪽)기준 (묘의 위에서 아래로 보았을 때)으로 부친의 좌측(동쪽)에 모친을 모셔야 한다. 비석에 "孺人00金氏 祔左"라고 표시한 것은 부인은 남편의 좌측에 있다는 뜻이다. "자손들이 밑에서 묘지를 바라보면 우측이다."라고 말할 수도 있지만, 예절의 방위는 항상 상석기준으로 말하게 되어 있다.

문 : 상중의례의 뇌주, 삼제여부는?

답 : <가례>에 모든 전奠은 뇌주酹酒(강신할 때 지하의 체백을 인도하기 위하여 술을 모사기나 땅에 붓는 의식)와 삼제三祭(헌작할 때 술을 모사기나 땅에 조금씩 세 번 따름)는 하지 않는다고 하였다. 초우제부터는 정식제사이므로 뇌주와 삼제를 한다고 하였다.

　　註 : 그러나 제주전(반혼 · 평토)은 장례(하관) 후의 의례이므로 뇌주는 하여야 옳을 것이다.

　　註 : <편람>에 토지신제(개토제 · 평토후토제), 선영고유, 합장고유, 쌍분고유는 상중 의례에는 포함되지만 고인에 대한 제사가 아니므로 뇌주를 한다고 하였다. 삼제를 하라는 기록은 없는 것 같다. 그러나 삼제도 하는 것이 옳다고 생각한다.

문 : 견전遣奠(발인), 제주전題主奠을 지낼 때 뇌주관지酹酒灌地를 하는지?

답 : 장례 전의 견전(발인)에는 아직 체백이 땅에 묻히지 않았으므로 지하의 체백을 인도하는 의미의 뇌주관지를 하지 않는다. 그러나 제주전은 하관 후 평토 후에 신주를 쓰고 행하므로 뇌주관지를 해야 할 것이다.

문 : 상중의례에서 전奠과 제사의 구분은?

답 : 상례에서 전과 제사를 순서대로 구분하면 전은 시사전(운명후 처음 올리는 전), 성복전, 조전朝奠, 석전夕奠, 삭망전, 조전祖奠, 견전(발인), 노전路奠, 제주전(반혼·평토)까지이고, 제사는 초우제, 재우제, 삼우제, 졸곡, 부제, 소상, 연제, 대상, 담제, 길제이다. 참고로 졸곡 전까지(혹은 졸곡 포함)는 흉사凶事이고 졸곡부터는 길사吉事이다.

문 : 상중의례에서 반갱을 진설하는 제사는?

답 : 상중의례 중에서 시사전, 성복전, 조전朝奠, 석전夕奠, 삭망전, 조전祖奠, 견전(발인), 노전路奠, 제주전(반혼·평토)까지의 모든 전奠에는 반갱을 진설하지 않으며, 초우제부터는 반갱을 진설한다. 아침·저녁 상식에도 반갱을 올린다.

문 : 상례에서 조석상식에는 반갱을 산사람과 같이 차리는지?

답 : 아침·저녁 상식은 제사가 아니고 살아계신 것으로 생각하여 식사를 드리는 것이므로 산사람과 같이 좌반우갱으로 차리는 것으로 생각된다.

그러나 초우, 재우, 삼우, 졸곡, 부제, 소상, 연제, 대상, 담제 등은 돌아가셨기 때문에 지내는 제사이므로 산사람과 반대로 신위기준 우반좌갱으로 차린다.

문 : 상중제사에도 참신을 하는지?

답 : 상중의례의 모든 전奠과 초우제, 재우제, 삼우제, 졸곡, 부제, 소상, 연제, 대상, 담제는 참신재배를 하지 않는다. 상제들이 다 같이 곡하는 것으로 참신재배를 대신한다. 다만 길제는 <편람>에 상중제사에 포함 되어있지만 의례는 사시제와 같이하므로 참신재배를 한다. 또한 상중의례에 포함되는 토지신제(개토제·평토후토제), 선영고유, 합장고유, 쌍분고유는 고인에 대한 제사가 아니므로 참신재배를 한다.

문 : 상중의례에서 제주의 호칭은?

답 : 상중의례에서 제주의 호칭은 합장고유, 쌍분고유, 제주전(반혼·평토), 초우제,

재우제, 삼우제, 졸곡까지는 '고애자'로 칭하고 부제부터 소상, 대상, 담제, 길제
는 '효자'로 칭한다.

문 : 상중의례에서 축의 위치는?
답 : 상중의례에서 축의 위치는 견전(발인), 노전, 제주전(반혼·평토), 초우제, 재우
제, 삼우제까지는 제주의 우측에서 서향하고, 졸곡부터 부제, 소상, 연제, 대상,
담제, 길제는 제주의 좌측에서 동향한다. 또한 상중의례에 포함되는 토지신제
(개토제·평토후토제), 선영고유, 합장고유, 쌍분고유는 고인에 대한 제사가 아니
므로 제주의 좌측에서 동향한다.

문 : '답조장答弔狀'은?
답 : 졸곡제를 지낸 다음에 조문 왔던 손님들에게 보내는 사례문이나 인사장을 말
한다.

문 : 연제練祭란?
답 : 처의 상에 운명 후 11개월 만에 남편이 지내는 소상제사이다.

문 : 아내의 상을 당했을 때 소상과 대상은 언제 지내는지?
답 : 아내의 상에는 남편이 주상이며 소상은 운명 후 11개월 만에 丁日이나 亥日을 택
하여 지낸다. 이를 연제練祭라고 한다. 아내의 대상은 1년 만에 지낸다.

문 : 길제吉祭란 무엇인지?
답 : 대상大祥, 담제禫祭 후에 지내는 제사로서 고인이 장손일 경우에 사당을 계승하
는 새로운 장손(고인의 장자)을 기준으로 신주를 고쳐쓰기 위한 제사이다. 정식
으로 장손이 되는 특별한 길사吉事이다.

문 : 소상, 대상 등에 부조할 때 봉투에 무엇이라고 쓰는지?
답 : 초상에서 삼우제까지는 '賻儀', '弔儀', '謹弔' 등으로 쓰고 졸곡부터 소상, 대상 등

에는 '전의奠儀'로 쓰는 것이 좋다.

문 : 갈장渴葬이란? 옛날의 장례기간은?

답 : 갈장은 옛날 신분에 따라 정해진 장례기간을 기다리지 아니하고 그 기간을 앞당겨서 치르는 장례. 보장報葬, 질장疾葬이라고도 한다.

　　장례기간은 <가례>와 <편람>에 운명 후 3개월 만에 장례를 치른다고 했다. 그러나 옛날에는 고인의 신분에 따라 장례기간이 달랐다. 황제(천자)는 7월장, 왕(제후)은 5월장, 대부大夫는 3월장, 유학자(선현, 선비)는 유월장踰月葬 등이 있었다. 위와 같이 정해진 기간을 사정에 의하여 앞당겨서 치르는 장례를 갈장이라고 한다.

　　요즘은 대체로 7일장, 5일장, 3일장을 많이 하고 있다. 이는 옛날의 장례제도에 의하면 갈장이라고 보아야 할 것이다.

문 : 유월장踰月葬 이란?

답 : 학덕이 높은 유학자(선현, 선비)의 장례. 유월장의 뜻은 운명한 달을 넘겨서 다음 달에 치르는 장례를 말한다. 그러나 유월장은 달을 넘기고 반드시 30일은 지나야 옳을 것이라고 했다.(편람 졸곡편)

문 : 부인이 2명으로서 부부 3명을 같은 묘지에 합장合葬 혹은 삼봉분三封墳 으로 모실 수 있는지? 배열위치는?

답 : <편람>에 의하면 원배元配(초취부인)는 합장하고 계배繼配(재취부인)는 별도의 다른 언덕에 묘를 만든다고 하였다. 만약 합장이 아니고 삼봉분으로 묘를 쓸 경우에도 원배는 쌍분으로 하고 계배는 별도의 다른 언덕에 묘를 만들어야 할 것이다.

　　그러나 우암 송시열 선생은 品자 형태로 조성하기도 한다고 하였다. 이때 위쪽은 남편이고 서쪽은 원배, 동쪽은 계배이다. 서쪽이란 사자들의 우측이다. 즉 생자가 묘 앞에서 바라보면 좌측이다.

　　지금 세상 풍습에서는 삼봉분으로 묘를 쓸 경우에는 이서위상以西爲上으로 서쪽에 남편, 가운데 초취부인, 동쪽에 재취부인 순으로 배열하기도 한다.

※ 합장은 부부를 한 봉분에 나란히 함께 묻는 것을 말하고, 쌍분은 부부의 두 봉분을 나란히 각각 만드는 것을 말한다.

※ 계배란 원배가 돌아가시고 다시 장가들어서 맞이한 재취부인, 재취부인이 돌아가시고 다시 장가들어서 맞이한 삼취부인 등을 말한다.

문 : 사망 당시 사정에 의하여 묘지를 쓰지 못하고 화장했을 경우 뒤에 묘를 조성할 방법은?

답 : 체백(시신)이 없으므로 묘라고 할 수는 없지만 옛날부터 고인의 의복이나 유물, 유품으로 단壇을 만들 수 있다고 한다.

문 : 묘비에 이수귀부로 장식할 수 있는 품계는?

답 : 일반적으로 묘비라고 하면, 묘표, 묘갈, 신도비 등을 총칭하는 말이다.

이수귀부는 비석의 머리는 뿔 없는 용(교룡: 용 새끼) 모양, 받침에는 거북 모양의 무늬를 새긴 것을 말한다. 주로 신도비에 장식한다.

옛날의 제도는 종2품 이상이어야 신도비를 할 수 있고, 이수귀부를 할 수 있었다. 요즘은 재력만 있으면 신분에 관계없이 호화분묘에 이수귀부로 장식한 신도비 등을 설치하는 경향이 있는데 과분하게 제도를 벗어나면 오히려 비례가 되어 타인의 지탄을 받을 수 있으므로 신중하게 해야 한다.

문 : 비석에 갓돌을 올릴 수 있는 옛날 관직의 품계는?

답 : 비석(묘갈)에 갓돌을 올릴 수 있는 품계에 대한 명확한 근거는 찾기 어렵다. 다만 신도비는 '이수귀부螭首龜趺'로 장식할 수 있고 2품 이상이어야 할 수 있다. 이 규정으로 짐작해보면 3품 이하의 관리와 생원, 진사까지는 갓돌을 올릴 수 있을 것으로 생각된다.

문 : 묘지의 상석床石에 글씨를 새기는지?

답 : 상석은 비석이 아니므로 글씨를 새기지 않는다. 그러나 비석을 세우지 않고 상석만 놓을 경우는 상석에 글씨를 쓰기도 한다.

문 : 개장改葬(이장)으로 인한 상복 입는 기간은?

답 : 개장의 상복기간은 구묘 파묘일로부터 3개월(시마)이다.

5. 제례

문 : 불천위는?

답 : 불천위는 국가에 큰 공훈이 있거나 도덕성과 학문이 높은 분에 대하여 4대가 지나도 신주를 땅에 묻지 않고 사당에 영구히 모시면서 기제를 지내도록 국가, 유림, 문중으로부터 허락된 신위를 말한다[부조지전(不祧之典)]. 불천위를 모시는 사당을 특별히 부조묘不祧廟라고 한다. 별묘別廟라고도 한다. 본래 기제는 고조까지 지내게 되어 있고 5대조 이상의 조상은 세일사(묘제)만 모시게 되어 있으나 불천위에 오르면 영구히 기제를 지낸다.

※ 상세한 설명은 "부록편 제1장 종중과 문중의 체천위와 불천위" 조항을 참고한다.

문 : 녜제禰祭는 어떤 제사인지?

답 : 녜제는 아버지에게 주인(장남)이 계추(음9월)에 지내는 제사이다. 계추는 만물이 성숙하기 시작하는 시기이기 때문이다. 녜제를 9월에 지내게 된 유래는 처음 '녜제'를 지낸 사람의 아버지 생일이 9월 15일이었기 때문이다. 요즘은 녜제를 지내지 않는다.

문 : 각종 제사에서 재계齋戒하는 방법은?

답 : 재계란 제사를 지내기 위하여 몸과 마음을 깨끗이 하고 부정不淨한 일을 멀리하며 행동을 삼가는 것을 말한다. 즉 목욕하고, 훈채葷菜(냄새나고 자극성 있는 마늘, 파 등의 채소)를 먹지 않고, 조문하지 않고, 풍악을 듣지 않고, 모든 흉사에 참석하지 않는다.

<가례>에는 사시제, 시조제, 선조제, 녜제는 3일 전에 재계하고, 기제, 묘제는 1일 전에 재계한다고 하였다. 참고로 5훈채는 마늘, 파, 부추, 달래, 무릇(흥거)이다. 오훈채를 五辛菜라고도 한다.

문 : 7월 21일 오후 11시 30분에 운명하였으면 기일(제사일)은 언제인지?

답 : 옛날에는 날짜의 변경 기준점을 해시(오후 9시-11시)의 마지막 시각인 오후 11시로 하였다고 한다. 만약 이 기준을 따른다면 오후 11시부터 다음날이 되므로 7월 21일 오후 11시 30분에 운명한 사람의 기일은 7월 22일이 된다. 그러나 현대는 날짜의 변경 기준점이 자정(0시)이므로 7월 21일 오후 11시 30분에 운명한 사람의 기일은 7월 21일이 된다. 기일은 곧 제사일이다.

문 : 기제 지내는 장소는 정침正寢 혹은 청사廳事라고 하는데 어떻게 다른지?

답 : 대체로 정침은 안채의 중심 몸채의 방이고, 청사는 사랑채의 대청을 말한다.

문 : 기제에서 단설과 합설 중 바른 예법은?

답 : 단설은 그날 돌아가신 분의 신위만 모시는 것이고, 합설은 그날 돌아가신 분과 배우자의 신위를 함께 모시는 것이다.

<주자가례>에 기제는 단설이 바른 예법이라고 했다. 그러나 <사례편람>에 합설 (병설)하는 것은 예의 근본은 인정에 있기 때문이라고 하였다. 그래서 단설로 하기도 하고, 합설하기도 한다.

문 : 기제의 제주는 누구인지?

답 : 기제의 주인(제주)은 장자손이다. 만약 장자손이 어리면 숙부나 종형이 대행한다. 지방과 축문은 장자손 명의로 써야 한다.

문 : 아내의 제사에서 제주는 누구인지?

답 : 아내의 제사에는 당연히 남편이 제주가 된다. 그러나 아들이 장성하고 남편이 나이가 많을 경우는 아들이 대신할 수도 있다. 그러나 지방과 축문은 남편의 명

의로 써야 한다.

문 : 제주(부친)가 연세가 많아 제사를 모시지 못할 경우 축문의 명의는?
답 : 축문은 제주(부친)를 기준(명의)으로 작성하고 사유를 기재하여 장자에게 대신 지내게 한다. 지방도 제주(부친) 기준으로 작성한다.
　　예시) 孝子 性宰 老衰 將事未得 使子 廷賢 敢昭告于
　　　　　顯考學生府君---

문 : 기제에 많은 자손이 참석했을 경우 헌자 선임의 기준은?
답 : 예서에 의하면 초헌은 주인이 하고, 아헌은 주부(주인의 부인)가 하되, 만약 주부가 없으면 주인의 동생이 한다. 종헌은 주인의 동생이나 장남 또는 친빈(친척, 손님)이 한다고 하였다. 참제원이 아무리 많아도 헌작은 삼헌뿐이고 첨작은 또 주인이 하도록 되어 있다.

문 : 신주나 지방을 고서비동考西妣東으로 모시는 이유?
답 : 신도는 음의 세계로서 방위로는 서쪽에 해당하므로 이서위상以西爲上이다. 즉 서쪽을 상위로 숭상하기 때문에 고위는 서쪽, 비위는 동쪽에 모신다.

문 : 지방에 아호를 쓸 수 있는지?
답 : 지방에 아호를 쓸 수 있다. 지방은 신주 분면식과 같이 쓴다. 다만 말미에 '신주'를 '신위'로 쓰고, 봉사자는 기재하지 않는다. 고위 비위 각각 만드는 것이 원칙이다. <편람>의 상례 편 제주題主(신주 쓰는 것) 조항에서 함중식(뒤판) 신주에 "무관자(벼슬이 없는 사람)는 상시(평소) 호칭대로 쓴다. 즉 학생, 처사, 수사, 별호(아호 등) 같은 것이다. 분면에도 같이 쓴다." 라고 하였다. 무관자에게 별호를 쓸 수 있다고 하였으므로 관직자에게도 관직 뒤에 별호를 쓸 수 있다고 해석함이 옳을 것이다.
※ 상세한 설명은 "제1편 제4장 제례 3.신주神主 [2]신주 쓰는 방법(題主) 조항을 참고한다.

문 : 유학幼學과 학생學生의 구분은?

답 : 유학과 학생은 대체로 같은 의미로서 벼슬하지 않는 유생을 총칭하는 말이다. 그러나 의례의 용례를 보면 생자는 유학, 사자는 학생으로 칭하고 있다.

문 : 신주, 위패, 위판, 사판, 신판은 어떻게 다른지?

답 : 신위의 종류에는 신주, 위패, 지방 등이 있다. 위패를 위판, 사판, 신판이라고도 한다. 신주와 위패를 구분 없이 같은 의미로 쓰고 있지만 내용적으로 보면 제작 방법, 규격, 의미, 용도 등이 각각 다르다.

① 신주는 밤나무로 만든다. 뒤판(함중)과 앞판(분면) 두 판을 맞붙여 받침대에 꽂아 세운다. 신주는 조상 1인에 오로지 1위이며 장자만이 가묘에 모실 수 있다. 어떠한 경우라도 다른 곳에 또 다른 신주를 모실 수 없다. 이것이 위패와 다른 점이다.

② 위패는 밤나무로 만든다. 신주와 비슷하지만 뒤판(함중) 앞판(분면)이 없이 단순히 한토막의 목판에 고인의 관직, 시호, 아호 등을 쓴 것이다. 위판, 사판, 신판이라고도 한다.

③ 위패는 동일 인물에 대하여 공신당, 향교, 서원 등 여러 곳에 수개의 위패를 모실 수 있다. 이것이 가묘에 모시는 신주와 다른 점이다.

※ 상세한 설명은 "제1편 제4장 제례의 4.위패"조항을 참고한다.

문 : 기제 참제원의 복장은?

답 : 모든 제례에서 참제원의 복장은 한복·양복의 정장을 원칙으로 한다.

직업에 따라 정해진 제복이 있으면 그 제복을 입는다. 옛날 제례의 정장은 한복과 두루마기를 입는 것이다. 그 위에 도포와 유건을 갖추면 더욱 좋다. 여자는 흰색이나 옥색 한복정장을 입는다.

기제의 복장은 <사례편람> 기제 변복조를 살펴보면 남자는 흰색 한복, 부인은 흰색, 검은색, 옥색 한복이 적당하다고 본다. 만약 부모 기제에는 남녀 모두 흰색 계통의 한복을 입는 것이 좋다. 모든 기제에는 화려한 복장은 삼가고 소박한 복장을 하며 장신구도 삼가 한다.

문 : 옛날 제사의 예복은 무엇인지?

답 : 옛날에는 제사뿐만 아니라 모든 의례행사(혼례·상례 등)에는 한복 · 두루마기
· 도포를 입고, 무릎 밑에 행전을 치고, 갓이나 유건을 쓰는 것이 예복의 정장이
다. 행전은 한복을 입고 도포를 입었을 때는 간혹 안 치는 경우도 있는데, 양복을
입고 도포를 입을 때는 반드시 행전을 쳐야만 단정한 복장이 된다.

문 : 제사에 양복을 입고 유건儒巾만 써도 되는지?

답 : 양복을 입고 유건을 쓰도 비례라고 할 수는 없다. 양복 입고 모자도 쓸 수 있기
때문이다.

문 : 부친 기제에 모친을 병설하여 지낼 때 지방을 한 종이에 같이 쓰는지? 각각 쓰는지?

답 : 고비를 합설(병설)하여 같이 모셔도 지방은 각각의 종이에 따로 쓰는 것이 원칙
이다. 요즘은 대체로 한 종이에 같이 작성하지만 바른 예법은 아니다. <사례편람
>에 고위 비위 지방을 각각 쓴다고 하였다.

문 : 옛날에는 종9품(참봉) 하위직과 생원 · 진사도 지방이나 축문, 묘비 등에 기재했는데,
현대의 하위직 관직도 지방 등에 쓸 수 있는지?

답 : 조선시대 관직의 직급과 현재 관직의 직급은 운영 체계가 상이하므로 정확하게
비교하기는 어렵겠지만 개략적으로 비교할 수는 있을 것이다. 현재의 하위직도
쓸 수 있다고 생각한다. 그러나 사회 통념상 지방 등에 관직으로 쓸 수 있는 기
준은 대체로 '사무관' 이상이라고도 한다. 그러나 각자 판단하여 행할 일이다.

문 : 부친은 생전에 공무원으로 서기관을 지냈고, 모친은 공적인 직위가 없을 때 부모의
지방을 어떻게 쓰는지?

답 : 부친은 "顯考書記官府君神位"라고 쓰면 된다.
모친도 본인의 공적인 직위가 있으면 그 직위를 쓰면 된다. 그러나 모친의 직위
가 없으면 "顯妣夫人(淑人)000氏神位"로 쓰기도 한다.
이유는 옛날에는 남편의 품계에 따라 부인을 봉작하는 제도가 있었지만 현재는

봉작제도가 없으므로 봉호(정부인, 숙부인 등)를 쓸 수도 없다. 또한 옛날 9품관 부인의 봉호인 '孺人'으로 쓰기도 곤란하다.

그래서 새로운 제도로서 '夫人'이나 '淑人'으로 쓰자는 주장도 있고, 새로운 제도를 만드는 것을 금기시하여 '孺人'으로 쓰자는 주장도 있다.

문 : 지방과 축문에 관직을 쓸 때 관직 앞에 '前'자를 쓰는지?

답 : 지방과 축문에는 돌아가신 사람의 관직 앞에 '前'자를 쓰지 않는다. 그러나 살아 있는 사람은 옛날과 지금 다 같이 현직과 전직을 구분하여 전직이면 '前'자를 붙인다.

문 : 아내의 제사 지방에 '亡室'이라고 쓰는데 '顯' 자를 쓰지 않는 이유는?

답 : '顯' 자는 윗사람에게 쓰는 경칭이기 때문에 처에는 쓰지 않는다.

문 : 지방과 축문의 규격은?

답 : 지방의 규격은 신주의 분면식과 같다. 가로 6㎝, 세로 24㎝ 정도이다.

축문의 규격은 정해져 있지 않다. 여러 관직을 역임하여 축문의 글자수가 많을 경우는 규격이 달라질 수 있다.

문 : 근래의 제사의 축문에 연호를 쓰지 않고, 그해의 태세(간지)만 쓰는데 예에 맞는지?

답 : 요즘은 연호가 없으므로 쓸 수가 없다. <편람>의 축문식에는 연호年號를 쓰게 되어 있다. 요즘은 연호가 없으므로 단군기원을 쓰기도 한다. 그러나 연호와 기원紀元은 다른 개념이라고 할 수 있다. 연호는 '광무', '융희' 등 왕조시대에 제왕이 정한 그 연대에 대한 칭호이고, 기원은 단기檀紀나 서기西紀를 말한다.

만약 단군기원을 쓸 경우는 '維'다음에 줄을 바꾸어 '檀'자를 '維'자 보다 2자 높여서 쓴다.

예)　　　維

　　　檀君紀元 四千三百 四十五年 歲次壬辰 十一月戊申朔 十七日甲子-----

　　　　顯考學生府君-----

문 : 축문 대두법擡頭法이란?

답 : 대두법이란 축문 등에서 '顯', '諱日復臨', '饗'자와 같이 경의敬意를 표해야 할 글자는 행(줄)을 바꾸어 다른 행의 첫 글자보다 한두 칸 위에 쓰거나 문장의 중간에 있을 때는 밑으로 한두 칸 띄어서 쓰는 것을 말한다. 관혼상제의 모든 고유고사, 축문, 청혼서, 납채서(사주편지), 혼례편지 등도 동일하다. 즉 축문 등에는 대두법을 적용해야 한다.

〈사례편람〉에는 '諱日復臨'을 행(줄)을 바꾸어 '諱'자를 '顯'자와 같은 칸에 쓰도록 예시하고 있다. 그러나 문장의 중간에 있기 때문에 밑으로 한두 칸 띄어서 쓰는 경우가 많다.

경의를 표해야 할 글자는 묘호廟號(태조, 세종 등), 경연經筵, 증贈, 시諡, 현顯, 휘諱, 봉영封瑩, 존령尊靈, 신神, 구柩, 토지지신土地之神, 향饗, 존체尊體, 존자尊慈, 존조尊照 등이다.

註 : 신주, 위패, 지방의 글씨 중에서 옛날 관직에 기록된 '경연經筵', '증贈', '시諡' 등 경의敬意를 표해야 할 글자는 대두법擡頭法을 적용하여 밑으로 한두 칸 띄어쓰기도 한다. 그러나 신주神主, 신위神位의 '神'자만은 대두법을 적용하지 않는다고도 한다. 이유는 신주, 위패, 지방은 그 형상形象 자체가 경의의 대상이므로 '神'자는 굳이 대두법을 적용할 필요가 없다는 것이다. 즉 신주神主, 신위神位의 '神'자만은 밑으로 한두 칸 띄어 쓰지 않고 위의 글자와 같은 간격으로 쓴다고도 한다.

문 : 제례의 축문에 제주의 관직명을 써야 하는지?

답 : 모든 축문에 제주의 관직을 쓰게 되어 있다. 예서의 축문식에 제주를 표기할 때 "孝子(큰아들) 某官(제주의 관직명) 某(제주명) 敢昭告于"로 되어 있다.

제주의 직위가 있어도 겸양의 의미로 안 쓰는 경우도 있지만 예서에는 쓰도록 되어 있다.

문 : 제사를 양력으로 시행할 때 축문에 양력제사일의 일진을 써야 하는지?

답 : 제사를 양력으로 지낸다면 그해의 태세 간지만 사용하고 삭일과 제사일의 일진은 안 써도 무방하다고 할 것이다. 그러나 상중제사인 우제(초·재·삼우제)와 졸곡 등은 일진의 강일, 유일을 따져서 날짜를 정하기 때문에 반드시 음력으로 시행하고 일진을 써야 한다. 또한 모든 제사는 옛날의 제도를 존중하고 따르는 의미에서 음력으로 지내는 것이 좋다.

문 : 각종 제례에서 삼헌과 단헌의 구별은?

답 : 삼헌제사는 기제, 묘제, 상중제사인 초우, 재우, 삼우, 졸곡, 부제, 소상, 연제, 대상, 담제, 길제 등이다. 단헌제사는 절사(차례), 상중의 견전(발인), 제주전(성분, 반혼)과 사당이나 묘소의 각종 고유 등이 있다. 즉 정식제사는 삼헌이고, 약식제사(차례, 전, 고유)는 단헌이다.

문 : 기제를 사정에 의하여 초저녁에 지내려고 하는데 어느 날 초저녁에 지내야 하는지?

답 : <가례>와 <편람>에 의하면 기제는 돌아가신 날 새벽(질명: 먼동이 틀 때)에 지낸다고 하였다.

　　요즘은 대체로 자정 이후에 지내고 있다. 자정이 지나면 돌아가신 날이 되기 때문이다. 그러나 표준시를 계산하면 밤 12시 30분이 넘어야 실제 우리나라 시각으로 밤 12시(자정) 이후가 되고 돌아가신 날이 된다. 만약 초저녁에 지내려면 역시 돌아가신 날 초저녁에 지내야 한다. 결과적으로 제사 지내는 시각이 늦춰지게 된다. 축문에 돌아가신 날짜와 그날의 일진을 써야 한다.

문 : 기제를 사정에 의하여 돌아가신 날 새벽에 지내지 못하고 돌아가신 날 아침이나 낮, 저녁에 지내도 되는지?

답 : 돌아가신 날 아침, 낮, 저녁에 지낸다고 하여 안 되는 것은 아니다.

　　현실적으로 파조(불천위)의 기제를 돌아가신 날 정오나 초저녁에 지내기도 한다.

문 : 음력 윤달 4월 5일에 돌아가셨으면 기제는 언제 지내는지?

답 : 본달 4월 5일에 지낸다.

문 : 기제, 절사(차례)의 참제원의 위치는?

답 : 남녀가 함께 제사 지내는 것을 원칙으로 하고 있다. 남자는 중앙(헌자배석)을 기준으로 동쪽에 서고, 여자는 서쪽에 선다. 남·여 각각 중앙에 가까운 자리가 상석이 된다.

　※ 상세한 설명은 "제1편 제4장 제례, 11.기제의 (2) 현행 기제진설도(합설) 및 참제원 서립도" 조항을 참고한다.

문 : 며느리들도 제사에 참석하는지?

답 : 당연히 참석한다. 아헌은 주인의 부인인 주부가 한다. 삽시정저도 주부가 하는 것을 원칙으로 하고 있다.

　제사에서 여자의 위치는 서쪽에 서되 중앙(헌자배석)에 가까운 곳을 상석으로 하여 순위대로 선다.

문 : 제사상의 진설 줄 수는 어디서부터 세는지?

답 : 진설의 줄 수는 신위 앞에서부터 센다. 반갱 줄은 1열이고, 과실은 5열이다.

문 : 제사에서 반서갱동飯西羹東으로 진설하는 이유?

답 : 사자(신도神道)는 음의 세계로서 서쪽을 숭상하기 때문에 '이서위상'으로서 중요한 반을 서쪽에 놓고, 갱을 동쪽에 놓는 것이다.

　우반좌갱右飯左羹(신위 기준)도 같은 의미이다. 역시 신도神道는 신위 기준으로 우측(서쪽)을 숭상하기 때문이다.

문 : 고위와 비위를 한 제상에 합설(병설)할 때 신위의 서쪽에 고위의 메와 국, 동쪽에 비위의 메와 국을 놓는지? 아니면 서쪽에 메 두 그릇을 놓고, 동쪽에 국 두 그릇을 놓는지?

답 : 양위 합설에서는 신위의 서쪽에 고위의 메와 국, 동쪽에 비위의 메와 국을 놓는다. 또는 서쪽에 메 두 그릇을 놓고, 동쪽에 국 두 그릇을 놓기도 한다. 그러나 신위가 흠향하기 편리한 전자前者가 더 타당하다고 생각한다.

문 : 제사상에 대추, 밤, 감, 배를 올리는 의미는?

답 : 옛날부터 전해오는 말에 의하면 제사에 대추, 밤, 감, 배를 꼭 올리는 이유는 다음과 같은 속설이 있다고도 한다.

① 대추(棗) : 자손 번창을 의미한다.

대추는 헤아릴 수 없이 열매가 많이 열린다. 대추 열리듯이 자손이 번창하기를 바라는 상징적 의미이다. 그래서 대추가 제사상의 첫 번째 자리(상석)인 맨 서쪽에 놓는 것이다.

② 밤(栗) : 자손과 조상이 연결되어 함께 있음을 의미한다.

대체로 한 알의 나무씨앗이 썩어서 나무를 길러내면 그 씨앗은 썩어서 없어진다. 그러나 씨밤은 오랜 세월이 지나서 큰 밤나무가 되어도 썩지 않고 뿌리에 오래 달려 남아 있다. 이것은 자손과 조상이 영적으로 연결되어 영원히 함께 있는 것을 의미한다.

③ 감(柿) : 자손을 교육시켜 참된 사람이 되게 함을 의미한다.

아무리 좋은 감씨를 심어도 감나무가 아닌 고욤나무가 나온다. 이 고욤나무와 좋은 감나무를 접을 붙여야만 좋은 감이 열리기 시작한다. 접을 붙여 좋은 감나무를 만들듯이 사람도 태어나서 가르침을 받아야 참다운 사람이 되는 것이다. 그래서 자손을 교육시켜 참된 사람이 되게 함을 의미한다.

④ 배(梨) : 자손이 세상의 중심에서 처세하고, 깨끗한 혈통을 지키라는 의미이다.

배는 껍질은 황색이고 속은 흰색이다. 황색은 오행에서 중앙을 나타내는 색이므로 자손이 세상의 중심에서 처세하라는 의미이고, 흰색은 순수하고 깨끗한 혈통을 의미한다.

문 : 식해食醢와 식혜食醯의 구분은? 식혜도 제사에 진설하는지?

답 : <사례편람> 사시제 구찬具饌 제구諸具조에 의하면 해醢는 어해魚醢와 식해食醢가 있다. 어해는 생선 젓갈이고, 식해는 생선을 토막 내어 소금과 쌀밥으로 버무려 놓은 젓갈류이다. 어해, 식해 모두 생선 젓갈의 의미로 이해한다. 식혜는 단술이다. 가문에 따라서 식혜(단술 건더기)를 진설하기도 하지만 어떤 예서에도 식

혜를 진설한다는 기록은 없다.

문 : 명태포도 생선의 종류인데 동쪽에 놓지 않고 서쪽에 놓는 이유는?

답 : 포脯는 원래 '고기肉'변으로 육포肉脯를 말한다. 그래서 육포와 어포는 모두 육서肉西의 개념으로 서쪽에 함께 진설한다. 즉 서포동해西脯東醢이다.

문 : 진설용어에 참제원 기준으로 좌포우해左脯右醢라는 말을 쓰는데 맞는 표현인지?

답 : 예서에는 좌포우해라는 말이 없다. 제사에서 방위는 항상 신위(상석) 기준으로 좌측(동쪽), 우측(서쪽)이라 말하고, 참제원 기준으로 좌우라고 하지 않는다.

진설하는 참제원 기준으로 좌측(서쪽)에 포를 놓고, 우측(동쪽)에 식해食醢를 놓는다는 뜻으로 좌포우해라고 말하지만 서포동해西脯東醢라고 해야 예서에 합당한 표현일 것이다.

문 : 제사에 단술(醴酒: 식혜食醯)로 잔을 올려도 되는지?

답 : 옛날 상고시대에 술이 없을 때는 단술(醴酒)로 잔을 올렸으나 술이 나온 뒤로는 단술을 올리지 않는다. 식혜食醯(단술 건더기)도 올리지 않는다.

생전에 술은 못하셨으면 단술을 올려도 무방하다는 설도 있으나 신도神道는 산 사람과 달라지기 때문에 술을 올려야 한다고 한다.

만약 단술을 꼭 진설하려면 제1행의 갱羹의 동쪽에 음료로 올리면 될 것이다. 그리고 제4행의 서포동해西脯東醢에서 해醢는 식해食醢로서 생선 젓갈을 말하고, 식혜食醯(단술 건더기)가 아니다.

문 : 제수를 홀수 혹은 짝수로 차린다는 말은 무슨 의미인지?

답 : 천산天産(육·어 종류)은 품수(品數: 종류)로 홀수, 지산地産(과실·채소 종류)은 품수로 짝수로 놓는다. 즉 적은 육적·계적·어적으로 3종류, 과실은 4종류 또는 6종류로 진설한다. 홀수(양수), 짝수(음수)는 제수의 품수(종류)를 의미하고, 과실이나 제수의 낱 개수와는 무관하다.

문 : 제주로 쓰지 못하는 술이 있는지?

답 : 특별히 제주로 쓰지 못하는 술은 없다. 세속에서 소주는 독해서 제주로 쓰지 않
는다는 말도 있지만 옛날에도 소주를 제주로 사용했다는 기록이 있다. 옛날에
는 소주(증류식)가 아주 귀하였기 때문에 구하기 어려워서 쓰지 못했다고 생각
한다. 요즘은 소주(희석식)가 대중화되었으므로 당연히 쓸 수 있을 것이다. 제주
(술)는 가능한 청주淸酒를 사용한다. 축문에도 청작서수淸酌庶羞(맑은 술과 여러
가지 음식)라고 하였다.

문 : 제수로 쓰지 못하는 과실은?

답 : 제수로 쓰지 못하는 과실은 없다. 다 쓸 수 있다. 다만 복숭아는 하품으로 쓰지
않는다는 기록이 있다. 또 복숭아는 귀신을 쫓아낸다는 속설이 있는 것 같다.

문 : 제수로 쓰지 못하는 생선은?

답 : 무슨 생선이든 제수로 다 쓸 수 있다. 생선회도 쓸 수 있다. 등푸른 생선과 비늘
없는 생선은 제수로 쓰지 않는다는 속설이 있지만 예서의 근거는 없다. 다만 잉
어는 쓰지 않는다는 기록이 있다.

문 : 음식의 색깔에 따라 제수로 쓰지 못하는 음식이 있는지?

답 : 음식의 색깔에 따라 제수로 쓰지 못하는 음식은 없다. 다만 옛날에는 고추가 없
었기 때문에 제사음식에 고춧가루를 빨갛게 넣지 않았다.
그래서 요즘도 빨간 고춧가루를 잘 넣지 않고 소박한 색깔로 제수를 만드는 것
같다.

문 : 제사 때 정화수(현주)를 준상(주가) 위에 놓아두는 이유는?

답 : 옛날에 술이 없을 때는 첫새벽에 뜬 우물의 정화수를 술 대신에 제사에 사용했
다. 그 후 술이 들어온 후에는 술을 쓰지만, 고대의 의례 방법을 숭상하는 의미로
제상에 올리지는 않지만 정화수를 별도로 준비하여 준상 위에 놓아두는 것이다.

문 : <편람>에 '정지삭망즉참'의 강신에는 "뇌우모상酹于茅上"으로, 기제의 강신에는 "관우모상灌于茅上"으로 각각 다르게 표현되어 있는데 의미도 다른 것이지?

답 : "뇌우모상酹于茅上"과 "관우모상灌于茅上"은 다 같이 "뇌주酹酒"라는 의미이며 강신 술을 모사기에 다 부으라는 뜻이다.

문 : 제사에서 분향과 뇌주酹酒의 의미는 무엇인지?

답 : 기제나 묘제에서 강신례 때 초헌이 분향재배, 뇌주재배 한다.

분향은 향을 세 번 피우는 것으로 하늘에 계신 혼령을 강림하게 하는 뜻이고, 뇌주는 술을 모사기(땅)에 부어 지하의 체백을 인도하는 뜻이다.

문 : 분향할 때 향을 세 번 사르는 이유는?

답 : 제사에서 향을 세 번 피우는 것은 '천지인天地人' 즉 삼재三才 사상에서 유래한 것으로 생각한다.

문 : 모사기茅沙器는 무슨 용도인지?

답 : 모사기는 실내제사(기제 등)의 강신례에서 강신 술을 부을 때 사용하는 굽다리가 조금 높은 밥그릇 같은 제기이다. 깨끗한 모래를 담고 모래 가운데 띠 풀 한 줌을 묶어서 세운다. 묘제에는 모사기를 쓰지 않고 묘 앞의 땅 위에 술을 바로 붓는다.

문 : 제사에서 분향재배, 뇌주재배하지 않고, 분향 후 뇌주까지 하고 나서 재배를 한 번만 해도 되는지?

답 : <편람>에 기제·절사(차례)·묘제 등의 강신례는 분향재배, 뇌주재배로서 재배를 두 번하도록 되어있다.

분향재배는 하늘에 있는 혼령을 인도하는 것이고, 뇌주재배는 땅속에 있는 체백을 인도하는 것이니 각각 재배함이 옳다.

문 : 기제 등 헌작할 때 술잔을 향로 위에 세 번 빙빙 돌린 후 신위 앞에 올리는 이유는?

답 : 헌자가 헌작할 때 관행적으로 잔반을 향로 위에 세 번 빙빙 돌리는 경우가 많이 있는데 예서에는 없는 것이다. 잔반을 돌리지 않는 것이 바른 예법이다.

문 : 제례에서 독축할 때 소리의 크기 등 독축법은 어떠한지?

답 : 독축할 때는 조상을 추모하는 마음으로 엄숙하게 읽어야 한다. 기교가 섞인 가성假聲으로 읽으면 안 된다. 독축 소리의 크기는 "너무 커도 안 되고, 너무 작아도 안 되며, 제사에 참여한 모든 참제원이 들을 수 있을 정도면 된다."고 했다.

문 : <편람>에 의하면 기제와 상중제사의 헌작 방법이 서로 다르다. 그 이유는?

답 : 기제, 묘제는 엄숙하게 예를 갖추어 행하고, 상중제사(초우제부터 담제까지)는 슬픔으로 인하여 황망하므로 간편하게 하기 때문이다.

　　○ 기제, 묘제 헌작

　　제상 위의 신위 앞의 잔반을 내려서 술을 가득 따라서 신위 앞에 올렸다가 잔반을 내려서 삼제 후에 다시 잔반을 신위 앞에 올린다.

　　○ 상중제사 헌작

　　영좌 위의 신위 앞의 잔반을 내려서 술을 가득 따라서 먼저 삼제한 후에 잔반을 신위 앞에 올린다.

　　※ 그러나 현실에서 기제, 묘제의 헌작도 상중제사의 헌작과 같이 하기도 한다. 상세한 헌작 방법(절차)은 "제1편 제3장 상례편 3.상중제사 [1]초우제" 조항을 참고한다.

문 : 기제 등에서 초 · 아 · 종헌시 헌자가 잔을 올린 후 헌자와 모든 참제원이 함께 재배하는 것이 맞는지?

답 : 옳지 않다. 초 · 아 · 종헌시 잔을 올린 헌자만 재배하고, 참신과 사신할 때는 모든 참제원이 함께 재배한다.

문 : 제사에서 강신뇌주降神酹酒와 헌작제주獻酌祭酒는 어떻게 다른지?

답 : 강신뇌주는 초헌이 강신례 때 강신잔반의 술을 모사기나 땅 위에 다 붓고 빈 잔

반을 제자리에 놓는 것을 말한다. 이를 뇌주관지酹酒灌地라고도 한다. 뇌주는 술을 모사기(땅)에 부어 지하의 체백을 인도하는 뜻이다.

헌작제주는 초·아·종헌시 헌자가 모사기(땅)에 술을 조금씩 세 번 제주祭酒(삼제) 후에 헌작하는 것을 말한다.

문 : 기제나 세일사(묘제)에서 초·아·종헌시 헌자가 모사기(땅)에 술을 세 번 제주祭酒후에 헌작하는 이유?

답 : "술을 조금씩 세 번 따르는 것"을 祭酒 또는 三祭한다고 한다. 제주祭酒(삼제)하는 이유는 조상신이 아닌 다른 신에게 제사하는 의미라고 한다. 이때의 제주는 제사에 쓰는 술이란 뜻이 아니다.

문 : 기제나 세일사(묘제)에서 헌작제주(삼제三祭)는 초·아·종헌 때마다 하는지? 아니면 초헌 때만 하는지?

답 : 초·아·종헌 때마다 술을 조금씩 세 번 제주한다. 종헌 때 삼제를 하지 않으면 술잔에 술이 가득 차 있기 때문에 첨작을 할 수 없다.

만약 아헌, 종헌 때는 삼제를 하지 않는다면 예서에 반드시 명기하였을 것이다.

예) 아헌은 초헌과 같이 하되 독축은 하지 않는다.

종헌은 아헌과 같이 하되 철주철적은 하지 않는다.

문 : 기제의 헌작은 헌자가 집사의 도움을 받아 술을 조금씩 세 번 '제주祭酒'후에 집사가 잔반을 신위 앞에 올리는데, 절사(차례)에는 '삼제'하지 않고 헌자가 직접 주전자를 들고 신위 앞의 잔반에 술을 따르는 이유는?

답 : 기제는 삼헌으로 행하는 정식제사이고, 절사(차례)는 소제小祭(작은 제사)이므로 사당에서 행하는 "정조(설)·동지·매월 초하루 참배의식" 과 같이 간략하게 하기 때문이다.

문 : 삽시정저 때 숟가락은 메 그릇에 꽂는데, 젓가락은 적위에 올리는지?

답 : 삽시정저란 숟가락은 바닥이 동쪽으로 가도록 하여 메그릇에 꽂고 젓가락은 자

루가 서쪽으로 가도록 하여 시접 위에 가지런히 걸쳐 올려놓는 것을 말한다. 젓 가락을 제수 위에 올려놓지 않는다.

문 : 제사에서 삽시정저를 초헌 때에 하는지? 첨작 때 하는지?

답 : 삽시정저의 시기는 제사의 종류에 따라 다르다.

① 기제 : 초헌 때는 계반개만 하고, 삽시정저는 첨작 후에 한다.

즉 초헌, 아헌, 종헌, 첨작(유식), 합문, 계문의 절차가 있는 제사는 첨작 후에 한다.

② 절사(차례) : 절사는 단헌무축으로 첨작(유식), 합문, 계문의 절차가 없으므로 초헌 때 계반개 후에 삽시정저한다. 절사를 삼헌독축으로 지내도 첨작(유식), 합 문, 계문의 절차는 없으므로 역시 초헌 때 계반개 후에 삽시정저한다.

③ 묘제 : 첨작(유식)의 절차가 없기 때문에 초헌 때 계반개 후에 한다.

위와 같이 볼 때 대체로 삽시정저는 첨작(유식)을 하는 제사는 첨작 후에 하고, 첨 작을 하지 않는 제사는 초헌 때 계반개 후에 한다.

문 : 기제에서 초헌, 아헌, 종헌 때마다 정저를 하는지? 아니면 유식 때에만 정저를 하는 지?

답 : 기제에는 초헌 후에 메그릇의 뚜껑만 벗겨 놓고 삽시정저는 하지 않으며, 아헌, 종헌 때도 삽시정저를 하지 않는다. 유식 때 첨작 후에 한 번만 삽시정저한다.

문 : 기제에서 초헌·아헌·종헌 때마다 젓가락을 다른 제수 위로 옮겨놓는 것은 예에 맞 는지?

답 : 예에 맞지 않다. 기제는 유식 때 첨작 후에 '삽시정저' 하게 되어 있으므로 헌작 때마다 젓가락을 여기저기 옮기지 않는다.

문 : 제사에서 종헌 후에 다시 술잔을 올릴 수 있는지?

답 : 종헌 후에는 추가로 4헌, 5헌 등의 술잔을 올릴 수 없다. 종헌은 세 번째 올리는 잔이지만 그 의미는 마지막 잔 올림이란 뜻이다. 기제에는 종헌 후에 주인이 첨

작만 한다. 만약 술잔을 올려야 할 사람이 많을 경우는 종헌에 한하여 고위, 비위
별로 헌자 2명을 선임하여 동시에 헌작하는 가문도 있다.

또한 종헌에 한하여 사위, 딸 등 몇 명이 함께 향안 앞에 들어가서 대표로 한사람
만 헌작하고, 몇 명이 다 함께 재배(사배)하는 방법도 있을 수 있다. 그러나 바른
예법은 아니다.

헌작할 서열이 안 되면 참례의 정신으로 참신재재, 사신재배만 하는 것으로 만족
해야 한다.

문 : 기제에서 합문 후에 밖으로 나와 부복하는 예가 있는지?

답 : 합문 후에 부복하는 예는 없다. 합문 후에는 모두 밖으로 나와 공수한 자세로 주
인과 남자들은 동쪽에서 서향하여 서고, 주부와 여자들은 서쪽에서 동향으로 서
있는 것이다. 즉 공수시립한다.

간혹 합문 후에 부복하는 가문도 있는데 예서에는 부복한다는 말은 없다.

문 : '고이성告利成'이란 무슨 뜻인지?

답 : 제사에서 '이성'의 의미는 '이利'는 봉양함이고, '성成'은 마침이니 "봉양의 예가
모두 잘 이루어졌다"는 뜻이다. '고이성'은 '철시숙수접중'과 '국궁' 다음에 주인
(초헌)은 서향하여 서고, 축은 동향하여 서서 축이 '이성'을 고하는 것을 말한다.

<가례>와 <편람>에 '고이성'의 절차가 있는 제사는 상중제사, 길제, 사시제, 시조
제, 선조제, 녜제, 기제이다.

그러나 '고이성'은 옛날에 '시동尸童'을 신좌에 앉히고 제사 지낼 때 '시동'에게
고하는 제도였으므로 요즘은 '시동'이 없기 때문에 '이성'을 고하지 않는다고도
한다.

문 : 기제에 수조受胙(음복례)와 준(餕: 제물을 나누어 대접하는 예)이 있는지?

답 : <사례편람>에 기제에는 수조와 준이 없다고 하였다. 기일은 제사 후에도 종일토
록 술과 고기를 먹지 않고 음악을 듣지 않는다고 하였기 때문이다.

문 : 기제에 곡哭을 하는지?

답 : 부모의 기제에는 곡을 한다. 곡을 하는 시기는 독축 후에 모두 꿇어앉은 상태에서 한다.

문 : 돌아가신 부모의 회갑은 어떻게 하는지?

답 : 돌아가신 부모의 생신의례에 대하여 다음과 같은 기록이 있다. 이를 준용하여 행하면 된다.

녜제禰祭라고 하여 돌아가신 부친에게 계추(음9월)에 제사를 지냈다.

녜제를 9월에 지내게 된 유래는 처음 '녜제'를 지낸 사람의 부친의 생일이 9월 15일이었기 때문이다. 부모 모두 돌아가셨으면 양위를 같이 모신다. 요즘은 대부분 지내지 않는다. 그러나 생신제는 3년 탈상 이후에는 지내지 않는다고 한다.

註 : 요즘 사회적으로 공적이 있는 저명한 분의 탄신 행사를 하기도 한다. 돌아가신 부모의 회갑을 기제 지내듯이 하여 경건한 추모행사로 할 수 있다고 생각한다.

문 : 사가 제사의 종류는?

답 : 사가제사는 <사례편람>에 의하여 광의로 구분하면 참례參禮, 고유告由, 전奠, 제사祭祀로 나눌 수 있다.

① 참례는 사당에서 정조(설), 동지, 매월 초하루·보름에 참배하는 의례이다.

② 고유는 사당고유를 비롯한 각종 고유이다.

③ 전은 상례에서 시사전(운명후 처음 올리는 전), 성복전, 조전朝奠, 석전夕奠, 삭망전, 조전祖奠, 견전(발인), 노전路奠, 제주전(반혼·평토) 등이다.

④ 제사는 상례편의 상중제사와 제례편의 제사로 구분한다.

○상중제사는 초우제, 재우제, 삼우제, 졸곡, 부제, 소상, 연제, 대상, 담제, 길제이다.

○제례편의 제사는 사시제, 시조제, 선조제, 녜제, 기제, 절사(차례), 묘제(시제) 등이 있다.

※ 사가제사는 국가제사의 용어, 형식, 절차를 혼용해서는 안 되고, 순수한 <가례>와 <편람>의 규정에 의하여 행하여야 한다. 상세한 설명은 "제1편 상례와 제례"조항을 참고한다.

문 : 상복기간 중 다른 제사를 폐는 예법은?

답 : 율곡 이이의 <격몽요결> "상복중행제의喪服中行祭儀"에 의하면 상복을 입는 기간 동안에 다른 제사를 폐하거나 간략하게 지내는 예법은 상복의 경중輕重에 따라서 다르다고 하였다. 아래의 내용은 <사례편람> "졸곡편"에도 있다.

    (1) 부모 상복 중인 경우(3년복)

        ① 졸곡(운명일로 부터 3개월이 지난 첫 강일) 이전 : 모든 제사를 폐한다.

        ② 졸곡 이후 : 경복자輕服者가 단헌무축으로 지낸다.

    (2) 형제 · 백숙부모 · 종형제 상복 중인 경우(1년, 9월복)

        ① 성복(운명일로 부터 4일째 되는 날) 이전 : 모든 제사를 폐한다.

        ② 장사(운명일로 부터 3개월) 이전 : 사시제는 폐한다. 기 · 묘제는 경복자가 단헌무축으로 지낸다.

        ③ 장사 이후 : 모든 제사를 평시와 같이 지낸다. 다만 수조(음복)는 안 한다.

    (3) 종백숙부모 · 처부모 상복 중인 경우(5월, 3월복)

        ① 성복(운명일로 부터 4일째 되는 날) 이전 : 모든 제사를 폐한다.

        ② 성복 이후 : 모든 제사를 평시와 같이 지낸다. 다만 수조(음복)는 안 한다.

문 : 부친 상중에 기제와 차례를 지낼 수 있는지?

답 : 졸곡(운명일로부터 3개월이 지난 첫 강일)이 지났으면 모든 제사는 경복자(주상의 아들이나 4촌형제 등)가 단헌무축으로 지낸다. 지방은 주상의 명의로 쓴다. 부모상으로서 졸곡 이전이면 모든 제사를 지낼수 없다.

문 : 제사를 지내지 못하는 특별한 사유는 무엇인지?

답 : 제주가 부모의 상중으로 졸곡(운명일로 부터 3개월이 지난 첫 강일) 이전과 형제 · 백숙부모 · 종형제 등의 상중으로 성복(운명일로 부터 4일째 되는 날) 이전에는 모

든 제사를 지내지 못한다.

속설에 주부가 출산할 때, 집안에 우환이 있을 때, 혼인 날짜를 정한 후에는 제사를 지내지 않는다고도 하지만 예서에는 출산, 우환, 혼인을 사유로 제사를 폐한다는 기록은 없다. 특히 옛날에는 혼인 전후에 사당의 조상에게 고유하는 의식이 있었다. 그래서 혼인 날짜를 정한 후에는 더욱 정성들여 제사를 지내야 한다.

문 : 제주 혼자서 기제를 지낼 때 삼헌인지, 단헌인지?

답 : 제주가 초헌, 아헌, 종헌을 다 한다.

문 : 형이 동생의 제사를 지낼 수 있는지?

답 : 동생의 제사에 참사는 하지만 절은 하지 않는다.

문 : 음사淫祀란 무슨 제사를 말하는지?

답 : 음사란 예법을 무시하고 한 조상을 여러 곳에서 제사 지내는 것을 말한다. 또한 기본 예법을 무시하는 제사와 제사 지내지 못할 장소에서 지내는 제사, 제사의 격이 맞지 않는 제사, 부정한 귀신을 제사 지내는 것도 음사라고 한다.

문 : 정실의 아들이 소실(첩: 서모)의 제사를 지낼 수 있는지?

답 : 적자는 서모(소실: 첩)의 제사를 지내지 않는다.

정실부인이 죽고 정식으로 재취혼인으로 부인을 맞이했다면 당연히 적장자가 아버지와 모든 어머니의 제사를 지낸다.

그러나 정식 부인이 있는데 소실(첩)로 들어온 서모는 서모가 낳은 서자가 자기를 낳은 어머니만 제사지낼 뿐이고, 아버지는 제사 지내지 못한다.

문 : 처가에 아들이 없을 경우 사위가 제주가 되어 장인 · 장모의 제사를 지낼 수 있는지?

답 : 사위는 장인 · 장모의 제사에 제주가 될 수 없다. 사위는 혈손이 아니기 때문이다. 딸이 제주가 된다. 딸이 죽으면 외손이 제주가 된다.

그러나 옛날에는 친족 중에서 양자로 입후하여 제사 지내는 것이 원칙이었다.

문 : 명절에는 제사라고 하지 않고 차례라고 하는 이유?

답 : 차례는 <가례>의 사당편 "정지삭망즉참正至朔望則參"조에 사당에서 정조(설), 동지, 매월 초하루ㆍ보름에 참배할 때 술과 함께 차를 올린 데서 유래된 것 같다. <가례>가 중국에서 우리나라에 들어오면서 '차례'라는 말을 사용하게 된 것으로 추측할 수 있다. 그러나 '차례'보다는 명절제사의 줄인 말인 '절사'라고 부르는 것이 더 좋다고 생각한다.

※ 상세한 설명은 "제1편 제4장 제례의 12.절사(차례)"조항을 참고한다.

문 : 설ㆍ추석에 큰집, 작은집 간에 절사(차례)를 어떤 순서로 지내는지?

답 : 같은 부락이나 인근에 대소가大小家가 있으면 큰집(종가)에서 먼저 지낸 후 작은집의 순서대로 지낸다. 그러나 요즘은 지리적인 여건과 여러 가지 사정을 감안하여 지손들이 각자 작은집에서 지낸 후 큰집(종가)에 다 같이 모여서 지내기도 한다.

문 : 절사(차례)에는 단헌무축이 원칙인지?

답 : 단헌무축으로 간략하게 하는 것이 통례로 되어 있다.

절사에 대하여는 예서에 별도의 규정이 없다. 다만 <가례>의 사당편에 "세속의 명절에는 그 시절에 나는 음식을 올린다." 라고 하였 고, 예법은 사당에서 행하는 "정조(설), 동지, 매월 초하루 참배의식과 같다." 라고 하였다. 이 참배의식은 단헌무축으로 되어 있다. 또한 절사는 '소제小祭'(작은 제사)이므로 제수는 간소하게 하고, 절차도 단헌무축으로 간략하게 한다고 하였다.

※ 상세한 설명은 "제1편 제4장 제례의 12.절사(차례)" 조항을 참고한다.

문 : 절사(차례)에서 4대봉사할 경우 분향과 뇌주를 한 번만 하는지? 각 대마다 따로 하는지?

답 : 절사는 4대봉사를 해도 4대를 각각 지내는 것이 아니고 작은 제상 4개를 차려서 4대를 다 같이 지내므로 분향과 뇌주는 각 대마다 따로 하지 않고 중앙의 향안에서 한 번만 한다. 만약 사정에 의하여 제상 1개로써 고조절사 후에 증조, 증조절

사 후에 조부 순으로 부모까지 4대를 차례대로 각각 지낸다면 분향과 뇌주는 각 대마다 따로 하는 것이 옳을 것이다.

문 : 절사(차례)에 반·갱을 올리는지?

답 : 절사에는 반갱을 쓰지 않고 설에는 떡국, 추석에는 송편을 올린다.

그러나 가문에 따라서 반갱을 쓰기도 한다. 율곡 선생은 명절에 햇곡식이 있으면 반(메)을 지어 반찬과 같이 진설한다고 하였다. 그래서 설에는 반갱 대신에 떡국을 올리고, 추석에는 햅쌀로 지은 반과 갱을 올리고 병(떡) 위에 송편을 추가하면 좋을 것이다.

문 : 절사(차례)에는 4대의 조상신위를 합설해도 되는지?

답 : <편람>의 사당 편에 의하면 각대별로 각상으로 진설한다. 즉 4대봉사하면 4개의 제상(작은 제상)을 차린다. 절사(차례)의 예법은 사당에서 행하는 "정조(설), 동지, 매월 초하루 참배의식 절차와 같다." 라고 하였다.

요즘은 한 제상에 서쪽을 상위로 하여 4대의 신위를 합설하기도 한다. 그러나 바른 예법은 아니다.

문 : 절사(차례)를 묘소에서 지내도 되는지?

답 : 절사(차례)의 예법은 사당에서 행하는 "정조(설), 동지, 매월 초하루 참배의식 절차와 같다." 라고 하였으므로 조상의 신주를 모신 사당에서 지내는 것이 원칙이다. 사당이 없어도 지방을 모시고 집에서 지낸다. 그러나 가문에 따라서 묘소에서 지내기도 하지만 바른 예법은 아닌 것 같다.

문 : 친미진親未盡, 친진親盡 조상의 의미는?

답 : 친미진은 아직 친함이 다하지 않았으므로 4대(고조-부모) 조상을 말하고, 친진은 친함이 다하였으므로 5대조 이상의 조상을 말한다.

문 : 세일사묘제, 4대친묘제, 사시제(시제)의 간략한 정의는?

답 : ① 세일사묘제 : 기제를 모시지 않는 5대조 이상(친진)의 조상에게 1년에 한 번(음력10월) 묘지에서 지내는 제사. 시제, 시사, 시향이라고도 하지만 묘에서 지낸다면 묘제라고 해야 할 것이다.

② 4대친묘제 : 친미진묘제라고도 한다. 기제를 모시는 불천위와 친미진 4대조상에게 음력 3월, 한식, 단오 등에 묘지에서 지내는 제사. 시제, 시사, 시향이라고도 한다. 요즘은 대부분 지내지 않음.

③ 사시제(시제) : 기제를 모시는 4대(친미진) 조상에게 매 계절의 仲月(음력 2월, 5월, 8월, 11월)에 정침(대청)에서 지내는 제사. 요즘은 대부분 지내지 않음.

문 : 세일사묘제의 제주, 일시, 장소 등은 어떠한지?

답 : ① 제주 : 세일사는 대개 자손이 많기 때문에 문중을 형성하는 경우가 많다. 그러므로 제주(초헌)는 꼭 장손만이 하는 것이 아니고 문중 대표가 하기도 한다.

② 배우자 합사 : 배우자를 합장(쌍분)했으면 당연히 내외분을 합사한다.
만일 묘지가 따로 있으면 따로 지내기도 하고, 비위의 묘에서 혼백을 인향(분향과 뇌주로서 혼백을 인도함)하여 고위의 묘에서 합사하기도 한다.

③ 세일사 일시 : 음력 10월 중에 지낸다. 윗대 조상을 먼저 지내고 아랫대를 뒤에 지낸다. 그러나 맨 아랫대의 묘지가 맨 윗대 조상의 묘지 근처에 있는 경우 등에는 교통편의를 참작하여 순서를 바꿀 수도 있다.

④ 세일사 장소 : 원칙적으로 해당 조상의 묘지에서 지낸다. 만일 묘지가 없어 제단을 조성하였으면 제단에서 지낸다. 그러나 묘지도 없고 제단도 없으면 재실이나 가정집에서 지방을 모시고 지내기도 한다.

문 : 5대조 이상 묘제(세일사)에 초헌은 반드시 주손冑孫이 해야 하는지?

답 : 5대조 이상(친진親盡) 묘제(세일사)에 자손이 많아 문중이 구성되었을 경우는 주손이 초헌을 할 수도 있으나 문중회장, 도유사, 최연장자, 최고항렬자가 할 수도 있다.
만약 불천위 묘제라면 불천위는 기제를 지내므로 기제의 주인인 종손이 초헌해야 할 것이다.

문 : 묘제나 사당제사에서 집례의 위치는 어디인지?

답 : 집례가 서는 위치는 초헌자의 반대편이 옳다고 생각한다. 즉 묘의 서쪽에서 동
향한다. 사당제사에는 사당 문밖 서쪽에서 동향한다. 그러나 반대로 서는 경우
도 있다.

문 : 재실에 많은 조상의 위패를 모실 경우 위패의 위치와 재실에서 세일사시의 진설과
행사방법은?

답 : 맨 서쪽에 최존위를 모시고 차례대로 '이서위상'으로 모신다. 재실에서 세일사의
진설과 행사방법은 사시제와 같이 각대 각설하고 초헌이 각대별로 각각 초헌,
독축, 재배하고, 아헌이 각대별로 각각 아헌재배, 종헌이 각대별로 각각 종헌재
배가 원칙이나 요즘은 별도로 분헌을 선임하여 각설합사各設合祀 혹은 합설합
사合設合祀하기도 한다.

문 : 재실齋室의 기능은?

답 : 재실은 원칙적으로 제사 지내는 곳이 아니다. <가례>와 <편람>에는 재실에서 묘
제(시제)를 지낸다는 기록은 없다. 다만 우천으로 묘소에서 묘제를 지낼 수 없거
나 맑은 날이라도 같은 산에 묘소가 너무 많아서 하루에 행하기가 어려울 경우
에는 실내(재실)에서 여러 대의 신위(위패, 지방)를 모시고 합사할 수도 있을 것이
다. 그러나 현실적으로 재실에서 묘제(시제)를 많이 지내고 있다.

재실 본래의 기능은 제구 보관, 제사 음식 준비, 참제원 유숙, 문중회의 등을 하
는 곳이다.

문 : 묘제에서 선참신인지? 선강신인지?

답 : <가례>나 <편람>에는 선참신 후강신으로 되어 있다. 묘지에는 실체인 체백이 묻
혀 있기 때문이다. 그러나 선강신으로 지내기도 한다.

문 : 묘제시 삽시정저는 언제 하는지?

답 : 묘제는 첨작, 합문, 계문이 없기 때문에 초헌 때 계반개 후에 삽시정저하고, 아

헌·종헌에는 정저하지 않는다. 만약 묘제에 반갱을 쓰지 않아도 정저는 역시 초헌 때에 한 번만 한다.

문 : 묘제에 유식재배를 하는지?

답 : 묘제에는 첨작(유식)재배가 없다. 참고로 <편람>의 묘제순서는 참신, 강신, 초헌, 아헌, 종헌, 사신이다. 그래서 초헌 때 계반개 후에 삽시정저를 한다.

문 : 묘소를 실전하여 단壇을 건립하여 세일사를 지낼 경우의 절차는? 지방을 써야 하는지?

답 : 단소 세일사는 묘제(세일사)와 동일하다. 다만 축문에 '00之墓'를 '00之壇'으로 고치면 된다. 지방은 쓰지 않는다.

문 : 묘제에서 산신제는 묘제 전·후 언제 지내는지?

답 : 묘제시 토지신제(산신제)는 묘제 후에 지낸다. <편람>에 묘제 후에 지낸다고 '제후토'라 하였다. 묘제 전에 지내기도 한다.

참고로 묘제 토지신제는 장례시의 토지신제와는 다르다. 제수도 묘제제수와 버금가게 차리고 헌작도 삼헌으로 규정하고 있다. 그러나 대체로 간소하게 주·과·포로써 단헌으로 행하기도 한다.

토지신은 하늘에 있는 것이 아니고 당연히 지하에 있을 것임으로 분향은 하지 않고 뇌주만 한다. 그러나 분향을 하기도 한다. 토지신은 신위를 1위로 본다.

문 : 묘제의 토지신제(산신제)는 어디에서 지내는지?

답 : 토지신제는 묘소의 동북쪽에서 지낸다.

문 : 선산 표지석의 문구는?

답 : 선산 표지석은 선산입구 진입로에 세운다.

표지석은 대체로 "00李氏00派00公門中世葬山" 혹은 "00李氏00派00公門中先山"이라고 쓴다.

문 : 벌초와 금초는 다른 것인지? 벌초하러 산소에 가서 인사(재배)를 먼저 하는지? 벌초
　　를 먼저 하는지?

답 : 벌초와 금초(풀이 자라나는 것을 금지시킴)는 같은 뜻이다. 산소에 도착하면 먼저
　　재배 후에 벌초하고, 벌초를 마치면 다시 재배하고 하산한다.

　　묘제에서도 묘에 도착하면 정식으로 묘제를 시작하기 전에 개인적으로 먼저 재
　　배를 한다.

문 : 고사告祀를 지낼 때는 분향과 뇌주를 하는데, 장례나 묘제의 토지신제(산신제)에 분
　　향을 하지 않고 뇌주만 하는 이유는?

답 : 고사는 '천지신명天地神明' 혹은 '천지지신天地之神' 즉 하늘과 땅의 신에게 제사
　　하기 때문에 하늘의 신이 강림하도록 분향하고 땅의 신을 인도하기 위하여 뇌
　　주도 한다.

　　그러나 토지신제(산신제)의 신은 하늘에 있는 것이 아니고 땅에만 있으므로 분향
　　은 하지 않고 뇌주만 한다.

문 : 무사無事를 기원하는 고사告祀는 어떤 신에게 지내는 것인지?

답 : 일반적인 고사는 하늘과 땅의 모든 섭리와 조화를 주관하는 자연의 신인 '천지
　　신명天地神明'에게 지내는 것이다. 즉 하늘, 땅, 산, 바다, 거목, 거석 등 자연물을
　　대상으로 지낸다.

　　묘제나 장례에서 조상의 체백이 묻힌 땅을 관장하는 토지신에게 지내는 토지신
　　제(산신제)와는 다르다.

문 : 국가제사의 종류는?

답 : 제사는 주관자에 따라서 국가제사와 사가제사로 구분한다.

　　국가제사는 종묘대제, 사직대제, 환구대제, 능제향, 문묘석전, 서원향사, 선농제,
　　선잠제, 기우제 등 국가에서 주관하는 제사를 말한다.

　　국가제사는 <국조오례의>와 <대한예전>에 의하여 행사하므로 일반사가(대부,
　　사, 서인)에서 <주자가례>와 <사례편람> 등에 의하여 행하는 사가제사와는 용

어, 형식, 절차가 다르다.

> 註 : 국가나 지방자치단체의 축제나 문화제 행사에서 행하는 추모제, 탄신제 등
> 은 국가제사의 개념으로 보아야 할 것이다.

문 : 大祀, 中祀, 小祀의 구분은

답 : 국조오례의에 대사는 종묘와 사직이고, 중사는 문묘석전, 선농, 선잠이며 소사는
명산대천의 제사라고 했다.

문 : 종묘의 공신당과 문묘(성균관·향교)의 위패에는 '성명'을 기재하고, 서원의 위패는 '
선생'으로 기재하는 이유는?

답 : 註 : 다음과 같은 의미로 생각할 수 있을 것이다.

① 공신당의 위패는 임금의 신하로서 배향되기 때문에 '성명'을 쓴다.

領議政00公(시호)000(성명)

② 문묘의 공자를 제외한 선현의 위패는 공자의 후학으로서 종향되기 때문에 '성
명'을 쓴다. 퇴계이황- 文純公李滉, 율곡이이- 文成公李珥

③ 서원의 위패는 공자는 모시지 않고 서원별로 각각 주향 선현을 모시기 때문에
'선생'으로 쓴다.

領議政00公(시호)00(아호)李先生, 00(아호)崔先生

문 : 서원에 선현의 위패를 모실 때 주향, 배종향, 병향의 차이점은?

답 : 서원에서의 주향主享은 스승과 제자를 같이 모실 경우 스승을 북쪽 중앙에 모시
는 것을 말한다.

배종향配從享은 제자들을 주향의 동서(좌우)에 모시는 것을 말한다.즉 서열에 따
라 2위는 소昭(동), 3위는 목穆(서), 4위는 소昭(동), 5위는 목穆(서)에 모시는 것을
말한다. 이를 소목지서昭穆之序라고 한다.

병향竝享은 사제 간이 아닌 대등한 관계인 경우에 연령 등의 서열에 따라 '이서
위상以西爲上'(서쪽을 상위로 함)으로 모시는 것을 말한다.

사가의 사당(가묘)에서 불천위를 4대조와 같이 모실 때는 소목지서로 하기도 하고, 혹은 이서위상으로 모시기도 한다.

문 : 서원 향사 일자를 일진에 '정丁'자 들어가는 날을 택하는 이유는?

답 : 옛날에는 일진에 '정丁'자가 들어가는 날이 공휴일이었기 때문에 그날을 택하여 제사를 지냈다. 요즘 특별히 택일하여 지내는 제사이면 '정丁'일 보다는 일요일이나 공휴일을 택하는 것이 오히려 옛날의 취지에도 맞을 것이다.

문 : 희생犧牲과 날곡식을 쓰는 제사는?

답 : 종묘, 사직, 문묘(성균관 · 향교), 서원 등 국가제사와 선현先賢에 대한 제사에 희생과 날곡식 등을 사용한다.
　　희생과 날곡식 등을 쓰는 이유는 상고시대의 제도를 존중하기 위해서 쓰는 것이다.

문 : 종묘, 문묘 제사에서 호도, 밤, 잣, 은행 등 껍데기를 벗기지 않고 올리는 이유는?

답 : 날곡식을 쓰는 것과 같이 상고시대의 제도를 존중하기 위함이다.

문 : 시저를 사용하지 않는 제사는?

답 : 종묘, 사직, 문묘(성균관 · 향교), 서원의 제사는 가장 중요한 제수로 희생犧牲(날고기)을 올려 기氣를 흠향하는 흠향제歆饗祭이기 때문에 시저를 사용하지 않는다. 그러나 사가私家의 제사는 불에 익힌 화식으로 식음제食飮祭이므로 시저를 사용한다.

문 : 뇌주관지를 하지 않는 제사는?

답 : 문묘(성균관 · 향교)석전과 서원향사는 성현의 학문과 사상을 기리는 제례이므로 모사기(땅)에 술을 부어 체백을 모시는 의식인 뇌주관지를 하지 않는다.
　　성현의 학문과 사상은 체백이 아니므로 지하에 있는 것이 아니기 때문이다. 그래서 삼상향만 하고 뇌주관지는 하지 않는 것이다.

문 : 향교 석전의 초헌관은 누가 되는지?

답 : 향교 석전의 초헌관은 그 지방의 시장·군수가 하는 것이 옛날부터 내려오는 관례였다. 혹은 향교 전교가 초헌관을 하기도 한다.

문 : 향교·서원·사가제사에서 제관의 복장은 어떠한지?

답 : ① 향교석전에는 헌관, 집례, 대축은 관복과 관모를 착용하고 일반 집사는 도포와 유건을 착용한다.

② 서원향사에는 헌관은 관복과 관모를 착용하고, 집례와 대축 일반 집사는 도포와 갓, 유건을 착용한다. 또는 모든 제관이 도포와 갓, 유건을 착용하는 서원도 있다.

③ 일반 사가제사는 도포와 갓, 유건을 착용한다.

문 : 각종 제사에서 정자관程子冠을 쓸 수 있는지?

답 : 향교·서원의 제례와 사가私家의 모든 의례에 정자관은 쓰지 않는다. 정자관은 평상시 평상복을 착용할 때 쓰는 관이다.

정자관은 정면에서 보면 山자 형으로 2단 혹은 3단으로 덧붙인 모양이며, 중국의 유학자 정자程子가 처음 썼기 때문에 '정자관'이라 한다.

문 : 향교, 서원. 가묘家廟에서 위패나 신주의 독의 덮개를 열지 않고 하는 의례는 무엇인지?

답 : 제수를 올리지 않고 행하는 삭망(초하루·보름) 분향과 간략하게 고유만 할 때는 신위의 흠향행위가 필요 없기 때문에 위패(신주)의 덮개를 열지 않는다. 또한 절차를 간소화하는 의미도 있다. 그러나 삭망분향 때 위패(신주)의 보존 상태를 점검하기 위하여 덮개를 열어 살펴보기도 한다.

만약 주과포해 등 간소한 제수를 올리면 독 덮개를 열어야 할 것이다.

문 : '알성謁聖'과 '봉심奉審'은 어떤 의미인지?

답 : 알성은 "문묘(성균관·향교)의 공자 신위에 참배한다."는 뜻이고, 봉심은 "임금의

명을 받들어 묘우廟宇나 능침을 보살핀다." 뜻이다.

문 : 종묘 신실 양 옆에 있는 장欌에는 무엇을 보관하는지?

답 : 신주는 신실 북쪽 중앙의 신주장에 모신다. 신주의 서쪽에 있는 책장冊欌에는 책봉이나 존호를 올릴 때 송덕문(공덕을 칭송하는 글)을 새긴 옥책을 보관하고, 동쪽에 있는 보장寶欌에는 금보와 옥보 등 왕과 왕비의 어보를 보관한다.

문 : 금책, 옥책, 죽책은 무엇인지?

답 : 금책金冊은 대한제국시대에 황제, 황후, 황태자의 책봉이나 존호를 올릴 때 공덕을 칭송하는 글을 새긴 금으로 도금한 간책簡冊이다.

옥책은 옥에 새긴 간책으로 왕과 왕비, 대비, 왕대비의 경우이고, 죽책은 대나무에 새긴 것으로 세자와 세자빈, 세손의 경우이다.

문 : 제왕의 묘호에 조와 종의 차이점은?

답 : 묘호의 조와 종의 구분은 간단하게 설명하기 어렵다. 그러나 대체로 '祖功宗德' 또는 '入承曰祖', '繼承曰宗'이라고 한다.

즉 공적이 있으면 조이고, 덕망이 있으면 종이라 하였다. 또 들어와서 왕위를 이었으면 조라 하고, 입승이 아닌 순조롭게 왕위를 이었으면 종이라고 했다. 이 기준은 절대적으로 적용된 것은 아니며, 그 시대의 상황에 따로 다소 변화가 있었다고 생각한다.

※ 참고문헌 :

"제2편 예절 문답" 중에서 일부의 내용은 <성균관 사이트 의례문답>을 참고하여 정리하였음.

부록편
종중 · 족보

부록편 종중·족보

제1장 종중과 문중

1. 종중宗中

　종중은 넓은 의미의 부계 혈연단체이다.
공동선조의 후손으로 형성된 조직으로 선조의 분묘수호 및 봉제사와 후손 상호 간의 친목을 목적으로 형성되는 자연발생적인 종족단체이다.
　종중은 후손이 포함되는 범위에 따라 대종중, 파종중, 소종중으로 구분하기도 한다. 대종중은 동성동본인 시조의 모든 후손이 포함하며, 파종중은 파조의 후손으로 형성하고, 소종중은 파조 이하의 선조 중에서 유명한 현조顯祖나 일정지역의 입향조의 후손으로 이루어져 있다.
　종중과 문중은 구분 없이 같은 의미로 사용하기도 한다. 그러나 사회 관념적으로 구분해 보면 씨족의 규모와 역사에 따라 다를 수 있지만 대체로 종중은 위에서 기술한 대종중과 파종중을 합친 개념으로 볼 수 있고, 문중은 소종중의 개념으로 구분할 수 있을 것이다.
　이와 같은 분류에 의한 조직의 명칭은 대종중은 대종회, 파종중은 파종회, 소종중과 문중은 소종회와 문회로 명명할 수도 있다. 이 분류에 대하여는 다른 의견도 있을 수 있다.

2. 문중門中

　문중은 대체로 종중보다는 좁은 의미의 부계 혈연단체이다.
　문중은 종중과 같은 의미로 사용되기도 하나 엄격히 구별하면 문중은 종중의 한

지파로서 소종중을 말하는 것이다.

종중이라고 많이 쓰고 있지만 문중이란 용어도 널리 사용하고 있다.

3. 종손과 주손

종손宗孫과 주손胄孫의 사전적 의미는 거의 같다. 하지만 종손과 주손을 관습적으로 구분한다면 종손은 종가의 대를 잇는 장손자, 주손은 한 집안의 대를 잇는 장손자 정도로 정리할 수 있을 것이다.

종손은 대종손과 종손(파종손)으로 구분할 수 있다. 대종손은 시조로부터 장자 장손으로 계속 대를 이어온 장손자를 말하고, 종손(파종손)은 파조로부터 장자 장손으로 계속 대를 이어온 장손자와 파조 이하의 지파의 불천위로부터 장자 장손으로 계속 대를 이어온 장손자를 말한다.

주손은 파조 이하의 지파에서 불천위가 아닌 선조(현조, 입향조 등)로부터 장자 장손으로 계속 대를 이어온 장손자를 말한다.

그렇다면 지파의 장손자는 아무리 많은 대수로 장자 장손으로 대를 이어왔어도 불천위를 모시지 않으면 종손(파종손)으로 칭할 수 없고, 주손이라고 해야 한다는 것이 된다.

그러나 종가의 명확한 기준이 없기 때문에 종손과 주손을 분명하게 구분하기는 어렵다. 시조나 파조 이하에서 분파한 맏집이 수없이 많이 있을 수 있으므로 종가의 기준을 정하기 어렵기 때문이다.

<주자가례> 사당편에 신주를 모시는 방법을 설명하면서 대종과 고조를 잇는 소종, 증조를 잇는 소종, 조부를 잇는 소종, 부를 잇는 소종으로 구분하고 있다. 여기에서의 소종은 종손의 의미와는 다르다고 이해할 수도 있지만 종가를 대종가와 소종가로 구분한다는 말이며 대종손과 소종손의 개념도 있을 수 있다는 설명이다.

위의 <가례>의 설명과 같이 고조 이하의 소종가와 소종손도 있을 수 있겠지만 관습적으로 불천위를 모시는 장손자를 종손(파종손)이라고 칭하고, 불천위를 모시지 않는 장손자를 주손 혹은 장손이라고 칭하고 있다.

대종손, 종손(파종손), 주손, 장손 모두 종가를 계승하며 섬김과 나눔의 정신으로 봉제사 접빈객이란 책임과 희생을 감내해야 하므로 종중(문중)이나 사회에서 존중 받아야 할 것이다. 이 설명은 개인적인 의견도 포함하여 정리한 것이므로 다른 견해도 있을 수 있다.

[1] 대종손大宗孫

(1) 동성동본의 시조로부터 장자 장손으로 계속 대를 이어온 장손자를 말한다.
(2) 종통을 이어받아 종가, 사당, 선산, 제사 등의 종무를 주관한다.

[2] 종손宗孫(파종손)

(1) 파종손이라고도 한다.
(2) 각 파의 파조로부터 장자 장손으로 계속 대를 이어온 장손자로서 범위만 작을 뿐 역할은 대종손과 같다.
(3) 파조 이하의 지파의 불천위로부터 장자 장손으로 계속 대를 이어온 장손자.
(4) 종손은 불천위를 모셔야 하며, 시호를 받았거나 2품 이상의 선조를 파조로 모셔야 종손의 요건이 된다고도 하지만 절대적인 요건은 아니다.
(5) 소종중에서는 5-6대 선조를 모시는 장손자도 종손이라고 하기도 한다.
그러나 소문중보다 더 큰 종중(문중)이 있을 수 있으므로 종손으로의 호칭은 신중하게 하여야 할 것이다.

[3] 주손胄孫

(1) 파조 이하의 지파에서 불천위가 아닌 선조(현조, 입향조등)로부터 장자 장손으

로 계속 대를 이어온 장손자로서 범위만 작을 뿐 역할은 종손과 같다.

(2) 일설에는 6대 이상의 선조를 모셔야 주손이라 한다고 하지만 절대적인 요건은 아니다.

(3) 소종중에서는 5대조 이하의 선조를 모시는 장손자도 종손 혹은 주손이라고 하기도 하지만 가능한 겸양의 의미로 종손이란 호칭은 사용하지 않는 것이 좋다.

[4] 장손長孫

(1) 대체적으로 3-5대에 걸쳐 장자 장손으로 대를 이어온 장손자를 말한다.

(2) 소종중에서는 장손을 종손 혹은 주손이라고 하기도 하지만 가능한 겸양의 의미로 장손으로 호칭함이 좋을 것이다.

[5] 지손支孫

지손은 지파支派의 자손을 말한다. 종손, 주손, 장손의 상대적인 의미라고 할 수 있다.

4. 도유사都有司

도유사는 종중의 운영과 회계의 책임을 맡은 최고의 직책이다. 현재의 종회장과 같은 용어라고 할 수 있다. 또한 도유사는 향교·서원에서 교육을 담당하는 직책이기도 하고, 동계洞契·혼상계婚喪契 등의 각종 전통사회의 자생적 단체에서 문서작성·회계 등의 책임을 맡은 우두머리를 말하기도 한다.

5. 체천위와 불천위

[1] 체천위遞遷位

체천위는 신주를 옮긴다는 의미이며 천위라고도 한다. 기제의 대상이 지난 봉사손(장손)의 5대조의 신주는 생존한 작은집 **최장방最長房**(4대 이내의 자손 가운데 항렬이 가장 높은 사람. 증손, 현손)에게로 차례대로 옮겨가면서(체천) 기제를 계속 지내다가 현손이 모두 사망하면 기제는 종료하고, 신주를 묘소의 우편(서쪽) 아래에 묻고 비로소 세일사(묘제)를 지낸다. 신주를 묻기 전에 최장방의 집으로 옮겨가면서 기제를 지내는 신주를 체천위라고 한다.

[2] 불천위不遷位

불천위는 불천지위不遷之位 또는 부조위不祧位라고도 하며 체천위의 반대 개념이다. 국가에 큰 공훈이 있거나 도덕성과 학문이 높은 분에 대하여 4대가 지나도 신주를 땅에 묻지 않고 사당에 영구히 모시면서 기제를 지내도록 국가, 유림, 문중으로부터 허락된 신위를 말한다[부조지전(不祧之典)]. 불천위를 모시는 사당을 특별히 부조묘不祧廟라고 한다. 별묘別廟라고도 한다.

본래 기제는 고조까지 지내게 되어 있고 5대조 이상의 조상은 세일사(묘제)만 모시게 되어 있으나 불천위에 오르면 영구히 기제를 지낸다.

불천위에는 국가에서 인정한 국불천위國不遷位와 유림에서 발의하여 인정한 향불천위鄕不遷位(유림불천위), 문중에서 불천위로 모셔야 한다고 뜻을 모아 지역 유림의 추인 형식으로 인정된 사불천위私不遷位(문중불천위)가 있다.

일반적으로 국불천위가 가장 명예가 있으며 향불천위와 사불천위는 조선후기에 그 수가 너무 많아져 다소 명예가 떨어지는 경향도 있었다.

불천위를 모신다는 것은 문중의 영광이므로 불천위 제사는 이러한 명예와 권위를 상징하는 것으로 일반 기제보다 훨씬 많은 음식을 차려 제사를 지내게 된다. 불천위를 모시는 문중의 장손을 종손이라고 칭한다.

(1) 국불천위

국불천위는 국가에 지대한 공훈을 세운 공신과 학문이 높아 문묘에 배향된 선현 등 백성으로부터 추앙받는 인물 중에서 국왕이 교지로써 정한다. 시호를 받은 2품 이상의 관리로서 국가적 인물이다. 공신, 선현, 왕자, 부마 등이다. 그러나 조선후기에는 그 대상이 확대되는 경향이 있었다.

경국대전 봉사조항 세칙에는 공신은 비록 4대가 지나도 신주를 옮기지 않고 따로 방 하나를 마련한다고 되어 있다. 즉 부조묘를 세운다는 말이다.

(2) 향불천위

향불천위는 유림불천위라고도 한다. 유학발전에 큰 업적을 남기고 충절이 높은 분을 엄격한 규정에 의하여 일정한 수 이상의 유림이 흔쾌히 찬성하여 인정한 선현이다. 시호를 받은 관리로서 지역적 인물이다. 후기에는 대상이 확대되는 경향이 있었다.

(3) 사불천위

사불천위는 문중불천위라고도 한다. 인물의 판단 기준은 개인에 따라서 다를 수 있다. 조선후기로 내려오면서 시호도 받지 못하고 학자로서도 크게 인정받지 못했지만 문중 차원에서 자기 조상 가운데 현조, 입향조 등을 불천위로 모시기도 하였다.

문중에서 발의하여 지역 유림의 동의와 추인을 받아 불천위로 모시는 것이다. 이는 지역 유림사회에서 문중의 정통성과 정체성 확립이 필요했기 때문일 것이다. 이런 현상을 부정적으로만 볼 필요는 없으며, 여기에는 문중의 훌륭한 인물을 불천위로 모시고 싶은 후손들의 염원이 있었을 것이다.

제2장 족보族譜

족보는 시조로부터 본인까지의 계통을 정리하여 수록한 계보이다. 족보는 명칭에 관계없이 넓은 의미로 모든 세보(계보)를 총칭하는 개념이다. 종족의 발원에 대한 사적史籍과 행적을 기록하여 그 근원根源을 밝히고 종친 간의 위계와 차례를 알려 숭조돈종을 목적으로 편찬한다. 이는 종중의 역사와 선조의 업적 등을 보존할 수 있는 중요한 기록물이다.

1. 족보의 종류

[1] 만성보萬姓譜

만성대동보라고도 한다. 만성보는 족보와는 조금 개념이 다르다. 용어 해설 차원에서 수록한다. 족보는 시조로부터 본인까지의 계통을 기록하지만, 만성보는 각 성씨를 본관(관향)별로 구분하여 시조 이하 중시조, 파조를 중심으로 요약 기술하고 역대 중요인물과 세거지 등을 수록하여 각 성씨의 본관별로 개략적인 근간根幹을 쉽게 알 수 있도록 편찬한 일종의 편람이다. 그래서 만성보에는 시조에서 본인까지의 계통의 기록은 없다.

[2] 대동보大同譜

대동보는 시조 이하 중시조마다 각각 다른 본관(관향)으로 분관分貫한 씨족 간에 종합 편찬된 족보이다. 즉 본관은 다르지만 시조가 같은 여러 종족이 통합해서 만든다. 동일 시조 이하의 동족이 분관된 계통을 한데 모아 대동하여 집대성하고, 그 후 분관 성씨에서 분파分派된 계통도 같이 수록한다. 시조의 몇 대손이며 어느 대에서 분관하였고, 분관 후 어느 대에서 분파되었는지를 알 수 있도록 되어 있다.

시조 이하 분관과 분파된 계통과 행적이 전체적으로 수록되어야 대동보라고 할 수 있다. 그러나 분관된 사실이 없는 성씨는 분파된 모든 파계의 계통과 행적을 수록하면 대동보라고 할 수 있을 것이다.

[3] 세보世譜

세보는 두 개 파 이상의 종족이 합보合譜 형태로 편찬하거나 혹은 한 파의 계통과 행적을 수록한 족보이다. 한 파의 계통만을 수록한 경우라도 상계上系의 어느 대에서 몇 개 파로 분파한 사항을 밝히고, 분파한 파조의 역사적 기록을 명기하여 편찬한 족보를 말한다. 그래서 한파만 수록된 파보도 파세보라고 하기도 한다.

[4] 파보派譜

파보는 일반적으로 세보와 동일하다. 구분하여 말하기도 한다. 다만 파보는 어느 한 파의 계통과 행적을 수록하여 편찬한 족보이다. 대동보와 다른 점은 분관된 종족과 분파된 각 파의 후손에 대한 기록이 없다. 같은 파의 동족은 휘諱, 자字, 호號, 행적사항 등을 빠짐없이 수록한다.

근래에 보통 족보라고 하면 파보를 말하고, 현실적으로 대동보는 편찬하기 어려우며 대부분의 종중이나 문중에서 파보를 많이 편찬하고 있다. 어떤 파의 역사가 오래되고 종원의 수가 많은 종중에서는 파보를 파세보라고 하기도 한다.

[5] 가승家乘

가승은 시조 이하 중시조와 파조를 거쳐 본인에 이르기까지 직계존속만을 수록한 가첩家牒을 말한다. 가승보라고도 한다.

본인의 고조 이상은 직계선조만을 수록하고, 고조 이하는 전부 기재하여 재종, 삼종 형제자매까지 알아볼 수 있도록 하였다. 옛날에는 형제가 많을 때 경제적인 부담으로 족보를 각기 모실 수 없으므로 맏집에서는 족보를 모시고 지손支孫은 가승만 가졌다. 가승은 간략하게 본인의 직계만을 수록하였으므로 간편하고 열람이 편리하다.

[6] 계대표系代表

계대표는 시조 이하 본인까지 휘諱, 자字 등을 계통적으로 표시한 도표이다. 계열도系列圖 혹은 계대기록표라고도 한다.

[7] 팔고조도八高祖圖

팔고조도는 본인을 기준으로 4대조까지 각 대마다 각각 부와 모를 계통적으로 배열하여 표시한 가계의 도표이다. 가계도상에 나타나는 고조가 8명이기 때문에 팔고조도라고 한다.

본인의 조상을 부, 조, 증조, 고조 등으로 부계만을 찾는 것이 아니라 모의 부모, 조모의 부모, 증조모의 부모 등 모계도 같이 찾아 올라간다. 팔고조도가 완성되면 자신을 포함하여 총 31명이 된다.

팔고조도

本人 본인	父 부	祖父 조부	曾祖父 증조부	高祖父 고조부	本家 본가
				高祖母 고조모	
			曾祖母 증조모	曾外高祖父 증외고조부	曾外家 증외가
				曾外高祖母 증외고조모	
		祖母 조모	陳外曾祖父 진외증조부	陳外高祖父 진외고조부	陳外家 진외가
				陳外高祖母 진외고조모	
			陳外曾祖母 진외증조모	陳外曾外高祖父 진외증외고조부	陳外曾外家 진외증외가
				陳外曾外高祖母 진외증외고조모	
	母 모	外祖父 외조부	外曾祖父 외증조부	外高祖父 외고조부	外家 외가
				外高祖母 외고조모	
			外曾祖母 외증조모	外曾外高祖父 외증외고조부	外曾外家 외증외가
				外曾外高祖母 외증외고조모	
		外祖母 외조모	外外曾祖父 외외증조부	外外高祖父 외외고조부	外外家 외외가
				外外高祖母 외외고조모	
			外外曾祖母 외외증조모	外外曾外高祖父 외외증외고조부	外外曾外家 외외증외가
				外外曾外高祖母 외외증외고조모	

2. 족보관련 용어해설

[1] 비조鼻祖

비조는 시조 이전의 선계의 조상 중에서 가장 높은 조상을 말한다.
만약 시조 이전의 선계가 없으면 비조는 있을 수 없다.

[2] 시조始祖

시조는 씨족의 제일 처음의 조상이다.

[3] 중시조中始祖

중시조는 시조는 누구인지 알고 있지만, 그 아랫대가 실전되어 계대가 분명하지
못할 경우 계대가 분명한 조상을 1세로 하여 그로부터 족보상 계대를 헤아려 나가는
조상을 중시조라고 한다.
용례) "시조는 00이나 00를 중시조(1세)로 하여 계대한다."
그러나 종중에 따라서 중시조를 1세로 하지 않고, 중시조에서 분파한 파조를 1세
로 하는 경우도 있다.

[4] 중흥조中興祖

중흥조는 시조 이후 쇠퇴하였던 가문을 중간에 크게 중흥시킨 조상을 별도로 중
흥조라고 한다. 시조로부터 그 아랫대의 계대가 분명하므로 중흥조를 1세로 할 수는
없을 것이다. 중흥조는 후손들이 존경하는 씨족의 상징적인 인물이다.

중흥조를 중시조라고 칭하는 종중도 있자만 시조 이하의 계대가 분명하다면 중흥조라고 해야 할 것이다.

[5] 파조派祖

파조는 시조 혹은 중시조 이하에서 분파되어 한 파를 형성하는 제일 처음의 조상을 말한다. 파시조라고도 한다.

[6] 선계先系

선계는 대체로 파조(1세) 이전의 윗대 조상의 계통을 말한다. 문중에 따라서 다를 수 있지만 분관, 분파가 많고 적음에 따라 선계의 개념이 다르다. 통상적으로 파조를 기준(1세)으로 하여 몇 대손이라고 칭하며 선계와 세계를 구분한다.

[7] 세계世系

세계는 파조(1세)로부터 아래로 내려오는 계통을 말한다. 선계의 대칭되는 개념이다.

[8] 본관本貫

본관은 시조나 중시조의 출신지 또는 세거지를 말한다. 관향貫鄕, 관적貫籍 혹은 향적鄕籍이라고도 한다. 시조나 씨족의 고향 혹은 세거지를 근거로 하여 설정한다.

[9] 분관分貫

분관은 후예 중에서 어느 일부가 다른 지방으로 이주하여 오랫동안 살거나, 국가에 큰 공을 세우거나, 혹은 큰 벼슬을 하게 되어 새로이 본관을 창설하게 될 경우를 말한다. 분적分籍이라도 한다. 이때 새로이 설정된 분관의 시조를 시관조始貫祖 혹은 득관조得貫祖라고 한다.

[10] 사성과 사관

사성賜姓과 사관賜貫은 공신이나 귀화인에게 포상褒賞의 의미로 국왕이 성씨와 본관을 하사下賜하는 것을 말한다.

[11] 사손嗣孫

사손嗣孫은 한 집안의 계대系代를 잇는 자손을 말한다. 조선시대의 가계의 계승은 실질적으로는 제사의 상속과 신분 상속을 의미하였다. 가계의 계승은 원칙적으로 적처의 장자인 적장자嫡長子가 하게 되어 있었다. 그러나 적장자가 없는 경우에는 서자에게 가계를 계승시킬 수 있었는데 이를 승적承嫡이라고 한다. 또 적자와 서자가 다 없을 경우에는 동성동본인 친족의 아들을 양자로 들여 가계를 계승시킬 수 있었다. 이를 입후立後, 계후繼後 또는 후사後嗣라고 하였다.

[12] 사손祀孫

사손祀孫은 조상의 제사를 맡아 지내는 자손을 칭하는 말이다. 봉사손奉祀孫이라고도 한다. 사손嗣孫과 사손祀孫은 제사의 상속 측면에서는 임무가 같다고 볼 수도 있지만 엄격히 구분하면 그 의미가 다르다. 사손嗣孫은 집안의 가계를 계승하면서 제사도 지내지만 사손祀孫은 제사만 지내는 자손을 말한다. 그래서 사손祀孫은 가계를 계승하지 않는다는 점에서 사손嗣孫과는 의미가 다르다.

[13] 승적承嫡

승적은 적장자가 없을 경우 서자庶子가 가계를 계승하는 제도를 말한다. 적자嫡子와 서자를 구분하는 것은 어느 사회에서나 있는 제도이지만, 조선시대에는 가계를 계승시키는 데 있어서 특히 적자와 서자를 엄격히 차별하였다.

서자에게 가계를 계승시키는 것을 특히 승적이라 하고, 친족의 적자에게 계승시키는 것을 입후立後 또는 계후繼後라 하여 구별하였다. 승적과 입후는 모두 관찰사를 거쳐서 예조에 신청하여 허가를 받아야 시행이 가능하였다.

문중에 따라서는 자기의 서자가 있는데도 불구하고 친족의 적자를 입후시켜서 가계를 계승시키는 사례도 있었다.

[14] 무후 · 무고 · 무단

무후无后는 자손이 없고 양자도 없이 절손되었을 경우이고, 무고无攷는 자손의 유무를 알지 못하고 거주지도 상고할 수 없는 상황을 말하며, 무단无單은 자손은 있는데 족보 편찬시에 수단을 신청하지 않았을 경우를 말한다. 무후, 무고, 무단은 족보의 그 이름자 밑에 표기한다.

[15] 세와 대

세世와 대代는 동의同義로서 같은 것이다. 그래서 세와 대는 같고, 대조와 세조도 같고, 대손과 세손도 같다.

일부에서 세와 대를 잘못 이해하여 '세'에는 기준이 되는 주격을 넣고, '대'에는 기준이 되는 주격을 뺀다는 이의異義로 해석하는 경우가 있는데 이는 잘못이다. '세'에는 주격을 넣고 '대'에는 주격을 빼는 것이 아니고, '조祖'나 '손孫'을 붙여서 '몇 대조(세조)', '몇 대손(세손)'으로 할 때는 세와 대 구분 없이 기준(주격)이 되는 1세(1대)를 빼야 한다. 즉 '조'를 붙이면 후손을 제외하고, '손'을 붙이면 조상을 제외한다.

대체로 '몇 세조', '몇 세손' 보다는 '몇 대조', '몇 대손' 이라는 용어를 더 많이 사용한다.

(1) 세와 대

세와 대는 동일하다. 기준을 포함한다.

파조를 1세(1대)로 하여 하대의 후손까지 차례대로 헤아리는 순서이다.

(2) 대조와 세조

대조와 세조는 동일하다. 기준을 포함하지 않는다.

후손이 본인(기준)을 제외하고 선조를 헤아리는 순서이다. 파조를 1세(1대)로 하여 본인까지 19세(대)가 되는 경우 파조는 본인(기준)의 18대조(세조)가 된다. 기준이 되는 본인을 제외한다. 즉 '조'를 붙이면 후손을 제외한다.

(3) 대손과 세손

대손과 세손은 동일하다. 기준을 포함하지 않는다.

선조(기준)를 제외하고 후손(본인)을 헤아리는 순서이다. 파조를 1세(1대)로 하여 본인까지 19세(대)가 되는 경우 본인은 파조(기준)의 18대손(세손)이 된다. 기준이 되는 파조를 제외한다. 즉 '손'을 붙이면 조상을 제외한다.

(4) 세와 대가 같은 이유

만약 조, 자, 손이 한집에 함께 사는 경우 '三代同堂' 또는 '三世同堂' 이라 하고, '二代同堂'이라고 하지 않는다. 즉 3대는 3세이다. 2대가 아니다. 그래서 3대와 3세는 같은 것이다. 백대百代와 백세百世는 역시 동일한 의미이다. 즉 百世는 99代가 아니다. 그래서 세와 대는 같은 것이다.

파조를 1세로 하여 본인까지 19세가 되는 경우 본인은 파조(기준)의 18대손이 되고, 파조는 본인(기준)의 18대조가 된다. 만약 본인을 파조의 19세손으로 칭하게 되면 파조도 자손에 포함되는 모순이 된다. 즉 파조를 파조의 1세손으로 부르는 것과 같은 큰 망발妄發이 된다. 2세부터 파조의 자손인 것이다. 또한 파조를 본인의 19세조(대조)로 칭하게 되면 본인도 조상에 포함되는 모순이 된다. 父부터 본인의 조상인 것이다.

고조까지 제사 지내는 것을 4대봉사라고 한다. 고조부터 본인까지 헤아리면 5세(대)이지만 제사의 대상은 고조에서 부까지 4세(대)이기 때문에 4대봉사라 하고, 본인은 고조의 4대봉사손이 되는 것이다. 만약 5대봉사라고 하게 되면 본인이 본인까지 제사를 지내는 모순이 되는 것이다. 그래서 고조는 본인의 4대조(세조)가 되고, 본인은 고조의 4대손(세손)이 된다. 이것은 세와 대가 달라서가 아니라 뒤에 '조祖'와 '손孫'을 붙이면 기준이 되는 1세(대)를 빼야 된다는 것을 알아야 한다.

전주이씨의 시조인 사공司空공의 배위 경주김씨를 족보에 표기하면서 신라 태종무열왕 10세손 군윤軍尹 '은의殷義'의 여라고 하였다. 경주김씨 족보에 의하면 '은의'는 태종무열왕을 1세로 하여 헤아리면 11세에 해당된다. 이와 같이 우리 선조들은 문집이나 비문에서 한결 같이 세와 대를 동의同義로 사용하였다.

이러한 이치를 잘 이해하지 못하고 족보의 세世 아래에 바로 '손孫'자를 붙여 19세를 19세손으로 잘못 인식함으로써 이러한 혼란이 야기된 것으로 보여진다. 다시 말하면 파조로부터 19세라면 '파조로부터 19세' 혹은 '파조에서 19세'라고 말해야 하고, 파조의 '19세손'이라고 칭해서는 안 된다. 파조를 제외하고(1을 빼고) 파조의 18대손 혹은 18세손이라 해야 한다.

[16] 아명·명·보명·함·휘·자·호·추호·사호·시호·사시호

현재의 이름은 호적명 하나로써 모두 통용하고 있으나 옛날에는 여러 가지 이름이 있었다. 즉 아명, 명, 보명(항명), 자, 호, 추호, 사호賜號, 시호, 사시호私諡號 등이 있다.

(1) 아명兒名

아명은 어렸을 때 본명 이외에 부르는 이름이다. 본명을 두고 특별히 아명을 지어 부른 것은 아마도 자식이 아무 탈 없이 잘 성장해 주기를 바라는 염원에서 생겨난 풍습이라고 생각한다.

(2) 명名

명은 호적상의 본명을 말한다. 호명戶名 혹은 관명官名이라고도 한다. 옛날에는 명名을 공경하여 이름을 함부로 부르지 않는 경명관념敬名觀念이 있었다. 그래서 이름은 오로지 임금과 부모만이 제약 없이 부를 수 있었다.

(3) 보명譜名

보명은 항명行名이라고도 한다. 항렬에 맞추어 작명하여 족보에 등재하는 이름이다. 일반적으로 보명을 먼저 등재하고 본명을 병기 한다.

(4) 함銜

함은 웃어른의 이름을 말한다. 주로 생존한 웃어른의 이름을 높여서 부르는 칭호로서 함자銜字 혹은 존함尊銜이라고 한다. 타인에게 어떤 어른을 銜字로 지칭하여 말할 때는 "李 起자 澤자" 라고 하는 것이 예의이다.

(5) 휘諱

휘는 작고한 분의 이름이다. 휘의 본래의 뜻은 죽은 사람을 공경하여 그의 생전의 이름을 삼가 부르지 않는다는 의미로 사용되었으나 후대에 와서 죽은 사람의 이름으로 변형되었다. 타인에게 어떤 작고한 어른을 諱字로 지칭하여 말할 때도 역시 "李 起자 澤자" 라고 하는 것이 예의이다.

(6) 자字

자는 관례를 할 때 지어주는 본명 이외 다른 이름이다. 옛날에는 남자 15세에서 20세가 되면 혼인하기 전에 관례(현대의 성년례)를 행하는데 이때 부모나 웃어른(주례)이 지어주는 또 다른 이름을 말한다.

① 옛날에는 명名을 공경하여 이름을 함부로 부르지 않는 경명사상敬名思想에서 비롯하여 자와 호를 지어서 부르게 되었다고 볼 수 있다.

② 자는 부모, 웃어른, 스승이 지어준다. 본인 스스로 자를 지을 수는 없다.

③ 자는 주로 호를 가지기 전에 아랫사람에 대하여 웃어른이 부르거나 친구들 상호 간에 부담 없이 부를 때 사용하였다. 웃어른의 자는 잘 부르지 않는다. 나이가 들어 호를 가지게 되면 자보다는 호를 많이 사용했다.

④ 자는 대부분 근엄한 의미와 덕목이 함유된 글자로 짓고, 또 이름의 글자를 고려하여 이름과 관련이 있는 글자로 짓는 경우가 많았다.

⑤ 자를 짓는 법은 대체로 이름의 의미를 확충하고 보완해 주는 글자로 짓거나 성리학 경전에서 교훈이나 덕목을 상징하는 단어를 인용하여 많이 지었다.

⑥ 이름에 江자가 있으면 字에는 깊을 深자를 써서 짓고, 저울대 衡자가 있으면 자에는 평할 平자를 넣었다.

⑦ 이런 이치로 厚이 있으면 通자를 넣고, 恭이 있으면 遜자를 넣어서 이름의 의미를 확충해 주고 이름의 결함을 보완해 주도록 하였다.

⑧ 예를 들면 洪汝方이라는 사람의 자가 子圓인데 이는 이름의 모난 것이라는 뜻의 方을 둥글고 원만하게 하라는 의미로 圓자를 쓴 것이다.

⑨ 또 安止라는 사람의 자가 子行인데 止는 그친다는 뜻으로 그쳐서만은 안 되고 行하기도 해야 한다는 의미로 行자를 써서 보완한 것이다.

⑩ 요즘은 자가 거의 없어졌지만 자字 속에는 이런 전통의식이 내포되어 있다. 좋은 자를 하나 갖는 것도 즐거운 일이 될 수 있을 것이다.

⑪ 현대에도 성년례를 통하여 자를 지어 줌으로써 청년들의 자긍심 고취와 성인으로서의 책임감을 부여해 주는 것이 좋다. 성년시기에 字를 짓지 못하였으면 훗날 지어도 된다.

(7) 호號

호는 본명이나 자 이외에 편하게 부를 수 있도록 별도로 지은 이름이다. 별호라고도 한다. 아호, 당호, 필명, 예명 등 이다.

① 옛날에는 명名을 공경하여 이름을 함부로 부르지 않는 경명사상敬名思想에서 비롯하여 자와 호를 지어서 부르게 되었다고 볼 수 있다.

② 호는 웃어른이나 스승이 지어주기도 하고, 본인이 스스로 호를 지을 수도 있다. 호는 연령이 어느 정도 연만해야만 지을 수 있고, 웃어른이나 아랫사람에 관계없이 누구에게나 부를 수 있다. 아랫사람이 윗사람의 호를 부르려면 00선생, 00아저씨, 00선조 등으로 호칭, 지칭해야 한다.

③ 호는 대체로 자신을 낮추는 겸양의 의미로 소박하게 짓기도 하고, 다소 풍류적인 뜻으로 짓기도 한다. 인연이 있는 처소 또는 성취하려는 의지나 소망하는 바를 상징하거나 성리학 경전에서 교훈이나 덕목을 상징하는 단어를 인용하여 짓기도 한다.

④ 옛날에도 자와 호를 모두 갖춘 사람은 많지 않았으며, 특히 호를 가진 사람은 상당히 드물었다.

⑤ 각자 호를 지어서 자신의 존재와 자긍심을 갖고 더욱 활기찬 사회생활을 할 수 있도록 하면 좋을 것이다.

⑥ 호를 짓는 법은 대체로 다음과 같다.

○ 소처이호所處以號 : 생활근거지, 고향 등 인연이 있는 처소를 호로 삼음

○ 소지이호所志以號 : 성취하려는 의지나 소망하는 바를 호로 삼음

○ 소우이호所遇以號 : 자신이 처한 환경이나 여건을 호로 삼음

○ 소축이호所蓄以號 : 자신이 간직하고 있거나 주변에서 특히 좋아하는 것을 호로 삼음

⑦ 위의 작법을 따르면서 아래를 참고하여 지으면 더욱 좋을 것이다.

○ 의미 있는 문자를 사용하여 인생관, 좌우명, 신념 등을 알 수 있게 한다.

○ 본인의 소망, 취미, 적성, 직업 등에 알맞은 문자를 선택한다.

○ 자신을 낮추는 의미로 높고 고귀한 것보다는 겸손하고 소박한 문자를 선택한다.

○ 본명의 결함을 보완해 주는 뜻을 가진 글자를 사용한다.

○ 부르기 쉽고 듣기 좋고 호감도가 있으면 더욱 좋다.

(8) 추호追號

추호는 덕망이 높은 사람으로서 생존 당시에는 호가 없었으나 죽은 후에 그 유덕을 추모하는 의미로 후손이나 유림에서 지어 올리는 호이다.

(9) 사호賜號

사호는 학덕이 높은 사람에게 생존 당시에 호의 유무에 관계없이 국왕이 지어서 하사한 호를 말한다. 생존 당시에 사호를 받는 것은 최고의 명예이며, 이미 호가 있더라도 이때부터는 그 사호를 쓰게 된다.

(10) 시호諡號

시호는 벼슬한 사람이나 학문이 높은 선현들이 죽은 뒤에 그 공적과 학덕에 따라 사정査定하여 국왕이 내려주는 호를 말한다. 시호를 추증追贈하여 내리는 것을 증시贈諡라고 한다. 조선 초기에는 왕과 왕비, 종친, 실직에 있었던 정2품 이상의 문무관과 공신에게만 시호가 주어졌으나 후대로 내려오면서 그 대상이 확대되었다. 왕조시대의 문화인 시호제도는 어떤 인물의 생존 당시의 행적을 엄정하게 평가한 뒤 두 글자로 요약하여 시호를 정하였다.

시호에 사용하는 글자 수는 정해져 있었는데 그 수는 시대에 따라 달랐다. 1438년(세종 20) 봉상시에서 사용하던 글자는 194자로 한정돼 있었으나, 후에 세종의 명으로 집현전에서 여러 문헌을 참고하여 107자를 추가해 모두 301자로 늘어났다. 그러나 실제로 자주 사용된 글자는 120자 정도였다. 그리고 각 글자의 의미는 여러 가지로 풀이된다. 예를 들면 문文은 "온 천하를 경륜하여 다스린다.(經天緯地)" "배우기를 부지런히 하고 묻기를 좋아한다.(勤學好問)" "널리 듣고 많이 본다.(博聞多見)" 등 15가지로 사용됐다. 따라서 시호법에 나오는 시호의 의미는 수천 가지라 할 수 있다.

(11) 사시호私諡號

사시호는 학덕은 높았으나 죽은 뒤에 국가로부터 시호를 받지 못한 경우 지역 유림의 공론으로 증정하는 시호를 말한다. 향촌사회에서 사시호를 받는 것은 당사자는 물론 후손들의 큰 영광이었다.

[17] 실과 배

(1) 실室

실은 문중에 따라 표기 방법은 다를 수 있지만 그 족보를 편찬할 당시 생존한 아내를 칭하는 말이다.

(2) 배配

배는 그 족보를 편찬할 당시 이미 사망한 아내를 칭하는 용어로 많이 사용하였다.

[18] 항렬行列

항렬은 친족집단 내에서의 계보상의 대수代數 관계를 표시하는 말이다. 같은 혈족 사이에 세계世系의 위차位次를 분명히 하기 위하여 만든 율법이다. 항렬자는 항렬을 나타내는 글자를 말한다. 즉 혈족의 이름자 중 한 글자를 공통적으로 사용하여 같은 세대를 나타내는 글자이다. 흔히 돌림자라고도 말한다.

항렬은 대체로 장손 계통일수록 낮고, 지손支孫 계통일수록 높다. 이는 장손은 먼저 출생하여 먼저 자손을 보기 때문에 항렬이 낮아지고, 지손은 늦게 태어나기 때문에 역시 늦게 자손을 보게 되기 때문이다. 따라서 맏이로 이어지는 장손계통이 항렬이 낮아지게 된다. 각 성씨별 문중에서 항렬자를 미리 제정하여 후손들은 이를 따르도록 하였다.

(1) 항렬 정하는 법

항렬자는 대략 다음과 같은 방법으로 정한다. 이름이 한 글자인 경우는 같은 변을 붙여서 그 변을 항렬자로 사용한다.

① 십간 순으로 정하는 경우

십간十干인 甲, 乙, 丙, 丁…… 등이 파자破字로 조합되어 있는 글자를 순서대로 항렬자로 정한다. 예를 들면 遇. 凡. 會. 宇. 儀. 起. 康. 宰. 廷. 揆 등이다.

② 십이지 순으로 정하는 경우

십이지十二支인 子, 丑, 寅, 卯…… 등이 파자破字로 조합되어 있는 글자를 순서대로 항렬자로 정한다. 예를 들면 學. 庸. 演. 卿. 振. 範. 年. 來. 重. 梱. 成. 遠 등이다.

③ 오행상생법으로 정하는 경우

오행五行인 金, 水, 木, 火, 土이 변邊이나 파자破字로 조합되어 있는 글자를 순서대로 항렬자로 정한다. 예를 들면 鍾. 雨. 相. 炯. 在. 錫. 漢. 來. 煥. 基 등이다.

④ 숫자로 정하는 경우

숫자인 一, 二, 三, 四…… 등이 파자破字로 조합되어 있는 글자를 순서대로 항렬자로 정한다. 예를 들면 大. 宗. 泰. 憲. 梧. 奇. 純. 容. 旭. 南 등이다.

[19] 옛날관직 행수법

(1) 행수법行守法

행수법은 품계는 높으면서 관직이 낮은 경우 즉 계고직비階高職卑에는 행行을 붙이고, 반대로 품계는 낮은데 관직이 높을 경우 즉 계비직고階卑職高에는 수守를 붙이는 제도이다. 이는 인재를 적재적소에 탄력 있게 운용할 수 있는 장점도 있다.

종1품인 숭록대부가 정2품 관직인 이조판서 직을 맡으면 관직 앞에 행行자를 붙여서 "숭록대부 행이조판서崇祿大夫 行吏曹判書"라 한다. 반대로 종2품인 가선대부가 정2품인 대제학을 맡으면 "가선대부 수홍문관대제학嘉善大夫 守弘文館大提學"이라 한다. 그러나 수직은 <경국대전>에 7품 이하는 2품계, 6품 이상은 3품계 이상을 올릴 수 없도록 규정하였다.

(2) 행직과 수직

행수법에 의하여 임명된 계고직비階高職卑의 관직을 행직行職, 계비직고階卑職高의 관직을 수직守職이라 하여 구분하였다. 또한 관직명을 쓸 때나 관청의 정문에 행行자, 수守자를 써서 표시하였다. 행·수는 반드시 품계 뒤 관직 앞에 쓰며, 품계 앞에 쓰면 안 된다. 참고로 증직贈職을 받은 경우는 품계 앞에 증贈 자를 쓴다. 특히 신주나 지방에서 行·守·贈의 쓰는 위치를 정확하게 알고 써야 한다.

[20] 종친·의빈 품계표

區分 品階	宗親		外命婦 (종친처)	外命婦 (공주)	儀賓(부마)	
무계	大君 王子君			公主 翁主		
정1품	君	顯祿大夫 興祿大夫 後期는 上輔國 崇祿大夫	府夫人 (대군처) 郡夫人 (왕자군처)		尉	綏祿大夫 成祿大夫 後期는 上輔國 崇祿大夫
종1품	君	昭德大夫(後改 =綏德大夫) 嘉德大夫	郡夫人		尉	光德大夫(後改 =靖德大夫) 崇德大夫(後改 =明德大夫)
정2품	君	崇憲大夫 承憲大夫	縣夫人	郡主	尉	奉憲大夫 通憲大夫
종2품	君	中義大夫 正義大夫(後改 =昭義大夫)	縣夫人	縣主	尉	資義大夫 順義大夫
정3품 (당상)	都正	明善大夫	愼夫人		副尉	奉順大夫
정3품 (당하)	正	彰善大夫	愼人		僉尉	正順大夫
종3품	副正	保信大夫 資信大夫	惠人		僉尉	明信大夫 敦信大夫
정4품	守	宣徽大夫 光徽大夫	惠人			

區分 品階	宗親		外命婦 (종친처)	外命婦 (공주)		儀賓(부마)
종4품	副守	奉成大夫 光成大夫	溫人			
정5품	令	通直郎 秉直郎	溫人			
종5품	副令	謹節郎 愼節郎	順人			
정6품	監	執順郎 從順郎	順人			

[21] 문무관 품계표

區分 (품계)	東班	西班	外命婦 (문무관처)	雜職		土官職	
				東班	西班	東班	西班
정1품	大匡輔國崇祿大夫(議政) 上輔國崇祿大夫(國舅 -後期) 輔國崇祿大夫		府夫人 (왕비모) 貞敬夫人				
종1품	崇祿大夫 崇政大夫		奉保夫人 (대전유모) 貞敬夫人				
정2품	正憲大夫 資憲大夫		貞夫人				
종2품	嘉靖大夫(後改=嘉義大夫) 嘉善大夫		貞夫人				
정3품 (당상)	通政大夫	折衝將軍	淑夫人				
정3품 (당하)	通訓大夫	禦侮將軍	淑人				
종3품	中直大夫 中訓大夫	建功將軍 保功將軍	淑人				
정4품	奉正大夫 奉列大夫	振威將軍 昭威將軍	令人				
종4품	朝散大夫 朝奉大夫	定略將軍 宣略將軍	令人				
정5품 (참상)	通德郎 通善郎	果毅校尉 忠毅校尉	恭人			通議郎	建忠隊尉

區分 (품계)	東班	西班	外命婦 (문무관처)	雜職		土官職	
				東班	西班	東班	西班
종5품	奉直郎 奉訓郎	顯信校尉 彰信校尉	恭人			奉議郎	勵忠隊尉
정6품	承議郎 承訓郎	敦勇校尉 進勇校尉	宜人	供職郎 勵職郎	奉任校尉 修任校尉	宣職郎	建信隊尉
종6품	宣教郎 宣務郎	勵節校尉 秉節校尉	宜人	謹任郎 効任郎	顯功校尉 迪功校尉	奉職郎	勵信隊尉
정7품 (참하)	務功郎	迪順副尉	安人	奉務郎	騰勇副尉	熙功郎	敦義徒尉
종7품	啓功郎	奮順副尉	安人	承務郎	宣勇副尉	注功郎	府義徒尉
정8품	通仕郎	承義副尉	端人	勉功郎	猛健副尉	供務郎	奮勇徒尉
종8품	承仕郎	修義副尉	端人	赴功郎	壯健副尉	直務郎	効勇徒尉
정9품	從仕郎	効力副尉	孺人	服勤郎	致力副尉	啓仕郎	勵力徒尉
종9품	將仕郎	展力副尉	孺人	展勤郎	勤力副尉	試仕郎	殫力徒尉

※ 참고문헌 :

"부록편 종중. 족보" 중에서 일부의 내용은 <전주이씨대관: 부록 별책 (사)전주이씨대동종약원. 1999년>을 참고하여 정리하였음.

※ 참고문헌 :

실천예절개론 : 김득중. 교문사. 1997년

주자가례 : 주희. 임민혁 옮김. 예문서원. 1999년

증보사례편람 : 이재. 황필수. 1900년

국역증보사례편람 : 김정. 한국전통예절연구원. 2010년

가례초해(주자가례전통예절) : 전계현. 예지각. 2007년

성균관 사이트(http://skkok.kr/default.asp)

전주이씨대관(부록 별책) : (사)전주이씨대동종약원. 1999년

전례요람 : (사)淸權祠(전주이씨효령대군파종회). 1993년

전례요람(증보판) : (사)淸權祠. 2003년

축문집람 : 이목춘. 보경문화사. 2005년

종묘대제 : 이은표. 원백문화사. 1993년